ソ連のアフガン戦争

ソ連のアフガン戦争

―― 出兵の政策決定過程 ――

李 雄賢 著

信山社

はしがき

　ロシアはアフガニスタンで，15,000余名の青年の命を失ったが，それ以外にも二つのものを失った。その一つは帝国の「偉容」であり，もう一つは「帝国」そのものである。1979年12月から1989年2月までアフガン叛軍とのいわゆる「10年戦争」に引き込まれることによって，第二次世界大戦で築き上げられた「ソ連軍不敗の神話」がもろくも崩れ去り，その戦争の後遺症に病んでいたソ連邦は1991年に崩壊した。

　アフガニスタンでは，ロシア人があれほど維持しようと手を焼いた共産政権が倒れ，イスラム武装諸集団の間の抗争や内乱混沌の状況を経て，1996年彗星のごとく出現したタリバーン勢力が首都カブールを掌握した。ソ連軍の撤兵以降「忘れられた地」であったアフガニスタンは，その後「テロの温床」との烙印を捺され国際社会から孤立してきた。

　1997年7月東京大学大学院に博士学位請求論文として提出した「ソ連のアフガニスタン出兵の政策決定過程に関する研究」をもとにした本書は，このような両国の歴史的変化の転換点をなした「ソ連のアフガン戦争」の発端に関するものである。したがって本書が究明しようとするタイムスパンは出兵の決定過程に限られているものの，その根底には，冷戦時代の「無敵の帝国」ソ連と「隠遁の王国」アフガニスタンとを今日の運命に処させた歴史の道途の結節点において「ソ連のアフガニスタン侵攻」という冷戦史の一事件が重要な位置を占めているであろうとの希望的観測，より誇張して言えば戦争と国家・社会の変化をリンケージして見ようとする自分なりの歴史意識がある。

　実はそれほど稀な現象ではないものの国際関係「論」の常識的見解では説明しがたいこのような弱小国における強大国の決定的敗北はどこに起因するものであろうか。そして世界史の転機をなせる事件であるにもかかわらず，体系的研究から疎外されてきた国際関係「史」の重要な事件「1979年ソ連のアフガニスタン出兵」はいったいなぜ発生したのか，言い換えれ

ばどのような判断からソ連はアフガニスタンという未知の地に足を踏み込んだのであろうか。この二つの素朴な疑問に対する答を求めようとしたものが本書である。

　私が学位論文として書き始めた1995年は，ソ連が解体してからさほど長くない時期であり，ロシア研究者としての進路を設定してから間もなく起った未曾有の帝国崩壊を目睹し，妙な虚脱感にみまわれていた時期であった。しかしアフガニスタン出兵の決定過程でソ連帝国のためのレクイエムの前奏曲を期待し研究に取り掛かったが，論文を書き終える頃，今度はアフガニスタンでタリバーン政権が登場し，アフガニスタンの政体が完全に変わってしまった。ソ連研究の方へ進路を決定しアフガニスタン侵攻を学位論文のテーマとして研究し始めてから僅か5，6年の間，研究対象が次々と歴史の中へ消えてしまう奇妙な状況に直面せざるを得なかった。当時歴史研究者としてよりは，時代の状況変化に敏感に反応せざるを得ない国際政治研究者として訓練された時間が長かった私は，単純な「論」の提起に止まらず「史」を整理する立場から分析対象を再点検すべき難しい状況に陥ったのである。

　ソ連のアフガニスタン出兵は今やひとつの歴史となったが，しかし両当事国の運命を変えてしまった中央アジアでのこの「地震」は未だに「余震」を繰り返しながら，第2の「本震」さえ予告している。2001年9月11日のテロ事件でアフガニスタンという忘れられた国が一躍国際紛争の震源地として浮上しつつ世間の目を集めるようになり，ソ連の経験を反芻する機会が与えられたことはソ連外交史研究者としてはありがたいことではあるが，厚く立ち込めているもうひとつの残酷な長期戦の暗雲を見るのは決して楽しいことではない。ただ今度は米国の政治・軍事指導者たちが，22年前のロシア人の「長考の末の悪手」を自国の作戦計画においてどの程度考慮していたのか，また「侵略軍の墓場」と呼ばれるアフガニスタン問題を抱えることとなった現在の米国指導部もはたして旧ソ連の指導部が悩んでいたことと類似の苦悶に陥っていたであろうかを推察してみるだけである。

　私は東京大学大学院でロシア研究をはじめるにあたって和田春樹先生の

ご指導を賜るといった,ロシア研究に志した留学生としてはごく稀な幸運に恵まれた。先生からは「学恩」以上の,浅薄な文才では到底表現できないほどのものをいただいた。この研究は,先生のご指導の下でこそ完成できたものであり,私のロシア研究者としての学問の途への始まりである。今後も学問的成果を以て先生の恩恵に報いるべく研究により精進する決意であるということを申し上げたい。

また,学位論文の審査の際に有益なご教示を賜った東京大学の石井明先生,中井和夫先生,小松久男先生,慶応義塾大学の横手慎二先生に深く御礼を申し上げる。本研究で活用した重要な資料の一つである「テヘラン文書」の探索と入手には,ロシア史研究会の加藤史朗氏,アジア経済研究所の鈴木均氏のご協力を,そしてピーコフ大佐の著書の入手には和田ゼミの同学の友である金成浩氏(現琉球大学専任講師)と松戸清裕氏のご協力をいただいた。また和田先生の下で同門修学していた南基正氏(現東北大学助教授)は本研究の諸論点に関し討論に応じてくださった。そして現在韓国の高麗大学大学院政治外交学科で留学中の薦田真由美氏には出版原稿の校正においてご協力をいただいた。記して感謝申し上げたい。また厳しい出版事情の中,拙い書物の出版を快諾していただいた信山社の袖山貴氏にも深謝申し上げる。

本書の出版と同時に私の母校である高麗大学出版部で韓国語版が出版される予定である。留学の未熟な成果が留学先,そして母校で同時に上梓されることは,研究者として喜ぶべきものであり,このような幸運は私の家族(両親,鉉姶,仙美,宇平)の無言の激励のおかげであると思う。本書を家族に捧げるとともに感謝の意を表したい。

2002年1月

李　雄　賢

目　次

はしがき

第1章　戦争の始まり，戦争研究の始まり
　　　　──問題意識と資料── ……………………… 1

1．メタファー (1)
2．慎重さの末
　　──1979年12月，モスクワ (7)
3．嘘の二人
　　──グロムイコとポノマリョフ (12)
4．「口実」と「同調」
　　──ソ連の公式的説明と研究の第1世代 (17)
5．研究の第2世代と新しい資料 (23)

第2章　前　史
　　　　──カブールとモスクワとの距離── ……………… 41

1．1978年4月のクーデター
　　──アフガニスタン人民民主党とソ連 (41)
　　ダーウドの方向転換 (41)
　　NDPAといわゆる「四月革命」に関する見解 (45)
　　「未必の故意」(52)
2．競争から独走へ (59)
　　エリオットとプザノフ (59)
　　権力闘争 (64)
　　脱米入ソ (68)

第3章　外交時代
――1979年3月から7月まで―― 83

1. ヘラートとデタント *(83)*
    グロムイコとコスイギン *(83)*
    グロムイコの弁才とアンドロポフの比重 *(90)*
    病弱なブレジネフの原則論 *(93)*

2. クレムリンの3人
    ――アフガン・トロイカ *(99)*
    政治局の小委員会 *(99)*
    アフガニスタンに関する政治局の委員会 *(103)*
    アフガニスタン委員会の対アフガニスタン政策 *(106)*

3. 説得と忍耐，そしてその限界 *(111)*
    エピシェフ派遣の意味 *(111)*
    もう一人の大使 *(117)*
    泥沼のかけら――軍事化への抑制とその限界 *(129)*
    最後の外交カード――アミン締めだし作戦 *(138)*

第4章　将軍たちの日々
――1979年8月から9月まで―― 164

1. 忘れられた教訓 *(164)*
    中央軍事顧問団長 *(164)*
    競争者の目 *(165)*

2. 国防省の光と影 *(170)*
    ソ連軍参謀総長 *(170)*
    影の将軍 *(173)*
    経験ある将軍――混乱の加重 *(180)*

3. 陰謀と野望 *(187)*

　　　　　　スペツナズと空挺部隊 *(187)*

　　　　　　1979年8月，西側の目 *(191)*

　　　　　　9月の銃声，そしてその余波 *(196)*

　　　　野心家 *(208)*

第5章　見えない戦争
　　　　　——1979年10月から11月まで—— ……………229

　1．傲慢と偏見 *(229)*

　　　　　　マクベスの苦悶——カブールのアミン *(229)*

　　　　　　アミン破門——モスクワのアフガニスタン委員会とKBG *(240)*

　2．アウトサイダー *(249)*

　　　　　　傍観者 *(249)*

　　　　　　アメリカとアフガン叛軍 *(259)*

　　　　　　便乗者 *(265)*

第6章　トンネルの入口
　　　　　——1979年12月から1980年2月まで—— ………283

　1．同床異夢
　　　　　——アミンの野望 *(283)*

　2．不信のあげく
　　　　　——1979年11月—12月，再びモスクワ *(291)*

　3．二段階作戦
　　　　　——テルメズとカブール *(305)*

　4．ブレジネフの希望 *(310)*

　5．アンドロポフ，ウスチノフ，グロムイコ
　　　　　——アフガニスタン委員会 *(315)*

第7章 結論 ……………………………………… 333

ソ連と第3世界の共産主義
　──固定観念と認識のズレ *(333)*

官僚政治モデル？
　──カブールのソ連人たち *(335)*

アフガニスタン委員会
　──権力のヒエラルヒー *(337)*

呪文による介入，注文による出兵 *(340)*

参 考 文 献
人 名 索 引

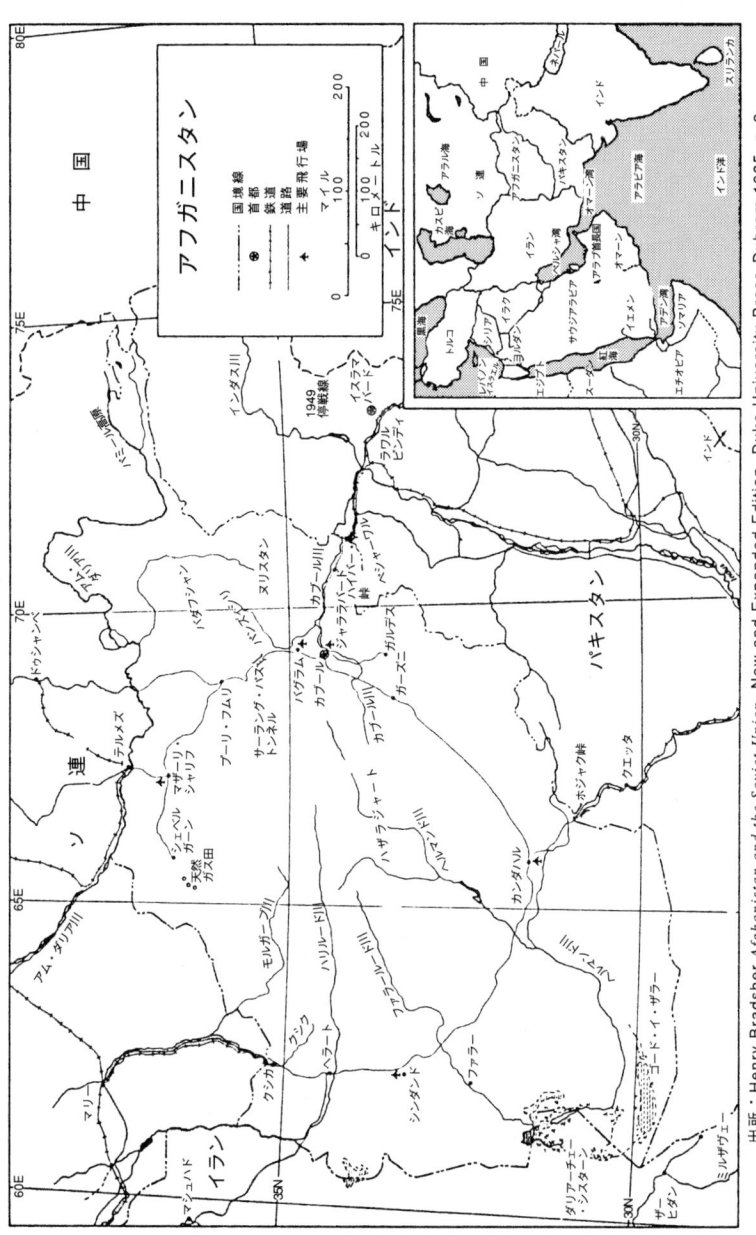

出所：Henry Bradsher, *Afghanistan and the Soviet Union*, New and Expanded Edition, Duke University Press, Durham, 1985, p.2.

第1章　戦争の始まり，戦争研究の始まり
── 問題意識と資料 ──

1．メタファー

　1960年代から中東および南アジアでKGB要員として長く働いたレオニード・シェバルシンは，回想で「失敗に終わった事業は冒険と呼ばれる。1979年の下半期に始まり今やっと終わったアフガン事業は冒険であった」と述べている(1)。ソ連のアフガン戦争が失敗に終わったという命題に異存を唱える気は毛頭ない。しかし彼の論理通りソ連のアフガン戦争がせめて冒険だったとでも言うためには，その前に事業としての計画や目的があったということが立証されねばならないだろう。すなわちソ連のアフガン戦争が一種の事業であるためには，何らかの計画や目的が整えられていなければならないのである。ソ連はアフガニスタンでどのような計画を持ち，いかなる目的を追求していたのだろうか。果たして，最初からそのような計画と目的は確かに存在していたのだろうか。
　1978年4月アフガニスタンでの土着共産主義者たちのクーデターから1979年12月ソ連軍の投入にいたる期間のソ連─アフガニスタン関係をよく観察していない分析者たちには，ソ連軍の侵攻を説明するのに伝統的なソ連の膨張主義というモデルが非常に魅力的だっただろう(2)。このような傾向は地政学と現実主義という看板のもとでごく最近まで続けられ，ソ連のアフガニスタン侵攻に関する研究の一隅を占めている。たとえばミラン・ホーナーはロシアとアフガニスタンの伝統的な関係を前提にアフガニスタン侵攻を分析し，アフガニスタン地域に対するロシアの絶え間ない膨張への欲求がいつかは再現するだろうという結論を下している(3)。
　そのような膨張への欲求，あるいはマスタープランが本当にあったか否かについて論証するのが本書の一つの目的でもあるが，結果論をもって言

えば，すなわち軍隊の投入以降の過程から推察したところ，ソ連がアフガニスタンに対する軍隊の投入に際して地域的膨張のマスタープランと言われるべきものを持っていたとは思われない。これを論証した研究もいくつかは出ている(4)。

もちろん，戦争とは必ずしも計画や目的が整えられてから始まる政治的行動ではない。言い換えれば，いつも合理的な政策決定によって戦争が始まるとは限らない。ソ連軍がアフガニスタンに投入されるわずか4年前までアメリカはベトナムで計画も目的もない戦争を続けていた。インドシナでの独立運動に対しアメリカ人は，自分たちの判断としては理性的であると思われる対応をしたが，結局は合理的というにはほど遠い結果を招いてしまった。ベトナム戦争のアメリカ側の主役の1人であったマクナマラは，30年前自分たちがいかに浅見短慮であったかを懺悔の言葉を混じえて述べたことがある。

> われわれ［ケネディ＝ジョンソン行政府の人間たち］は，相手方中国とソ連の支援を受ける北ベトナムとベト・コンの地政学的意図の判断を当時誤り，彼らの行動が米国に及ぼす危険を過大評価した。……われわれは南ベトナム政府の政治的能力をまったく誤判し……自分たちの信念と価値観のためには，戦って死ぬほど人々を鼓舞する北ベトナムとベト・コンのナショナリズムの力を過小評価した。……われわれの誤判は，地域に住む人たちの歴史，文化，政治，さらには指導者たちの人柄や習慣についてのわれわれの深刻な無知を反映していた。……われわれは，東南アジアに対する大規模な軍事介入を開始する前に，この是非についての全面的で率直な討議や論争に米議会と国民を引き込むべきだった。……しかし介入後も，そこで何が起きているか，われわれが何をしているか，なぜしているかを十分には説明しなかった。……われわれは誤っていた。恐ろしい過ちを犯したのだ。われわれには次の世代にその理由を説明すべき責任があるのだ(5)。

ベトナム戦争とアフガン戦争を比較するのが本書の目的ではないが，弱小国に対する武力介入を試みた冷戦期の両超大国の様子から奇妙な類似性

を見いだすことができる。「ケネディ＝ジョンソン行政府」をソ連の指導部に，「中国とソ連」を中国と米国に，「北ベトナムとベト・コン」をアフガニスタン叛軍に，「米国」と「米議会と国民」はソ連とソ連人民に，そして「南ベトナム」をアフガニスタンに置き換えてみれば，アジアの小国に介入した超大国のジレンマが顕著に似通っているものであったことがわかる。言うまでもなく，アフガニスタンへの軍事介入を決定した老いた賢者たちはすでに死者になっているため，彼らからマクナマラのような反省や悔恨の声を聞くことはできないが，彼らに対する批判の声はマクナマラの懺悔と軌を一にしている。

ベトナム戦争に関するマイケル・ヘアーの『急報』（*Dispatches*）そしてヘミングウェイの戦線ジャーナリズムを模倣したアフガン戦線批判記事で一躍有名になったアルチョム・ボロヴィク[6]は『アガニョーク』誌に次のように書いた。

> 阿呆たちはアフガニスタンを「勇気の学校」と名付けた。阿呆たちは賢者たちであった。しかし彼ら自身はこの学校に通うのを好んでいなかった。彼らは，「国際的な義務」，「祖国の南方国境での帝国主義の走狗たちとの戦い」，「地域の反動勢力と手を組んだ侵略者たちに対する決定的な反撃」などなど，あれやこれやのあらゆる言葉で，自らを納得させ，なおかつ国をも納得させ，アフガニスタンは「意識の低い若者たちをわが共産主義の真理の為の確固たる闘士に変える」と語った[7]。

ボロヴィクはソ連の指導部を馬鹿な賢者たちと呼んだ。賢者を名乗る阿呆たちが「帝国主義の脅威」や「共産主義の真理を守るための国際的な義務」に憑かれ，ソ連人民を騙したと批判しているのである。アフガニスタン出兵は，被害の当事者であるソ連人民と批判的なジャーナリストたちだけでなく，当時の介入準備に関して知らされなかったソ連の高位官僚たちにとっても呆気にとられる失策そのものであった。アナトーリー・ドブルイニンは「［アフガニスタンへのソ連の軍事介入は］馬鹿げた誤算であった。ソ連指導部の誰一人も，小さな隣国での戦争が，結局は猖獗するゲリ

ラの抵抗にぶつかり10年も続くことになるとは想像もしなかった。しかも自分たちによって立てられたカブール政府の内政に高飛車な干渉を続け，アフガニスタンの国内的な問題を治めようとしたモスクワの意図にソ連人民がいかに高い代償を払わざるを得なくなろうとは……[8]」と述べ，自分が仕えた指導部の愚かさを素直に認めた。ボロヴィクがブレジネフ政権の邪悪性を攻撃の槍玉に上げたとすれば，ドブルイニンは同政権の短見さを指弾の対象としている。要するに，彼らはソ連のアフガニスタン侵攻を非道徳的かつ非合理的な行動であったと言っているのである。

　冷戦の両極構造で米ソ両国は各々一回ずつ，あまり重要ではないと見なされるアジアの小国の内政に武力干渉し結局敗北することによって，衰退の道を選び，冷戦の解体を促した。そして彼らの戦争政策は論争を呼び起こした。人道主義に反するものではなかったのか。理性的な選択であったのか。非合理的な陰謀の結果ではなかったのか。どうしようもない世界観の虜ではなかったのか。さまざまな賛否の激論と懺悔の涙を招いた。

　アフガニスタンからソ連軍が引き揚げた後の論争の焦点も，大方のところ誰が出兵決定の責任者だったのか，なぜそのような非合理的かつ非道徳的な決定に至ったのかに向けられた。その結果，1989年12月のソ連邦第2回人民代議員大会で，国際問題委員会は「1979年12月のアフガニスタン軍事介入決定に関する政治的評価について」なる報告書を提出し，出兵の決定を下したのはブレジネフ，グロムイコ，アンドロポフ，ウスチノフであったと規定し，人民代議員大会はアフガニスタン介入が「道徳的および政治的非難に値する」と決議した[9]。

　戦争というものが決して道徳的でない大規模の政治的暴力であることは言うまでもないが，それが果たして理性的な人間の合理的な政策決定の産物であるか否かは，ある意味で資料だけでは解けないややこしい問題でもある[10]。もちろん，アフガニスタン戦争の責任を問われる者は誰かという問題も，簡単に決められるものではない。次の節で叙述されるように，可視的に浮かび上がる決定の当事者たちが戦争の第1次的な責任者であることには間違いないが，決定に至る過程では多くの要因および決定に影響した者たちが登場してくるため，戦争に対する真の歴史的な責任は，彼ら

1. メタファー

も分かち合わねばならないだろう。

　より複雑な，いわゆる戦争決定の合理性の問題にかんして現実主義者たちは，国家が戦争を決定する際はいつも最上の合理的な判断を前提にすると主張する。しかし，このような主張は状況論理の歪んだ形になりかねない。すなわち，状況の変化によっては，合理とはいくらでも非合理に変われるものである。本章の第3節と第4節で見られるように，アフガニスタン出兵を決定すべき位置におかれていた者たちは，自分たちの判断が当時としては最上の合理的な判断であったことを強調する。さらに現在までの西側の現実主義的かつ実証主義的な枠組みを用いる研究も例外なく，国家行動としての戦争の決定における合理的判断を暗黙の前提としている。ソ連指導部のアフガニスタン出兵の決定も合理的な思考の結果であったのか。このうえない合理的な決定を下せる人間たちに，自分たちがとった行動によっていかに非合理的な結果がもたらされるかを予測する能力はなかったのだろうか。

　「アメリカの当代最高の優秀かつ卓越した者たちが，ベトナム戦争のようなとんでもない戦争の建設者たちとなった[11]」という議論は，人間の個人的な知性的能力とは別の要因が戦争の政治的な決定過程には割り込んでくるということを示そうとしている。もちろん，アフガン戦争を決定した者たちが果たして当時のソ連社会の最高の知性人たちであり，なおかつもっとも優れた者たちであったのかについては疑問が提起されかねない。彼らは教条的な共産主義革命イデオロギーに執着していた老衰し，判断力の曇った老人たちだったのではないかという疑問である。

　ソ連指導部がアフガニスタンに対して武力介入しようと腹を決めた時点から正確に言えば2410年前，古代ギリシアのラゲダイモーンの指導部は，アテーナイに対する戦争宣布の件をめぐってコリントスの代表たちとアテーナイの代表たちを招き，彼らのそれぞれの言い分を聞いてから，戦争を始めるべきかどうかに関する決定を下すことにした。コリントス人たちの不満や宣戦布告への催促，そしてそれに対するアテーナイ人の反論を聞き終えたラゲダイモーンの英主として知られた王アルキダーモスは戦争への性急な決定を戒めながら，次のような演説をした。

……人はわれらを誹謗して，愚鈍だ怯懦だと言いたがる。しかし諸君は何も恥じることはない。なぜなら，急げば準備不足の事挙げのため，容易に終わりにたどりつけない。また人がなんと言おうと，われらは古くから比類なく高名な，自由なポリスをいとなんでいる。人にはそうとしか見えぬ性質が，じつはわれらの沈着な分別を隠しているのだ。なぜなら，動じぬが故にただわれらのみは，勝利に傲らず敗北にも人ほどには挫けない。人がわれらを必要以上の危地に行かせるために賛辞をあびせ激励しても，おだてに乗って現実を見誤ることはない。またわれらを非難し怒りを煽ろうとする者があっても，そのために怒りを制しきれず口車にのることもない。われらはよく己を持する故によき戦士，よき判断の主たりうる。なぜなら，戦場の勇気は廉恥をもととし，廉恥は克己をもととする。またわれらがよき判断の主たりうるのは，法を犯す知恵をあたえず法にそむかぬわきまえを克己によって培かう教育による。そして，無用の技芸に長ずること，敵の準備を口で軽々しく侮ること，口ほどもない失敗を犯すことを謹しみ，人間はみな同じような考えを抱いているが，運命のはからいは己の理では量りがたいと知ることを教えられた。われらはつねに，敵もすぐれた作戦を抱いていると想定し，実戦の準備を怠らない。また敵の失策を待って味方の有利をえようとはせず，わが計画の万全を期すべきを心得ている。人間が人間である以上，もとより素質において敵味方に大差はない，しかし厳格無比の克己訓練で鍛えられたものこそ最後の勝利者たることを疑わない。

　この教育の鉄則は，父祖いらいわれらに伝えられた伝統であり，われら自身生涯をつうじてその恩恵によって今日にいたったのであれば，その教えをゆるがせにすることはならぬ，いかに焦眉の急たりとも，おびただしい人命，資金，数多のポリス，そしてわれらの名誉を賭した重大事をわずか数刻の短慮をもって決断にかけることはさけ，心を静めて事を計るべきである(12)……

軍隊の投入を考慮していた政治局員たちの中にアルキダーモスの同僚説得のような論理を開陳する者はいなかっただろうか。もし提起されたらなぜ応えられなかったのだろうか。もし提起すらされなかったとしたら、どのような雰囲気に圧倒されたのか。1979年ソ連の指導部は「沈着」と「分別」を欠いた非理性的な集団であったのか。いや、アルキダーモスの表現を借りれば、彼らは厳格無比の克己訓練で鍛えられた最後の勝利者であったはずである。ブレジネフ、アンドロポフ、グロムイコ、ウスチノフなどは時間をかけて分別のある思考ができるだけの自制心や知恵の持ち主であるとも言い得るであろう。彼らはアメリカの「優秀かつ卓越した者たち (the best and the brightest)」とはまた別の過程を経て頂上に上がったソ連社会の長老たち (the eldest and the wisest) ではなかったのか。そのような彼らが、何故愚かなアフガン戦争の建設者となったのだろうか。賢明かつ慎重であるべき元老たちはいかにして武力介入を決定したのか。

2. 慎重さの末 ── 1979年12月, モスクワ

1979年12月4日、ソ連の外相アンドレイ・グロムイコは、ワルシャワ条約機構の外相会議に出席するためにベルリンへ向かった。彼を見送りに空港に姿を現わした政治局員は、KGB議長ユーリー・アンドロポフだけであった[13]。同日アンドロポフとソ連軍参謀総長ニコライ・オガルコフは政治局に「アフガニスタンへの特殊部隊の派遣について」という題の報告書を提出した。

　DRA（アフガニスタン民主共和国）の革命評議会議長兼NDPA（アフガニスタン人民民主党）中央委員会書記長アミンは、最近自分の官邸の警護のためのソ連軍自動化狙撃大隊のカブールへの派遣の必要性という問題を執拗に提起している。
　現在の状況とアミンの要請を考慮し、このような目的のために訓練された約500名のGRU（ソ連軍参謀本部諜報総局）の特殊部隊を、彼らがソ連軍所属である事実が明かにならないような服装をさせ、ア

フガニスタンへ派遣するのが適切であると考えられる。このような特殊部隊のDRAへの派遣の可能性は，1979年6月29日付のソ連共産党中央委員会政治局の決定 No. P 156/IX によって予定されている。

　カブールへの部隊派遣の問題に対しアフガニスタン側の同意があったという点と関連し，軍輸送航空隊の飛行梯隊を今年12月上旬頃，移動させうると思われる。D.F. ウスチノフ同志も同意している。

　検討を要望する。

　　　　　　　　　　　　Yu. アンドロポフ，N. オガルコフ[14]

この時，国防相ウスチノフはワルシャワ条約機構国防相会議のためにワルシャワに行っていたので[15]，オガルコフが第1国防次官の資格でウスチノフの代理として，報告書に署名したのであろう。この報告書の提案は6日の政治局会議で承認された[16]。7日グロムイコが帰国した時も，彼を空港で出迎えたのは政治局員の中でアンドロポフだけであった[17]。序列において上であるアンドロポフが政治局員としてはただ一人でグロムイコを歓送し出迎えたのは，恐らくこのようなアフガニスタン問題のためであっただろう。

　提案書のとおりにアミンからの執拗な派兵要請があったのは確かである。しかし，「最近」アミンが要請していたのは，上の提案書の述べているような兵力ではなかった。アフガニスタン駐在中央軍事顧問団長S.マゴメートフが12月2日と4日それぞれモスクワに上申した報告書によれば，アミンは，2日には「中国やパキスタン側から援助を受けているバダフシャン（アフガニスタンの北西部地域）の叛軍に対抗させるためのソ連軍1個連隊兵力」[18]を，そして3日には「アフガニスタン北部地域でアフガニスタンの民兵隊（警察）とともに活動するソ連の警察兵力の派遣」[19]を望んでいた。GRUの特殊部隊はこのような要請とは何の関係もなかった。

　6月29日に採択された政治局のNo. P 156/XI 決定書には，その第4項でアフガニスタンのソ連大使館の保護のためのKGBの特殊部隊兵力125—150名を，そして状況の急激な悪化に備え，特に重要な政府施設の

2. 慎重さの末——1979年12月, モスクワ

保護のためにバグラム空港にGRUの特殊部隊を, それぞれ8月上旬に送ると書かれていた[20]。したがって12月上旬のこのような派兵は意外な展開であった。アフガニスタンの状況が特に悪化した兆候もなかったからである。アンドロポフとオガルコフの提案書には, アフガニスタン側の同意を得たと述べられてはいるが, 結局ソ連側の意図とアフガニスタン側の希望はまったく食い違っていたのである[21]。

　12月7日号の『プラウダ』は, ソ連—アフガニスタン友好・親善・協力に関する条約の締結1周年を迎え, アフガニスタンの人民民主党と政府, アフガン人民に送る儀礼的な祝賀の言葉をブレジネフとコスイギンの名とともに載せた。ソ連指導部に送られるアミンの祝電も載っていた[22]。翌日の『プラウダ』は「原則的な路線で」との題をつけたカブール発7日のタス電で,「革命完遂のための民族組織の全員会議でアミンは, 4月革命以降DRAとソ連との関係は質的に新しい段階に発展し……ソ連側は……アフガニスタンとの全面的な協力のためにあらゆる面において援助してくれたと強調した」と報じた[23]。9日の『プラウダ』はアフガニスタンの食料品産業に対するソ連の援助の事実を短かく報じた。両国関係において外見上変化は見られなかった。

　12月11日からはロシア共和国最高会議がクレムリン宮で催された。11日はもちろん12日午前のこの会議にはソ連共産党中央委員会政治局のメンバーたちが儀礼的に出席した。政治局員としてこの会議に姿を現わさなかったのは首相コスイギンとウクライナ共和国第1書記シチェルビツキーであった[24]。コスイギンの名はアミンに送る祝電の発信人として登場したのを除いては12月中ソ連の新聞紙上に現われなかった。彼は病臥していたのである[25]。このため12日の午後に開かれた政治局の会議にもコスイギンは参加しなかった。彼は閣僚会議議長（首相）でありながらも, アフガニスタン出兵決定においては, 最終決定者にも署名者にもならず, 歴史的な責任を免れることができた[26]。

　12日午後の政治局会議には, ブレジネフ, スースロフ, グリシン, キリレンコ, ペリシェ, ウスチノフ, チェルネンコ, アンドロポフ, グロムイコ, チーホノフ, ポノマリョフの11人が出席した[27]。午前のロシア共

和国最高会議に出席したカザフスタン党第1書記クナーエフとレニングラード州党第1書記ロマノフは、午後の政治局会議には姿を見せなかった。政治局員候補の中では党中央委員会国際部長ポノマリョフが唯一の参加者であった[28]。「ア（フガニスタン）の状況に関して」との案件で進められたこの会議で決議された事項は次のとおりである。

　1. アンドロポフ、ウスチノフ、グロムイコによって述べられた評価および施策を承認する。
　このような施策を実行する過程において非原則的性格の修正を加えることを許可する。
　中央委員会の承認を要する問題は迅速に政治局に報告する。
　このようなすべての施策の実行はアンドロポフ、ウスチノフ、グロムイコに委任する。
　2. 予定されている施策の実行経過を中央委員会政治局に報告する問題についてはアンドロポフ、ウスチノフ、グロムイコに一任する。

中央委員会書記 L.ブレジネフ（署名）
No.997.　P 176/125, 12月12日

このような決議書には、アフガニスタンへの軍事作戦が開始されてから政治局員たちの追認的な署名が加えられた。署名の順序を見れば、アンドロポフ、ウスチノフ、グロムイコ、ペリシェ、スースロフ、グリシン、キリレンコ、チェルネンコ、チーホノフ、クナーエフ[29]の順に12月25日まで署名が加えられ、署名だけでは身元が確認できない1人とシチェルビツキーが12月26日に署名している[30]。

問題は、果たしてこの文書がアフガニスタンに対する武力介入の内容を最終的に承認した決議書であるか、なおかつこの決議書で言及されている「アンドロポフ、ウスチノフ、グロムイコによって述べられた評価および施策」と「非原則的性格の修正」とは何をさしているかである。

まず前者の問題点については12月26日の政治局の会議録からその解答が得られる。この文書の記録者はチェルネンコである。

2. 慎重さの末――1979年12月, モスクワ

　1979年12月12日, No. P 176/125 の決議に付け加えて
　1979年12月26日（別荘で―出席者はブレジネフ, ウスチノフ, グロムイコ, チェルネンコ）ソ連共産党中央委員会は1979年12月12日の No. P 176/125 の決議を遂行する過程について, ウスチノフ, グロムイコ, そしてアンドロポフが報告した。
　これに対しブレジネフ同志は, 同志たちによって立てられた行動計画を承認し, 最も早いうちに遂行することに関して一連の希望を披歴した。報告された計画の構成と方向において, 中央委員会政治局の委員会はそれぞれの行動の各段階を綿密に熟考し行動するのが妥当であると認めた。行動に伴う問題は直ちにソ連共産党中央委員会に提出されるべきである。
　　　　　　　　　　　K.チェルネンコ　　1979年12月27日[31]

　12月26日は, ソ連軍にはアフガニスタンとの国境を越えよという国防相の命令は出されていたが, まだカブール進攻作戦は始まっていない時である。したがって, 26日のこの会議では, その前日までの準備状況と作戦展開に関する報告（あるいは追認署名の完了に関する報告を含め）がウスチノフ, グロムイコ, アンドロポフの3人によって行われたのは間違いない。この報告に対しブレジネフが意見を提示したであろう。この一連の報告と意見提示が12月12日の決議の履行過程に関するものであるとの表現から, 12月12日の決議は最終的なそれであることが窺える[32]。
　「アンドロポフ, ウスチノフ, グロムイコによって述べられた評価および施策」そして「非原則的性格の修正」とは何であるかとの問題は, 公開された12月12日のメモランダムが基本的に第1頁だけであるので, しかもそれに添付されたと思われる3人の提案書と政治局の検討記録が公開されていないか, 或いはもともと記録されなかった可能性があるので推測に頼らざるを得ない。当然ながら, 3人の評価と施策というのは軍事的な介入の不可避性と作戦開始に関する提案であろう。それから「非原則的性格の修正」というのは, 12月12日に承認された作戦計画が可変的なもので, 作戦展開の状況によって当初の計画が変更（修正）されうるというこ

とを意味する。もともと 12 月の 3 人の施策は 2 段階からなる可変的なものであったし、実際に 3 人の施策も第一段階の作戦が失敗し、第二段階の作戦によって完遂されている(33)。

　とにもかくにも最終的な決定は 12 月 12 日に下された。1979 年一年中苦悩したソ連の指導部は結局非合理的な結果を招きかねない決定を下したのである。12 月に入ってから特に目につくのは、アンドロポフの積極的な動きである。12 日の文書の挙名順序においてもアンドロポフはウスチノフとグロムイコより先に登場しているし、署名の順においても最も先に署名を済ましている。1979 年前後、KGB 議長アンドロポフがブレジネフにつぐ政治局の実力者だったことは確かであるが、12 月以前のアフガニスタン問題に関する一連の報告書には、彼はつねにグロムイコの次に署名していた(34)。軍事介入の問題が本格的に取り上げられてからは、アフガニスタン問題におけるイニシャティブと責任の錘がアンドロポフの方へ傾いたのではないだろうか。

　12 日の政治局会議に加わったソ連の指導者たちのうち、口頭ではあるが当時の雰囲気を伝えてくれているのは、外相グロムイコと国際部長ポノマリョフの 2 人だけである。この 2 人はアフガニスタン問題のみならず、ブレジネフ時代のソ連外交を総括・管理した外交の司令塔であった。アフガニスタンへの軍事介入の決定が陰謀に近い非合理的な行動だったとの非難(35) に対する彼らの抗弁はそれなりの論理を保っている。

3．嘘の二人 —— グロムイコとポノマリョフ

　このように最終決定されたソ連のアフガニスタン軍事介入は果たして陰謀に近い犯罪であるのか。国際政治史や国際政治理論における現実主義者たちと当時ソ連の政策決定者たちの答えは否定的である。『第 2 次世界大戦の起源』という著書でヒトラーに一種の免罪符を与えた A. J. P. テーラーは戦争において犯罪を犯したとか、罪がないとかという問題は何の意味もないと主張する。主権国家の世界で、各国家は自国の利益の増進のために最善を尽くすだけで、ただ非難されるべきものがあるとすれば、それ

3. 嘘の二人――グロムイコとポノマリョフ

は彼らが犯した失策に限るのであり，犯罪に対してではない[36]。主権国家の世界で各国家はそれぞれ国家利益を追求し，その過程で戦争は必然的に起きるものである。ある戦争は計画的に，そしてある戦争は誤算によって発生するという違いがあるだけだというのである[37]。

現実主義者たちが，主権体としての国家と最高政策決定者を同一視する誤謬を犯しているのは事実であるが，それでもこれは有用な説明方式である。国家はさまざまな代案の中で，戦いを選択したという意識を持って戦争に突入する。決定的な誤認による戦争であれストレスによる情緒的に不安定な状態で決定された戦争であれ，特定の状況で他の諸代案を差し置いて戦争を選んだ者は誰でも自分自身が合理的な選択をしたと信じるし，また戦争を遂行するために支持あるいは黙認をしてもらいたい人間に対しては自分の決定を正当化しようとする[38]。

アフガニスタンへの出兵決定に関するソ連指導部の正当化の論理はこのカテゴリーを超えない。すなわちソ連の指導部を構成するメンバーは当時としては最善の選択をし，それ以上の代案はなかったとほのめかしている。ブレジネフは，軍事作戦が始まった後行われた『プラウダ』紙とのインタビューで，「簡単ではなかった決定」について触れ，アフガニスタンというソ連と隣接した南方の地域が帝国主義の軍事的橋頭堡と化すのを容認できなかったと主張している[39]。自国に対する帝国主義の脅威を感知し，それを封鎖するために武力介入を選択したというのである。

ポノマリョフの主張はもっと明確である。アフガニスタンからソ連軍の完全な撤収が行われてから2年後の1991年，ポノマリョフは「全ての責任を持って自信をもって」当時のソ連指導部の雰囲気について「断言」した。「わが指導部は南の地域にわれわれに非友好的なもう一つの政権が出現する可能性を真剣に心配していた。われわれに向かって照準を定めたロケット・ミサイルを恐れていた。軍隊を投入したのは侵略を事前に防ぐための措置であった……これはただの宣伝用の常套的な台詞に過ぎないものでなく，当時の指導部の実際的な気持ちの反映であった。彼らは本当に確信していた。軍隊は警備の役目のみを果たし戦闘行動には加わらないというのを。[40]」10年前のブレジネフの言葉と変わったところはない。

ポノマリョフは自分の立場がどうだったかについては口を噤んでいる。「国際問題の分野に関してはブレジネフが完全に信頼していた外務省があった。この問題（アフガニスタンに対する軍事介入）と関連しては誰も私と協議しなかった。決定の採択に関しても。公式的にせよ半ば公式的にせよ、誰も私に告げてくれなかった……当時はアンドロポフが大きな役割をしていた。彼の部下たちはチェコスロバキアでバブラク・カルマルを捜し出し、彼を新しいリーダーとして用意した。ブレジネフはアンドロポフを非常に信用していた。私はすべての事実を事後に知らされた。実際的な仕事や重要な理論的な問題において私がしたことは何もない。(41)」自分がアフガニスタン出兵に関する問題において何もしておらず、誰も自分と相談せず、しかも誰にも知らせられなかったので事後に知ることとなったというのはまったくの嘘である。

　12月12日の最終決議書を決めた会議参加者のリストにはポノマリョフの名前がはっきりと書かれている。もちろん彼の署名はないが、ポノマリョフは政治局員ではなかったのだから、それは当然である。記録の作成者が出席していない彼の名前を書き込むミスを犯したのでなければ、ポノマリョフは最終決定を知っていたに違いない。実質的な軍事作戦に関する作業には加わっていなかったであろうが、彼は確かにアフガン・トロイカ（アンドロポフ、グロムイコ、ウスチノフ）(42)と一緒にアフガニスタン問題に関する現地からの報告書の検討と政策の立案に加わっていた(43)。理論的な問題においても彼は全く無関係ではなかった(44)。

　このような嘘を否む彼の証言の中で、特に注目を引くのはアンドロポフに関する言及である。第2節で述べたように、1979年12月に入ってからのアンドロポフの主導的な動きは確かに目につくものである。しかしアンドロポフがどのような認識の変化過程を経て積極的な考えを持つことになったかは検討を要する(45)。さらにポノマリョフの証言の中で、当時のソ連指導部の雰囲気に触れた部分は一種の決まり文句でもあるが、ある程度の真実味を帯びているとも見られる。ソ連指導部の安保に対する懸念はグロムイコもポノマリョフと同じ脈絡で確認している。

　グロムイコは自分の息子の口を借りて証言している。「ブレジネフはタ

3．嘘の二人──グロムイコとポノマリョフ

ラキーの死に衝撃を受けた……タラキーはその直前まで彼の友だったから，彼の死でブレジネフは侮辱を受けたと思った。結局アミンの一派がアメリカの方へ寄りかねないと彼は憂慮したのだ……1979年に政治局や中央委員会，そしてソ連の諸共和国の指導部のどこにも，誰一人もアフガニスタンの要請に答えること，つまり軍事援助に反対する者はいなかった。そのような反対意見が当時の私に明確に知らされたこともない……今日ではそのような決定が扉の閉められた中で何人かの最高指導者によってなされたと言われている。しかしそれは当り前のことだ。彼らは政治局員たちだったのだ……この政治局の決定はソ連共産党中央委員会総会で満場一致で承認された。(46)」グロムイコもポノマリョフと同様に自分の責任の部分においては逃げ腰であるが，それでも明確に伝えているのは，アフガニスタンが帝国主義の橋頭堡となりかねないとの恐怖心が当時の指導部を支配したということである。そしてそのような雰囲気は当時のソ連指導部中の誰もが承知していたと主張している。アフガニスタンへの軍事介入が1980年6月ソ連共産党中央委員会総会で満場一致で事後承認されたということは彼の次官コルニエンコも述べている(47)。

　グロムイコとポノマリョフが強調する内容は，自分たちの責任を回避する幾つかの虚偽を除けば相当な説得力を持っているかのように見える。結局，武力介入の外には別に代案がなかったということをほのめかしているのである(48)。ところが，1979年当時ソ連外交の最高責任者2人の言葉は奥歯に物が挟まったような言葉である。すなわち彼らは状況論理を持って自分たちの歴史的冤罪を主張しながら共通の過誤を一つ隠蔽している。それは1979年ソ連とアフガニスタンの関係における状況判断の誤りと失敗である。軍事介入の決定に直接かかわっていなかったにせよ，軍事的解決に反対したにせよ，ソ連とアフガニスタンの関係を出兵以外には代案のない状況へ押し込んだのは，彼らの外交的な失敗である。2人は自分たちの外交政策と外交的な努力が失敗したという事実を隠しているのである。

　ことが軍事介入あるいは武力鎮圧の状況に至ることとなったというのは，結局ソ連の政策が失敗したということを意味する。言い換えれば，ソ連の指導部が支持してきた特定地域の共産主義者たち（アフガニスタンの

場合はハフィズーラ・アミンの勢力）がソ連の意図する政策に適合的でないものと分かったことを示すのである(49)。一つの政権を武力介入を通し除去しようとする決定は決して簡単な問題ではない。武力行使はいつも危険をもたらすものであり，代償を払わねばならぬものであるからである(50)。したがって如何なる国家においてもそれはいつも最後の手段とならざるをえない。何故ソ連の対アフガニスタン外交は最後の手段に頼らざるをえなかったのか。グロムイコとポノマリョフの外交的努力はどうして失敗したのか。

真のストーリーは武力を使用しようと決定したあの瞬間の気象のみに存在するものではない。暴風雨が押し寄せるまでの長い時間，幾重にも重なって下された数多くの決定の中に存在するのである(51)。代案の見つからない状況で，ソ連の指導部は彼らの考えでは最善の決定を下したのかもしれないが，そのような最終決定は暴風の押し寄せるあいだに行われてきた数え切れないほどの状況判断や諸決定の上に成り立つものである。A. J. P. テーラーの主張どおりに，外交政策上の誤判と失敗は犯罪行為として裁かれるべきではないとしても，その責任は問われなければならない。それは「高くつく誤ち」だったのである(52)。ほんとうに代案は見出されなかったであろうか。現実主義者の言う「国家利益」や「安保」という，すべて説明できるが，しかし結局何一つ具体的なことは説明できない概念だけで，ソ連のアフガニスタン出兵を整理してもいいのだろうか。

いわゆる冷戦の監獄の中から国際関係を眺めるこの様な態度は政策決定者たちの話だけではない。アフガニスタン侵攻に関する現在までの多様な研究もこのような視角と軌を一にする場合が多い。すなわち，ソ連のアフガニスタン侵攻がどのような失態と誤算の積み重ねの結果であったかという問題意識よりは，ソ連は如何なる目的を持ってアフガニスタンへの出兵の断を下したのか，或いはどのような安保への懸念に促されたのかなどの問題意識のもとで結論を出しているのである。したがって結果としてはグロムイコやポノマリョフの出兵正当化と西側の諸研究の結論はあまり大きく違っていない。

4.「口実」と「同調」——ソ連の公式的説明と研究の第1世代

　古代ローマの歴史家ポリビウスは,「発端」,「口実」, それから「原因」の三つの要素を持って戦争を説明する(53)。「発端」とは, 決定された戦争における最初の作戦あるいは行為を意味する。アフガニスタン戦争の場合は, ソ連軍空挺部隊とKGBスペツナズ (特殊部隊) のカブール進攻作戦およびトゥルケスタン軍管区兵力の越境作戦がこれに該当する。「口実」とは戦争への突入の際に宣言された理由である。これは主に戦争に踏み出した側が標榜する公式的な開戦理由である。アフガニスタン出兵の場合, 誰からも宣戦布告が発されていないため, 開戦理由と言われるべきものは, 実際にはないだろうが, 武力を投入するにあたってソ連政府が提示した説明は, ポリビウスの「口実」に当たる。

　それから「原因」とは, 戦争への決定に実質的に影響を与えた要因のことである。ポリビウスが戦争の研究において, 歴史家として徹底に究めるべき部分であると論じたのは, 他ならぬこの「原因」であった。彼に言わせれば,「口実」はきわめて虚弱な正当化に過ぎず, 不器用な作り話か, 不合理な偽りの主張である場合が多いという(54)。

　1979年12月27日, ソ連共産党中央委員会政治局は「アフガニスタンをめぐる状況の発展に対するわれわれの措置について」という議題の下で会議を開き, 社会主義諸国のソ連大使館と国連駐在ソ連代表部へ送る訓令とタス通信の報道文, アフガニスタンの新指導者カルマルへの祝電, 宣伝対策案, ソ連共産党の各下部組織と社会主義諸国の共産党への書簡など, 8件の文書を確認し採択した(55)。ソ連指導部は, ポリビウスの「口実」に当たるものを作り上げたのである。

　ここで採択された訓令と書簡は, それぞれの表現は少しづつ異なっているが, その基本的な内容は, いずれも自分たちの軍隊投入行為を正当化する「口実」として標榜されるべきものである。すなわち, 各文件はそれぞれ受信の相手が考慮され, 強調のポイントが若干異なっているものの(56), 概ね次の四つを出兵の不可避性の理由として, 提示している。

まず第一に，アフガニスタンに対する帝国主義者たちの武力干渉を撃退する必要があったという。「目下状況はアフガン人民により民主的かつ進歩的に成し遂げられた，1978年4月革命の基礎が深刻な脅威の下におかれているのである。アフガニスタンの状況に対する列強の重大な干渉が続けられているだけでなく，その規模もますます増大しつつ，国境外から浸透してくる反乱分子および叛軍への武器提供や軍事的組織化が，アフガニスタンの領土で恣行されている。このような干渉の目的は明らかである。革命の勝利の結果として，アフガン人民により樹立された民主的かつ進歩的秩序を転覆しようとするのである[57]。」

　第二に，アミンの脱社会主義的な独自路線に対する憂慮があった。「アミンと彼を支える側近グループは，アフガン革命の指導者タラキーと，他の多数の優秀な働き手を無慈悲に裏切り，除去し，革命の理想と社会主義的国際主義課業，そしてパルチャム派とハルク派を含む数百数千人の共産主義者たちを大量弾圧した。したがって，外部からの干渉とアミンによって行われたテロは，四月革命の成果を事実上崩壊させかねない脅威と化した[58]。」

　第三に，社会主義国家の革命を支援するために，ソ連は国際主義的義務を遂行するべきであり，このような協力的姿勢はソ連―アフガニスタン友好条約，国連憲章の規定に従うものであるという。「このような状況で，現在アフガニスタン国内にいる，また周知の理由で海外にいる，革命課業に忠実な人々によって組織されたアフガニスタンの諸勢力が，現に簒奪者を除去し，四月革命の成果とアフガニスタンの独立を守るために措置をとっている。このすべての事実と，外部からの侵略の撃退における新しいアフガニスタン指導部の支援および協力要請を考慮し，ソ連は自らの国際主義的義務を遂行し，アフガニスタンへソ連軍の限定的分遣隊を派遣することにした。この兵力は，そのような行動の必要性を引き起こした原因が消滅すれば，直ちに撤兵させる。……アフガニスタン指導部の要請に対するソ連の肯定的な応答は，国連憲章第51条の規定に基づくものでもある。この条項は，侵略の撃退や平和の復旧を目的とする集団的・個別的な自衛に対する国家の奪われざる権利を規定しているのである[59]。」

4.「口実」と「同調」——ソ連の公式的説明と研究の第 1 世代

さらに,ソ連共産党の中央委員たちと党の下部組織に送る書簡には,第四の理由がつけ加えられている。「上記の措置の実現において,政治局はアフガニスタンの戦略的状況をも考慮した。アフガニスタンはわが国境に接して位置し,ソ連の中央アジア諸共和国と隣りあっており,非常に長い国境をともにして接している。しかも遠くないところには,中国が位置している。したがって,わが社会主義祖国の安全に関する憂慮を表明する必要がある[60]。……」南方国境地域の安保に対する危機意識があったということである。

このような出兵の 4 要因論は,アフガニスタンへの武力介入に関するソ連政府の公式的な立場であり,ポリビウスのいう「口実」である。第 3 節の二人の証言者グロムイコとポノマリョフも,この脈絡から大きく逸れていない線で,自分たちの立場を擁護している。二人が責任編集して 1980年に出版された『ソ連外交白書』にも,やはりアフガニスタン出兵の理由として上の 4 要因が記述されている。1)米国,中国,パキスタンの反アフガニスタン,反ソ連的な武力干渉,2)アミンの反革命的姿勢と米国への傾斜,3)アフガニスタン政府の出兵要請および 1978 年のソ連—アフガニスタン友好条約,そして国連憲章第 51 条,最後に 4)南部国境に対する安保上の危機意識がそれである[61]。

ソ連の崩壊以前,すなわちソ連共産党の資料への接近が現実的に不可能だった時期の西側での「ソ連のアフガニスタン進攻」に関する諸研究は,非常に複雑な知的プロセスを経ながらも,出兵の原因に至ってはソ連の公式的な「口実」の枠を超えることができなかった。ソ連政府の言う出兵理由の説明は確かに,国家としての状況論理に忠実なものであり,出兵そのものを政策遂行の有用な手段としてとらえる視角である。事柄がブラックボックスの中に置かれ,アクターの内面への観察を可能にさせる資料がほとんどなく,不信と対決の論理が支配する時代の研究では,このような認識の枠組みを克服するのは,そもそも無理であるだろう。

しかし,そのような 1980 年代にもソ連—アフガニスタン関係に関する優れた研究がいくつか出ている。米国のベトナム戦争と同様,研究の主な主体は,現場で働いた記者である場合が多い。ソ連のアフガニスタン出兵

だけを単一のテーマとして取り扱った研究はなかったが，それでもソ連―アフガニスタン関係の研究の中で，最も大きな論点として「アフガニスタン出兵」を分析しているものである。1982年に出版された2つの研究，A.ハイマンの『ソ連支配下のアフガニスタン：1964―81年』とB.メールの『革命アフガニスタン』は，前者はジャーナリストとして，後者は地域研究者として現場での生活経験および資料収集を基にソ連―アフガニスタン関係を眺望している。ハイマンの研究はソ連の出兵過程を独立した論点としてとり上げていないが，メールの研究はいわゆるソ連の進攻までのNDPA政権，特にアミンの対ソ政策を主なテーマとしている。彼女の場合は，ソ連の影響から独立しようとする革命家アミンの姿を描いている点では非常にユニークな研究とも言えるが，かえってそのような先入観が資料解釈の歪曲を招いている。すなわち主な資料として活用しているハルク政権の出版物や『カブール・タイムズ』などの政府機関紙をほとんど批判なしに分析しているのである。それでも，これはソ連のアフガニスタン出兵の原因と過程をモスクワとアミンの対立構図から分析している研究としては，ほとんど唯一のものである。

　ソ連のアフガニスタン出兵をメインテーマとして本格的に分析した研究が出始めたのは1983年以降のことである。同年出版されたH.ブラドシャーの『アフガニスタンとソ連』は，ジャーナリストとしての取材経験と動員された資料の豊富さおよび現場感から，アフガニスタン戦争の研究者によって最も多く引用されている研究の一つでもある。それ故に，ソ連のアフガニスタン出兵に関する限り，最も事実に近い古典的研究として評価に値する作品であると思われる。ところが，ソ連の公式的な「口実」への「同調」傾向においては，彼の研究も例外ではない。美徳がかえって短所の原因となったとも言えるだろうか。社会科学の対象となる現象，とくに国際政治現象においては，すべての先行事件が分析対象事件の原因となるとは限らないだろう。ブラドシャーはソ連の出兵原因として，1)安保への懸念，2)イデオロギーおよび軍部の圧力，3)世界共産主義運動におけるソ連の権威確保，4)インド洋への進出や資源確保，5)対米関係悪化による抑制要因の不在，それから6)第3世界との関係が悪化しないという

4．「口実」と「同調」── ソ連の公式的説明と研究の第1世代

確信を挙げている(62)。確かにどれ一つとっても常識から外れた要因はないが，これらの中心には国家の行動であれば何でも説明できる「安保」という現実主義の基本概念が据えられている。しかも要因が多すぎるし，検証されがたい要因も含まれている。

翌1984年出版されたT.ハモンドの『アフガニスタンの赤旗』は，米国をはじめとする南アジア諸国の外交関係者，とくにアフガニスタン問題と関わりのある人々とのインタビューを中心資料として書かれた研究である。彼の研究もブラドシャーの研究とともに，最も参考にされている労作であるが，本論である侵攻の原因においてはブラドシャーとの違いはあまり見受けられない。1）安保とイデオロギー（ブレジネフ・ドクトリン）をはじめとして，2）ムスリム熱狂主義への恐怖，3）伝統的なロシアの膨張主義，4）アフガニスタン内政混乱への懸念，5）米国の反発をあまり受けないという思惑，6）デタントの壊滅，7）ソ連軍部の圧力，8）中国に対する恐怖感，それから9）自然資源への欲求を列挙している(63)。検証されがたい要因が多すぎるという点からも，また安保とイデオロギーを中心概念として使っている点からも，ブラドシャーの研究と同じ脈絡に位置すると言えよう。

このような傾向は，1985年に出されたJ.コーリンズの『ソ連のアフガニスタン侵攻』(64)，1988年出版されたM.アーバンの『アフガニスタン戦争』(65)，1989年ジョージ・ワシントン大学に博士学位論文として提出されたQ.アミリャールの「アフガニスタンに対するソ連の影響，浸透，支配，それから侵攻」(66)などによって，受け継がれている。

1980年代の研究として，これらの諸研究とは違う角度からソ連のアフガン出兵を扱ったJ.ヴァレンタの短い論文「1979年，ソ連の対アフガニスタン政策決定」がある。題目から分かるように，この研究は分析のレベルを，国際政治舞台のアクターとしてソ連の認識や行動だけではなく，いわゆるブラックボックス内部にまで下げ，その政治プロセスを推論した論文である(67)。見えないところを分析しようとした優れた研究ではあるが，中心概念は上述の諸研究と同じである。その上チェコスロバキア侵攻との比較や類推に大いに頼っているだけに，かえってソ連─アフガニスタ

ン関係の独自性を見失っているところも目立つ。

　1980年代のこのような諸研究は，確かに社会科学的思考のフレームに忠実なものであり，時代感覚にも応えているものである。ポリビウスのいう「原因」を探り出すために，膨大な資料を集めて分析した多大な努力の産物であり，その分析の知的プロセスや結論においても1990年代の観点から見て決して劣らない，ソ連のアフガニスタン侵攻に関する研究の主流である。しかし，このような諸研究は，1979年当時のモスクワが非常に冷徹でかつ合理的判断をしているという前提の上に成り立っているものであり，合理的行動アクターとしての国家の安保，イデオロギーなどに対する懸念という学問的には現実主義的国際政治の概念，現実的には冷戦の対決構図のフレームを用いているものである。その結果，ソ連政府の言う公式的出兵要因と，これらの研究が提示する侵攻原因との違いがどこにあるのか，見分けが難しくなる。

　このような研究の流れに変化をもたらしたのは，1989年2月のソ連軍のアフガニスタンからの撤兵によるソ連内部での開戦責任論争と，ソ連の崩壊による旧ソ連共産党アーカイヴの開放である。1990年代に入って，ソ連のアフガニスタン出兵に関する研究の主な論点が，誰が開戦のイニシャティブをとったのか，どうしてそのような非合理的な決定が下されるようになったのかなど，分析レベルの観点から言えば，国家の対外的行動の国内的要因の探索に移されるようになったのである。安保への懸念，地域での国家利益への考慮など，90年代の研究にもまだ80年代のかけらが残っているのも事実であるが，それでも分析の焦点が変わりつつあるのも確かである。なお，さまざまな新しい資料の発掘と解釈が，このような研究の流れの変化を裏付けている。

　結局は，戦争の主体が崩壊することによって，その戦争の始まりが見直されるようになったといういかにも皮肉なことであるが，ともかくこういった雰囲気や資料事情の変化を基準としてみれば，1980年代の西側での「ソ連のアフガニスタン出兵」に関する諸研究は関連研究史における第1世代，それから90年代の新しい変化とともに登場し始めた諸研究は，第2世代をなしているとも言えよう。

5．研究の第2世代と新しい資料

　第2世代とは言え，研究の蓄積と資料解釈の正確さの面から見れば，まだ研究の「始まり」に過ぎない。すなわち共通の論点も整っていなければ，充分発掘されていない限られた資料の解釈も正確さを欠いているものが多い。

　旧ソ連およびロシアでは，アフガニスタン出兵の真実に迫りたいという気持ちから，アフガン戦争に参戦した軍人や従軍記者たちの，豊富な資料に基づいた研究が出始めている。1991年に出版された二つの研究は，おそらくロシアでのアフガン戦争に関する研究としてはスタートを切ったものと言っていいであろう。まず歴史学準博士 N. ピーコフ大佐外2人が共同執筆した『アフガニスタン戦争』は，主に1978年から1990年までのアフガニスタンの実情，ソ連―アフガニスタン関係およびソ連軍の戦いの様子を描いている。主に西側の研究や資料を参考にして分析しているが，1979年のことにおいては既にソ連の新聞に紹介された資料，すなわちカブール現地からの報告書などを整理し，再紹介している。国防省の資料を参考にして，1979年11―12月のソ連軍の動きを説明していると思われるが，その典拠は明らかにしていない。肝心なところである出兵の原因や決定のイニシャティヴをとった人物については，はっきりしたことを述べていないが，カブール政権からの数多くの出兵要請があったこと，出兵の決定がブレジネフを中心とする少数の「柔軟性の欠如した」ソ連指導部メンバーによって下されたことを強調している[68]。

　同年出版された A. リャホフスキー大佐とソ連国防省従軍記者 V. ザブロージンの『アフガン戦争の謎』[69] は，資料動員の面では，ピーコフらの研究より優れている。ソ連の新聞に紹介された資料はもちろん，自分たちがモスクワとカブールで集めた関連資料を大いに紹介している。しかし，彼らの研究にも資料の出所は明かされていない。したがって，資料追跡は不可能であるが，第40軍の記録など軍関係の資料を多く紹介している面では，価値のある研究とも言えよう。ピーコフの研究と同様，政策決定過

程については詳しく分析していない。

　この2つの研究以外にも，ソ連では1991年にアフガニスタン侵攻に関する研究がいくつか出ている。同年3月と4月号の『ズナーミャ』誌には，D.ガイとV.スネギリョフという2人の記者が，アフガニスタン侵攻の関連者たちの話を聞き取り，非常に重要なインタビュー論文を掲載している[70]。同じく1991年7月から12月までの『ソ連兵士』誌，それから『ナーシ・サヴレメンニク』第9号はそれぞれ，やはり国防省記者であるN.イヴァノフのノン・フィクション風の研究「アフガニスタン戦争はいかに始まったか」と「暴風333」を載せている[71]。イヴァノフは，カブールの米大使館の国務省への報告書や関連者とのインタビュー，ソ連で公開されている資料などに基づいて専ら1978—79年の状況を述べているが，きちんとした研究の形を取っていないため，資料の典拠をも明かにしていない。恐らく研究書あるいは研究論文の形では言えないことを，わざと小説風で言いたかったのだろう。しかし，彼の作品の中で紹介されているすべての資料は，実際に存在している資料と一致している。

　これら旧ソ連時代の諸研究は，まだソ連共産党アーカイヴへの接近が不可能だった時期のものであるため，政策決定過程に関する分析やカブールとモスクワの政治的作用と反作用に関する分析においては物足りない感じがしないものでもないが，新しい資料の動員の面と国際政治構造から脱皮したアプローチの面から，第2世代研究の先駆けとも言えよう。

　西側では1994年になって，新しい研究が出始めている。ロシアの専門誌，『近現代史』誌の同年3—4月号に載った，ノルウェーの研究者O.ウェスタードの論文「アフガニスタンへのソ連軍投入の前夜，1978—1979年」[72]は，カブール駐在ソ連大使プザノフが1978年と1979年の2年間ソ連共産党中央委員会に送った報告を中心資料にしてソ連軍出兵の原因を論じている研究である。プザノフを通じて見たモスクワのカブール認識を分析している面では，はじめての研究であるが，やはり軍投入前夜のソ連指導部の様子や認識については分析していない。本書の所々で指摘するが，ウェスタードの研究においては，事件の時間的前後関係におけるミス，そして出兵の原因を導くにさいしての誇張解釈も目につく。

5. 研究の第2世代と新しい資料

　同じく1994年，米国のR.ガーソフは著書『デタントと対決』の改訂版に約100頁の分量の補足を加え，ソ連のアフガニスタン侵攻に関する新しい研究を発表している(73)。ソ連共産党の公開資料，ソ連での先行研究と回想，そして関連者とのインタビューなどを中心資料にして，主に1979年のことを分析している。彼の研究は，新しい資料について批判的検討を行っていないこと，それ故に資料解釈上のミスがあること，それから資料紹介が重視され，あまり体系的な分析にはなっていないことなどの限界はあるが，ウェスタードの研究とともに西側ではほとんど先駆的な「ソ連のアフガニスタン出兵研究の第2世代」をなしている。

　1995年には米国で2冊，ロシアで1冊の研究，それから日本で1編の修士論文が出ている。アフガニスタンからのソ連軍撤兵の国連側関連者D.コルドヴェスとカーネギー国際平和財団のS.ハリソンの共同著作『アフガニスタンからの撤兵』(74)は，主にソ連軍の撤兵過程を分析している研究であるが，最初の1章はハリソンの「介入への道」という介入過程の分析となっている。関連者とのインタビューが中心資料となっているため，精緻な体系的分析とは言えないが，KGBとGRU，ヴァンスとブレジンスキーなどの対立の構図の中で，ソ連とアフガニスタン，米国とアフガニスタンの関係を見ているのは独特な観点とも言えよう。しかし資料による説得力はない。同年出版されたM.カカールの研究『ソ連の侵攻とアフガニスタンの反応，1979―1982年』(75)と同じく，検証されがたい証言に頼っているのも気になる。

　同じ1995年，ロシアで出版されたA.リャホフスキーの『アフガンの悲劇と勇気』は，アフガニスタン戦争の全期間をテーマにしているが，現在までの研究の中では最も膨大な資料を紹介している研究である(76)。それだけに綿密な検討，分析は不足している著書であるが，政治局の会議録などの原資料をそっくり転載しているため，資料集としては価値がある。そして，静岡県立大学大学院に提出された金成浩の修士論文「ソ連のアフガニスタン侵攻：対外政策決定の分析」(77)は，ソ連のアフガニスタン出兵に関しては日本でのほとんど唯一の研究である。彼は題目通り主に国内の政治プロセスに焦点を当て，政策決定における組織および個人レベルの立

場を分析している。グロムイコを中心とするアフガニスタン委員会内でアンドロポフあるいはウスチノフのどちらかが出兵の提案をしたという結論は正しいと思われるが，彼の論文は時間の流れを考慮しないモデルに準拠し叙述されているため，時系列的な分析すなわち各アクターの認識の変化やそれをもたらした事実の分析を欠いている。

　これらの最新の研究を含めて，いわゆる第2世代の研究の基本軸をなしているのは，ロシア側の新しい資料の紹介や利用，それからそれによる分析焦点の変化である。しかし，その焦点の変化にもかかわらず，ソ連のアフガニスタン出兵の内部的「原因」および出兵の音頭をとったイニシエイターについては，上述した諸研究が共通に「安保への懸念」と「ブレジネフ，グロムイコ，アンドロポフ，ウスチノフ」とするという線を示している。これは第二世代の研究にとって克服できない壁でもある。

　実際には1979年3月から12月までの間，ソ連指導部のカブール認識および政策は大いに変化している。その過程でモスクワの思惑はもちろんカブールの思惑も揺れ動いていく。もちろん，アフガニスタンに対する伝統的なソ連の政策，米ソ関係，イランを中心とするイスラム諸国の混乱に対するモスクワの恐れなどの外部的「原因」もソ連のアフガニスタン出兵の分析には欠かせない背景的要因ではあるが，当初の不介入方針から介入へと変わったモスクワの認識の変化の中心におかれるべきはカブール政権，カブールのソ連人，モスクワ指導部，そしてモスクワのアフガニスタン人たちとの間の行動とそれに対する反応の積み重ねであり，そのような相互作用とともに生じたモスクワの権力構造の変動およびカブール政権の変化である。

　出兵政策そのものは，国家の指導部が下した，最終的には合理的な政策といえるだろうが，その過程に登場した人物たちの認識や思惑，行動などは必ずしも合理的であったとは言いがたい。たとえば，ガーソフは「ソ連の利益を守るためには出兵以外には代案がなかった」と結論づけることによって，結局合理的な政策決定者であれば出兵せざるをえなかったというふうに論理を展開しているが[78]，政策決定者を代案のない状況に追い込んだのは，現地の政局変化，それをモスクワに報告したカブールのソ連人

たちのさまざまな視角，彼らからの報告を受け入れて処理しているモスクワの政治構造および構成人物たちの認識や政策の変化なのである。

　本書は，このような諸変数の相互作用の過程を観察し，不介入が介入へと変わっていく過程，小さな不合理の総和が大きな正当化（出兵政策）に転化する過程を，モスクワの権力構造，カブールの権力構造，それからモスクワとカブールの相関関係，その狭間に存在している人間たちの行動を中心に分析しようとするものである。そうすることによって，ソ連指導部をアフガニスタン出兵という政策に走らせた真の内部的「原因」は何であったか，それからモスクワで誰を中心とするどのグループが，非合理的な結果を招く政策（自分たちは合理的であると思っただろうが）を選択せざるをえなかったかを，明らかにできると考える。

資料について

　1989年10月18日号『赤い星』紙は，同年のアフガニスタンからのソ連軍撤兵から始まったアフガン戦争をめぐるソ連内の論争の雰囲気を反映したかのように，1979年当時カブールのソ連人代表たち（ソ連大使，中央軍事顧問団長，カブール駐在KGB）がモスクワに送った一連の報告書の抜粋を紹介した。主にソ連軍兵力の派遣を要請しているもので，これだけでは実際にアフガニスタン政府からの派兵要請を断われなくなったソ連政府が，それに応じたのが12月のアフガニスタン出兵であるかのような印象さえ与えかねない。しかし，これは1979年カブールとモスクワの間に，一体どういうやりとりがあったかを伝える直接の資料としてはじめて公開されたものでもある。

　その後，少しずつ入れ替えはあったものの，ほとんど同じ内容の資料が1990年12月27日号の『コムソモリスカヤ・プラウダ』紙，それから1991年6月23日号の『トルート』紙に載っている。もちろん『トルート』紙には，1979年4月のアフガニスタン委員会の提案書の一部，それから12月4日のアンドロポフとオガルコフの提案書が紹介されるなどの進展はあった。しかし1991年までに公開された資料というのは，ソ連共

産党中央委員会とソ連軍参謀本部のアフガニスタン関連資料のごく一部であり，政策決定に関する政治局の会議録などが公表されるのは1992年以後のことである。したがって，上述したピーコフやザブロージンの研究が，1979年に関する限り，既に発表されたこれらの資料を再紹介するに止まっているのも理解しがたいことでもない。

ところが，1992年に入り資料事情は急激に変化した。同年11月15日号『ワシントン・ポスト』紙は，モスクワ特派員マイケル・ドッブスが調べたソ連共産党中央委員会のアフガニスタン関連資料に関するレポートを報道しながら，1979年12月12日のいわゆる出兵の最終決定に関する政治局の決議（手書き）案をそっくりコピーして紹介している。その後，この決議案は，1993年3月号の『歴史の諸問題』誌，ウッドロー・ウィルソン・センターの冷戦国際史プロジェクト・チームが発刊している『冷戦国際史プロジェクト・ビュレティン』誌の1994年秋号，それから同年冬の『新時代』誌第49号にも紹介されるようになった。特に『歴史の諸問題』誌は，1979年12月26日，27日の政治局会議，それから1980年1月4日のグロムイコとアフガニスタン外相との会談に関する資料も紹介しているし，『ビュレティン』誌は，1993年の秋号に続いて，1979年3月と4月の政治局会議に関する資料も一部翻訳紹介している。

おそらくこのような資料事情の変化を反映しているのが，1995年のリャホフスキーの『アフガンの悲劇と勇気』である。これは，1991年に出たザブロージンとの共著『アフガン戦争の謎』とは違い，政治局の会議録などを多く紹介している。たとえば，モスクワがアミンを破門に処し，彼を除去しようと腹を決める契機となった1979年10月29日のアフガニスタン委員会の提案書（リャホフスキー自身はこの文書の重要性にあまり気づいていなかったらしい。文書が作成された日付さえ間違えている。）を，一部ではあるが，紹介しているのである。上述の『トルート』紙にも，この文書の一部は載っているが，非常にわずかな部分であったため，その重要性さえ気付かれない程であった。このような意味でリャホフスキーの新著は，前述のガイとスネギリョフのインタビュー論文と同様，資料集として価値あるものである。

5. 研究の第2世代と新しい資料

　これらの資料の一部を含めて，1979年から1980年代半ばまでのソ連共産党政治局のアフガニスタン関係の会議録を中心とするロシア現代文書館とロシア大統領府文書館の資料の一部が，米国のジョージ・ワシントン大学ゲルマン（Gelman）図書館の National Security Archive（NSA）に複写版の形で納められている。本書では，その中で1979年から1981年までの資料約40件を利用している。

　これらの公式的な資料以外にも，現にロシアではアフガニスタン戦争や出兵過程に携わっていた人物たちの回想が続々と出ている。1989年9月28日号の『文学新聞』紙に発表されたグロムイコの回想（彼の息子アナトリー・グロムイコとイーゴリ・ベリャーエフとの対談形式を借りたものではあるが）を筆頭に，1990年12月と1991年1月号の『国際生活』誌には，グロムイコの代理人として1979年5月から12月までカブールのソ連大使館の副大使の資格でタラキー，アミン，それからアフガニスタン外務省の人間たちと接触したヴァシリー・サフロンチュクの回想「タラキー時代のアフガニスタン」と「アミン時代のアフガニスタン」[79]が出たし，1993年5－6月号の『近現代史』誌には，当時のソ連外務次官コルニエンコの回想「アフガニスタンへのソ連軍の投入および撤収の決定はいかに下されたか」[80]が載せられている。サフロンチュクの回想はある程度アミンに対する偏見を表わしているが，前述のNSA資料の中の彼の報告書とともに，ソ連外務省の対アミン観を探るのに重要な資料である。そして，コルニエンコの回想もアフガニスタンに対するソ連外務省の認識変化を読むのに役立つものである。ソ連外務省筋の人間の回想としては1995年出版された駐米大使A.ドブルイニンの『ここだけの話だが』もある。ドブルイニンは，特に1979年アフガニスタン出兵について，独自の資料探索や分析を行っている[81]。

　1991年秋頃の『新時代』誌の第38－41号は，1979年当時カブール駐在KGBの副責任者であったアレクサンドル・モロゾフ大佐の回想「カブールのレジデント」を連載している[82]。彼の回想は，幾つかの事実や日付における間違い，そして他の現地ソ連人への偏見はあるものの，アフガニスタン出兵に至る過程でのKGBの役目や認識を比較的詳しく書いてい

る。それから，アフガニスタン問題に核心的な資料であるとは言えないが，同じく中近東地域KGB要員であったL.シェバルシンの回想『モスクワの手：ソ連情報責任者の回想』も，1992年に出版されている。

軍関係者のものとしては，1993年10月から1994年1月まで『軍事史ジャーナル』誌に連載されたB.メリムスキー将軍の回想「カブール―モスクワ：注文による戦争」[83]がある。彼は1979年8月カブールに派遣されたパヴロフスキー代表団の参謀役を務め，出兵とアフガニスタンへのソ連軍進駐以降の全過程に深く携わった人物である。それだけに，彼の回想は軍事的な面から見たソ連の対アフガニスタン観を覗くには役立つ資料の一つとなる。その他に，カブール侵攻当時のソ連軍の軍事的動きに関するほとんど唯一のものとして，1995年11―12月号の『軍事史ジャーナル』誌に紹介されたA.ククーシキンの回想「カブールはいかに掌握されたのか」[84]がある。ソ連軍空挺団の情報将校であった彼の回想は，いままで明かされていなかった1979年12月27日のカブール侵攻作戦を詳細に描いている。これらの回想は，事実や時期，それから観点において多少の誤謬を持っているため，他の資料との照会および批判的検討を綿密に行ってから参考にするべきであるということは言うまでもない。

西側の資料としては，もちろん当時の米国の政策決定者たち，すなわちカーター大統領，ヴァンス国務長官，ブレジンスキー安保補佐官などの回想[85]があるが，回想以外の一次資料として最も重要なのは，1978―1979年カブール駐在米国大使館が発信・接収した国務省への報告書と本国からの訓令，それから他の国の米大使館から寄せられた参考文書のコレクションである『米国スパイ巣窟の記録』である[86]。1979年にいわゆるイラン革命が起こるまでテヘランのアメリカ大使館はCIAの中東地域の拠点としての役割を果たしていたため，同年11月イランの過激派学生たちが大使館を占拠した際，彼らにより奪われた文書の量は膨大なものであった。占拠の直前一部の文書はシュレッダーに入れられ破棄されたが，イラン政府がこれらをも復元し（念のために，この論文では復元された文書や作成者および日付，宛名の不明な文書は参考していない），1982年に全体の文書を集めて『米国スパイ巣窟の記録』という書名で，54巻で出版したのであ

る。各巻の半分はペルシア語の翻訳文，そして残りの半分は英語原文のコピー文となっている。全54巻にはイラン，イラク，トルコ，サウジアラビア，クウェート，パキスタン，アフガニスタン，ソ連などの各国に関する米国務省と CIA，そして各国駐在アメリカ大使館の間の交信や報告文書が国別に分類されている。その中で第29巻と第30巻がアフガニスタンに関する部分であり，1978年1月から1979年11月までの期間をカバーしている[87]。

この資料は，1978—1979年の米国の対アフガニスタン政策だけでなく，当時カブールで活躍したソ連および東ヨーロッパの外交官と秘密要員，それからアフガニスタン叛軍の活動，アフガニスタン政府の変動，これらに対するカブール駐在米大使館の認識などを生々しく伝えるものである。

ソ連のアフガニスタン出兵に関する研究において参考・分析されるべき研究と資料は，他にもある。たとえば，資料そのものとしてはまったく新しいものとは言えないが，1981年と1983年アフガニスタン政府が発行した『白書』，1960年代と1980年代にソ連で発行されたアフガニスタン関連書籍，ソ連記者のアフガニスタン現地取材記などには，再検討・解釈によっては非常に新しい事実を明かしてくれるものがある。

(1) Л.В. Шебаршин, *Рука Москвы : записки начальника советской разведки* (『モスクワの手：ソ連情報責任者の回想』), М., 1992, p. 201.
(2) たとえば1980年のリチャード・パイプスとジョージ・ケナンの論議。*US News and World Report*, 10 March, 1980, p. 33. ソ連のアフガニスタン侵攻に関する彼らの説明は「防御的な行動」（ケナン），「攻撃的な行動」（パイプス）の違いはあれ，その根底には膨張と封じ込めという通常的な冷戦思考が置かれている。同じ脈絡でルビンスタインは，「戦略的コンテクスト」からみれば「1960年代以降，ソ連の対トルコ・イラン・アフガニスタン政策はたくみであり，かつ成功的だった」とし，「モスクワの帝国主義伝統の長久な歴史上はじめて，アム・ダリア川ではなくハイバー峠が最前線となった。……いったんロシアの旗が翻るようになったところでその旗が下げられることはないというツァーリ，ニコライ2世の1850年の言葉に従い，ソ連軍の（アフガニスタン）占領は続けられる」と断定している。Alvin Z. Rubinstein, *Soviet Policy Toward Turkey, Iran,*

and Afghanistan : The Dynamics of Influence, Praeger, New York, 1982, pp. 183-184. サイヴェツとウッドビも，機会がある限り，ソ連はアジア地域への膨張を続けてきたし，将来もそうだろうと主張している。Carol R. Saivetz and Sylvia Woodby, Soviet-Third World Relations, Westview Press, Boulder and London, 1985, pp. 196, 213-214.

(3) Milan Hauner, The Soviet War in Afghanistan : Patterns of Russian Imperialism, University Press of America, Philadelphia, 1991, pp. 137-139.

(4) 同様の観点は，Diego Cordovez and Selig S. Harrison, Out of Afghanistan : The Inside Story of the Soviet Withdrawal, Oxford University Press, Oxford, 1995, p. 13. このようなソ連のマスタープランがアフガニスタン侵攻の主な動機ではなかったとの論理的な説明は，Joseph J. Collins, The Soviet Invasion of Afghanistan : A Study in the Use of Force in Soviet Foreign Policy, D.C. Heath and Company, Massachusetts, 1986, pp. 103-106 参照。

(5) Robert S. McNamara with Brian VanDeMark, In Retrospect : The Tragedy and Lessons of Vietnam, Random House, New York, 1995, pp. xvi, 321-322. (邦訳は，仲晃訳『マクナマラ回顧録：ベトナムの悲劇と教訓』，共同通信社，1997 年，429-432 頁。)

(6) David Remnick, Lenin's Tomb : The Last Days of the Soviet Empire, Random House, New York, 1994, pp. 59-60.

(7) Артём Боровик, Спрятанная война (「隠された戦争」), Огонёк (『アガニョーク』), No. 46, Nov. 1989, p. 17.

(8) Anatoly Dobrynin, In Confidence : Moscow's Ambassador to America's Six Cold War Presidents, Random House, New York, 1995, p. 442.

(9) Правда, Dec. 25, 1989；金成浩「ソ連のアフガニスタン侵攻：対外政策決定の分析」(静岡県立大学提出修士論文，1994 年) 40 頁，64 頁から再引用。

(10) シェバルシンの「アフガン戦争の軍事・政治のことを研究する歴史家たちは，公式的な記録や目撃者の証言という信頼できない資料に満足せざるを得ないだろう」との表現は吟味に値する。Л. В. Шебаршин, op. cit., p. 201.

(11) David Halberstam, The Best and the Brightest, Random House, New York, 1984, p. 810.

(12) トゥキュディデス『戦史』(上) (久保正彰訳) 岩波書店，昭和四一年，132-133 頁；Thucydides, History of the Peloponnesian War, tr. by Rex Warner, Penguin Books, New York, 1972, pp. 84-55.

(13) Правда, Dec. 5, 1979.

(14) Новое время (『新時代』), No. 49, 1994, p. 10；Труд (『トルート』), Jun. 23, 1992.

(15) Soviet Soldier, No. 11, 1991, p. 21：Правда, Dec. 4, 1979. ウスチノフが出国したのは 12 月 3 日のことである。彼を見送りに空港に現れたのは副首相チー

ホノフ，ソ連軍政治総本部責任者エピシェフ，第1国防次官ソコロフである。
(16)　*Труд*, Jun. 23, 1992.
(17)　*Правда*, Dec. 8, 1979.
(18)　Александр Ляховский, Трагедия и доблесть Афгана (『アフガンの悲劇と勇気』), ГПИ "Искона", М., 1995, pp. 104-105 ; Н. И. Пиков, *Война в Афганистане* (『アフガニスタン戦争』), Воениздат., Moscow, 1991, p. 209.
(19)　А. Ляховский, *op. cit.*, p. 105 ; Н. И. Пиков, *op. cit.*, p. 209 ; *Красная звезда* (『赤い星』), Oct. 18, 1989 ; Давид Гай и ВладимирСнегирев, Вторжение (「侵攻」), *Знамя* (『ズナーミャ』), Apr. 1991, p. 217.
(20)　*Труд*, Jun. 23, 1992.
(21)　この特殊部隊にアミンの殺害任務が課せられていたか否かは不明である。結果的にこの兵力との交戦の最中，アミンは殺されたが，ソ連の指導部がこのGRUスペツナズにアミン殺害を指示したという類の解釈 (*Cold War International History Project Bulletin* (以下 *CWIHPB* と略称), Issue 4, Fall 1994, Woodrow Wilson Center, Washington D. C., p. 75) を裏付ける証拠はない。
(22)　*Правда*, Dec. 7, 1979.
(23)　*Правда*, Dec. 8, 1979.
(24)　*Правда*, Dec. 12, 13, 1979.
(25)　Г. М. Корниенко, Как принимались решения о вводе советских войск в Афганистан и их выводе (「アフガニスタンへのソ連軍の投入および撤収の決定はいかに下されたか。」), *Новая и новейшая история* (『近現代史』), No. 3, May-Jun. 1993, p. 110.
(26)　しかし，シチェルビツキーはもちろんコスイギンも12月27日の政治局会議には出席している。27日の政治局会議には，政治局員14名，政治局員候補9名が全部出席した。ЦХСД, Фонд 89, Пер. 14, Док. 33. 「1979年12月27日，政治局会議：アフガニスタンをめぐる状況の発展と関連したわれわれの措置について」; А. Ляховский, *op. cit.*, pp. 140-141.

　したがって，コスイギンが軍隊の投入に反対したから12日の会議に加わらなかったという主張には賛同しがたい。S. ハリソンは最近の著書で，コスイギンと親しかったロンドン *Times* 紙のモスクワ特派員エドマンド・スティーヴンズの証言を引用し，「もし，12日の会議に強烈な個性のコスイギンが参加できたら，会議の結論は違う結果となったであろう。……キリレンコも猛烈に [軍の投入に] 反対した」と述べている。Diego Cordovez and Selig S. Harrison, *Out of Afghanistan : The Inside Story of the Soviet Withdrawal*, Oxford University Press, Oxford, 1995, p. 46. しかし，12日にはキリレンコが参加・署名しているし，出兵を正当化する宣伝確保のための27日の政治局会議に2人を含め全政治局員が出席し，会議の議題に賛成していることから見て，彼ら2人が猛烈に反対意見を開陳したとは思われない。27日の会議については本章の4と第6章

を参照。

(27) ЦХСД, Фонд 89, Пер. 14, Док. 31. 「1979年12月12日，政治局の決議：ア（フガニスタン）の状況について」。この日の政治局会議の参加者および決定内容が書かれている文書は，*Washington Post*, Nov. 15, 1992, p. A 1 ; Секретные документы из особых папок：Афганистан（「特別ファイルからの秘密記録：アフガニスタン」）, *Вопросы истории*（『歴史の諸問題』）, Mar. 1993, p. 5 ; *CWIHPB*, Issue 4 (Fall 1994), p. 76 ; *Новое время*, No. 49, 1994, p. 11 にも載っている。
　ハリソンは12日の会議に加わった政治局員が9人であったと書いているが，議長ブレジネフをどうして除いたのか理解しがたい。Harrison and Cordovez, *op. cit.*, pp. 48, 405 n.

(28) 当時政治局員候補は全部9人（アゼルバイジャン第1書記のアリエフ，文化相デミチェフ，中央委員会農業担当書記ゴルバチョフ，副首相クズネツォフ，マシェロフ，中央委員会国際部長ポノマリョフ，ウズベク第1書記ラシドフ，グルジア第1書記シェヴァルナッゼ，ロシア共和国首相ソロメンツェフ）だった。このうち唯一人ポノマリョフが加わったのは，彼がアフガニスタン問題を担当してきた国際部長であったからである。

(29) *CWIHPB*, Issue 4 (Fall 1994), p. 76 にはクナーエフの署名が「不明」(illegible) と書かれているが，これは確かにクナーエフが自分の姓を筆記体で書いた署名である。

(30) ハリソンはこの不明の1人がレニングラード第1書記ロマノフだと述べている。政治局員14人の中で，署名者を1人ずつ消していけば，残るのは確かにロマノフだけではあるが，しかしその署名はどう見てもロマノフのものとは思われない。Harrison and Cordovez, *op. cit.*, pp. 48, 405 n.

(31) ЦХСД, Фонд 89, Пер. 14, Док. 32. 「1979年12月26日，12月12日の決議の遂行に関するウスチノフ，グロムイコ，アンドロポフの報告」。

(32) ロシアの現代文書保管所（略称ЦХСД）の文書整理番号によれば，12月12日の議決記録にはЦХСД, Фонд 89, Пер. 14, Док. 31 の番号が，そして12月27日のチェルネンコの記録にはЦХСД, Фонд 89, Пер. 14, Док. 32 の番号が付いている。

(33) 具体的な論究は，本書の第6章を参照。

(34) 本書の第3章と第5章を参照。

(35) アフガニスタンへの出兵決定に対する批判の声は，Sergei Belitsky, "Authors of USSR's Afghan War Policy", and Aaron Trehub, "Soviet Press Coverage of the War in Afghanistan : From Cheerleading to Disenchantment", *Report on the USSR*, RFE/RL, Inc., Vol. 1, No. 17, Apr. 28, 1989, pp. 11-12 and Vol. 1, No. 10, Mar. 10, 1989, pp. 1-4.

(36) A. J. P. Taylor, *The Origins of the Second World War*, Penguin Books, New York, 1961 (1991), p. 9. テーラーは1866年普墺戦争当時のビスマルクの

言葉を引用している。「オーストリアがわれわれの要求に抵抗するのは何の誤りではない。われわれが彼らに要求するのも間違った行動ではない」。ところが，テーラーは個人的な市民として自分自身は，国家が光栄と支配を追及するのは愚かなことだと思うし，自分の祖国（イギリス）がそのような隊列に加わるのに反対すると述べている。にもかかわらず，歴史家としては，強大国は強大国として残るということは認めざるを得ないと強調している。

(37) *Ibid.*, p. 135.
(38) Seyom Brown, *The Cause and Prevention of War*, 2nd ed., St. Martin's Press, New York, 1994, p. 49.
(39) Правда, Jan. 13, 1980 ; Гай и Снегирев, *op. cit.*, p. 216.
(40) *Ibid.*, p. 226. この最後の文章から当時のソ連の指導部がいかに判断力を喪失した状態に置かれていたかが窺える。前節で触れられた「非原則的性格の修正」というのが，このような政治的目的と軍事的目標との間の衝突の調節に関する言及ではなかったのだろうかと，推察することもできよう。しかし，ソ連指導部のこのような判断はとんでもないナンセンスであるとも言わざるを得ない。ソ連指導部のこのような無謀な思惑に対する効果的な批判は，当時ソ連軍参謀本部中央作戦総局の副局長であったガレーエフ将軍が提起している。

「近ごろ何人かの国防省の元指導者たちは新聞紙上で，ソ連軍限定的分遣隊の諸支隊はアフガニスタンで独立警備隊の役目だけを果たすべきであって戦闘の行為には介入すべきでなかったと主張するが，（私に言わせれば）後知恵とも言えるこのような見解は極めて単純かつ非現実的なものだ。如何なる軍隊であれ他人の地，しかも社会・政治的な諸勢力の熾烈な闘争が繰り広げられ，実質的には内乱の状態に置かれている地に入っていながら，内訌闘争の舞台から離れ隅に留っていられるものだろうか。政治的な観点から見ればわが軍は4月革命を通じて政権を掌握した政府を支援するためにアフガニスタンへ送られたのであり，中立的な役割を果たすために派遣されたのではない。

住民によって占領軍扱いされる地域のソ連軍の拠点および警備地区に対する攻撃が発生した場合は論外としても，万が一地方の権力機関と一緒に配置された地域でソ連軍支隊がムジャヒディンの攻撃を受けたら，部隊の指揮官はどうすべきだろうか。基本的な軍事論理からすれば，一度抜いた刀を，周りの脅威的な刀がうようよする状況で，元の鞘に収めるのは簡単にはできないことである。実際の状況がそうであった。政治家や軍人のさまざまな最初の企てあるいは望みに反し，ソ連軍は急速に軍事行動に巻き込まれて行った。」М. Гареев, Афганская проблема—три года без советских войск（「アフガニスタン問題—ソ連軍なき3年間」）, Международная жизнь（『国際生活』）, Feb. 1992, p. 19.

(41) Гай и Снегирев, *op. cit.*, p. 226.
(42) これは1979年3月からアフガニスタン問題を専担した3人の政治局員に対するコルニエンコの表現である。Г. М. Корниенко, *op. cit.*, p. 109.

(43) 本書第 2 章を参照。
(44) 本章の 4 を参照。
(45) アンドロポフへの責任転嫁は外交関係者たちの証言に特徴的な現象である。たとえば当時の外務次官コルニエンコもアフガニスタンのアミン政権の不安定な状態や国家としてのソ連の能力を過大評価した KGB がすべてのことを主導したと主張する。Г. М. Корниенко, *op. cit.*, p. 110；この外にも同様の主張としてはブレジネフの国際問題補佐官であったアンドレイ・アレクサンドロフ＝アゲントフの証言がある。Гай и Снегирев, *op. cit.*, p. 225. ところが，彼らの主張は一様に 1979 年 12 月を前後とする動きに関するものである。
(46) *Литературная газета* (『文学新聞』), Sep. 20, 1989；和田春樹，下斗米信夫「記憶の蘇生：ソ連史の 70 年」『NHKスペシャル，社会主義の 20 世紀：歴史の空白は埋るか，ソ連』(シリーズ第 4 巻) 日本放送出版協会，1991 年，217 頁。
(47) Г. М. Корниенко, *op. cit.*, p. 112.
(48) 西側ではアフガニスタン進攻に関する最も最新の資料を検討している R. ガーソフも，このような空虚な結論に達している。「安保的利益を守るために……別に取るべき代案が，ソ連指導部にはなかった」ということである。Raymond L. Garthoff, *Detente and Confrontation : American-Soviet relations from Nixon to Reagan*, Rev. ed., The Brookings Institution, Washington, D. C., 1994, p. 1036.
(49) John C. Campbell, "Soviet Policy in Eastern Europe : An Overview," in Sarah Meiklejohn Terry, *Soviet Policy in Eastern Europe*, Yale Univ. Press, New Haven and London, 1984, p. 1. このような観点はキャンベルが東ヨーロッパに対するソ連の外交政策を概観しながら述べたものである。しかし彼の論文も，ハンガリーやチェコスロバキアに対するソ連の外交政策がどのような失敗の過程を経て，結局軍事介入を敢行せざる得なかったかに関する具体的な分析は欠いている。
(50) *Ibid.*, p. 25.
(51) *Ibid.*, p. 1.
(52) А. Морозов, Кабульский резидент (「カブールのレジテント」), *Новое время* (『新時代』), No. 38, 1991, p. 36.
(53) Donald Walter Baronowski, "Polibius on the Causes of the Third Punic War", *Classical Philosophy*, Vol. 90, No. 1, Jan. 1995, p. 16.
(54) *Ibid.*, p. 17.
(55) ЦХСД, Фонд 89, Пер. 14, Док. 33.「1979 年 12 月 27 日，政治局会議：アフガニスタンをめぐる状況の発展と関連したわれわれの措置について」；Секретные документы из особых папок：Афганистан, *Вопросы истории*, Mar. 1993, pp. 5 -14.
(56) たとえば，各国のソ連大使館および国連のソ連代表部へ送る訓令とは違っ

て，ソ連共産党の幹部と各下部組織へ下達する手紙には，国家安保への懸念があったということが，特に強調されており，社会主義諸国の共産党に送る説明文には，ソ連共産党の介入行動に対する地域共産党の不信や疑念を意識したらしく，軍事的に介入せざるを得なかったアフガニスタンの国内的事情が詳細に記されている。*Ibid.* 添付1：「ベルリン，ワルシャワ，ブダペスト，プラハ，ソフィア，ハバナ，ウランバートル，ハノイのソ連大使館に」，添付7：「ソ連共産党中央委員会委員，候補委員，ソ連共産党中央監査委員会委員，連邦の各共和国共産党の中央委員会，地方委員会，州委員会，ソ連共産党モスクワ市党，レニングラード州党，ソ連軍の政治委員会へ」。

(57) ЦХСД, Фонд 89, Пер. 14, Док. 33.
(58) *Ibid.*
(59) *Ibid.*
(60) *Ibid.*
(61) A. A. Gromyko and B. N. Ponomarev, eds., *Soviet Foreign Policy, 1917-1980*, fourth, revised and enlarged edition, Vol. II, Progress Publishers, Moscow, 1980, pp. 614-616.
(62) Henry S. Bradsher, *Afghanistan and the Soviet Union*, New and Expanded Edition, Duke University Press, Durham, 1985, pp. 153-162.
(63) Thomas T. Hammond, *Red Flag over Afghanistan*: *The Communist Coup, the Soviet Invasion, and the Consequences*, Westview Press, Boulder, 1984, pp. 132-144.
(64) コーリンズは，ソ連のアフガニスタン出兵の理由を背景的原因と直接的原因に分け，前者としては1）米国との競争関係における第3世界に対する戦略的考慮，2）第3世界諸国との関係強化に貢献したソ連の軍事力と軍事的思考を，後者としては1）アフガニスタンの状況展開，2）イランとアフガニスタン地域に対する安保上の懸念，3）障害要因の不在，すなわち軍事的抵抗や軍事介入の代償が高くないという判断を挙げている。Joseph J. Collins, *The Soviet Invasion of Afghanistan : A Study in the Use of Force in Soviet Foreign Policy*, D. C. Heath and Company, Massachusetts, 1986, pp. 99-137.
(65) アーバンの言う，アフガニスタン出兵におけるソ連の意図および出兵の原因は，1）カブールでの友好政権維持，2）アミンおよび彼のグループの除去，3）戦略的基地への欲求，4）米国との勢力関係を変えようとする希望，5）ソヴィエト・イデオロギーの伝播，それから6）コストの不在，すなわち西側や第3世界の反応が激しくないだろうというソ連の判断である。Mark Urban, *War in Afghanistan*, Macmillan Press, London, 1988, pp. 204-205.
(66) Quadir A. Amiryar, "Soviet Influence, Penetration, Domination and Invasion of Afghanistan", unpublished Ph. D. Dissertation, The George Washington University, 1989.

(67) Jiri Valenta, "Soviet Decisionmaking on Afghanistan, 1979", in Jiri Valenta and William C. Potter, eds., *Soviet Decisionmaking for National Security*, George Allen & Unwin, London, 1984, pp. 218-236 ; Jiri Valenta, "From Prague to Kabul : The Soviet Style of Invasion." *International Security*, Vol. 5 No. 2 (Fall 1980), pp. 114-141.

(68) Н. И. Пиков, *Война в Афганистане*, Воениздат, М., 1991, pp. 191, 196, 211.

(69) В. М. Забродин и А. А. Ляховский, *Тайны Афганской Войны*, Планета, М., 1991.

(70) Давид Гай и Владимир Снегирев, Вторжение, *Знамя*, Mar. 1991, pp. 195-217 ; Apr. 1991, pp. 216-233.

(71) Николай Иванов, Шторм-333, *Наш современник*, No. 9, 1991, pp. 148-162 ; Nikolai Ivanov, "How the Afghan War Started", *Soviet Soldier*, Jul.-Dec. 1991.

(72) О. А. Вестад, Накануне ввода советских войск в Афганистан. 1978-1979 гг., *Новая и новейшая история*, No. 2, 1994, pp. 19-35.

(73) Raymond L. Garthoff, *Detente and Confrontation : American-Soviet relations from Nixon to Reagan*, Rev. ed., The Brookings Institution, Washington, D. C., 1994, pp. 977-1075.

(74) Diego Cordovez and Selig S. Harrison, *Out of Afghanistan : The Inside Story of the Soviet Withdrawal*, Oxford University Press, Oxford, 1995.

(75) M. Hassan Kakar, *Afghanistan : The Soviet Invasion and the Afghan Response, 1979-1982*, University of California Press, Berkeley and Los Angeles, 1995.

(76) Александр Ляховский, *Трагедия и доблесть Афгана*, ГПИ "Искона", М., 1995.

(77) 金成浩「ソ連のアフガニスタン侵攻：対外政策決定の分析」(静岡県立大学提出修士論文，1994年)。この論文は，若干の修正を経て同じ題目で『スラヴ研究』，No.43(1996)，129-166頁に発表された。

(78) R. Garthoff, *op. cit.*, p. 1036.

(79) В. С. Сафрончук, Афганистан времен Тараки, *Международная жизнь*, Dec. 1990, pp. 86-96 ; Афганистан времен Амина, *Международная жизнь*, Jan. 1991, pp. 124-142.

(80) Г. М. Корниенко, Как принимались решения о вводе советских войск в Афганистан и их выводе, *Новая и новейшая история*, No. 3, May-Jun. 1993, pp. 107-118.

(81) Anatoly Dobrynin, *In Confidence : Moscow's Ambassador to America's Six Cold War Presidents*, Random House, New York, 1995, pp. 434-454.

(82) А. Морозов, Кабульский резидент, *Новое время*, No. 38 (pp. 36-39), No. 39

(pp. 32-33), No. 40 (pp. 36-37), No. 41 (pp. 28-31), 1991.
(83) В. А. Меримский, Кабул-Москва：война по заказу, *Военно-исторический журнал*, Oct. 1993. pp. 11-21； Nov. 1993, pp. 30-36； Dec. 1993, pp. 27-32； Jan. 1994, pp. 24-29.
(84) Алексей Васильевич Кукушкин, Как был взят Кабул, *Военно-исторический журнал*, No. 6, Nov.-Dec. 1995, pp. 56-63.
(85) Jimmy Carter, *Keeping Faith : Memoirs of a President*, Bantam Books, New York, 1982； Cyrus Vance, *Hard Choice : Critical Years in America's Foreign Policy*, Simon and Schuster, New York, 1983； Zbigniew Brzezinski, *Power and Principle : Memoirs of the National Security Adviser, 1977-1981*, Farrar-Straus-Giroux, New York, 1983.
(86) 私がこの資料の存在を知り得たのは次の二つの論文からである。Edward Jay Epstein, "Secrets from the CIA Archive in Tehran", Orbis, Spring 1987, pp. 33-41； Claudia Wright, "Afghanistan : What They Were Really Up To", *New Statesman*, April 5, 1985, pp. 18-19. この資料の重要性について、エプスタインは「テヘラン文書は、1941年ドイツ軍によって捕獲され、そして1945年には米国側によって押収されたソ連のスモレンスク・アーカイヴに比肩され得るような資料であり、情報や外交チャンネルの研究に興味を持つ学者にとっては、絶好の資料である」と評価している。Epstein, *ibid.*, p. 41.
(87) ソ連のアフガニスタン侵攻をテーマにした研究文献で1982年以後出版されたものの中で、それぞれごく一部の紹介ではあるが、この資料を活用した研究としては、Thomas Walter Holloway, "Propaganda Analysis and the Soviet Intervention in Afghanistan", unpublished Ph. D. dissertation, the Ohio State Univ., 1991 (特にpp. 114-146, 226)： Николай Иванов, Шторм-333, *Наш современник*, No. 9, 1991, pp. 148-162； Nikolai Ivanov, "How the Afghan War Started", *Soviet Soldier*, Jul.-Dec. 1991がある。
　ガーソフも初版の著書では、ハモンドやブラドシャーと同じく、主に米国務省の公開文書を活用している。ところが、(あまり詳しい分析とは言えないが) 1994年の再版ではこの資料を紹介・活用している。Raymond L. Garthoff, *Detente and Confrontation*, Rev. ed., The Brookings Institution, Washington, D.C., 1994, p. 999 n.
　この資料はようやく最近になって使われ始めたが、その重要性がいまだ広く知られていない。それゆえ史料批判の観点から、その信憑性の問題が提起されるが、前出のエプスタインの評価以外にもアフガニスタン問題の当事者の一人であるサフロンチュクが回想で、テヘラン文書が「相当正確な」ものであると評価している (В. С. Сафрончук, Афганистан времен Амина, *Международная жизнь*, Jan. 1991, p. 136.) ことからみても、当資料を「事実の記録」として受け止めていいと思われる。さらに、テヘラン文書のアフガニスタン部分で主な報告者とし

て登場しているアムスタッツが1986年に出した著書（J. Bruce Amstutz, *Afghanistan : The First Five Years of Soviet Occupation*, National Defense University, Washington D. C., 1986）の論調と，テヘラン文書の中の彼の報告書を比べてみても矛盾は見付からない。

第2章　前　史 —— カブールとモスクワとの距離 ——

1．1978年4月のクーデター
　　—— アフガニスタン人民民主党とソ連

ダーウドの方向転換

　1973年7月17日，アフガニスタンの国王ザーヒル・シャーがイタリアで休暇を楽しんでいるとき，首相モハメド・ダーウドはクーデターを起こし政権を掌握した。王政は転覆され，国王はそのままイタリアに亡命した。アフガニスタンは共和国となった。それから40日後米国のCIAは国務省と協議しダーウドに関する評価書を作成し，中東諸国のアメリカ大使館に配布した。この評価書にはダーウドの身の上に関する事実や彼のプロフィールそして彼の政権掌握によるアフガニスタンの政策の変化および国際的影響などに関する予想が述べられている。その中の「非同盟中立なのか」，との懐疑的な題の項目で，米国はダーウドを次のように評価した。

　　報告によれば，ダーウドは強力な民族主義者であり，可能なところであると判断すればどちらにも援助を求めるだろう。彼は自ら非同盟中立主義者と称しているが，アフガニスタンの近代化を目指している彼は，首相職にあるときからソ連の援助に頼っていた。彼はパキスタンに対する米国の軍事的な援助とアフガニスタンに対する米国の不十分な支持を取り上げながら，これらが自分をソ連に傾斜させる促進要因だと主張している。彼は経済的・軍事的援助を得るためにその国〔ソ連〕に傾くのが危険だとの考えは殆ど持っていない。報道によればダーウドはアメリカ製タバコにソ連製マッチで火をつけられるときが最も幸せだと言ったそうである。

　ダーウドの政権掌握によりカブールにおけるソ連の立場は強化した

かもしれないが，それは非常に限定されたものである。むしろソ連がダーウドの王政転覆の企みをあらかじめ警告したとの噂がある。当時アフガニスタンには200人以上の（ソ連人）軍事技術者および軍事顧問たちが在住していたし，彼らの大部分がクーデターの核心となった軍部隊とともに働いていた。しかしながら，ソ連がクーデターを使嗾したとか，あるいは積極的に加わったとの証拠はない。(1)

米国はアフガニスタンの新政権が非同盟中立を標榜してはいるが，基本的には親ソ連的な政権であると慎重に評価していた。

事実上アフガニスタンは伝統的な親ソ連国家であった。1961年にモスクワで出版されたある研究書はソ連―アフガニスタンの関係について，「1919年3月27日ソヴィエト・ロシアが，アフガニスタン君主国の独立と主権を他のどの国家よりも早く，公式的に承認したという史実は，それ以後のこの国（アフガニスタン）の人民の運命に圧倒的な役割を果たし，全世界とりわけ帝国主義イギリスに対して，アフガン人民が決して孤立した闘争をしているのではなく，世界初の社会主義国家の労働者，農民に支援されているということを誇示したものである」と述べている(2)。ダーウドの政権掌握時までの両国関係はまさにこの文章通りだったとも言えよう。この研究書は，1960年3月2―5日，フルシチョフのカブール訪問やソ連―アフガニスタン文化協力条約の締結などの成功的なソ連の対アフガニスタン外交の気分を反映している(3)ものではあるが，このソ連―アフガニスタンの蜜月時代のアフガニスタン首相がダーウドであったということからも，彼の親ソ連的な傾向がうかがえる。

それだけでない。地政学的な位置においても，この国は，アフガニスタンには親ソ連的な政権しか立ち行かないだろうというソ連の自信感を煽るに十分な条件を揃えていた。ソ連共産党中央委員会国際部次長だったウリヤノフスキーの主張によれば，「国際的な位置の観点から見れば，アフガニスタンは昔から帝国主義列強の関心の標的であった。この国を反ソヴィエト的なブロックに引き寄せようとした数多くの企みは，ソ連の外交活動，そしてアフガニスタンの支配階級の遂行する非同盟政策にぶつかり，

1. 1978年4月のクーデター ――アフガニスタン人民民主党とソ連

成功を収めることが出来なかった。アフガニスタンの支配階級は自国がソ連およびインドと直接隣り合っている状況の中で別の路線の採択が不可能であると自覚していたし，攻撃的な条約であるSEATOとCENTOに加担している君主国イラン，親米的なパキスタンの積極的な膨張主義と対峙している状況では，別の路線はとれないと判断していたから[4]」である。

しかし，クーデターから5年後の1978年，駐カブール米国大使館の評価は完全に楽観的なものに変わっていた。1973年からアフガニスタンの米大使を務めていたシオドアー・エリオットが1978年1月30日に米国務省へ送った「1977年のアフガニスタン：外部からの評価」という報告書[5]は次のような結論を下していた。

　　ソ連の圧力を切り抜けられる限り最大限の独立を維持しようとするアフガニスタン――このようなことは，この地域における米国の重要な政策の目標でもある――の努力を支援するために，われわれはこの国で可視的に米国という存在が感じられるようにしつつわれわれの友好的かつ実質的な利害関係を持続的に誇示しなければならない。われわれがすでにダーウドに提案した公式訪問の件は1978年米国―アフガニスタン関係の核心的なアイテムである。

エリオットは米国とアフガニスタンの関係について，「1977年の一年間の米国とアフガニスタンの関係は実に素晴らしいものであった」と報告した。「アフガニスタン政府は（米国政府との）麻薬の統制の為の共同委員会の設立に関する義務を履行した……アフガニスタン政府は……1977年にはグアムとプエルトリコの問題に関する国連総会での論議でわれわれ［米国］を助けてくれた。ダーウドは1978年夏の米国公式訪問に関する招請を受諾した。アフガニスタン軍に対する外からの支援の分野においてソ連の圧倒的な優位を相殺するために――微々たるものではあるが――アフガン将校たちに対する米国の軍事訓練プログラムの基金も倍増された」とエリオットは述べている[6]。この報告書から見て，1977年の米―アフガ

ニスタン関係は悪くない方向へと向かっていたらしい。そして，アフガニスタンとアメリカの関係が改善に向かっていくにつれ，相対的にアフガニスタンとソ連の関係は冷却しつつあった。

エリオットによれば，ダーウドは1977年4月12—15日「儀礼的に」モスクワを訪問したが，ソ連政府からは経済的にも軍事的にも何の支援の約束も得られなかったため，米国の招請を快諾したのである。ダーウドは両超大国の狭間で均衡政策をとろうとしたのである。エリオット報告の要旨は「色々な面から見てアフガニスタンの地政学的な位置はフィンランドと似ており，ダーウドはこのような立場をうまくコントロールしていっているから」，米国はアフガニスタン—ソ連の相対的な冷却期をうまく利用しながら，アフガニスタンとの協力を強化していくべきであるということであった(7)。

上述のCIAの評価書とエリオットの報告書から判断しうるのは，1978年4月のアフガニスタン人民民主党の新しいクーデターがおこる前の2年間は，ダーウド政権がソ連の影から離れ米国の方へ傾斜しつつあったということである。

ソ連—アフガニスタン関係史の研究者の一人であるトーマス・ハモンドは著書『アフガニスタンの赤旗』で，エリオットをはじめとする何人かの関係者，目撃者から聞き取ったことを紹介している。ハモンドが取材したところによれば，1977年4月ダーウドのモスクワ訪問の際，ブレジネフは非常に無礼な態度で(8) ダーウドの政策に対して長々と不満を表明したという。彼の不満を聞いたダーウドはブレジネフに，「今あなたは東ヨーロッパの衛星国の大統領ではなく独立国家の大統領と話しているということをはっきりさせておきたい。あなたがたは現在アフガニスタンの内政に干渉しようとしているが，私はこれを許すわけにはいかない」と言い放って，随行員たちと一緒に会談場から立ち去った。一人の随員がダーウドにこう言ったという。「大統領閣下，閣下が話されたときのブレジネフの顔をご覧になりましたか。もうおしまいです。(9)」

ソ連—アフガニスタン関係に関する研究のもう一人の権威ヘンリー・ブラドシャーは『ワシントン・スター』紙の記者としてカブールで取材活動

を繰り広げた人物であるが，彼の記述も若干のニュアンスの違いはあるものの同じ脈絡の状況を伝えている。アフガニスタンの前職官吏，他のアジア諸国の高位官僚たちとのインタビューを通じて彼が聞き取ったのは，「ブレジネフはダーウド政権の閣僚構成において親米的な者を排除し人民の利益を代弁しうる者（アフガニスタンの共産党であるアフガニスタン人民民主党を意味する）を起用するよう要求しながら……ダーウドを脅迫しようとした。……アフガニスタン大統領は拳でテーブルを叩きながら，アフガン人は自分たちの家の主人であり，どんな外国もアフガニスタンのことに干渉することはできないと語った。……ロシア人との交渉経験の多いアフガニスタンの高位官僚たちはブレジネフの怒りの表情を見て，ダーウドが死刑宣告文に署名したと囁き合った」ということである[10]。

　ブレジネフとダーウドの間に，ある種の意見の食い違いがあったことは確かであろう。このような雰囲気と会談の結果からエリオットは先に見たような内容を本国に報告し，「この国で可視的に米国という存在が感じられるようにしつつ，われわれの友好的かつ実質的な利害関係を持続的に誇示しなければならない」と提案したのであろう。1977年のソ連―アフガニスタン関係は深刻な状況に置かれており，駐カブール米大使エリオットは，このような両国の冷却関係を米国が割り込んで行ける機会として捉えていたのである。1978年4月の新たなクーデター，「四月革命」はこのような雰囲気の中で発生した。

NDPAといわゆる「四月革命」に関する見解

　ダーウド政権の脱ソ親米への方向転換の雰囲気の中で，1978年4月起こったいわゆる「四月革命」は，その主体であるアフガニスタン人民民主党（PDPA，ロシア語の略語ではNDPA）が社会主義者を称し，社会主義社会への移行を党綱領として採択していたため，政権転覆の過程においてソ連がある種の役割を果たしたと疑われた。

　元来アフガニスタン人民民主党は，志向する路線が互いに違う政派の連合であったため内訌を重ねざるを得なかった。1963年にアフガニスタン統一民族戦線（ONFA）が形成された時には，作家のN. M. タラキー，政

府の閣僚であった B. カルマルと Sh. M. ドースト，そしてアフガニスタン軍の将校であった M. A. クヒベル（ハイバル）と M. T. バダフシーなどが主導勢力として参加した。彼らは 1965 年 1 月 1 日 NDPA を創党し，政党としての明確な構造と目標，課題を設定し，中央委員会を構成した(11)。

全代議員が参加した創立総会でヌール・モハメド・タラキーが書記長に選ばれ，バブラク・カルマルは中央委員会の書記に選出された。中央委員会は 7 名の中央委員（タラキー，カルマル，S.A.ケシュトマンド，S.M.ゼライ，G.D.パンズィシェリー，バダフシー，Sh.シャフパール）と 4 名の候補委員（Sh.ワーリ，K.ミサク，M.ザヘール，A.V.サフィ）からなっていた。タラキーとカルマルは NDPA の両巨頭として活動したが，議員であるカルマルと革命家であるタラキーの間の路線の食い違いには歴然たるものがあった。結局，彼らは 1966 年，カルマルの「パルチャム」（旗幟）派とタラキーの「ハルク」（人民）派に分裂するようになる(12)。

ハルク派は，その社会的出身成分において物質的に恵まれていない中下層，インテリ，下級公務員，遊牧民，農民，手工業者，軍人などが主流となっていた。基本的に地方の出身者が多かった。それ故，社会の民衆的な部分との緊密な関係を持ちながら積極的に活動することができ，この派には下級公務員，大学生，国営企業の技術労働者，軍（特に空軍と戦車部隊）の若い将校たちが集まった。しかしハルク派はその路線において一貫性を欠いていたし，左傾冒険主義的な性向を強く帯びていた。ハルクの指導者たちは，自分たちこそ真の革命家たちであり，パルチャム派はブルジョアの利益を代弁する集団であると主張した。ハルク派の構成員の中にはソ連の大学で学んだ者たちが多かった。

他方のパルチャム派は，その出身成分において有産階級出身者たち，地主，大商人，軍の高位級将校，経済的にめぐまれたインテリ，都市ブルジョア，有力な聖職者階級などが多かった。彼らの主成分は，カブールとその近郊の都市住民であり，おおむね教育に恵まれた者たちであった。このようなことはハルクに対する自慢の種ともなった。当時アフガニスタンの富裕階層にはふつうアメリカや西ドイツなどで留学した人が多かったの

で，パルチャムの中にはソ連で学んだ者はあまりいなかった。彼らの主流はアフガニスタンの貴族的な高等学校やカブール大学を卒業した者たちであって，結局その路線においては穏健的かつ自由主義的な改革を志向していた。しかし理論的な意味においては自分たちこそ真のマルクス・レーニン主義者たちであると自任していた(13)。両派の間には，その構成の社会的基盤の相違，さらに革命の完遂過程における路線や方法の対立が存在していたのである。

彼らの分裂状態は10年間続き，両派は互いに別の政党であるかのように活動した。理念的には主要な工作対象となるべき労働者階級が形成されていない状況で，自然に「民主愛国勢力」，すなわち将校たちを包摂する活動を繰り広げた(14)。両派は相手を非難する出版物による宣伝戦をも積極的に展開した(15)。

国内的な合法的活動においてはパルチャム派が優勢であったが，対外的な宣伝戦にはハルク派が優位を占めていたらしい。1976年から1979年までカブール駐在KGBの副責任者だったアレクサンドル・モロゾフ大佐の回想によれば，1976年の半ば頃，ハルク派は外国の共産主義性向の出版社（ベイルート，デリー，バグダッド，ベオグラード）でNDPAの歴史や分裂の原因に関する説明書を出し，そこでパルチャム派のカルマルをアフガニスタンの元君主ザーヒル・シャーへの忠誠派，毛沢東主義への転向者，CIAの協力者と非難したという。パルチャム派は，海外共産党との連携があまりなかったため，カブールのソ連大使館を通じてソ連共産党中央委員会に自分たちの宣伝文をヨーロッパやアジアの約30個の兄弟党（共産党）へ送ってくれるよう依頼した。その宣伝文の基本内容は，ハルクが党内での指導者の個人崇拝，労働者農民の革命同盟，聖職階級に対する闘争の宣布，プロレタリア革命による独裁の樹立を主張するのに対して，パルチャムは個人崇拝の否定，勤労インテリを中心とする民族勢力との連帯，聖職階級との妥協の模索，第1段階民族民主革命を強調するということであった。この要請に対してソ連共産党の指導部はこれを拒絶し，NDPA内部の権力闘争に不快感を示した(16)という。ソ連指導部はNDPAの問題を権力争いの枠に入れて見ようとしたようであるが，実際ハルクとパル

チャムの路線における基本的な相違点は、アフガニスタンのような後進的でしかも封建的残滓の残っている国家が志向すべき革命の段階に関するものでもあった。

1977年のはじめ、NDPAの統合に関する問題が提起され、同年6月には「NDPAの統一に関する声明書」が発表され統一総会が招集された[17]。1977年は米国の対アフガニスタン外交が成功的であったと評価される年であり、ソ連とアフガニスタンの関係が4月のダーウドのモスクワ訪問を前後として冷却しつつあった年でもある。しかも、ソ連指導部がNDPAの内訌について不快感を感じていた時期と一致する。したがって、この年のNDPAの統合にソ連共産党の「見えざる手」が働いていたとしても不思議なことではないだろう[18]。

このような雰囲気の中でNDPAは1978年4月27日クーデタを起こし、政権掌握に成功した。本質的に融和しがたいアフガニスタンの共産主義者の両派が、一時的に手を組み政権の掌握に成功したのである。

NDPAの指導者タラキーが投獄されている状況で、4月27日アフガニスタン軍の参謀総長アブドゥル・カディール大佐と戦車部隊のモハメド・アスラム・ワタンザル中佐などによって遂行された軍事クーデターで政権を掌握した革命委員会は、4月28日カディール大佐の名で「アフガニスタンは、その対内政策においてイスラムと民主主義、自由、そして個人の不可侵性に基づく政策を、そして外交政策においては積極的な中立路線を堅持する」との声明を公表した。首相ダーウドと彼の支持派は武力抵抗のあげく、射殺された[19]。4月30日、アフガニスタン民主共和国(DRA)の革命委員会は命令第1号を発表し、タラキーが革命委員会の議長およびアフガニスタン共和国の大統領兼首相に選出されたと公表した[20]。そして5月2日には命令第2号を発布し、革命委員会の副議長にバブラク・カルマルが、新しい政府の副首相兼外相にはハフィズーラ・アミンが任命されたと公表した。もう1人の副首相兼通信相にはモハメド・アスラムが、国防相にはアブドゥル・カディールが、そして内務相にはヌール・アフマド・ヌールが任命された[21]。

新政府の首班であるタラキーは5月4日声明を発表し、アフガニスタン

の4月革命に対する西側の非難を意識して、アフガニスタンの革命は民族民主革命であり外部からの介入のない純粋なアフガン人民の革命であると強弁した(22)。彼は6日、カブール駐在米国大使エリオットに会った際にも、「自分の革命が成功を収めたことについて誇りや喜びを隠せず」、4月の政権掌握はクーデターでなく革命であると強調した。そして新政府は自国に経済援助を提供しうる国であれば、アメリカにせよソ連にせよ援助を要請する用意があると言及した(23)。しかしながら、7日の記者会見では、「アフガニスタンの新しい政府は労働者や農民、プチ・ブルジョアなどのアフガン人民の真の利益を代弁し、とりわけ真の意味の土地改革を指向しており、経済的・社会的平等の実現のための別の措置をとるつもりである」とのべ、社会主義志向をはっきりさせた(24)。

タラキーは4月の政変がNDPAの独自的な力によって完遂されたことに満足し、また自国の経済的再建のためには米・ソともに協力しうる中立路線を標榜したものの、対内的な経済改革の基盤は社会主義的改革に置いていたのである。

ソ連はクーデターの発生後わずか3日でアフガニスタンの新しい政府を承認したが(25)、アフガニスタン革命の性格に関する理論的な立場は整理されていなかったようである。これはNDPAの内紛、アフガニスタン社会の性格に関する正確な認識の欠乏あるいは混乱に関わるものでもあるが、当時は一旦政権掌握に成功したアフガニスタンの新政権の性格についてソ連外務省とソ連共産党中央委員会の国際部がその意見の相違を露呈していた。

ソ連外務次官だったコルニエンコの回想によれば、クーデター直後ソ連共産党内のイデオローグおよび国際部の関係者、特にスースロフとポノマリョフは、アフガニスタンが近い将来に社会主義国家に発展する可能性があると判断していたという。アフガニスタンが社会主義段階への成長に至るまではまだ遠いと思っていたコルニエンコとは違い、スースロフとポノマリョフはアフガニスタンが封建社会から社会主義社会へ飛び越えられる、「第2のモンゴル」になれると判断したということである。コルニエンコはその時期を明確にはしていないが、アフガニスタンに関する中央委

員会のある会議で彼は，アフガニスタンに「第2のモンゴル」の概念を適用することについて懐疑を表明し，ソ連の立場から見てアフガニスタンが本質的に中立フィンランドのアジア的類型となれれば，その方がソ連にとって真の利益になるのではないかとの意見を出したという。西側がアフガニスタンに近づこうとする状況では，これこそ最大限の好条件になるとも言った。これに対してポノマリョフは「アフガニスタンをフィンランドに比肩することができるだろうか。フィンランドはブルジョア国家ではないか」と反論し，第3世界諸国に関する限りポノマリョフの右腕であるウリヤノフスキーも「現在の世界で社会主義国家にただちになれそうな，そんな熟した国はない」と主張したという(26)。フィンランドのような中立国家としてのアフガニスタンを想定する外務次官コルニエンコに対して，国際部長ポノマリョフと国際部次長ウリヤノフスキーはモンゴル式の社会主義化を想定していたのである。

カブール駐在米国大使エリオットは，1978年初め国務省へ送る報告書で，アフガニスタンを地政学的な見地からフィンランドに比喩し，米国の対アフガニスタン政策がアフガニスタンのフィンランド化を目指すべきであるとほのめかしたことがある(27)。米・ソ関係の観点からみてアフガニスタンのフィンランド化は，両国の外交実務者たちにとっては理想的な目標だったかも知れない。しかし世界各国の共産主義運動を支援し，彼らとの関係を維持する立場にある国際部には，そのような融通性はなかっただろう(28)。

ウリヤノフスキーはこのような自分の立場を一貫して主張した人物の1人でもある。1979年7月号の『コムニスト』に寄稿した「社会主義的性向の国家について」という論文でも，彼はアフガニスタン民主共和国(DRA)が社会主義的性向の国家として権力の形態は民族的民主主義国家のグループに属し，ラオス，ビルマ，ギニア，イエメン，コンゴ，シリア，エチオピア等々のグループに入ると主張した(29)。このような観点は，アフガニスタンのいわゆる4月革命が社会主義の完成のための最終的な革命には至っておらず，しかも社会主義社会のための第2の革命が近い将来に生じる可能性も非常に小さいとの前提の上に成り立っている。アフ

1. 1978年4月のクーデター——アフガニスタン人民民主党とソ連

ガニスタンの発展モデルとしては，フィンランドのようにソ連に相対的に独立的な国家よりはモンゴルのようにソ連に従属的な発展途上のアジア式社会主義国家の方が望ましいという考え方である。

ウリヤノフスキーは，1982年に発表した論文「ソ連共産党と世界共産主義運動：アフガン革命の現段階」でも同様の主張を展開している。すなわち「1978年4月に発生したアフガン革命は反封建，民族民主そして反帝国主義的なものである。それは資本主義的な関係の発展の段階が非常に低いごく後進的な国家で生じた。基本的な経済領域である農村は多くの封建的＝封建以前的な残滓の束縛の中で呻いていた……買弁的な民族ブルジョアはその数も多くなかったし，しかも政治的にも脆弱だった。ブルジョアジーは全階級的な性格を持つ組織も持っていなかったし，分裂と非組織的な状態に置かれていた。建設労働およびサービス業の従事者を含め革命前に約30万名と推算されたアフガニスタンの労働者階級は，事実上自分たちの労働組合も持たず種族的・農民的な心理の強力な影響の下にいたのである。工場労働者は約6万名であった。全員が文盲である農村の住民は少数のアジア的様式の地主（土地を物納小作人に貸与する不在地主）の抑圧の下におり，土地不足と封建地主からの多様な搾取，高利貸そして商人たちから苦痛を与えられていた。ブルジョアジーのおそい改革の過程で生成した民族インテリたちは最も厳しく自国の社会経済的後進性を自覚し，多様な政治的理念の持ち主たちとなりつつあった。その中には左派急進主義者たちも含まれていた」と述べている[30]。

ソ連の圧力によって統合したNDPAの両派は，アフガニスタンの社会的・政治的脆弱性を利用し1978年4月政権の掌握に成功した。彼らのクーデター過程でソ連が直接加担したような証拠は見つからない。むしろソ連指導部はNDPAの内訌に幻滅を感じていたように見られる。にもかかわらずアフガニスタンの共産主義者たちは自力で政権簒奪に成功した。そしてタラキーはこれをアフガン人民による革命であると誇っていた。ソ連の指導部はアフガニスタンの社会主義政権を直ちに承認したものの，アフガニスタン新政権に対するイデオロギー的評価は，当時は整理されていなかったようである。モスクワはアフガニスタンで共産主義者たちが，政権

を握れるとは思っていなかったのではないだろうか。そこで対外政策とイデオロギーを担当する者たちの間に若干の意見不一致はあったが，結局1978年と1979年を経過して，モスクワでは「モンゴル式社会主義」にアフガニスタンを合わせようとする路線が採択されるようになったのではないだろうかと考えられる(31)。

「未必の故意」

アフガニスタンの4月クーデターに対するソ連の介入あるいは事前認知について，ハモンドは「ソ連が具体的な［クーデター］計画に連累していないかも知れないが，アフガニスタンの共産主義者たちがソ連との接触または相談なしにクーデターを計画したとは思えない」というエリオットとのインタビューを紹介しながら，ソ連の関連可能性を強くほのめかしている。約3千名のソ連人顧問が在住しているし，相当数のアフガン軍の将校がKGBやGRUと関係を持っているし，しかもバブラク・カルマルを始めとするパルチャムの指導者たちがソ連大使館と定期的に接触している状況から見て，ソ連がクーデター謀議を知らなかったとは想像もできないということである。しかし，ハモンドはその計画を知ったのは事件の数時間前のことである可能性が高く，ソ連がクーデターを計画あるいは演出したのではなかろうと推測している(32)。わずか数カ月前にアフガニスタンと米国との関係において希望的な見込みをしていたエリオットにとってはソ連の「見えざる手」が恨めしかったであろう。しかしクレムリンの手についてのエリオットとハモンドの心証は物証によって裏付けられていない。

ブラドシャーも，カブールに駐在しているソ連の軍事顧問と要員らが「失敗の場合に備え公開的なかかわりは控えていたものの，クーデタを支援せよ」とのモスクワの承認は得ていたであろうとの「漠然な推測」をしている(33)。ハモンドとブラドシャーはNDPAの統合のためのソ連共産党の圧力にかんしても「あっただろう」との肯定的な観点を持っているから，彼らがこのような意見を述べるのは，不思議なことではない。

しかし，彼らの分析は1980年代前半のものである。言い換えれば「クレムリンはすべてを知っている」という時代的神話から完全に脱皮したも

1．1978年4月のクーデター ── アフガニスタン人民民主党とソ連

のではない。したがって，ソ連の関連の蓋然性が非常に高いと判断されうるこの事件において，証拠もないのにソ連指導部に「有罪推定の原則」を適用しているのは理解しがたいことでもない(34)。

　興味深いのは1990年代の分析である。ガーソフは「ソ連のアーカイヴの記録や関連者たちの陳述を検討した結果，ソ連がクーデターを計画したどころか，それについてあらかじめ知ってもいなかったと結論するのが妥当である」と主張している(35)。ガーソフがハモンドやブラドシャーの分析まで「事前不認知論」として引用しているのは，理解しがたいことであるが（両人の立場は確かに「事前認知論」である），それはともかく，この他にガーソフが提示している論拠は相当説得力があるかのように見える。

　その根拠とは，1978年4月27日から同月30日までタス通信がアフガニスタンの4月革命を「軍事クーデター」と報じたという事実である。もしモスクワが，アフガニスタン「共産主義者たちの政権簒奪」を事前に知っていながらも，それを隠そうとしたら，こういった用語は使わなかっただろうし，従来通りに「人民革命」という用語を使ったはずであるというのがガーソフの主張である(36)。もしソ連指導部が事前に知っていたら，「人民革命」という言葉を操りながら，「アフガニスタンのことは人民革命なのだ。われわれの知ったことか」と知らん振りをしたであろうが，事前知識が全然なかった状態で急にぶつかった出来事なので，慌てて「軍事クーデター」と報じたという意味である（結局ガーソフの立場も「証拠の足りない」状態での「無罪推定」である他ならない。）。

　しかし，その逆ではないだろうか。簡単に言えば，もしソ連がアフガニスタン共産主義者たちの動向を把握していながらも自分たちの事前情報あるいは連累可能性を隠蔽しようとする場合には，「人民革命」よりは「クーデター」という用語がもっと魅力的ではないだろうか。しかも，当時の『プラウダ』や『イズベスチヤ』の報道内容をよく分析して見れば，事実がガーソフの言うよりはもっと複雑であることが判る。

　1978年4月29日号『イズベスチヤ』は「アフガニスタンの状況」という見出しの記事をイスラマバード発28日付タス通信の報道として載せている。

アフガニスタンから当地に伝えられた報道によれば，昨日かの地ではクーデター（государственный переворот）が発生した。国家権力は軍事革命評議会の手中に移転された。革命評議会の声明はこうある。「軍隊は祖国の防衛，アフガン人民の民族的独立と自由，そして尊厳性を守護することにした。」革命評議会は声明で「自国の国内政策におけるイスラムと民主主義，自由，そして個人の不可侵性の守護」に基づき，「全領域におけるアフガニスタンの発展を達成する」と発表した。対外政策においては「肯定的かつ積極的な中立路線を引き続き堅持し，地域や全世界の平和，あらゆる国家との友好関係を支持する」と述べられた。イスラマバード発ロイター通信はカブール放送を引用し，昨日の無慈悲な銃撃によりアフガニスタンの首都で軍隊と共に降服を拒否した元国家元首兼首相モハメド・ダーウドと彼の弟モハメド・ナイムが射殺されたと伝えた。カブールには夜間通行禁止措置が敷かれた。国家の運営は革命委員会議長の指導の下に置かれている[37]。

　これにつけ加えて，同日の『プラウダ』は同じ見出しの記事で「革命評議会の声明がアフガニスタン軍空挺部隊の参謀長アブドゥル・カディール大佐によって読み上げられた」と伝えた[38]。
　翌日も両紙は，29日付イスラマバード発タス通信の報道として「当地に伝えられた報道によると，2日前クーデターが生じたアフガニスタンの状況は安定しつつある。カブール放送は夜間通行禁止時間の短縮を発表した。軍事革命評議会は公務員，医者，教師，輸送労働者たちに今朝から再び各自の職務遂行に専念してくれるよう呼びかけた。カブールではクーデター後初めて市場が開かれた。カブール放送は，状況は完全に革命評議会の統制下に掌握され，全軍種と全国各地のすべての軍部隊が革命評議会に忠誠を表明したと報道した」と伝えている[39]。
　ガーソフの主張とは違って，「軍事クーデター」という表現は使われておらず，単に「クーデター」という言葉が使われている。29日付の『プラウダ』が，声明を朗読したのは「空挺部隊の参謀長」であると報じ，

1．1978年4月のクーデター――アフガニスタン人民民主党とソ連

「軍事革命評議会」の行動としながら，政変の性格に関する意味付けの核心的な部分においては「軍事クーデター」という表現を一回も使っていないのは注目すべき事実である(40)。

1975年末から『プラウダ』紙の中近東地域特派員としてアンカラで取材活動をしていたアレクサンドル・フィリーポフは，1978年4月27日午後2時頃アンカラ放送でカブールで「軍事クーデター」が起こったというニュースを聞いたという。現政権に対して軍隊の指揮を執ったのは空軍大佐アブドゥル・カディールであるとのことも聴いている(41)。他の隣国では早くも27日（もちろんラジオではあるが）「軍事クーデター」として，しかも主体が「軍」であることを明確に報道しているが，モスクワは28日発のタス通信を29日に，単純な事実としての「クーデター」として，しかもその主体については曖昧にして報じているのである。少なくとも，モスクワはクーデターの真の主体が「軍隊」でないということは知っていたのである。

4月29日と30日両日の報道はすべてパキスタンの首都イ̇ス̇ラ̇マ̇バ̇ー̇ド̇発̇タ̇ス̇通̇信̇で，「アフガニスタンから当地［イスラマバード］へ伝えられた事実」を報じている。上のフィリーポフの記憶によれば，イスラマバードに駐在していた『プ̇ラ̇ウ̇ダ̇』の特派員ブラディーレン・バイコフがクーデターのニュースを聴いたあと，非常事態の難関を克服しカブールに入れたのは，4月29日のことであった。それでその日から取材報道することができたという(42)。実際に5月1日以後（現地からの記事送稿の日付では4月30日以後）の『プラウダ』と『イズベスチヤ』には，イスラマバード発ではなくカブール発の記事が載っている。ところが，タス通信の記事でなく『プラウダ』特派員バイコフの報道が彼の名前と一緒に登場するのは5月4日付の特̇派̇員̇報̇道̇（カブールからは3日に送稿）からであり，しかもそれはタス通信員 A. ペトロフとの共同記事である(43)。すなわち5月1日の『プラウダ』（5月2日号の『イズベスチヤ』と同一記事＝4月30日付のカブール発タス通信）と5月3日の『プラウダ』（5月4日号の『イズベスチヤ』と同一記事＝5月2日付のカブール発タス通信）のアフガニスタン関係の記事2つはカ̇ブ̇ー̇ル̇発̇タ̇ス̇通̇信̇の記事である(44)。

ソ連共産党とソ連政府の機関紙『プラウダ』と『イズベスチヤ』は，5月4日の特派員報道（それもタス通信員との共同記事ではあるが）以外は，4月29日まではイスラマバード発タスの記事を，そして4月30日以後はカブール発タスの記事を報道しているのである。結局，4月29日になってやっと『プ・ラ・ウ・ダ・』の特派員バイコフがアフガニスタンに入国することができ，モスクワに送稿することができたと説明はされているが，その時点でカブールにはタ・ス・通信員がすでに存在していたのである。イスラマバードだけではなくカブールにもタスの通信員が常駐していたということはカブールのKGBの副責任者モロゾフ大佐の回想でも確認される(45)。とすれば，問題の3日間，すなわちクーデター当日の4月27日から29日までペトロフなるタス通信員はなにをしていたであろうか。

ソ連の新聞はクーデター直後の報道においてはアフガニスタンの隣国パキスタンからのタス通信に依拠し，カブールの状況が安定してからはカブール発タス通信で報じたのである。カブール放送を通じてカディールの声明が発表されたのが27日午後7時であるのに(46)，何故ソ連の新聞は28日は沈黙を守り(47)，29日になってから「アフガニスタンから当地に伝えられた報道によると」あるいは「イスラマバード発ロイター通信はカブール放送を引用し」などの表現を使わざるを得なかったのだろうか。

カブール駐在タス通信員（たち）が職務をさぼっていたか，あるいはソ連指導部がアフガニスタンの状況に関する報道を間接的に受け取ったという印象を他国に与えようとしたか，いずれかであろう。事件の日を含めて3日間，隣国（パキスタン）在住のタス通信員が送稿する間，現地（アフガニスタン）のタス通信員が業務を放棄していたとは思われない。このことはモスクワが，4月クーデターについてどういう態度をとるべきか悩んでいたことを意味するとも考えられる。あるいは，ソ連の指導部は，少なくともクーデターの真の主体については把握していたが，西側あるいはその他の国家に対しては，自分たちがそのクーデターに連累していないという印象を与えたかったのだとも考えられる。

ソ連指導部がクーデター発生の蓋然性とその主体について感知していたということはKGBのモロゾフの回想によっても裏付けられる。

1. 1978年4月のクーデター ――アフガニスタン人民民主党とソ連

　1976年末からハルク派のアミンはタラキーに軍事行動のためのハルク派将校たちの準備について報告した。タラキーは戦車部隊1個連隊の力だけで王政を転覆したダーウドの経験を思い出しアミンに同意した。このような情報はカブール駐在KGBからモスクワに報告され，モスクワではV.クリュチコフ［KGB第一総局長］がソ連共産党中央委員会に報告した。クリュチコフは「NDPAおよびアフガニスタン全体の進歩勢力の分裂を招きかねない軍事的冒険に対しモスクワが不快に思っているという意見をタラキーに伝えよう」と提案し，中央委員会の承認を得た。それでカブールのタス通信員の別荘でタラキーに「ハルクの極端な傾向に対する警告」が与えられた。……KGBは定期的にその別荘でアミンとも接触した。このような秘密接触でアミンは軍内のハルクグループの行動隊員について話した。毎度彼は新しい名簿を持ってきたが，そこにはだいたい300名の軍関係者の名前が書いてあった。これが事実と合致するものか否かについては，われわれは知らなかった。可能性さえ検討しなかった。それから数カ月後クーデターを敢行しながら，アミンは行動隊員たちに「ロシア語で話さないこと」を命じた。彼は，われわれが妨げるかも知れないと憂慮したのだろうか。実際に陰謀の加担者の一人はわれわれに政変の計画について告げた。したがって，ダーウドに警告することもできたはずだ。が，カブールのソ連大使館はもちろんモスクワもNDPAを裏切るそのような考えは持っていなかった[48]。

　しかし外務次官コルニエンコの説明は少々異なる。彼は「モスクワにとってこのクーデターは完全に意外の事件だった」と主張している。「それ（クーデター）についての第1信はロイター通信を通じて伝えられ，後になってからカブールのソ連大使館から既成事実として報告が来た。われわれの特別機関の筋からも事件発生前にあらかじめ情報は来なかった。権力を掌握した人物すなわちタラキー，カルマル，アミンなどの名前さえ，グロムイコにも他のソ連指導部の人物たちにも話されなかった。党国際部とKGBに知られていただけである[49]。」

クーデターの蓋然性についてソ連指導部が気づいていたとしても、それが外務省、中央委員会国際部、KGB、ソ連軍の指導部にひとしく該当するものではなかったのはたしかであろう。もしソ連の外務省（グロムイコとコルニエンコ）がある可能性について知っていたとすれば、それはカブールのソ連大使館の報告を通じてのことだったはずである。ところがコルニエンコの言葉が事実ならば、ソ連大使プザノフは4月のクーデター前後の事情についてモスクワに全然報告をしていなかったということになる。実際にクーデターの発生当時、彼はヒンドゥークシで釣りを楽しんでおり、大使館は彼の部下ユーリー・アレクセーエフが管理していた(50)。プザノフが1978—9年中央委員会へ送った報告書を分析したウェスタードは「プザノフには、1978年4月NDPAの権力簒奪は、カブール駐在の他の外国の外交官と同様、意外な事件だった」と書いている(51)。彼はその根拠を述べていないが、おそらく1991年3月の『ズナーミャ』誌に載ったプザノフとのインタビューを念頭に置いているのであろう(52)。ガーソフもウェスタードと同じく、5月5日のプザノフの手紙がアフガニスタンに関する分析の最初の報告であることを根拠にし、プザノフがクーデターについて全然予想していなかったと主張する(53)。しかし、逆に考えてみれば、クーデターの発生から1週間以上経つまで現地の大使が何の報告もしていなかったということは理解しがたいことである。しかも、プザノフが知らなかったということを裏付ける証拠もない。

要するに、もしソ連がクーデターの蓋然性やNDPAの動きについての事前知識を全く持っていなかったら、そしてそれがいわゆる不意を突かれた事件だったなら、27日事件の生じた時直ちにカブールからタスの電報が発され、しかもソ連大使館からの報告が出されるのが自然なことであろう。しかし、そのような動きは全く見られない。したがって、ソ連の指導部がアフガニスタン人民民主党のクーデター計画にかんして全然知らなかったとは考えにくい。

KGBやKGBの報告を分かち合えた中央委員会国際部の一部はNDPAの動きをある程度把握していたであろう。ただプザノフの適切な報告がなかった場合、外務省には情報獲得に困難があったであろう。そして、クー

デターが起こったとき、ソ連指導部は積極的に加担、計画もしていない事件に関連があるかのように見られたくなかったのではないだろうか。

あえて概念化するために刑法理論を借りて言えば、結果発生の可能性を認識し、しかも発生すればしてもよいという認容があるときには「未必の故意」になり、その認容を欠くときは「認識ある過失」になるという(54)。ダーウドの方向転換に関するソ連指導部の認識とハルクの冒険主義に関するモスクワの憂慮がたしかにあったということから見れば、当時のモスクワはNDPAによる革命が起こる可能性が十分あると思っていたに間違いない（結果発生可能性の容認）。それから、ソ連指導部がNDPA指導部の動きを積極的に阻止しなかったのも、結局アフガニスタンで革命が「発生すればしてもよい」と思っていたからではないだろうか。1978年のいわゆる四月革命に関するモスクワの態度は、まさしく「未必の故意」に当たるものであるとも言えよう。

だが結果的にソ連指導部は、それ以後起こりうる状況に対する適切な代案も用意していない状態で、タラキーのNDPAにアフガニスタン社会主義発展のイニシャティブを握らせたのである。「頭痛の種」を作ってしまったと言わざるをえない(55)。

2. 競争から独走へ

エリオットとプザノフ

カブール駐在米大使エリオットは、1973年にアフガニスタンに着任した。王政の転覆とダーウドの共和政樹立の年に任期を始めた彼は、1978年の初めダーウドの対米接近に関する希望的な報告書を発信したのはすでにみた通りである。4月のクーデターに衝撃をうけ、NDPA政権の樹立過程にソ連の手が作用したと疑っていたエリオットは、にもかかわらず、新生アフガニスタン政権を米国の方へ引き寄せようと努力した。

エリオットは、5月6日午後行われたタラキーとの初会見で「自分がアフガニスタンに勤めた4年半の期間、それから特にさる9日間タラキーに会えなかったことについて遺憾の意を示し」ながら会談を始めた(56)。米

国は、ダーウド政権下のアフガン共産主義者たちとの接触はもちろんのこと、彼らに関する知識もほとんど持っていなかった(57)。

エリオットはタラキーに、「米国の政策の重要なポイントの一つは、アフガニスタンが独立と領土保全、それから民族的アイデンティティーを維持できるよう助けること」であると前置きし、「イギリスがインドから離れていった後、アフガニスタンの独立を脅かしかねない唯一の国はソ連である」ということを強調した(58)。「われわれ（米国）は、独特な地理的位置や経済的困窮という状況におかれているアフガニスタンが、なぜソ連と密接な関係を望んでいるかを理解している。しかし、もしアフガニスタンの内外政策がソ連のそれと見分けのつかないものになるとすれば、それはアフガニスタンの民族的アイデンティティーを阻害し、そしてこの地域における緊張を高め平和を脅かしかねないため、われわれは非常に懸念することになるだろう。われわれがアフガニスタンの非同盟政策を評価しているのは、このような脈絡からである(59)。」エリオットは、アフガニスタンの新政府に脱ソ非同盟政策をとりつづけるよう求めた。

タラキーは自分の「(アフガニスタン) 政府は、他の政府を判断する際、彼らがアフガニスタンを助けてくれる意志があるか否かを基準にする」と語りつつ、ソ連および他の国に援助を要請するのと同じく米国の援助をも要請した。エリオットは、タラキーの要請に喜んで同意した(60)。タラキーは自分の重点が経済的側面にあることを強調し、エリオットはアフガニスタンがソ連と距離をおく非同盟路線を堅持する限り、アフガニスタンに対する経済援助を続けるのが妥当であると考えていた。たとえ NDPA の新政権が、暴力や流血の産物ではあるとしても、タラキーが社会主義路線を明らかに示さない限り、経済援助を通じてアフガニスタンを米国側へと引き寄せ得る可能性はいくらでもあると見ていたのである。

5月10日エリオットは、アフガニスタンへの援助を継続するのが望ましいとの電文をワシントンに送った。

　　アフガニスタンの新政府が米国を含むあらゆる国家に援助を要請している状況の中で……（米国が）冷淡なあるいは否定的な姿勢をとっ

たら，何の政治的な利得の見込みもなくなる。そのような姿勢は，アフガニスタンの新政権にキューバの前轍を踏ませ，まったくソ連に依存させる羽目になりかねないし，結局はソ連と同盟を結ばせる結果となるだろう。待たせ過ぎると，タラキー政府は，モスクワとその衛星国に頼るしか経済的選択はない，という結論を下すことになるだろう[61]。

エリオットは経済援助を通じてアフガニスタンを米国の影響圏内につなぎとめておこうと必死であった。彼は，カブールに在住するカナダ，イギリス，西ドイツの大使とアフガニスタンへの経済援助問題を協議し，彼らもアフガニスタンへの援助を続ける意向を持っていると判断した。「ドイツは共産主義国家への援助を禁ずる法律を持っていない。ただ，ボン当局がそれぞれの状況によって個別的に適用する政治的政策があるだけである。ドイツ人たちは厳格に共産主義と見なされるアフリカの社会主義政権をも支援する。そうしながらも，ボン当局はそれら諸国とモスクワの連携に意味を付与していない。……ドイツ大使館は，未だにタラキー政府が共産主義あるいは国際共産主義の陰謀を媒介にモスクワと繋がっているとは思っていない。……国連開発プログラム（UNDP）と世界銀行も，ここでの援助活動を持続する予定である。われわれもドイツと同じく何かをすべきである[62]。」エリオットは，発展支援訓練（DST）および人力開発（TMD）のための計画案が，西側諸国との討論を通じて完成されているし，アフガニスタン政府もこれに関心を寄せているため，自分と援助問題担当者が新政府の企画庁などを訪問しながら，このような計画についてのアフガニスタンの考え方を探るのが非常に有益であると国務省へ打電した[63]。

簡単に言えば，現段階でのこのような探索作業は，ここになるべく多い援助橋頭堡を維持するために必要なのである。……このような姿勢を通じて多様な政治的選択肢を持てると信じる。われわれは，新政府の意図を探ぐるべきであり，プロジェクトに関する協約の下で，自らの責任を再確認しようとする意志および進行中の援助計画を推し進

めようとするわれわれの意志を見せなければならない。……TMD および DST プロジェクトに関する対話を続けるというわれわれの意志を見せるべきである。……これの勝負（fishing expedition）[64]は，私と援助問題担当者がアフガニスタンの経済援助計画担当の大臣たちを訪問するときから始められるだろう。アフガニスタンでのわれわれの目的は，新政府に意味のある，助けになると認識される援助計画によって持続的に支えられるとわれわれは堅く信じる。［われわれの計画が］実現できるかどうかは，ゲームの初期に決まるだろう[65]。

　エリオットは，アフガニスタンの新しい政府が親ソ社会主義的傾向を帯びているとしても，その発展の方向が確実に定められていない状況で，米国の援助を通じていくらでも脱ソ非同盟路線を守らせ，将来は親米政権に旋回させうると判断していた。クーデター後二週間しか経たないうちに，カブール駐在米国大使は本国に積極的な対アフガニスタン援助政策を要請していたのである。彼は，ソ連との「ゲーム」あるいは「勝負」で機先を制すべきだと思っていた。アフガニスタンの新しい NDPA 政権がいかなる内的葛藤構造を保っているかは，彼にとってあまり大事な問題ではなかった。内部的亀裂の構造がどうであれ，彼らはみんな貧しい共産主義者たちであり，彼らを懐柔するには資本主義の経済力が必要であると思っていた。

　同じ時期，カブール駐在ソ連大使プザノフは，エリオットとは全然異なる眼鏡を通して NDPA 政権を眺めていた。プザノフは，すでにクーデターの二日後の 4 月 29 日にタラキーに会っている[66]。タラキーがアフガニスタン革命評議会議長兼アフガニスタン政府首相に選出されたと，カブール放送が伝えたのは，4 月 30 日のことである。タス通信も，同じ日付で打電している[67]。したがってプザノフは，タラキーが公式に国家元首に就任する一日前に彼に会っているのである。誰の要請で会談がなされたかは明らかではないが，アフガニスタンの新しい指導者と一番最初に会ったカブール駐在外国大使は，プザノフであった[68]。

　この会談で，タラキーは「アフガニスタンはマルクス・レーニン主義を

堅持する社会主義建設の道を歩んでいき，社会主義陣営に属する」と語りつつ，「このような路線は注意深く遂行されるだろうし，ある時には党が人民に対して自分本来の目的を隠さねばならない場合もあるだろう」と述べた。タラキーは，ソ連に緊密な政治的，経済的協力を提案し，反動的なムスリム国家は別として，西側との葛藤を引き起こす必要はないとつけ加えた(69)。最初にタラキーは社会主義路線を堅持すると言いながらも，米国をはじめとする西側との協調をも念頭に置いていたようである。

　このような会談の内容と自分の観察に基づいて，プザノフがモスクワに最初の分析報告書を発送したのは，5月5日のことである(70)。米国大使エリオットが5月6日にタラキーと会談し，その内容を大使館に戻ってきた直後に整理発送したのと比べれば，プザノフの態度からは余裕さえ感じられる。

　ウェスタードの分析によれば，プザノフは「政変およびそれの首謀者ヌール・ムハンマド・タラキーとハフィズーラ・アミンには，左傾冒険主義的な傾向がある。……NDPA は，ブルジョア的性格を増していたムハンマド・ダーウド政権に対する労働者大衆の不信の表現であった。……新しい政府の出現は親ソ連的な発展の可能性を示唆するものであり，アフガニスタンにおけるわれわれの立場をより確固たるものとして強化しうる契機になる」と報告している(71)。さらにプザノフは，新しい政権の権力闘争に関する自分の見解をつけ加えている。「新しい政権の大きい欠点は，党内の絶え間ない宗派闘争である……党内の基本的な2グループ（ハルクとパルチャム）は，2つの独立政党を連想させるし，長い間積み重なってきた疑心と敵意が，両グループ指導者間に反目の種を播いたのである……新しい政府の基本的な指導ポストがハルクの代表的人物たちに割りあてられたのを考慮すると，革命はこのような不調和を解消したのではないと見られる。」プザノフはモスクワに，アフガニスタン指導部の「摩擦の克服」や「団結の強化」のための措置を迅速に取るよう助言した(72)。プザノフにとって重要なのは，アフガニスタン人民の社会経済的生活水準でなく NDPA 内部の権力闘争であり，問題の解決は経済的援助によってではなく権力闘争の回避によってなされるべきであった。

5月17日，タラキーはプザノフに会い，「党の建設と党の強化，特に軍隊における党の立場強化のためのソ連の援助を要請」しながら，「国家安保のためのソ連の専門家たちが自分には必要である」と強調し，プザノフはその派遣を約束した(73)。

1978年春と夏にかけて，カブール駐在米国大使エリオットが，NDPAについてあまり知識も持っていない状態で，第三世界の後進国家としてのアフガニスタンを規定しながら，新政権の西側への取り込みに邁進していたとすれば，ソ連大使プザノフは，NDPAおよびその内部的亀裂に関するはっきりした知識を持ちながら，新生共産主義国家の後見人として振舞っていた。プザノフは，執権共産党の権力の向背に敏感な姿勢をとっていた。彼は外交官でありながら，モスクワにアフガニスタン執権党の権力闘争に関与するよう提案していた。しかしそれは，何らかの解決策を提示するものではなかった。モスクワ指導部はすでにNDPAの内訌について知っていたし，しかもそのような内紛に強い不快感を示していた(74)。プザノフは，NDPAに対するこのようなモスクワの考えを看破する感覚を持っていたのである。

権力闘争

プザノフは20年前モスクワから追い出された人物でもあった。彼が連累した事件が何であったかは明らかではないが，ブラドシャーとモロゾフによれば，プザノフは「20年前のクレムリン権力闘争の脱落者」，「フルシチョフによってロシア共和国の閣僚会議から追放された者」であった(75)。

1906年ロシアのイヴァノヴォで生まれたプザノフは，農業学校を卒業し，若い時代を農業問題に専念しながら送ったが，40代の後半にはロシア共和国閣僚会議議長，それからソ連共産党中央委員として活動していた(76)。短い期間ではあったものの，1952年から1953年まで，すなわちスターリン時代の最後の日々には，ソ連共産党の政治局員候補をもつとめた(77)。したがって，51歳になる1957年，駐北朝鮮大使から始まった彼の外交官経歴は，自分の人生にとって意外な方向転換であると同時に中央

舞台からの退場を意味するものであったに違いない。

　以後プザノフは、1962 年までは駐北朝鮮大使、1962―67 年は駐ユーゴスラビア大使、1967―72 年には駐ブルガリア大使を歴任した。1972 年からはアフガニスタンで勤めていた(78)。1979 年 8 月 17 日から 2 カ月以上アフガニスタンに滞在したソ連軍地上軍司令官パヴロフスキー将軍は後になって「プザノフは東方地域では勤めた経験のない外交の非専門家だった」と評しているが(79)、外交官として 20 年以上を活動した人物を「外交」の非専門家であるとは言いがたい。もとより「東方地域」特にアフガニスタンに関する限りは「非専門家」であったのはたしかである。

　1957 年から 1985 年まで 28 年間を外相として在職したグロムイコや、1962 年から 1986 年まで 24 年間を米国で勤めたドブルイニンのような特別な場合に比べてみれば、大使としてのプザノフの人生は、確かに自分の分野を持つ専門家のそれとは言えないだろう。にもかかわらず、彼はモスクワの意図をよく知っており、アフガニスタン執権党内部の権力闘争にどう対処すべきかを判断する自分なりの権力のレーダーを持っていた。

　1978 年アフガニスタンでクーデターが発生したとき、プザノフはすでに 72 歳であった。プザノフにとっては、脱ソ連政策を目指した 69 歳のダーウドに比べれば、新政権の指導者たちが比較的新鮮な勢力と見えただろう。しかも、彼らは親ソ共産主義者たちであった。4 月 30 日の布告第 1 号により公表されたアフガニスタンの新内閣は 61 歳のタラキーを頂点にして、主に 40―50 代の世代が主軸をなしていた。カルマルとアミンがそれぞれ 48 歳で、実際にクーデターを主導した行動グループはもっと若かった(80)。プザノフとしては、政治的・理念的に自分に頼る若い世代の新政権が前の政権よりは相手にしやすかったであろう(81)。実際に、プザノフはカブールの外交団長として、アフガニスタン政府の要人および外交団の各国外交官たちから「ツァーリ」というニックネームで呼ばれていたのである(82)。

　アフガニスタン民主共和国の初期内閣は、首相にタラキー、副首相にはカルマルとアミンを据えるなど 11 名のハルクと 10 名のパルチャムからなっており、両派の連合政府として出帆したが(83)、早くも 5 月には両派の

亀裂が再び露呈されるようになった。5月23日付のシモネンコ，ガンコフスコフ，スミルノフ（NDPAのソ連人顧問たち）3人のソ連共産党中央委員会国際部への報告書と同日付けアミンのソ連共産党中央委員会への手紙を分析したウェスタードによれば，アミンは新政府内でのハルク派の支配を隠さず強調し，アミン自ら立てたNDPA改造計画でも「競争派閥のいかなる影響力をも剝奪する」意向を明らかにしていた(84)。

このようなアミンの先制攻撃に敏感に反応したのはカブールのKGBである。5月中旬カブールに着いたばかりのソ連共産党中央委員会国際部のシモネンコは，アミンから受け取った「NDPAの組織構造一新に関する予備提案」という書類についてカブール駐在KGBのオサドチーおよびモロゾフと協議した上で「アミンを阻止しないと，再びNDPA内部に崩壊が起こりかねない」という結論に達したという(85)。カブールのKGBは，ソ連共産党中央委員会国際部に影響を与え，アミンに対する警戒をモスクワに促そうとしていたのである。

ソ連共産党中央委員会国際部からのアミンへの回答は，「……NDPAには1978年4月革命の完遂および新しいアフガニスタン社会主義の建設という歴史的課題が課されている。このような偉大なる使命の遂行は，NDPAが統一し，かたく団結した，統合政治的組織行動体として活動するという必須的条件を前提として，はじめて可能になる……」とするものであった(86)。ブラドシャーが，「1978年5月ソ連共産党はNDPAの団結を要求するために官吏を一人派遣した」と述べているのは(87)，恐らくこのシモネンコのことであろう。

しかしKGBと違い，プザノフはややハルクの方へ傾いていた。ウェスタードの研究によれば，6月11日パルチャム派の一人である内務相ヌール・アフマッド・ヌールがプザノフに，「アミンはタラキーのポストまで簒奪しようと狙いつつ，公然とパルチャムの代表に対する弾圧を準備している。政治局ではみんなアミンを恐れている……ソ連の支持なしには誰一人アミンに対抗できる人はおらず，バブラク・カルマルさえそうであると告げている。」6月17日には，やはりパルチャム派の企画庁長官スルタン・アーリ・ケシュトマンドがプザノフに，ハルクの攻勢からカルマルを

救ってくれるよう要請している。にもかかわらず，プザノフがしたことは，せいぜいタラキーに会い，「党はパルチャムの影響力を根絶する決心が出来た」という話を聞くことだけであった(88)。ハルクをおさえようとはしていない。

結局7月5日，カブール放送は，副首相カルマルがチェコスロバキア駐在大使に，社会相アナヒタ・ラテブザードはユーゴスラビア駐在大使に，それからカルマルの弟マフムッド・バリアレーはパキスタン駐在大使に任命されたと報道した(89)。その他にも，ヌール・アフマッド・ヌールは米国駐在大使に，アブドゥル・ワキルがイギリス駐在大使に任命された(90)。再びプザノフの報告書を分析したウェスタードの研究によれば，プザノフは，モスクワがカルマルのパルチャム派に好意を持っていたことを知りながらも，パルチャムが壊滅されても，モスクワはカルマルのグループのために何かをするようなことはなかろうと判断していたという(91)。実際にタラキー＝アミンによってパルチャム派の指導部が事実上追放の状態におかれる過程に，モスクワおよびカブールのソ連代表者たちは傍観者の態度をとっていた(92)。

7月20日の真夜中，窮地に追い込まれたカルマル，バリアレー，ラテブザードがタス通信員の家を訪れプザノフとの面談を求めた時，プザノフはこれを拒否している。それから翌日，プザノフはこの事実をアミンに告げている(93)。このようなプザノフやモスクワの傍観者的態度を「裏切り」と批判しているモロゾフの回想から見て，カブールのKGBはタラキー＝アミンのハルク派よりはカルマルのパルチャム派にもっと同情的であったようである(94)。

このようなモスクワの態度に力づけられたタラキー＝アミンは8月末，国防相カディール，教育相モハンマッド・ラフィ，企画庁長官ケシュトマンドなど4月クーデターの主役であったパルチャム派の要人たちを体制転覆企図の疑いで逮捕した(95)。逮捕された者たちの供述によりカルマルには「陰謀の首謀者」の烙印が押され，これらパルチャムの人たちはNDPAから除名された。10月に革命評議会は，海外のパルチャム派大使たちに帰国を命令したが，彼らはこの命令を拒否，任地ですべて姿を消し

た(96)。

　ハルク派のパルチャム派に対する粛清の過程で，プザノフは一切の抗議を控えている。ただケシュトマンドの処刑のような問題において，アミンに処刑の必要性への疑問を表し，長期刑にさせる程度の行動をしただけである(97)。5月に NDPA の内紛について詳細に報告し，その改善を提案したプザノフは，実際に行われた NDPA の権力闘争においては，徹底してタラキー＝アミンの側に立っていた。モロゾフはこのようなプザノフの態度を「粗暴な介入」と表現しているが(98)，大使として駐在国の内政にそれ以上深くかかわることは出来なかったかも知れない。しかしながら，カブールでのプザノフの位置や新政権のソ連への政治的・理念的依存の傾向から見れば，プザノフの介入の余地はいくらでもあったにちがいない。ウェスタードの分析どおり，プザノフはより強者であると判断されたハルクに賭けていたのではないだろうか。確かに1978年のモスクワはカブールをプザノフに任しており，パルチャム寄りの現地 KGB の報告がモスクワを動かした痕跡は見あたらない(99)。

　1978年4月から10月に至る期間，カブールはハルクとパルチャムの競争からタラキー＝アミン率いるハルクの独走の舞台と化した。このような「競争から独走へ」の変化はカブール内での出来事だけではなかった。1978年夏以降，アフガニスタンを舞台とするソ連と米国の関係も「競争から独走へ」変わりつつあったのである。

脱米入ソ

　アフガニスタンを西側に引き寄せようと努力したエリオットは，権力闘争の火花が飛び乱れる最中の1978年7月カブールから退場し，新しい米国大使にはアドルフ・ダブスが赴任した。しかし，モスクワ駐在アメリカ大使館で勤務した経歴を持ち，国務省の近東および南アジア担当次官補を歴任したダブス(100)の対アフガニスタン観は，前任エリオットのそれに比べれば，アフガニスタンを西側の方へ引き寄せようとするような積極的なものではなかった。1978年8月10日，カブールで行われた S. ハリソンとの対話でダブスは，「米国がとるべき政策は，（アフガニスタンに近付こうと

する積極的）行動を留保し，ただ新政権がソ連に完全に抱きこまれるなど，ソ連の予想しているとおりにはならないようにすること」であると述べ，「時間が経つにつれ米国が積極的に接近すれば，カブールでのソ連の影響力は現在より著しく減るようになるだろう」と述べている。彼は，「現に，アフガニスタンは4月以前よりもっと強い親ソ連傾向を示しているが，軍事的あるいは他の意味でも，アフガニスタンは絶対にソ連の衛星国にはならない。アフガニスタンにレッテルを貼らないようにしよう。（アフガニスタンの指導者たちは）チトーあるいはチャウセスクには成るまい」と言っている(101)。ダブスは，楽観的な目でアフガニスタンを見ていた。

2回にわたって会ったアミンに対する印象についてもダブスは，アミンが米国との関係を拡大しようとしているとは思われないとし，「ただ，ソ連の圧力や軍事的干渉を呼び起こさない範囲で援助および他の分野での連携を持続しようとするトリック」をこなしているに過ぎないと語った(102)。エリオットとは違い，ダブスはアフガニスタンの新政権を積極的に米国に引き寄せようとする態度を見せなかった。

1979年6月米国がアフガニスタンから切り離されたとき，カブールの米代理大使アムスタッツが，国務省にアフガニスタンへの関心を呼びかけながら送った報告書にも，当時はすでに故人となったダブスの対アフガニスタン観が述べられている。アムスタッツはこう書いている。

> われわれはアフガニスタンに関するダブス大使の見解をよく知っている。彼は，アフガニスタンそのものは米国にとって何の利益にもならないと認識していた。したがって，米国政府は主に地域安定の観点からアフガニスタンを見るべきである，と彼は思っていた。ただアフガニスタンは攪乱要素と成るべきではなく，われわれはただソ連という存在に対する一つのオールタナティヴとしてアフガニスタン政府に見られるべきで，（われわれは）この地域の自由国家を含む他の諸国と協調すべきであると彼は堅く信じていた(103)。

エリオットからダブスへの交替は，カブール駐在米国大使の個人的観点

の変化を意味するだけでなく，米国の対アフガニスタン政策がもっと消極的になったということを示すものであろう。1978年の秋，タラキー＝アミンはプザノフとともに12月に予定されていたソ連―アフガニスタン友好条約に関する検討を行いながら，ソ連に大規模の軍事的（主にアフガニスタン軍将校たちに対する軍事訓練プログラム），経済的支援を要請している(104)。それから12月4日から7日までタラキーとアミンはモスクワを訪問し，タラキーとブレジネフは12月5日ソ連―アフガニスタン友好協力条約に署名した(105)。

ソ連とアフガニスタンの関係がただの理念的関係ではなく，経済的支援にまで拡大する状況で，カブールの米大使館と米国務省は，「米国とアフガニスタンが密接な関係に戻る見込みはもうない」ということで見解の一致を見ていた(106)。12月1日，米国務長官C.ヴァンスは，カブール駐在米大使館に，ダブスの意見に基本的に同意する訓令を下達した。同電文でヴァンスは，「われわれ（国務省）は，アフガニスタンへの適切なアプローチを考慮において地域的利害関係が最も重要であり，アフガニスタンの西側離れ，とくにソ連の支援によるアフガニスタンの西側離れは，この地域の平和と安保に深刻な脅威と成りかねないということについて，あなたと意見を共にする」と述べながらも，「パキスタンとイランは，アフガニスタンはすでにソ連側に奪われてしまったと主張しているが，彼らの評価もわれわれのそれと同じ文脈のものである」と書いている(107)。すなわち基本的にアフガニスタンが米国の同盟国の安保に重要な国であるということには変わりはないが，パキスタンとイランの主張しているようにアフガニスタンを「失った」ことではなく，隣接国との衝突などの問題を起こさない限り，そして完全にソ連の掌握の下におかれることのない限り，米国の対アフガニスタン政策は現状維持でいいと言っているのである。

続けてヴァンスは，「一つの選択肢はアフガニスタンでわれわれの活動を止めることであるが，そのような政策はアフガニスタンの隣国を不安にさせるし，彼らの政策にも合わないだろう……しかもわれわれの責任を放棄するかのような印象を与え，アフガニスタンおよびその周辺地域での米国と西側の影響力を低下させようとするソ連の重要な目的を達成させるこ

2. 競走から独走へ

ととなるだろう。白紙小切手をソ連に渡すようなそういう行動はわれわれの利益にはならないだろう」と述べている[108]。アフガニスタンを完全にあきらめることは出来ないと主張しているが，それはアフガニスタンそのものが重要であるからではなく，地域の同盟国を不安にさせないための，それから米国がある地域を放棄したという印象を与えないためのことで，エリオットの提案で見られるような積極性は見あたらないものであった。

アフガニスタン当局との接触を維持するために経済援助を続けるが，それも「世界で最も貧しい国の国民に援助を施すという人道的な観点と新政権の好ましくない人権状況を考慮する均衡のとれたものでなければならない」ということであった。結局ヴァンスは，アフガニスタンとの接触は続けるという前提は認めるが，「カブールでわれわれの影響力は非常に限られていること，それから地域の平和と安定に貢献する協調関係のネットワークを築くのは，アフガニスタンの隣接国が主導するように求めることを確実に認識せよ」と，カブールへの訓令を締め括っていた[109]。

米国がアフガニスタンを南アジアおよび中近東地域の全体的な安定と平和の観点から見ているとき，ソ連はいかなる目でアフガニスタンを見ていたのだろうか。親ソ社会主義を標榜しながら近づいてくる政権を，その内部的亀裂がどうであれ，拒否する必要はないと思っていたのではないだろうか。さらに，第3世界の共産主義運動を支援する立場から，ある程度の経済支援が必要であると判断していたのであろう。モスクワから戻ってきたタラキー＝アミンは，12月28日，プザノフを通じて，ソ連に「国境地域特にイラン付近での国家保安組織や国防省の情報機関の支出に当てる」借款を要請した[110]。そして1979年1月7日，ソ連首相コスイギンは，プザノフに「アフガニスタン政府に対する軍事的，経済的支援計画の立案」を指示し[111]，本格的な経済支援の姿勢を構えた。1978年末まで，モスクワではカブールのKGBの見解よりは，プザノフ・ラインの見解が買われていたのである。

ダブスの赴任以降アフガニスタンに消極的だった米国は，1979年2月14日に当のダブスがカブール市内でセテム・イ・メーリというマオイスト・グループ[112]に拉致され，カブールのホテルでアミンおよびアフガニ

スタン警察のタルン率いるアフガニスタン警察兵力と当グループとの交戦中殺されてから，アフガニスタンからさらに離れていった[113]。アフガニスタン政府は，この事件について何の解明も謝罪もせず，米国の真相調査要求も受け入れなかった。カーター行政府は，この事件とソ連との関連をも非難したが，モスクワもこれを否認した[114]。ソ連は2月末，副首相 I. V. アルヒポフをカブールに派遣し，経済援助に関する最終的な協議を終えた。アルヒポフのソ連共産党中央委員会国際部への手紙を分析したウェスタードによれば，この援助約束締結によって，アフガニスタンは他のどの国よりも多い経済援助を，ソ連から受けるようになったという[115]。

しかしカブール政権はこの水準で満足しなかった。3月1日，アルヒポフとの会談でアミンは，「ソ連および他の社会主義諸国の（アフガニスタンを擁護する）情報宣伝作業が不充分である」と不満を述べ，「その作業の強化の必要性」を強調している。さらにアミンは，「経済的な問題とソ連側からの援助」の増大を再び要請した。アルヒポフは提起されたすべての問題についてモスクワが考慮すると約束した[116]。カブール政権は，経済的な側面においては米国および西側の援助を期待するという執権初期の方針をすでに忘れたか，あるいは諦めていた。1978年の末と1979年の初めにかけて，カブールは米国の最後の頼りだった経済援助という面においてまで，ソ連に傾くようになったのである。

アフガニスタンをめぐる米—ソ連の競争体制は，もはやソ連の独走体制に変わりつつあった。ソ連の外務省や国際部の立場から見れば，独走は外交的・理念的勝利と映るかも知れないが，それだけに管理の責任が増大することをも意味する。言い換えれば，これからはアフガニスタンでの独占体制に損傷を蒙ること自体が，ソ連の対外関係における失敗となり，それを阻止するための代案選択の幅も狭くなったのである。これは，モスクワだけではなく，ハルクの独走体制を作りあげ自ら政権の立地を狭くしたカブール政権にも該当する話であろう。

（1） この文書は，1973年8月27日駐イラン・アメリカ大使館が受け取ったものである。*Documents From the U.S. Espionage Den*（以下 *DFED* と略称），Vol.

29, p. 41-42. この文書は 1973 年のアフガニスタンに関する文書としては唯一のもので，作成責任者としてマイクル・カップス（Michael Capps）という名前が記されている。
(2) Л. Б. Теплинский, *Советско-Афганские отношения 1919-1960*,（『ソ連―アフガニスタン関係：1919-1960 年』）М., 1961, pp. 13-14.
(3) *Ibid*., pp. 126-127, 195-200.
(4) Р. А. Ульяновский, Афганская революция на современном этапе（「現段階のアフガン革命」）, *Вопросы истории КПСС*（『ソ連共産党史の諸問題』）, No. 4, 1982, p. 85.
(5) KABUL 0820, Jan. 30, 1978, *DFED*, Vol. 29, p. 47-50.
(6) *Ibid*., p. 47.
(7) *Ibid*., pp. 48-50.
(8) ブレジネフのこのような態度からは，ソ連指導部内ではもちろん社会主義ブロックでの彼の歪んだ自信感や権威が窺える。ブレジネフは政治局内の自分の同僚たちにはもちろん社会主義国家の指導者たちにも「おまえ」（ты）という呼び方をしていたようである。たとえば，1968 年チェコスロバキアのドゥプチェクおよび 1981 年ポーランドのヤルゼルスキーとの対話。От правды никуда не уйдёшь...（Новые документы о событиях в Чехословакии 1968 г.）, *Кентавр*, No. 5, 1993, pp. 91-96 ; Из Архива Президента РФ ; Документы 'комиссии Суслова'. События в Польше в 1981 г., *Новая и новейшая история*, No. 1, 1994, pp. 85-86. ロシア語では「おまえ」という言葉が，親密感をあらわす表現でもあるのは確かであるが，ブレジネフにとってドゥプチェクやヤルゼルスキーが親密感を感じられる相手ではないだろう。ドゥプチェクとヤルゼルスキーはブレジネフに対して始終「貴方」（вы）という呼び方をしている。
(9) Thomas T. Hammond, *Red Flag over Afghanistan : The Communist Coup, the Soviet Invasion, and the Consequences*, Westview Press, Boulder, 1984, pp. 42, 44 n.
(10) Henry S. Bradsher, *Afghanistan and the Soviet Union*, New and Expanded Edition, Duke University Press, Durham, 1985, pp. 65-66, 311 n.
(11) В. М. Забродин и А. А. Ляховский, *Тайны Афганской Войны*, Планета, Москва, 1991, p. 8. アフガニスタン戦争に参戦したリャホフスキーとソ連国防省の従軍記者であるザブロージンのこの研究は，NDPA に関する叙述において『アフガンスキー・ソース』という資料を使っている。彼らの研究は，引用しているすべての資料において，その出所や正体を明らかにしていないので，原資料の追跡が難しいが，相当の数の資料はすでに公開されているものと，あるいは他の研究が活用している資料と一致している。したがって『アフガンスキー・ソース』という資料が，一つの資料であるか，あるいは彼らがアフガニスタンで取材した結果の纏めであるか，いずれかについては断定できないが，NDPA に関す

る叙述においては，他の研究と一致するところだけを参考にしたい。

　彼らの研究からは，NDPA 内の両派，「ハルク」と「パルチャム」に関する部分において，ある程度パルチャム派に同情的な傾向が見られる。このような傾向は，ソ連軍の投入の一つの目的が，アミンの「ハルク」政権の打倒およびカルマルの「パルチャム」政権の樹立であったことによるものであると思われる。ペレストロイカ期である 1990 年前後に書かれた研究であるにもかかわらず，アフガニスタン問題においては客観的な観点よりは，共産党政権の「ハルク」に対する敵意に影響されたところがまだ残っているものと思われる。ここではなるべく NDPA に関する事実だけをとっておきたい。

(12)　*Ibid.*, pp. 8-10.

(13)　*Ibid.*, pp. 10-11.

(14)　Г. А. Поляков, *Афганистан революционный*（『革命アフガニスタン』），"Международные отношения", М., 1981, p. 35 ; Забродин и А. А. Ляховский, *op. cit.*, p. 11.

(15)　Забродин и Ляховский, *op. cit.*, p. 11.

(16)　А. Морозов, Кабульский резидент, *Новое время*, No. 38, 1991, pp. 36-37. このような依頼に対してソ連共産党の指導部は中央委員会の国際部が郵便箱ではないという理由を付け，拒絶したという。

(17)　Забродин и Ляховский, *op. cit.*, p. 11.

(18)　ブラドシャーは，インド共産党の機関紙『党生活』（*Party Life*）の 1976 年 5 月 22 日号に「アフガニスタンの民主的・進歩的愛国勢力が団結するよう訴える」インド共産党の政治局員 N. K. クリシューナンの論説が掲載されたのが，NDPA に対するソ連共産党の団結催促のシグナルであり，ハルクとパルチャムの両派の統合にはインド共産党が重要な役割を果たしたという。Bradsher, *op. cit.*, p. 69-71 ; ハモンドもインド共産党の役目を強調している。特にハモンドは，この統合過程にソ連の圧力があったということを，カブールの米大使エリオットの証言に基づいて叙述している。Hammond, *op. cit.*, p. 49-50. このような分析はいずれも推論に過ぎないが，状況から判断してある程度の説得力は持っている。

(19)　*Правда, Известия*, April 29, 1978

(20)　*Правда*, May 1, 1978 ; *Известия*, May 2, 1978

(21)　*Правда*, May 3, 1978 ; *Известия*, May 4, 1978

(22)　*Правда*, May 5, 1978

(23)　KABUL 3619, エリオットから米国務省へ, *DFED*, Vol. 29, pp. 60, 62.

(24)　*Правда*, May 8, 1978

(25)　Забродин и Ляховский, *op. cit.*, p. 7.

(26)　Г. М. Корниенко, *op. cit.*, p. 108.

(27)　前節「ダーウドの方向転換」を参照。

(28) 1979年，日本でジャーナリストの資格で活動しているうち，アメリカへ亡命したKGBの情報将校スタニスラフ・レフチェンコによれば，「外務省は常に言語や行動を柔らかにしようとする。それは，彼らが柔らかいからではない。彼らは幾つかの国々で何年も過ごしながら，外交関係の形成のために，また条約の締結のために，人々を引き寄せねばならぬのだ。それだけではなく，彼らは（外交が成し遂げたものを無為に戻す）国際部の「ゲリラたち」を好んでいない。ソ連外務省は自らの外交的利害関係を持っている。……しかし大部分の場合は国際部が力 (power) を持っている。原則的に外務省は命令を遂行する人間たちの集まりである反面，国際部は党の心であり良心である」という。Uri Ra'anan and Igor Lukes, *Inside the Apparat : Perspectives on the Soviet System from Former Functionaries*, D.C. Heath and Company, Massachusetts, 1990, p. 158.

(29) 1979年5月から12月までカブールのソ連大使館の領事顧問としてアフガニスタンに滞在したサフロンチュクによれば，アミンはこのようなウリヤノフスキーの見解を非常に不愉快なものとして，同意しなかったそうである。アミンは，アフガニスタンは資本主義的発展の段階を経て社会主義国家へ移行する人民民主主義国家（ブルガリア，北朝鮮，キューバ）であり，マルクス・レーニン主義政党の執権している国家のカテゴリーに含められるべきだと主張した。「一体ウリヤノフスキー同志はどうしてアフガニスタンをエチオピアと同じレベルに位置付けようとするのか。エチオピアは権力を握ってから前衛政党が形成されはじめた国にすぎないし，当時アフガニスタンではマルクス・レーニン主義政党が1965年にすでに形成されていたのではないか。革命に至る13年間も合法・非合法的な状況の中で働き抜いた経験があるのに」とアミンは反駁したという。Б. С. Сафрончук, Афганистан времен Тараки, *Международная жизнь*, Dec. 1990, pp. 92-93.

(30) Р. А. Ульяновский, *op. cit.*, pp. 84-85.

(31) 1970年代後半『ワシントン・ポスト』紙のカブール特派員として活動したセリグ・ハリソンは1979年12月15日，すなわちソ連のアフガニスタン侵攻の約10日前にアメリカを訪れていたソ連の南アジア専門家1人とインタビューをしたことがある。「冷静な正直性」の持ち主であるその専門家は，アフガニスタンには種族社会という問題点があるにもかかわらず，マルクス・レーニン主義の明るい将来が到来すると予見しながら，モスクワがアフガニスタンを中央アジアの一共和国に編入しようとしているという人々の推測を断固否認した。彼は，「もしアフガニスタンをある国に比較しようとするならば，モンゴルと比較してほしい。われわれはアフガン人たちがモンゴルのように完全な国内的自由を持つ人民になることを願っている。1932年赤軍がモンゴルに入ったとき，そこの社会状況もやはり後進的だった。しかし革命は着々と進んできた。現在モンゴルが解放されているという事実を否認する者はいない」と語ったという。Selig S. Harrison, "Dateline Afghanistan : Exit Through Finland ?", *Foreign Policy*, No. 41, Winter 1980-81, pp. 186-187.

(32) Hammond, *op. cit.*, p. 54.
(33) Bradsher, *op. cit.*, pp. 82-84.
(34) ところが，同じ時期に出版された「1945年以降のソ連の対外的な軍事介入パターン」に関する一研究は，ソ連の関連可能性を全面否定している。この研究も証拠は提起していない。証拠のない場合の「無罪推定の原則」の適用である。Alex P. Schmid (with Case Studies by Ellen Berends), *Soviet Military Interventions since 1945*, Transaction Books, New Brunswick and Oxford, 1985, p. 127.
(35) R. Garthoff, *op. cit.*, p. 988.
(36) *Ibid.*
(37) Известия, April 29, 1978
(38) Правда, April 29, 1978
(39) Правда, Известия, April 30, 1978
(40) したがって「4月27日から30日までタス通信が軍事クーデター (military coup d'état) の用語を使った」とのガーソフの主張は間違っている。『プラウダ』は5月7日になって初めて，特派員バイコフの報道写真と一緒に「軍事革命的クーデター」という表現を使っている。しかしこれはブレジネフとコスイギンの名義で，アフガニスタン革命評議会議長兼国家元首，そして首相に選出されたタラキーへの「心からの祝賀」の電文が送られた以後のことである。Правда, May 4, 7, 1978.
(41) А. Филиппов, *Трудный путь в будущее: Афганские встречи, репортажи и заметки разных лет* (『未来への険路：数年間のアフガン取材報告』), «НАУКА», Главная редакция восточной литературы, М., 1989, p. 3.
(42) *Ibid.*, p. 4.
(43) Правда, May 4, 1978. 「アフガニスタンの状況が落ちついた」との内容の短信である。
(44) 記事の内容については本節の「NDPAといわゆる『四月革命』に関する見解」を参照。
(45) А. Морозов, *op. cit.*, p 37. 彼の回想によれば，1978年以前NDPAの指導者たちとKGB要員たちとの接触は主にカブールのタス通信員の別荘で行われたという。
(46) Bradsher, *op. cit.*, p. 77.
(47) Правда, Известия, April 28, 1978. 28日の両紙の国際面は全世界の各国からの27日発タス記事を載せている。したがって，28日の沈黙が時差による把握の手遅れに起因するものとは思われない。
(48) А. Морозов, *op. cit.*, p 37-38. ガーソフは「タラキーにクーデターの試みをやめるよう忠告したKGBが，4月のクーデター発生でいかに驚いたかを，モロゾフが述べている」とし，彼自身の説を裏付けようとしているが (Garthoff,

op. cit., p. 988.），モロゾフの回想のどこにも，この事件が KGB にとって驚くべき不意の事件だったという文章は見つからない。

(49)　Г. М. Корниенко, op. cit., p. 107.

(50)　Bradsher, op. cit., p. 83.

(51)　О. А. Вестад, Накануне ввода советских войск в Афганистан. 1978-1979 гг., Новая и новейшая история, No. 2, 1994, p. 20.

(52)　Давид Гай и Владимир Снегирев, Вторжение, Знамя（「侵攻」,『旗』), March 1991, p. 198.

(53)　Garthoff, op. cit., p. 988.

(54)　平野龍一『刑法概説』東京大学出版会，1979 年，82 頁；大谷實『刑法講義総論』(第四版補訂版) 成文堂，平成 8 年，197 頁。

(55)　1978 年アフガニスタンの 4 月クーデターに対するソ連軍部の反応が如何なるものであったかについては，未だに明かされたものはない。ただ，「事前知識」がなかっただろうとの点は，幾つかの事実から推測できる。当時アフガニスタン駐在ソ連軍事顧問団長ゴレーロフ中将は，政変発生に驚いたとし，事件の進行中慌てて情報を集めたという。Гай и Снегирев, op. cit., p. 198-199.　ソ連軍参謀本部の南部地域責任者であったヴラジーミル・ボグダノフ大佐は，1978 年 4 月 27 日午前 11 時頃，第 1 参謀次長アフロメーエフの電話で自分の担当地域で革命が発生したとのことを聴いたという。アフロメーエフは「革命が鎮圧されれば左翼進歩勢力が致命打を喰うことになり，革命が成功すれば持続的な頭痛の種ができることになるだろう」と不吉な予見をしたという。N. Ivanov, "How the Afghan War Started", Soviet Soldier, No. 7, 1991, p. 18.　イヴァノフはロシア国防省の記者で，多くのアフガニスタン侵攻の関連者とのインタビューおよび米・ソの資料に基づいて，ソ連のアフガニスタン介入の様子を描いている。Николай Иванов, «Шторм-333», Наш современник, No. 9, 1991, p. 148 参照；参謀総長オガルコフは 4 月 27 日からトルコを公式訪問中であった。Известия, April 28, 30, 1978.

(56)　KABUL 3619, DFED, Vol. 29, p. 60.

(57)　NDPA の執権 1 カ月半前である 1978 年 3 月 3 日，ＣＩＡの内部用情報資料として作成された「アフガニスタンの政権継承」という題の報告書には，親ソヴィエト的な共産主義者であるハルクにかんしてはもちろん，その後間もなく登場することになる新しい指導者たちの名前さえ言及されていなかったという。Willis C. Armstrong, et. al., "The Hazard of Single-Outcome Forecasting", in H. Bradford Westerfield, ed., Inside CIA's Private World : Declassified Articles from the Agency's Internal Journal, 1955-1992, p. 253.

　アフガニスタンに対する米国の関心の程度は，1 年半後アミンが執権した際，彼に会った米大使館の代理大使アムスタッツの報告書にも表れている。1979 年 9 月 27 日アミンに会ったアムスタッツは，その内容を国務省へ報告しながら

第 2 章　前　史 ── カブールとモスクワとの距離 ──

「アミンに会ったとき，われわれが 2 年前将来登場しうるアフガニスタンの潜在的指導者を予想する定期的作業を行っていたにもかかわらず，われわれの間にはアミンの名を挙げた者はいなかったということを思い出さざるを得なかった」と書いている。KABUL 7218, Sep. 27, 1979, *DFED*., Vol. 30, p. 89.
(58)　KABUL 3619, *DFED*, p. 61.
(59)　*Ibid*.
(60)　*Ibid*., pp. 62-63.
(61)　*Ibid*., pp. 64-65.
(62)　*Ibid*., p. 65.
(63)　*Ibid*., pp. 65-66.
(64)　アフガニスタンを米国側へ引き寄せることの意味。
(65)　*Ibid*., pp. 66-67.
(66)　О. А. Вестад, Накануне ввода советских войск в Афганистан. 1978-1979 гг., *Новая и новейшая история*, No. 2, 1994, p. 22.
(67)　*Правда*, May 1, 1978.
(68)　ソ連共産党中央委員会の国際部およびソ連外務省に送られたプザノフの報告書を分析したウェスタードは，5 月 5 日付プザノフの書簡を根拠に，プザノフがタラキーとの最初の公式会談を行ったのが 4 月 29 日であると書いている。O. A. Вестад, *op. cit.*, p. 22.
　　しかし，タラキーとプザノフの公式会談がカブール放送を通じて報道されたのは，4 月 30 日の午後 5 時 30 分であった。「プザノフが彼（タラキー）の執務室で新しい大統領に会い，外交的承認の覚書を引き渡した」ということであった。わずか 30 分前に，タラキーの革命評議会議長および首相就任を主な内容とする命令第一号が発された直後のことであった。H. Bradsher, *op. cit.*, p. 84.
　　イヴァノフが紹介しているカブール放送の報道内容は，午後 8 時 30 分の放送内容で，3 時間前の放送と基本内容は同じである。「4 月 30 日である今日午後 7 時 30 分，カブール駐在ソ連全権大使アレクサンドル・ミハイロヴィッチ・プザノフは，DRA の革命評議会議長ヌール・ムハンマド・タラキーの執務室を訪れ，ソ連政府のメッセージを届けた。メッセージの内容は，ソ連政府が他国に対する内政不干渉の原則を遵守し，国家の内部問題の自主的解決の権利を尊重するうえで，アフガニスタン民主共和国を公式的に認めるということであった。」L. Ivanov, "How the Afghan War Started", *Soviet Soldier*, No. 7, 1991, p. 22.
　　ブラドシャーとイヴァノフの引用は，公式会談の時刻において 2 時間くらいのズレはあるものの，4 月 30 日にタラキーとプザノフが会ったという基本内容においては同じである。そして，会談の目的は，ソ連政府からの公式的な承認覚書を渡すためであった。プザノフが報告書の作成において，あるいはウェスタードが報告書の分析において日付を誤認したのではないとすれば，プザノフは 4 月 29 日と 30 日引き続けてタラキーに会ったこととなる。29 日にはクーデター勢力

の実力者タラキーに，それから 30 日には新しい政権の首班としてのタラキーに。
(69) О. А. Вестад, *op. cit.*, p. 22.
(70) *Ibid.*
(71) *Ibid.*, pp. 20-21.
(72) *Ibid.*, p. 21.
(73) *Ibid.*
(74) 本書の第 2 章の 1 を参照。
(75) H. Bradsher, *op. cit.*, p. 83 ; А. Морозов, Кабульский резидент, *Новое время*, No. 39, 1991, p. 32.
(76) Borys Lewytzkyj, *Who's Who in the Soviet Union : A biographical encyclopedia of 5,000 leading personalities in the Soviet Union*, K. G. Saur, Muenchen, 1984, p. 267.
(77) John Loewenhardt, *The Soviet Politburo*, St. Martin's Press, New York, 1982, p. 141.
(78) *Ibid.*
(79) *Литературная газета*, Sep. 20, 1989
(80) Louis Dupree, "Afghanistan Under the Khalq", *Problems of Communism*, Vol. XXVIII, No. 4, Jul.-Aug. 1979, p. 39. デュプリーは，「軍人出身大臣3人はもっと若かった」としているだけであるが，その3人とは，国防相アブドゥル・カディール大佐，公共省長官モハンマッド・ラフィ少佐，それから副首相兼通信相モハンマッド・アスラム・ワタンザルを指す。
ワタンザルは，1979年9月アミンがクーデターで執権したときソ連大使館に避難した3人の中の1人であるが，当時彼は31歳で，彼と行動を一緒にしたマズドゥリヤルが32歳，グーラブゾイが27歳であった。*Beverley Male, Revolutionary Afghanistan : A Reappraisal*, Croom Helm, London & Canberra, 1982, p. 169 ff.
(81) プザノフの親タラキー的態度に批判的であるカブール駐在KGBの副責任者モロゾフ大佐は，「プザノフは，タラキーを優秀なマルクス・レーニン主義者，卓越した作家，強力な働き手と讃えた。ダーウドとは違い，タラキーは一度たりとも彼を待たせたこともなかったし，いつでも彼を迎えてくれた。このような事実がプザノフを非常に満足させた」と回想で書いている。А. Морозов, Кабульский резидент, *Новое время*, No. 39, 1991, p. 33.
(82) B. Male, *op. cit.*, p. 163.
(83) Louis Dupree, *op. cit.*, p. 40.
(84) О. А. Вестад, *op. cit.*, pp. 21-22.
(85) А. Морозов, Кабульский резидент, *Новое время*, No. 38, 1991, p. 9.
(86) *Ibid.* シモネンコはモロゾフに国際部からの回申のコピーを見せたとい

う。

(87) H. Bradsher, *op. cit.*, p. 87.
(88) O. A. Вестад, *op. cit.*, p. 22.
(89) H. Bradsher, *op. cit.*, p. 87.
(90) L. Dupree, *op. cit.*, p. 41 n. アミン率いるアフガニスタン外務省はすでに6月26日に米国務省にパルチャム派内務相マフムット・ヌールの大使任命に関する同意を求めている。H. Bradsher, *op. cit.*, p. 87.
(91) O. A. Вестад, *op. cit.*, p. 23.
(92) L. Dupree, *op. cit.*, p. 41；O. A. Вестад, *op. cit.*, p. 23. モロゾフの回想によれば、タラキーがパルチャム派の指導者たちを外国に大使として追放するアイディアをプザノフに事前に話したが、プザノフはこの事実をモスクワに報告しなかったという。А. Морозов, Кабульский резидент, *Новое время*, No. 39, 1991, p. 33. 実際にウェスタードの論文にも、プザノフは8月26日の報告書にカルマルのグループの追放について述べていることとなっている。O. A. Вестад, *op. cit.*, p. 23. もちろんウェスタードは、タラキーにポノマリョフのカブール訪問を提案するプザノフの6月28日の報告書と上の8月26日の報告書の間に他にプザノフによる報告があったか、あったとしても別に重要な言及がなかったかなどについては全然触れていないが、7月に生じたことを8月26日の報告書を引用して述べていることから見て、ウェスタード自身ロシアの現代文書館で7月のプザノフ報告書を見付けることが出来なかったであろう。

プザノフの全報告書を見ていない状態では何とも言えないが、一応現段階ではモロゾフの回想通り、1978年7月のNDPAの権力闘争の過程で、ソ連大使プザノフはある程度ハルク派の先攻の内容を予測していたにもかかわらず、モスクワに報告していなかったと見るのが妥当である。それからカブールのKGBはこのようなプザノフの態度について不満を抱いていたと見られる。
(93) プザノフの証言。Гай и Снегирев, Вторжение, *Знамя*, Mar. 1991, p. 204；プザノフの8月26日報告書を引用している O. A. Вестад, *op. cit.*, p. 23；А. Морозов, *op. cit.*, p. 33.
(94) А. Морозов, *op. cit.*, p. 33.
(95) L. Dupree, *op. cit.*, pp. 41-42；O. A. Вестад, *op. cit.*, p. 23.
(96) L. Dupree, *op. cit.*, p. 42.
(97) Гай и Снегирев, Вторжение, *Знамя*, Mar. 1991, pp. 203-204；O. A. Вестад, *op. cit.*, p. 23.
(98) А. Морозов, *op. cit.*, p. 33.
(99) 日付は明らかではないが、1978年夏（6月28日のプザノフ報告書で、プザノフがタラキーにポノマリョフのカブール訪問を提案していることから、実際の訪問は7月のことであると思われるが（O. A. Вестад, *op. cit.*, p. 23.）、ソ連共産党中央委員会国際部長ポノマリョフは、カブールへと飛ぶ前に「タラキーがアミ

第2章 （注）　　　　　　　　　　　　　　　　　　　　　81

ンの強力な影響の下にいること、それから現地の秘密要員たちはアミンを米国の情報員との関連がある人物として疑っていること」を知っていた、と述べている。Гай и Снегирев, op. cit., pp. 201.

　ウェスタードはポノマリョフのこの話を引用しながら、「ポノマリョフは出発する前にKGBの報告を受けたが、そこにはアミンが米国の情報機関と関わりがあると確信されていた」と述べている。このウェスタードの表現「確信」とガイの論文に出ているポノマリョフ自身の証言の中の「疑い」には、ニュアンスの差異がある。さらにウェスタードは、1979年9月のことを述べているモロゾフの回想をも、この時期のこととして引用するミスを犯している。もちろんその内容は、1979年9月アミンによって粛清されたいわゆる「4人組」がソ連大使館のKGB代表イヴァノフ将軍に「アミンがＣＩＡのエイジェントである」ということを提示したということであるが（Морозов, Кабульский резидент, Новое время, No. 41, 1991, p. 29）、1978年7月のことではないというのは確かである。

　1978年夏のモスクワが、現地KGBからの報告を通じて、アミンの権力拡大そしてアミンの前歴に関する疑いを抱いていたのは事実であろうが、ウェスタードの言うような程度までは判断していなかったであろう。1978年4月以降1979年春までソ連はNDPAの団結を求める一方、アフガニスタンへの経済支援を続け、ハルク政権を支持していた。現地KGBの意見はモスクワによって受け入れられなかったに違いない。

(100)　Diego Cordovez and Selig S. Harrison, *Out of Afghanistan : The Inside Story of the Soviet Withdrawal*, Oxford University Press, Oxford, 1995, p. 33.
(101)　*Ibid.*
(102)　*Ibid.*
(103)　KABUL 4235, Jun. 2, 1979, *DFED*, Vol. 29, p. 125.
(104)　O. A. Вестад, *op. cit.*, p. 24.
(105)　H. Bradsher, *op. cit.*, p. 97.
(106)　STATE 304356, Dec. 1, 1978, *DFED*, Vol. 29, p. 73.
(107)　*Ibid.*
(108)　*Ibid.*, p. 74.
(109)　*Ibid.*, pp. 74-75.
(110)　O. A. Вестад, *op. cit.*, p. 24.
(111)　ЦХСД, Фонд 89, Пер. 14, Док. 24.
(112)　L. Dupree, *op. cit.*, p. 38.
(113)　ほとんどの政治的テロ事件と同様、ダブスの暗殺についてもさまざまな後話が飛び交っているが、検証されているもの、あるいは検証できるものは何一つない。H. Bradsher, *op. cit.*, pp. 98-100 参照。
(114)　*Ibid.*

(115) O. A. Вестад, *op. cit.*, pp. 24-25.
(116) ЦХСД, Фонд 5, Опись 76, Дело 1046. 「1979年3月1日，アルヒポフとアミンとの会談」。

第3章 外交時代 ── 1979年3月から7月まで ──

1．ヘラートとデタント

グロムイコとコスイギン

『プラウダ』紙の中近東特派員として1978年以降，直接アフガニスタンで取材活動を繰り広げたアレクサンドル・フィリーポフは，イランとの国境に近いアフガニスタンの西部都市ヘラートを「古代ティムール帝国以来の歴史を持つ文化と芸術の都市であり，都市そのものが博物館とも言えるような由緒深いところ」だとし，「1979年初めNDPA政権はヘラート市を含め人口100万人に達するヘラート地方の行政職から数多くの指導的人士を思想的に武装されていない分派との理由で解職した」と取材記に書いている。彼に言わせれば，ヘラート市の都市警備隊の指揮官たちはカブールへ呼び出され，逮捕あるいは投獄され，これをきっかけに軍事反乱が準備されていたという[1]。

NDPA政権からソ連指導部への軍事的要請の最初の契機となったヘラート反乱の規模や犠牲者の数については，諸研究が記述するところはその内容を少しずつ異にしている。当時カブールの米国大使館の代理大使だったアムスタッツは，「3月中旬頃ヘラートで発生した反乱で約3千─5千人のアフガン人と20人以上のソ連人顧問，その家族が死亡した」と述べている[2]。フリー・ランサーとしてアフガニスタン戦争を取材したハイマンは「3月15日ヘラートの人民蜂起で……少なくとも5千名の死傷者が発生した。……最も劇的なのはソ連人軍事顧問と彼らの家族約50名の運命であった。彼らは捜し出され公開拷問や処刑を受けた。」と書いている[3]。

『インディペンダント』紙の記者アーバンによれば，「[女性にも読み，書きを教えようとしたカブール政権のキャンペーンに抗議する]デモが3

月15日発生した。政府が第17歩兵師団にデモを鎮圧させようとしたのが状況を悪化させた。1万名に達する師団兵力を統制出来なかったからである。第17歩兵師団の元将校によれば（第17歩兵師団の反乱軍指導者アラーラディンとの1986年のインタビュー），師団内にハルク派は15人にすぎなかった。……西側の推算によると反乱の過程で約5千人が死亡した」という(4)。事件の被害に関するこのような西側の数字は若干誇張された感じがする。正確な統計が出ていないので確かではないが，ロシアの研究はヘラート反乱の過程で発生したアフガン人，ソ連人の死傷者の数を西側のそれより少なく算定している。

　アフガン戦争に関する1995年の研究，リャホフスキーの『アフガンの悲劇と勇気』は，「3月15日ヘラートで住民の反政府反乱（約2万人）が爆発し，そこには指揮者たちの指揮によって軍警備支隊が積極的に加わった。その結果，2名のソ連人（最初の死亡者は軍務員のN. Ya. ビジューコフ少佐）を含め約1千人が死亡した」と記している(5)。ソ連国防省の月刊誌『ソヴィエト兵士』（Soviet Soldier）に1991年7月号から12月号まで，自分の取材に基づいたノン・フィクション「アフガン戦争の始まり」を連載したN. イヴァノフは，ヘラートの反乱を扱った章を「結局13,833人に達する［アフガン戦争でのソ連人］犠牲者のリストの第1号となってヘラートの反乱過程で殺害されたニコライ・ビジューコフ少佐に捧げて」いる(6)。発生地域の重要性，反乱の規模，そしてソ連人の犠牲者発生などからみて，この事件がカブールとモスクワに衝撃を与えたのは確かであろう。

　万一の事態に備えモスクワではウスチノフの命令によって幾つかの措置がとられた。彼は参謀本部に1個空挺師団と3個飛行連隊の移動準備，トゥルケスタン軍管区における戦車拠点の用意，そして中央アジア軍管区の1個師団のテルメズへの移動命令を下した(7)。

　3月17日にはブレジネフの提案で「アフガン民主共和国の状況の激化とわれわれの可能な措置に関する」政治局会議が開かれた(8)。この日と翌日の会議の記録は，政治局員たちがそれぞれ，どのような役割を担い，どのような考え方をしていたかをよく示すものでもある。会議は，まずブレ

ジネフに開会を委任されたというキリレンコの言葉で幕をあけ、グロムイコが総括報告をした。

彼は、ヘラートに配備されたアフガン軍第17師団の兵力のうち、1個歩兵連隊と1個砲兵連隊が反乱軍の方へ寝返ったこと、パキスタンとイランから送り込まれるテロリストとアフガニスタン国内の反革命勢力が手を組んでいることを報告し、アフガニスタンの指導部とくにアミンは、「レジームにたいする脅威は感じない」と言ったが、タラキーは軍事的な支援を要請していると報告した[9]。報告の締めくくりとして、外相グロムイコは老練な外交官らしく巧妙な発言をした。「なによりも、われわれはアフガニスタンを支援するという基本的な立場から始めねばならないと思う。要するに、どんなことがあってもアフガニスタンを失うわけにはいかないということだ。60年間アフガニスタンとわれわれは友好的かつ平和的関係を続けながら過ごしてきた。もしわれわれがアフガニスタンを喪失すれば、アフガニスタンがソ連から遠く離れて行けば、それはわれわれの政策に甚大な打撃を与えることになるだろう。もちろんアフガニスタン軍が人民の味方である場合に極端な措置をとるのと、軍隊が合法的な政府を支持しない場合にそうするのとは全く別々の問題なのだ。そして最後に、軍隊が政府に抵抗し又結果的にわが軍隊にも抵抗することになると、それはまた別の問題で、状況が非常に複雑になるだろう[10]。」

非常に複雑に見えるグロムイコの発言の要めは、軍隊の投入は困るということであった。外交的な立場から見てアフガニスタンとソ連の関係が疎遠になってはいけないとのことを確認している。ただアフガニスタンの軍隊が政府に忠誠であるか否かが問題の核心であり、もしアフガン軍が現NDPA政権を支持しているとすれば極端な措置は要らないだろうし、軍が現政権を支持しておらず又ソ連軍の投入に対抗する可能性があるとすれば、投入されるソ連軍とアフガニスタン軍の間に衝突が生じて重大な問題になるだろうとの主張であった。結局、原則的にはアフガニスタンの喪失を座視するわけにはいかないが、それでも軍投入の政治的波及効果をも深刻に熟考しなければならないということであった[11]。

首相コスイギンは、経済的支援を強調した。士気面でアフガニスタン指

導部を支援するために，アフガニスタンからの輸入ガス価格の引き上げ，兵器の無償供給，7万5千トンに予定されていた食糧援助の10万トンへの増加などを提案し，アフガニスタンの指導部と一緒に闘うことを主張した。しかし軍隊の投入問題については，「アフガニスタン政府がわれわれに軍隊投入の件をもって首を突っ込まないようにさせる必要がある」と明確な立場をとった[12]。

　国防相ウスチノフは二つの代案を提示した。第1は「24時間以内にアフガニスタンへ第105空挺師団を派遣し，特にカブールには機械化歩兵部隊1個連隊を派遣する。そして第68機械化師団を国境に集中させ第5自動化狙撃師団を国境付近に駐屯させる。すなわち3日さえあれば，われわれは軍隊の派遣準備が完了できる。しかしこのような行動には政治的決定を要する」とのことであった。もう一つの代案も「すでに研究されており，それは2個師団兵力を直接投入すること」であると報告した[13]。

　ウスチノフは国防相としての当然な軍事的対案を表明したのであるが，彼は1個空挺師団と歩兵1個連隊の特殊部隊兵力の結合，あるいは2個師団兵力であれば状況が収まるだろうと思っていた。政治的決定が必要だとつけ加えてはいるが，それは命令さえ下されれば軍隊はいつでも出動できるとの意味の自負心の表出であり，軍隊の投入が引き起こすかも知れぬ政治的波及効果への憂慮ではなかった。

　アンドロポフは，「われわれが今日検討した懸案については決議書を採択すべきだ……政治的決断を早めに用意すべきだ。叛徒らがパキスタンから押し駆けてきているのだ。……タラキーとの対話はコスイギン同志に委せた方がいいと思う。……もちろん確かにわれわれには侵略者のレッテルが貼られるかも知らない。しかしそれにもかかわらずわれわれは如何なる場合にもアフガニスタンを失うわけにはいかない」と強調した[14]。17日のアンドロポフは強硬論者であった。

　しかしコスイギンはグロムイコと見解を共にしていた。「われわれは，世界世論にも注意を払わなくてはならない。……アフガニスタンを渡せないとの点にわれわれは全員同意する。このような観点からわれわれはなによりもアフガニスタンの指導部が自らを強化しうるようあらゆる政治的手

段を活用すべきだ。すでに計画した援助を提供し、武力の使用は最後の手段として残しておくべきだ」とソ連の首相は主張した(15)。そして会議の決定によりコスイギンにはアフガニスタンの状況評価のためのタラキーとの電話通話が委任された。国防省は国境付近に2個師団を配置することにした(16)。

翌日の18日コスイギンはタラキーとの電話通話でアフガニスタンの状況を問い、ソ連指導部の基本立場を伝達した。

タラキーは「イランの方面から約4千人の軍兵力が民間人の服装で浸透」し「[ヘラートに駐屯しているアフガン軍の]第17歩兵師団および弾薬、補給倉庫などが掌握された」と説明し、20—25万人ほどのヘラート住民からの支援も絶望的状態に陥ったと語った。したがってソ連側に「兵力や武器を持って実質的かつ技術的援助をしてほしい」と要請した(17)。秘密が保障されない電話を通じて軍事的支援を要請する単純なタラキーに、コスイギンは軍事的な支援の問題は「非常にややこしい問題」だと前置きし、「そうすれば直ちに世界中に知られるだろう。反乱軍たちが無線機を利用し世界中に伝播するはず」と拒絶の意をはっきりさせた。にもかかわらずねばり強く援助を要請するタラキーに、コスイギンは政治局の同僚ともっと相談すべき問題であると語った(18)。

タラキーは半ば脅迫半ば哀願で圧力をかけた。彼は「この問題を相談しているうちにも、ヘラートは陥落するかもしれないし、そうなればソ連にも望ましくない結果を呼び起こすことになるだろう」とのべ、自分たちにはヘラートへ送るべき兵力の余裕さえないと言った。

　　コスイギン：貴方は、われわれがどういうふうに対外的行動をとるのを望んでいるのか。声明か。宣伝の件については貴方はどのような意見をお持ちなのか。
　　タラキー：宣伝的援助と実質的援助を調和させる必要がある。貴方側の提供する戦車や飛行機にアフガニスタンのマークを付ければ誰にも見分けられるはずがない。……カブールに兵力を空輸し、彼らを再びヘラートへと移動させれば誰も知らないだろうし、これは政府軍と

思われるだろう。

　コスイギン：貴方を悩ませるのが我らの望みでもないが，そのような隠蔽もうまくいくはずがない。2時間さえ経てば世界中が知ることになるだろう。……戦車を含め武器を送れば，操縦士や武器の操れる兵力を動員することはできるのか。……

　タラキー：それは答えられない。その問題についてはソ連人顧問たちが答えられるだろう。……どうしてソ連はウズベク人，タジク人，トゥルクメン人を民間人の服を装わせ送ることができないというのか。誰にも知られるはずがないのに。……是非彼らを送り戦車を動かせるようお願いしたい。そのような民族はアフガニスタンにも住んでいるから，彼らにアフガン人の服装を着せアフガニスタンのマークを付かせれば，誰にもばれるはずがないだろう。

　コスイギン：貴方は問題をあまりにも簡単に思っている。私は今，これがややこしい政治的・国際的問題だと言っているんだ[19]。……

　タラキーは自ら問題を解決する努力をも傾注せず，殆ど一方的にソ連の支援，しかも直接的な軍事的支援にだけ依存しようとする態度を見せた。コスイギンはタラキーのしつこい要請に対して，「自分自身のために戦う勢力を直ちに武装させるべき」と忠告し，「われわれは貴方の味方であり，共同の闘争をやり尽くすつもりであるから，互いを苦しめるのは控えよう」と婉曲に非難した。それからソ連の政治局の同僚たちともう一度相談すると言い，通話を終えた[20]。

　すでに政治局会議を通じてグロムイコとコスイギンはソ連軍の投入による解決は望ましくないとの立場を立てていた。ソ連指導部はこのような政治局の立場をカブール政権にのみならず西側特にアメリカにも確信させる必要があると判断しただろう。電話通話は，このようなソ連の立場を西側の情報網にさりげなく伝え得る有用な手段として採られたであろう[21]。当時のソ連指導部はアフガニスタンという小国のために西側との仲が悪化するのを恐れていたのは間違いない。

　ソ連軍の投入に反対するコスイギンの理由は，彼自身の説明どおりに

「世界の耳目」にあった。コスイギンのこのような態度は一貫性のある彼の性向あるいはいわゆる官僚主義的利害関係の両面で説明されうる。西側の研究者においては，コスイギンは概ねデタントのチャンピオンと描写されている。1962年のキューバ危機の際コスイギンは，フルシチョフの譲歩的態度に鼓舞され，米・ソの相互譲歩が危機を終息させたとの立場を堅持しつつ，好戦的な中国はもちろんソ連軍部への批判の音頭をとっていたという[22]。のみならず，コスイギンは1960年代の後半アメリカとの戦略兵器制限交渉，すなわち後になってSALT-Iと命名されたABM制限交渉においてもソ連政府の外交の主役でもあった[23]。

このような彼の位置や立場は，ソ連のチェコスロバキア侵攻の場合においても反対という立場をとったであったろうという印象を与えるに充分なものであった。ソ連のチェコ侵攻に関する研究の権威ヴァレンタは，「政府間外交を担当しNPTおよびアメリカとのSALT会談の擁護者であるコスイギンは恐らくチェコへの介入が及ぼす悪影響を憂慮しただろう。……エピシェフを含めソ連軍の代表団は1968年5月チェコスロバキアを訪れ，圧力と強制を行使したが，コスイギンは説得に力を注いだ。……8月17—18日ソ連指導部内に武力行使の雰囲気が最高潮に達したときもコスイギンのような不介入論者たちは，介入の影響によって外交の領域が縮小されかねないと心配していた」と分析している[24]。もっとも実際には，コスイギンがチェコ侵攻に反対したとの明白な証拠はない。

1973年のヨム・キプル戦争当時のソ連指導者たちのデタントに対する態度を分析した一論文も，「コスイギンはブレジネフ，ポドゴルヌイと共にデタントのチャンピオンであったし……グロムイコもやはりブレジネフのデタントの支持者であったと考えられる。1973年4月グロムイコを政治局員に昇格させたのはブレジネフが政治局内で自分のこのような外交政策への支持を強める手段としてとったことである……コスイギンの場合ソ連の経済的な利益と同一視されるので，彼の専門的なコミットメントもデタントや軍備縮小に好意的であった」と分析している[25]。

1979年3月コスイギンとグロムイコが示した態度も，このような脈絡からそれほど逸れていない。ただコスイギンよりはグロムイコのほうが，

老衰したブレジネフを中心とした政治局内の力関係に敏感な姿勢を明かにしている。このような彼の態度は3月18日午後の政治局会議で如実にあらわれた。

グロムイコの弁才とアンドロポフの比重

タラキーとの通話を終えたコスイギンは同日の政治局会議で通話の内容を報告した。ウスチノフも自分のカウンターパートであるアミンとの通話内容を報告した。ウスチノフは「われわれはタジク人だけからなる独立部隊を保有していないし、戦車部隊にどのくらいのタジク人がいるかも把握しがたい」と云い、タラキーの要請に難色を表明し、「アフガニスタンの指導部はイスラムの宗教的役割を過小評価した。イスラムの旗の下へ兵士たちが寝返っているし、彼らの圧倒的多数は信徒なのだ。……アミンは私に、軍隊を信用できないと言った」と慨嘆した(26)。ウスチノフはイスラム勢力の発興を懸念していた。

コスイギンは「タラキー同志はヘラートに配置された師団兵力の半分くらいが敵へ寝返りしたと言った。残余部隊も政府を支持しないだろうと思ってほしい。……われわれが援助に関する決定を下した場合に起こりうるすべての結果を真剣に考慮する必要がある。これは非常に深刻な状況だ」と説明して、慎重論を披瀝した(27)。しかしこの日の会議の雰囲気を主導したのはアンドロポフであった。

　　アンドロポフ：諸君、私はこの問題について注意深く検討してみた。その結果、次のような結論を下した。すなわちわれわれは、一体何の名目でアフガニスタンへ軍隊を投入すべきかという問題を非常に真剣に熟考せねばならぬということだ。アフガニスタンが現在社会主義的に問題を解決する準備がされていないと言う点は明らかだ。アフガニスタンは巨大な宗教が支配しているし、農村住民は殆ど大部分が文盲であり経済的にもひどく後進的な状況である。われわれは革命情勢に関する、レーニンの教えを知っている。アフガニスタンには革命が進行されるべき情勢は存在しない。したがってわれわれの銃剣の支

援があってはじめてアフガニスタンでの革命は支えられ得ると私は思う。しかしこのような行動は許容され得ない。われわれはそんな危険を冒すわけにはいかない(28)。

アンドロポフの要点は「革命のための支援」との名目の武力介入は，現在のアフガニスタンの状況に鑑み，成功の見込みが非常に希薄であり，危険なものであるとの論理であった。これに対して前日，原則論を繰り広げながら軍事介入に絶妙な反対論を開陳したグロムイコは，このようなアンドロポフの発言に鼓舞されたかのように，外相としての立場を長々と表明した。

　グロムイコ：私は，アフガニスタンに対する軍投入のような方法を排除するというアンドロポフ同志の提案に全面的に賛同する。アフガニスタンの軍隊は信頼できない。したがってわれわれの軍隊がアフガニスタンへと行くと，それは侵略になりかねない。わが軍は誰を相手に戦うのか。なによりもアフガン人民を相手にして，わが軍の銃は彼らを狙わざるを得ないだろう。アフガニスタンの状況が本当に革命のためにはまだ熟していないということをアンドロポフ同志は的確に指摘した。そしてわれわれが最近数年間，国際的緊張におけるデタント，軍備縮小という名の下であんなに努力してきたあらゆる成果が，そしてそれ以上のすべてが，結局逆戻りしかねない。そうなれば，もちろん中国には立派な贈り物になるだろう。あらゆる非同盟国家がわれわれを敵対視するだろう。一言でいえば深刻な結果に見舞われるだろう。レオニド・イリイーチ［ブレジネフ］とカーターとの会談のことも消え去ってしまうだろうし，3月末に予定されいるジスカル・デスタンの［モスクワ］訪問も実現されがたい(29)。

グロムイコはデタントやSALT-IIを念頭に置いていたに間違いない。彼は，「後進的経済状態におかれており国際社会での比重も小さいアフガニスタンで一体何が得られるのか」と自問しつつ，「法律的な観点からもやはり軍隊の派遣は正当化されないだろう。国連の憲章によれば，国家は

外部からの侵略がある場合しか支援の訴えや出兵ができない。現在アフガニスタンは如何なる侵略の脅威にも晒されていない。これは彼らの国内的問題であり……軍事的支援の件においてアフガン人がわれわれに頼ってはいけないということをはっきりと言っておくべきだ」と主張した(30)。

　わずか24時間前に介入に消極的に反対し原則論に止まったグロムイコにとって，アンドロポフの確固たる立場が力になったであろう(31)。1970年代の前半グロムイコの米側カウンターパートだったキッシンジャーは，ソ連の外交官（モロトフとグロムイコを指す）は国際舞台での状況評価よりは自分の国内的な立場の制約により敏感であると述べたことがある。彼らには対外的な交渉や活動の成功と失敗が国内的な権力闘争と密接につながっているからということである。キッシンジャーにいわせれば，実際にソ連の外相が政治局員を兼ねていたのはごく稀なことで，グロムイコ自身も16年間も外相として活躍してから1973年になってやっと政治局員の仲間入りすることが出来たということである(32)。グロムイコは政治局の大勢を読み取ってはじめて自分の立場をはっきり開陳しえたのである(33)。

　この日，すなわち18日午後の政治局会議にはブレジネフが欠席したので，会議の雰囲気は完全にアンドロポフのペースであった。グロムイコはアンドロポフの意見に賛同すると言ったが，アンドロポフが軍事介入に反対した理由はグロムイコのそれとは異なるものであった。KGBの議長アンドロポフの頭の中では，デタントなどの外交的な問題よりはアフガニスタンのような所で武力による革命支援が果たして成功できるかという問題の方がもっと大事なものであっただろう。タラキー政権は存続しえないとは思っていたが，武力行使だけは避けたかったのである。

　前日のアンドロポフの強硬論が変わったことに気づいたキリレンコが，会議の方向が一変したと指摘すると，アンドロポフは自分の立場を次のように弁護した。

　　アンドロポフ：昨日われわれがこの問題を検討したとき，アフガン人たちは軍隊の投入については触れなかった。今日の向こうの状況は違う。ヘラートでは，すでに1個連隊だけではなく師団全体がまるご

と寝返った。今日のアミンとの対話（電話通話）から判るように人民はタラキー政権を支持していない。わが軍隊が彼らを支援すべきだろうか。このような場合戦車や装甲車は何の役にも立たない。それについてタラキーに直接話すべきだと思う。彼らのあらゆる行動を支援するが，今日と昨日交わされた話に出たそのような支援は拒否するということ，そして如何なる場合にも軍隊を投入することは出来ないということを伝えるべきだと思う(34)。

　このようなアンドロポフの立場の表明が出されてから，会議の雰囲気は一転しアンドロポフの意見と同じ筋のキリレンコ，コスイギン，チェルネンコの発言があった。コスイギンは軍隊の投入に反対する自分の理由を再び強調した。「タラキーをここへ招き知らせよう。支援は増やしていくが，軍隊の投入はできないと。なぜなら投入される兵力は，敵に投降しあるいは隠れている軍隊に対抗し戦うのではなく，人民を相手に戦うことになるだろうからということを話しておこう。われわれが加担すれば大きい損失が生じるだろう。多くの国家がわれわれに反対するだろうし，われわれには軍隊を投入してえられる得もない。(35)」

　そして，タラキーをモスクワへ招いてソ連指導部の立場を直接説明しようとのアンドロポフの再三の促しがあってから，「レオニード・イリイーチ同志と相談しカブールへ飛行機を送ろう」というコスイギンの提案が受け入れられた(36)。アンドロポフは自分の意見の述べ方において断定的な態度をとっている。グロムイコは外務省の立場をつけ加えてアンドロポフの意見に同意するだけであり，タラキーの招請の件においてもアンドロポフのイニシャティブに対してコスイギンはブレジネフと相談して決定しようという留保を付けただけだった。

病弱なブレジネフの原則論

　3月19日にはブレジネフもアフガニスタンで発生した状況の検討に参加した。彼は，「私は，アフガニスタンで起きている葛藤にわが軍隊が直接参加する問題における諸君の決定が正しいと思う。われわれはただい

ま，このような戦争に巻き込まれてはならない。タラキーおよび他のアフガニスタンの同志たちに，あらゆる活動の遂行のための援助は提供できるが，わが軍隊が直接加わるのは，われわれにはもちろん彼らにも損失をもたらし得ることになると説明すべきだ。……彼らの軍は崩壊しつつあるし，彼らの代りにわれわれがむこうで戦争をすることになりかねない」との趣旨の発言をした。ソ連軍の投入が負担の大きな戦争に発展しかねないとの憂慮を表明し，軍事的介入に反対である政治局同僚の意見を支持したのである[37]。

次に発言したグロムイコは，アフガニスタンの隣国すなわち中国，パキスタン，イラン，そして米国の手が，アフガニスタンの状況悪化に働いていると判断されるものの，それでもやはり軍隊投入のような決定が下されれば，「われわれはあんなに苦労して達成したすべて，特にデタントを潰してしまうことになるだろうし，SALT-II の交渉も徒労となるだろう。われわれにとって偉大な政治的行為である協定の署名はなくなるだろうし，レオニード・イリイーチとカーターの会同，ジスカル・デスタンの訪問も難しくなるだろう。西側諸国とわれわれとの関係とりわけ西ドイツとの関係も毀れるに違いない。したがって，アフガニスタンでの困難な状況にもかかわらずわれわれは軍隊の投入のような行動に出るわけにはいかない」と述べ，外相としての立場をもう一度確認した[38]。

ブレジネフは会議に参加はしたものの，討議にはあまり熱心ではない様子を見せた。討論ではグロムイコ，コスイギン，アンドロポフ，ウスチノフの発言が比較的多かった。

ウスチノフは，「今日のヘラートの状況はある程度よくなり，都市は平穏である。しかしわれわれは（アフガニスタンに）軍事装備（техника）を送らねばならない。それも多くを。わが軍はいまトゥルケスタン軍管区に２個師団を，中央アジア軍管区には１個師団を編成している。３時間後，アフガニスタンには３個連隊兵力が進駐できる。私が言おうとしているのは，準備は万全であることを強調したいのだ。もちろん私は諸君と同様アフガニスタンへの軍隊投入のアイディアには賛成しない。しかしアフガニスタンとの国境に，連隊や師団の兵力を展開させ戦術的訓練をさせる決定

を期待する。

　言っておくが，アフガニスタンの指導部は，多くの問題において適切に対応していない。我らの顧問たちは，そのような難しい状況の中で頑張っているのだ[39]」と述べ，最小限の軍事作戦の許可を求めた。

　続いて発言したアンドロポフは，初めて露骨にアミンを批判した。「実質的に，アミンは自分一人の手にすべての権力を掌握している。昨日になって初めて国家保安機構と参謀本部の新しい責任者を承認したのだ。したがって，指導部における政治的基盤はある程度拡大したともいえるだろう。

　わが党から向こうに派遣された党の顧問ヴェショーロフ同志は頼もしい働き手とは思えない。彼の状況対処能力は充分とはいえない。中央委員会から新しい顧問を派遣すべきだ。KGBにも候補者は多い。しかし軍隊投入については避けた方がいいと思う。軍隊の投入は，人民を抑え，人民を相手に戦い，人民に銃口を向けるのを意味する。われわれは侵略者と見なされてはいけない[40]。」三日続いた政治局会議で，自分の初日の意見をひっくり返したのはアンドロポフである。しかしアミンとカブール在住のソ連人顧問に対する不満を口にしたのも彼だけであった。

　そしてこの会議で，タラキーをモスクワに招いてソ連指導部の立場を伝えようという提案が採択された[41]。

　翌日ひそかにモスクワに着いたタラキーを迎えたのはコスイギン，グロムイコ，ウスチノフ，そしてポノマリョフの4人であった。タラキーに対する説得作業は彼のカウンターパートであるコスイギンが担った。コスイギンは「ベトナム人民はアメリカとの戦争を耐え抜いて，現在は中国の侵略に対抗し戦っている。にもかかわらずベトナム人が外国の軍隊を利用すると非難する者はどこにもいない。彼らは侵略的行動に対して勇敢に自ら自分たちの祖国を防衛している」とベトナムの例を取りあげながらタラキーの無能さをあからさまに非難した。「武器と弾薬そしてこれらの使い方を教育させる専門家は派遣できる。しかしアフガニスタンの領土内にわが軍を送り込ませると国際共同体が驚愕するだろうし，非常に望ましくない結果をもたらすだろう。これは帝国主義諸国との葛藤となるだけでなく，

自国人民との葛藤にもなりかねない」と強調し軍隊の投入を拒否した(42)。

これに対しタラキーはしつこく哀願した。彼は，装甲車両と戦闘ヘリそして，それらを操縦するソ連軍乗組員の派遣を要請したが，その理由は自国の軍隊は信用できないということであった。コスイギンは癇癪混じりの非難を浴びせた。「どうしてパイロットや戦車操縦士の問題が出てくるのか私には理解できない。これは全くわれわれの予想しえない問題なのだ。そして私は社会主義諸国がこのようなことに同意しないと確信する。あなたの戦車に乗ってあなたの人民に鉄砲を撃つ人間を派遣するという問題は非常に敏感な政治的な問題だと言っているのだ。(43)」

そして続いて行われたブレジネフとの会談でもタラキーは彼の訓戒を傾聴せざるを得なかった。ブレジネフとの会談はブレジネフの健康問題が考慮され午後6時から30分の予定で行われ，ブレジネフは政治局の同僚たちがあらかじめ用意した資料を持ってタラキーをたしなめた(44)。

> われわれがみるには党および国家の指導部を支持する基盤を広げることが急務である。まず何よりもここで非常に重要なのは貴党の団結，相互信頼，そして上から下へ至るすべての階層の理念的・政治的連帯なのだ。
>
> 人民に認められる指導者としてのアフガニスタン人民民主党の庇護の下で単一の民族戦線を形成することについて考えるべきだ。そのような戦線には，すでに存在している社会・政治的諸組織が含められるだろうし，労働者，農民，プチブルジョアおよび中産ブルジョアジー，インテリ，学生，青年，そして進歩的な女性のグループが参与し得る。その目的は反帝国主義的かつ民族的な愛国勢力を，国内外の反動勢力に対抗し団結させることになるだろう。のみならず，それは人民の政治的教養の形成にも奉仕できるだろう。
>
> 農村地域では，それは封建地主や資本主義的な地主を追い出すための無産階級，小農民，小作人などからなる貧民委員会の形成を促すだろう。

そして，当たり前のことだが，しっかりした軍隊が人民の革命政府の味方になれるようにあらゆることが行われるべきだ。軍の指揮官クラスに自分たちの地位の安全性を確信させるのが何よりも大事なことだ。指揮幹部が頻繁に交替されると，軍に多くのことは期待できない。幹部の交代が逮捕を伴うともっとそうなるだろう。多くの指揮官は自分の同僚が逮捕され消えるのをみれば，自分自身の将来についても確信を持つことが出来なくなるだろう[45]。

　ブレジネフはアフガニスタン内部の政治的権力基盤の拡大を訴えた。いわゆる連合戦線あるいは統一戦線を構築せよとのことであった。アフガニスタンの状況は，本質的にイランやパキスタンが絡んでいる国際的な問題ではなく，アフガニスタン政府自ら解決すべき国内的な問題であることははっきりさせた。そしてアフガニスタンでの共産主義革命の勝利のためには，戦術と政策の再考が必要だと強調した[46]。

　ソ連軍の投入の件について彼は，「このようなことが行われてはいけない。これは君たちとわれわれが敵の手中で弄ばれることになりうる」と語った。しかしアフガニスタンに駐在している「約500人の［ソ連軍］将軍と将校以外にもっと必要であれば150―200人の将校および党の専門家を派遣しうる」とつけ加えた。そして最後に，現在のアフガニスタンのような状況で最も重要な要素は軍事的なものではなく「政治的，経済的措置を通じてより多くの人民を政府側へ引き寄せる能力」であると念を押した。その他にもブレジネフは，「ソ連にこのようなこと［軍隊の派遣］をする意向がないとの事実を大っぴらに言明させるのはあまり奨められるべきことではない」といい，電話を通じソ連軍の出兵を訴えたタラキーの政治的未熟さを遠回しに叱った[47]。

　ブレジネフの指摘は原則に立脚した的確なものではあったが，危機に瀕したタラキーの立場からみれば何ら実質的な助けもならぬものであった。ブレジネフは政治局の同僚たちの提案した内容を伝えたにすぎなかった。当時彼は脳梗塞症で二回倒れ，非常に衰弱した状態におかれていたし，大体アフガニスタンに対する関心も少ない方であった[48]。結局タラキーは

ソ連からの借款の返済期間の延期，10万トンの麦の提供などの経済的支援しか約束されずカブールへ戻らざるを得なかった(49)。このような一連の過程を経てソ連指導部がタラキーから受けた印象はあまり好ましいものではなかったに違いない。

以上の結果，アフガニスタン指導部についての印象とヘラートの事件経過に基づいてアフガニスタンに対する具体的な政策の樹立や施行が必要であると認識され，4月1日いわゆるアフガニスタン問題を担当することになる4人の意見収斂と討論を経，「アフガニスタンの状況と関連したわれわれの将来の政策」という報告書が作成された。この報告書は4月12日の政治局会議に提出された。

一般論としていえば，確かに冷戦時代にはどの地域であれ超大国の武力行使は非常に重大な決定の一つであった。現状を攪乱することにつれ誘発されるもう一つの超大国の反応にも気遣わざるを得なかったからである。したがって他のあらゆる手段が無効に終わった場合に初めて最終的な方策として，武力に訴えることができた(50)。1964年トンキン湾爆撃を以てベトナムに積極介入したアメリカ指導部は軍事作戦の拡大によって，中国あるいはソ連の地上軍，空軍がアメリカ兵力と直接衝突に出る可能性を憂慮せざるを得なかった。ジョンソン大統領やマクナマラ国防相はその後の4年間このような可能性をいつも念頭において，急速な空中戦の強化および地上戦の急速な拡大は控えようと気遣ったという(51)。1979年ソ連政治局の指導者たちも同じような思いだったに違いない。

しかしながら彼らの頭の中には進行中の対米交渉やアフガン革命政権の脆弱さに関する明瞭な認識は入っていたが，徐々に展開していたアフガン反政府勢力の特性や強さに関する認識はなかった。ソ連軍を出兵させれば問題は簡単に解決できるかも知れない。しかし国際的な耳目を考慮せねばならない。しかも銃剣による革命支援は非常に危険なものである。そういうことであっただろう。

再びベトナム戦争の例を取り上げれば，1965年2月北ベトナムに対する爆撃を検討するための度重なるNSCの会議で，反対した人物は殆どいなかったという。報復爆撃に懐疑的だったレウェーリン・トムソンさえ爆

撃に対するソ連および中国の反応には気遣っていたが，北ベトナムの反応が如何なるものになるだろうかについては触れなかった。問題はソ連と中国であり，北ベトナムは武力の誇示ですぐ屈服するとの暗黙的な前提が彼らの頭の中を支配していた(52)。1979年春モスクワの指導者たちは，アフガニスタンへのソ連軍の出兵が侵略行為となりうるとの点には全員同意していたが，反政府勢力の反応がどうであろうかについては殆ど考慮していなかった。もし彼らがベトナムの教訓をすこしでも思い出していたら，9カ月後に彼らの決心が変わることはなかったであろう。アフガニスタン反革命勢力に関する確実な知識こそ彼らの判断の前提にされる重要なファクターとなるはずであった。しかし，それが欠如していた。

　ヘラートの反乱はアミンの積極的な対処によって3月19日を分岐点とし鎮圧されたが，ソ連の軍事的な援助の獲得に失敗したタラキーは，このような非常事態に備えるのにおいて自分の能力に限界を覚えたのだろうか。3月27日アフガニスタンの革命評議会はタラキーの提案で，大統領職と首相職の分離を承認した。革命評議会の会議でタラキーは，アミンを首相に任命しながら，「今日に至るまでの業績と奉仕の結果，彼はわれわれのもっと大きな信任と確信を獲得した。私は彼を全て信頼し，彼がこのような信頼に立脚して新しい任務を立派に遂行していくことを信じる」と演説した(53)。ソ連指導部がアフガニスタン問題について体系的な施策を樹立しようとした頃，カブール政権のハルク派の内でもアミンが浮上し，権力関係の変動が起こり始めたのである。

2．クレムリンの3人──アフガン・トロイカ

政治局の小委員会

　アナトリー・ドブルイニンは自分の回想で，「［ブレジネフは］トロイカ（三人組）の作業方式を非常に好んでいて，ポーランド，キューバ，軍縮などの重要なイッシューが生まれると，それぞれの問題を担当するトロイカ・システムを作った。彼は自分が益々老衰していくにつれ，このようなシステムをとりつつ，日常的な仕事から離れていった。彼はトロイカの業

務を管掌する政治局の同僚たちに頼るようになった」と記している(54)。
いわゆる政治局の小委員会に関する彼のこの証言は、アフガニスタン侵攻の説明のところに書かれている。彼の証言どおりアフガニスタン問題についてはトロイカ・システムが状況を決める中心に立っていた。しかしすべての対外問題においてトロイカ・システムが運用されたのではない。1980年のポーランド問題において、このトロイカ体制が形成された形跡はない。但し、その問題を担当する小委員会が存在していたことは確かである。1980年8月25日「スースロフ委員会」の設置を承認したソ連共産党中央委員会政治局の決議書を見れば、M.A. スースロフ（召集）、A.A. グロムイコ、Yu.V. アンドロポフ、D.F. ウスチノフ、K.Y. チェルネンコ、M.V. ジミャーニン、I.V. アルヒポフ、L.M. ザミャーチン、O.B. ラフマニンの9人からなる小委員会が政治局内に設けられていたことが確認できる(55)。政治局のイデオローグであるスースロフを召集責任者にし、外相グロムイコ、KGB議長アンドロポフ、国防相ウスチノフ、ブレジネフの側近であるチェルネンコなどが委員会の中心となっていた。

　ところが政治局内で重要な対外問題を専担するこのような小委員会の形成は、歴史的に制度化された慣例ではなかったようである。たとえば、1956年ハンガリーへの軍事介入を決定する当時のソ連共産党中央委員会幹部会は、特別にハンガリー問題を担う小委員会がなかったにもかかわらず幹部会の全員がダイナミックに問題に取り組んだ。『歴史アルヒーヴ』誌に載ったいわゆる「エリツィン・ファイル」(56)の重要部分を検討してみても、1956年当時のソ連共産党中央委員会政治局（幹部会）内にハンガリー問題を担当する特別な小委員会が設置されたような痕跡は見つからない。

　同誌の資料によると、ソ連共産党幹部会においてハンガリー問題は1956年4月29日、ブダペスト在住ソ連大使アンドロポフの「[ハンガリー労働党指導部の]右翼に対する深刻な譲歩の傾向について、ソ連指導部の憂慮を率直に表明し、至急かつ適切な意見交換があるべき」とのソ連外務省への打電から始まった(57)。この報告に対しソ連共産党中央委員会の幹部会は、5月3日「アンドロポフとの意見交換を、幹部会のメンバー（政治局

2. クレムリンの3人——アフガン・トロイカ

員）であるスースロフに委任する」と決議した[58]。スースロフは6月7日から14日までブダペストに滞在しつつハンガリー労働党の中央委員および政治局員らに会い，意見を交換してから，ハンガリーの各地域を訪れ観察を通じて得た印象をモスクワへ報告した[59]。1ヵ月後の7月13日には同じく政治局員であるミコヤンがハンガリーを訪問し，労働党の政治局会議に参加し党の右傾化傾向に憂慮を表明した。彼は21日まで滞在しつつカーダール，ゲレー，ヘゲドゥーシュらハンガリーの指導者たちに会い，意見を交換した[60]。ハンガリーの状況悪化につれ10月26日には，再びミコヤンとスースロフがブダペストへ飛び，10月30日二人はモスクワへ「情勢の改善の見込みはなく，悪化一路にあり，党指導部は無気力で現在崩壊が続いている」と報告し，「ソ連軍兵力をハンガリーとの国境に集中させ……コニェーフ将軍を派遣してほしい」と要請した[61]。

翌日ソ連共産党中央委員会幹部会は，ハンガリー問題と関連し，隣国ポーランドおよびユーゴスラビアとの交渉はフルシチョフ，モロトフ，マレンコフの3人に，軍事作戦の件はジューコフに，それから記録と連絡業務はシェピーロフ，ブレジネフ，フールツェヴァなどの政治局員候補に委任している[62]。最終決議書の役割分担に，政治局員ブルガーニン，カガノヴィッチ，キリチェンコ，サブーロフの名前は見えないが，当時9名の政治局員の中でミコヤンとスースロフの2人がブダペストをそれぞれ2回ずつ訪問し，フルシチョフ，モロトフ，マレンコフが最終決定の遂行の中心的役割を果すなど5名が活躍している。ジューコフ，シェピーロフ，ブレジネフ，フールツェヴァは，当時政治局員候補であったが，翌年の1957年にシェピーロフを除いて全員政治局員に昇進した。そして中央委員であったポスペーロフも政治局員候補に昇進した。要するに，当時のソ連指導部の実力者の殆ど全員がハンガリー問題に関わっていたということである。

1968年「プラハの春」に対するソ連指導部の対応は，もともとワルシャワ条約機構諸国との共同歩調に基づいていたため，ハンガリーの場合とは若干異なるが，それでもソ連の指導部全体の問題であったという点には変わりない。殆どすべての政治局員がチェコスロバキア問題に関わってい

たのである。ヴァレンタの分析によれば、1968年春から侵攻が始まった8月20日まで、ソ連共産党の政治局員の中で誰かがプラハを直接訪れた形跡は見かけられないが、7月29日から8月1日まで、ソ連、ハンガリーそしてチェコスロバキアの国境にあるシエルナ・ナド・ティソウで開かれた、チェコ共産党幹部会の指導者たちとソ連共産党中央委員会政治局員たちとの最後の交渉には、ソ連共産党政治局員11名の中9名が参加している(63)。このソ連の政治局員たちは、8月3日には、チェコスロバキアの南西部に位置したブラチスラヴァへと移動し東ドイツ、ポーランド、ハンガリー、ブルガリアなどのワルシャワ同盟国の指導者たちと会同し、ドゥプチェク政権の問題を論議した(64)。1956年の場合と同じく、ソ連共産党の指導部全体が衛星国の内政問題にかかわっており、政治局内にチェコスロバキア問題を担当する特別委員会が構成されたかのような様子はない(65)。

したがって、重要な対外懸案に関する政治局内の小委員会は、1950―60年代には形成されなかったと見ていい。これは、1970年代以降、集団指導体制の分業体系が変化したということを意味するが、その理由の一端は飛躍的に増大する業務量やソ連指導部の老衰化にもあるだろう。言い換えれば1970年代末以降のソ連指導部は集団指導体制の活気を失っていたということである(66)。政治局の全局員があらゆる対外問題にかかわることができないほど国際的な状況が複雑化していただけではなく、そのような問題の多様化、複雑化に適切に対処する活気がソ連指導部から消え去ってしまったのである。

グロムイコとドブルイニンの補佐官を経て国連の事務次長として活動しつつ、1970年代末ソ連の外交・情報活動に関する情報をアメリカに提供し、結局は1978年4月アメリカに亡命したアルカジー・シェフチェンコ(67)によれば、「1970年代ソ連の外交政策の案件は政治局の毎週の会議で処理された。したがって至急の決定を要する問題が遅延されることがしばしばあった。それで時折グロムイコは最後の瞬間に外務省の業務のために介入しなければならなかった。しかしこれは［政治局の］如何なる［小］委員会をも排除するものであった(68)」という。彼の証言からは、

1970年代のソ連共産党政治局内に小委員会が存在していたということ，それから政治局内の業務処理がダイナミックではなかったということが読み取れる。それから，グロムイコはときどき小委員会の存在を無視し外務省の懸案を処理する人物であったということも窺える。しかし，それはグロムイコが委員会の人物たちを無視できる場合に限られることであっただろう。

「スースロフ委員会」が形成される丁度1年前はアフガニスタン問題が頂点に達していた。1979年4月12日の政治局会議に出されたアンドロポフ，ウスチノフ，グロムイコ，ポノマリョフの4人の報告書から判断すれば，衰弱したブレジネフの政治局は，アフガニスタン問題を検討，報告するための小委員会をブレジネフ好みのトロイカ中心の体制で構成したに間違いない。しかし「召集責任者をスースロフにする」いわゆるスースロフ委員会とは違い，アフガニスタンに関する政治局の小委員会においては，別に召集役とか座長役は指名されなかった。東ヨーロッパとスースロフとの関係のように，アフガニスタンと誰というべき人物が浮かび上がらなかったためであろう。最初は，アフガニスタンはソ連外交にとってあまり重要な国でもないし，ただ第3世界に対する一般的な対外政策の中で取り扱われるべきであると思われたのである。

アフガニスタンに関する政治局の委員会

1956年のハンガリー，1968年のチェコスロバキアに比べれば1979年のアフガニスタンは問題解決のためにソ連政治指導部の手が殆ど掛からなかった国であった。3月18日タラキーとコスイギンの通話以後最終的な決定が下された12月12日まで，ソ連共産党の政治局員14名の中でカブールを訪れた者は一人もいなかった。1979年の夏，政治局員候補で中央委員会の国際部長である73歳のポノマリョフが老軀を駆って，タラキーのキューバ行きを引き留めるために数日間訪問しただけである。1979年1年間現地の状況はプザノフのソ連大使館，ゴレーロフ将軍の軍事顧問団，イヴァノフ将軍率いるカブール在住KGBなどを通じて報告を受け，報告内容はアフガニスタンに関する政治局の小委員会（以下アフガニスタン委

員会と称する）で検討されてから政治局に回付された。

　アフガニスタン委員会の結成に関する政治局の決議が出されたことがないというのは、ソ連の委員会の形成時期について当時アフガニスタン問題に関わっていた人物たちの証言がさまざまであることからも判り得る。まずコルニエンコは、「［タラキーとコスイギンとの］通話についてアンドロポフ、グロムイコ、ウスチノフからなるアフガン・トロイカが召集された。当時まで公式的にはアフガニスタンに関する政治局の委員会はなかった。後になって核心となったが、当時はすでにこの3人が、そして折りにはポノマリョフが加わりアフガニスタン問題を担当していた」と記している(69)。ニコライ・イヴァノフのノンフィクションは「［アフガニスタンに関する政治局の委員会は］1973年ダーウドが政権を握った時すでに形成されたものの、法律的に制度化されたものではなかった。アフガニスタンとの関係は正常的に発展して来たし、委員会のメンバーたちはたまに会合を持ち続けてきた。……委員長はグロムイコであった」と述べている(70)。プザノフは「モスクワではアフガニスタンに関する研究グループが創設された。グロムイコ、アンドロポフ、ウスチノフ、ポノマリョフ。彼らは体系的に、そして状況が要求すれば毎日のように集まって、入って来る情報を分析し必要な措置を取った」と証言している。プザノフのこの証言はその時期において、パヴロフスキー将軍がカブールに滞在していた8月以降の状況を指している(71)。

　3月17日の政治局会議で、アフガニスタンの状況悪化に関する報告書を出したのはグロムイコ、アンドロポフ、ウスチノフの3人であり、同会議では結論の一つとして、「グロムイコ、アンドロポフ、ウスチノフ、そしてポノマリョフ同志たちに、アフガンとの関係に関するわれわれの路線をめぐる意見交換を基に政策を立案することが委任」された。19日の会議では、ブレジネフが「（アフガニスタン問題に）関係する同志たちに引き続き、懸案の検討を委任し、もし新たな問題が生じた場合、政治局に報告することをも委任する」と、これを承認した(72)。したがって、当時まで「アフガニスタン委員会」と呼びうる機構が公式的には設置されていなかったと見ることができる。

2. クレムリンの3人——アフガン・トロイカ

　しかし1979年4月1日，グロムイコ，アンドロポフ，ウスチノフ，ポノマリョフの4人は「アフガニスタンの状況と関連したわれわれの将来の政策」という題の報告書を政治局に提出した。17日から22日までの政治局の討論を基に作成されたこの報告書は4月12日の政治局会議で検討，承認された[73]。つまりヘラートの蜂起以降は，この4人の「委員会」が本格的にアフガニスタン問題に取り組んだと見られる[74]。

　「委員会」といっても可視的な常設機構として委員長を据えて，公式的な役目を果たしたのではなく，ただ都合による政治局内の分業体系に過ぎなかったものである[75]。

　委員会内部での力の分布については，報告書の署名順から見て1979年10月タラキーの暗殺までは，グロムイコが形式的な優位を占めていたと見られる。しかし懸案が高度の秘密情報を要求する段階へ発展すると，グロムイコは対内外情報を総括するKGBのアンドロポフよりは積極的な立場を取り難くなったであろう。3月19日ブレジネフが参加した政治局会議では，軍隊投入の代わりに現地で働くソ連人顧問の増派の問題が取りあげられ，コスイギンはプザノフの無能さを，アンドロポフはヴェショーロフの無能さをそれぞれ非難した。政治局員候補カピトーノフはヴェショーロフを庇ったが，グロムイコは沈黙を守っていた[76]。グロムイコは外相として大使館の筋以外には別に詳しい情報に接する機会がなかっただろう。グロムイコはプザノフを凌げる情報源が必要と思っていたかもしれない[77]。

　ある意味では，委員会内の権力関係は政治局内の力の分布状況そして情報の収集，掌握能力とも関わるものなので，アフガニスタン現地からの報告を均等に分かち合える状況ならば，グロムイコの形式的な優位は保たれるが，報告体系が所轄官庁ごとに成されると，彼はアンドロポフあるいはウスチノフより劣位に立たざるをえないだろう。

　実際にアフガニスタンからの報告体系は，変化を重ねたという。1979年夏以前は，大概現地KGB要員の報告もカブール在住ソ連大使館を通じて伝えられた[78]。3月19日付の「ソ連の援助施設やソ連人の保護のためのソ連軍支隊の派遣要請」に関する報告は大使プザノフとKGBの代表イ

ヴァノフの共同名義となっている(79)。このような報告のスタイルは，公開された資料によれば8月12日まで続けられている(80)。もちろんその間も，KGBの代表，中央軍事顧問団長ゴレーロフ，大使プザノフの独自の報告書がモスクワに送られたが，基本的な内容は共同の報告書と軌を一にしている(81)。各所轄官庁が，共同報告書とは別に独自の報告書を出したとしても，共同報告書と矛盾する内容を書いて稟議するのは容易なことではなかっただろう(82)。

したがって，少なくとも1979年の8月までは，グロムイコとアンドロポフ，そしてウスチノフは大体同じ内容の報告を読んで，委員会で話し合い，アフガニスタンの状況を判断していたに違いない。

3人の中でウスチノフは主に軍事的な判断しかしていなかった。3月17日の会議や3月20日のタラキーとの会談で彼が見せた態度は，政治の領域に入り込もうとするものではなかった。すなわち国防相として兵力の移動に関する意見を積極的に提出はしているが，政治的な決定においては他の政治局員たちの決定を待ち望む立場であった。アフガニスタン問題におけるウスチノフのこのような政治的消極性を，ポノマリョフは「ウスチノフは軍隊投入に関する問題が決定される際だけに，この地域に関心を表明した」と証言している(83)。

党内のイデオローグであるスースロフは，この時期の政治局会議に姿を現さなかった。やはり彼の畑は東ヨーロッパであり，アフガニスタンではなかっただろう。とにもかくにも，4月以降のアフガニスタン問題は3人の政治局員と党の国際部長ポノマリョフが専担した。もちろん彼らの補佐官にあたるクリュチコフ，コルニエンコ，オガルコフ，ウリヤノフスキーもときどき加わっただろう(84)。しかしこのような共同歩調は，報告体系が変わり，アフガニスタンの内部状況が激変した1979年秋以後になれば内部的な意見の食い違いをもたらす可能性をもはらんでいるものであった。

アフガニスタン委員会の対アフガニスタン政策

ヘラート蜂起やその対応方策を検討した一連の政治局会議の結果，3月

下旬にはアフガニスタンへ「戦闘車両 BMP-1, ロケット弾を装着したヘリ MI-25, MI-8 T, 装甲輸送車両 BRT-60 PB, 道路偵察用装甲車両 BRDM-2, そして対空ロケット弾ストレラー-2 M など」が送られた[85]。人的支援を控え兵器支援で代わりにしたのである。

このほかにも10万トンの小麦の提供, アフガニスタンから輸入するガス価格の引き上げ, ラジオ放送局の出力増大の支援なども約束された[86]。より重要な意味を持ったのは政治的な支援と見なして, イランやパキスタンからのアフガン叛軍に対する援助があるというタラキーの訴えとモスクワの判断により, パキスタン駐在ソ連大使とイラン駐在ソ連大使がそれぞれジア・ウル・ハークやホメイニに会い, アフガニスタンに対する内政干渉を控えるよう要請したことであった[87]。宣伝的支援の一環として, 3月19日号の『プラウダ』はイ・アレクサンドロフなる筆名の論文「民主アフガニスタンに対する反動の陰謀」を掲載し, パキスタン, イラン, 中国および西側諸国を批判した[88]。モスクワのラジオやテレビもこの批判に加勢した[89]。

表向きはモスクワは, このように非難の矢をアフガニスタン周辺の諸国に向けていたが, アフガニスタン委員会は違う角度から事態を眺めていた。4月1日にアフガニスタン委員会が提出したメモランダムは12日の政治局会議で承認された。それは互いに違う立場や異なる意見を持つ4人の妥協案でもあった[90]。

メモランダムは基本的にアフガニスタン社会が直面している革命完成の難しさがどこに起因するのかに関する分析から始まっていた[91]。「アフガニスタンでの去る4月革命は, 原始的な経済形態および限られた国内資源をもつ経済的に脆弱かつ後進的な封建国家で発生したものである。……アフガニスタン人民民主党の綱領は, 労働者の利益のための広範な政治・経済・社会的な改革の遂行を掲げている。しかしこのような綱領は実現されるべきことの端緒に過ぎない。……新政権は数世紀にわたる国家的後進性を克服し, 難関と問題を解決せねばならない。このためには徹底的に計画されよくねられたアプローチのみならず時間も要求される。民主アフガニスタンの指導者たちは, 新しい国家機構を創設し, 軍隊をも再編・強化

し、国家と党を建設するにおいて実質的な経験を積まねばならない。人民政権の弱点は、未だに地方や都市の行政組織における確固たる支持基盤を整えられていないというところにある(92)。」すなわちアフガニスタンの新しい政権は、社会主義革命の段階には全然至っていないということである。

「アフガニスタンの新政権は、最も影響力ある勢力の聖職者階級および反政府的な部族の指導者たちとの関係ゆえに深刻な問題を経験している。このような問題の解決に必要な注意深いアプローチはまだ見つけられていないし、両勢力は依然として現政権に対する危険な反対者として存在しつつある。……イランの状況とムスリム東方主義の宗教的な熱狂主義の炎は、アフガニスタン政府に対抗する闘争の積極化のきっかけ（толчок）となっている(93)。」アフガニスタン社会のもう一つの特性であるイスラム勢力に触れつつ、社会的混乱の底辺にはイスラム原理主義がひそんでいると分析しているのである。これはウスチノフの意見が反映されたところであろう。しかしこれはあくまでも誘因、「背景的原因」であり、問題の所在は他にあると、叙述は続けられている(94)。

4人の報告書が、もっと切実だと判断したのは、NDPA政権の脆弱な政治的基盤を広げ強めることであった。「アフガニスタン民主共和国の指導部が直面している困難が次第により深刻になりつつある理由は、NDPAがまだ大衆的な政治組織になり得なかったからである。最も優れた労働者と最も貧しい農民の包摂が遅れているだけでなく、党は革命的側面を受容しうる社会のさまざまな階層すなわちインテリ、ホワイトカラー、小ブルジョアジー、そして下位聖職者たちを抱き込めていない。党そのものが四月革命以来分裂し、地位、影響力そして権威を弱めた。NDPAはその数において少ないだけでなく、ハルク派とパルチャム派の間の内訌によって深刻に弱化した。……人民は恐れと疑念を表し、NDPAの指導部に不信を表している。」しかもNDPA政権の反対派に対する不法な弾圧が、このような社会的・政治的亀裂を深化させており、なかんずく「政権の主要基盤として残っている軍にも影響を及ぼした」というのである。軍部の不満は「ヘラートの事件によって確認されたが、そ

2. クレムリンの3人――アフガン・トロイカ

こでは住民の大多数はもちろん幾つかの軍部隊も指揮官の命令にしたがい反革命勢力に寝返った(95)。」

カブール政権の政治的な基盤を拡大する問題において4人は、カルマルのグループことパルチャムに対して同情的な立場を表明した。「パルチャム・グループの最も人気ある指導者たちは、物理的に抹殺されたか、あるいは党、軍隊そして国家機構から粛清された。彼らの一部は海外に政治的亡命をしている。このような状況で党に残存していたパルチャムのメンバーたちは危害を蒙ってきた(96)。」1979年4月中旬の段階で、アフガニスタン委員会の4人はカルマルのグループに同情的であったことが分かる。アンドロポフの見解が作用したであろう(97)。

提案書は続けてカブールの現政権の政治的未熟さに対する批判も忘れていなかった。「ソヴィエト指導部がDRAの指導者たちに何回にもわたって、しかも非常に高いレベルで、勧告と助言をしたにもかかわらず……アフガニスタンの指導者たちは自分たちの政治的な非柔軟性や無経験を露呈しつつ、そのような忠告をなおざりに聞き流した。……ヘラートの紛争の過程で明るみに出たように、彼らには、もしソ連が派兵要求を受け入れた場合に派生しうる深刻な政治的結果に対する理解も足りなかった。」ソ連軍を投入するのは政治的に非常に未熟な振る舞いであり、その理由は「（アフガニスタン国内の反革命勢力の鎮圧に）ソ連軍を使うのは、ソ連の国際的権威に深刻なダメージを与えるだけでなく、軍備縮小の過程も後退せざるを得ないだろうから」であった(98)。これはグロムイコの意見である。

4人は米国とのデタントの一環として進められてきた戦略兵器制限交渉を念頭においており、この部分はグロムイコの意見が映されたところであろう。ソ連軍の投入が不可能であるより微妙な理由は、「ソ連軍の利用がタラキー政権の脆弱さをさらけ出させることになり、反政府勢力の攻勢をいっそう高い水準まで引き上げ国内外的に反革命の範囲を広げるだろうし、アフガニスタン政府がヘラートの反乱を自分たちの軍事力で抑えることができたら、反革命を抑止し新しい体制の相対的な強さを誇示することになりうる」という点にあった(99)。

したがって「ソ連軍の派遣要請を拒否したのは正しい決定であって、政府に対する新しい反乱の可能性も排除しきれないので、このような立場は将来も堅持されねばならない」ということであった(100)。終わりにメモは対策として、アフガニスタン軍隊の効率性や政治的感覚の改善、経済援助の強化、党と政府の政治的基盤拡大の強調、党の団結などを促すべきであり、このためには定期的に高位級接触を維持する必要があると指摘した。署名はグロムイコ、アンドロポフ、ウスチノフ、ポノマリョフの順であった(101)。

全体的に見れば、長文の提案書の中で軍縮について言及した部分はただ一行に過ぎないし、ほぼアフガニスタンの状況に関する判断が中心となっていた。その内容においても、アフガニスタンの国内的な分裂、党の内訌に関する分析が主軸を成していた。『プラウダ』の論調とは違い、批判の矢はタラキー＝アミン政権に向かっていた。最も差し迫った問題は、アフガン社会とNDPAの内部的分裂の収拾と革命的力量の強化であった。この提案に基づき、ソ連の指導部はその後4ヶ月をハルク指導部に統一戦線を構築するよう促しながら過ごした。4月12日のこの提案書ではっきりしているのは、反乱軍への対処としてソ連軍を投入することはないということであった。

4人の見解がどの程度の強度を保ちつつソ連指導部の対アフガニスタン政策を左右したかについては、1979年夏までソ連の政策がこの路線からあまり大きくは逸れていなかったという点から結果論的な評価ができるが、ブレジネフ政権末期の政治局の政策決定スタイルに関する次のような重要な証言からも推察できる。

1979年11月政治局員候補となったゴルバチョフにいわせれば、政治局の会議では全ての政治局員が総括的な報告書を読むのではなかった。ものをいうのは小委員会の下した結論と提案であった。

> ブレジネフ書記長時代の末期には、政治局は想像もつかない状態に陥った。ブレジネフを疲れさせないために、政治局会議はわずか15―20分で終了、ということが、ほとんどだった。つまり、政治局会

議で論じる時間より会議室に来るための時間の方が長かった。チェルネンコは事前に政治局員の了承を取り付け，議題が上程されるたびに「了解」の声が発せられるのだった。政治局会議に同席を要請された関係者も入室し，数分もしないうちに「もう結構です。あとは政治局で検討します」と退室を求められるありさまだった。……（国家の重大問題のような）討議の際にも本質的な意見の交換が始まることはめったになかった。それに代わって「本件はすでに同志により検討され，事前の意見交換もすんでおります。専門家にも諮問しました。何か発言はありますか」という決まり文句で一件落着だった。

　……結局のところ，特定の問題に関する解決を見出すために，常任委員会，臨時委員会合わせて二十以上が設置され，結論をまとめた。政治局はそれを承認するだけだった。中国委員会，ポーランド委員会，アフガニスタン委員会，その他，国内問題，国際問題の委員会があった。……こうした委員会は政治局，書記局の職務を代行し始めた。時間の経過とともに政治局会議はますます生産性の低い会議になっていった[102]。

このようなスタイルは結局，12月12日の最終決議書にも反映され，軍事的解決に伴うあらゆる問題をアンドロポフ，ウスチノフ，グロムイコ（12月には順序がこう変わっていた）が担うようになった[103]。

ともかく上記4月12日の提案書の主旨は，ソ連軍の投入が巻き起こしかねない不定的な結果を視野に入れて判断すれば軍事的な介入があってはならないし，あまり言うことを聞かないカブール政権に対して連合戦線を構築するよう求めるべきだということであった。

3．説得と忍耐，そしてその限界

エピシェフ派遣の意味

　ソ連軍の政治総局の責任者アレクセイ・エピシェフ上級大将は，ソ連国防省内では儀典上国防相ウスチノフ，参謀総長オガルコフ，ワルシャワ条

約統一軍総司令官クリコフの後に名を連ねる序列第4位の人物ではあったものの，彼には国防省の他の司令官級の将軍たちに付けられる第１国防次官あるいは国防次官という肩書きが付いていなかった。年齢はウスチノフと同じく71歳で，軍関係者としては最高齢であった。そして彼は軍服を着てはいたが，ソ連軍の理念と規律，政治教育，政治的統制に関するあらゆる業務を管理する政治イデオローグであった。

　実際は，彼は軍人というよりは政治家であった。エピシェフは1938年ウクライナ共産党中央委員会で人事を担当しながら共産党活動を始め，大祖国戦争が終わるまで当時ウクライナに派遣されていたフルシチョフの下で成長した。戦争中はスターリングラード戦線の軍事委員会でいわゆる「スターリングラード・グループ」と一緒に活動し，その時やはりフルシチョフの下で活動していたブレジネフとも縁を結んだと思われる。戦後ブレジネフがウクライナ南部地域共産党の第１書記を務めたとき，エピシェフはウクライナ共産党の人事担当書記であった。したがってブレジネフはエピシェフの能力と業務の内容についてよく知っていたであろう。

　さらにエピシェフは1951年から1953年までKGBの副議長を務めながら国家情報業務を取り扱い，当時知り合ったスースロフの後押しで駐ルーマニア，駐ユーゴスラビア大使をも歴任した。そして1962年5月以降ソ連軍政治総局の責任者として在職してきた[104]。3月20日タラキーに会ったブレジネフが，革命遂行の過程における社会主義理念の拡大のための軍の重要性を強調した点と，ブレジネフとエピシェフの古い関係から見て，エピシェフの派遣はブレジネフの選択だったろう。

　そもそも軍関係者の派遣はコスイギンのアイディアではあった。3月17日の政治局会議でコスイギンは，アフガニスタンへの兵器支援あるいは極端な場合に軍投入を想定しても，「現地の詳しい状況把握のために軍の誰かが——ウスチノフあるいはオガルコフ同志——が直接行った方が望ましい」と提案したが，ウスチノフは，「いまは政治的な行動を講ずるべきで，私が直接行くのに私は懐疑的である。政府筋の誰かが行くべきだ。……たとえ我らの中で誰かがアフガニスタンへと向かっても，即座に状況を把握するのは無理だろう」と固辞した[105]。3月17—22日の一連の会

3. 説得と忍耐, そしてその限界   113

議でのウスチノフの態度から推し量れば, 彼はアフガニスタン問題に対して決して積極的とは言えなかった。もともとウスチノフも軍人ではなかったので, 自分が直接現地に赴いて観察しても特別な収穫あるいは意味はないと判断しただろう。

したがって政治指導部と近い関係を持ち, しかも軍事畑の人物としてウスチノフ以外の者としては, エピシェフほど適わしい人物はいなかった。エピシェフは4月5日から一週間他の6人の将軍たちと一緒に[106]カブールに赴き, 国防相ワタンザル, 首相兼外相アミン, 革命委員会議長タラキーと会談した[107]。この一連の会談で如何なる内容の話が交わされたか, またモスクワへ帰還したエピシェフが国防相あるいは政治局にどのような報告を出したかについては, 明かされていない。

ヴァレンタは, モスクワに戻ったエピシェフがアフガニスタンへの軍事介入を主張しただろうと推測している。その論拠として, 彼が提示するのは三つある。まず第一に, 1968年チェコスロバキア侵攻を控えた際, エピシェフはチェコスロバキアを訪れ, チェコスロバキア軍の士気低下を憂慮することになってから, 積極的な介入論者の一人となったということである。第二に, 1979年11月23日号の『コムソモリスカヤ・プラウダ』紙にエピシェフが,「侵略的な帝国主義集団および彼らと結託した北京の指導部が, ソ連に対抗し自分たちの軍事的優位を拡大しようとしている状況で」, ソ連軍は「非常警戒態勢に突入し祖国の新しい外交的イニシャティブを裏付けなければならぬ」と寄稿したということである。最後に, 侵攻後の1980年2月22日にもエピシェフは『赤い星』紙で, ソ連軍の介入を「祖国と祖国の軍隊が遂行してきたすべての戦争は正当な戦争だ」との表現で正当化したということも取り上げている[108]。

最初の論拠は受け入れがたい。チェコスロバキア侵攻の場合エピシェフが介入論者であったとの証拠としてヴァレンタが提示したのは, 1968年5月5—6日『ル・モンド』紙が報じた「ソ連軍は社会主義を守護するためにチェコスロバキアの健全勢力の要請に応じる用意がある」という彼の発言と, 同月のプラハ訪問時チェコスロバキアの指導部に圧力をかけたという事実である[109]。チェコスロバキア指導部の右傾化および軍の士気低

下の是正を求める脅威的発言や行動を直接介入論につなげるのも無理だと思われるが、何よりもチェコスロバキア事態でのこのような態度を、11年後のアフガニスタンの状況に適用するのも論理の飛躍である。ハンガリーやチェコスロバキアの場合に軍事介入を主張した者たちがすべてアフガニスタンあるいはポーランド問題において強硬論者になるとは限らない。

　第二と第三の論拠は、1979年4月の状況からの時間的な距離が遠すぎる。すなわちエピシェフのカブール訪問は、4人の委員会がカブールの現政権であるハルク政府のためのソ連軍の投入を行わないとの決議をまとめた時点から1週間も経たないうちに行われたし、エピシェフがモスクワに帰ってきた12日は、このような4人の立場が政治局に提出された日である。言い換えれば、エピシェフの派遣目的は、彼をして軍投入の妥当性があるか否かを調査させるためのものではなかった。

　エピシェフが個人的にアフガニスタン軍の戦闘力と士気に悲観的になり、夏と秋が過ぎる間アフガニスタンでの状況が悪化することにつれ強硬介入論者となった可能性も排除できないが、彼がカブールを訪れた時点でソ連指導部の政策に影響しうる報告ができる雰囲気ではなかった。エピシェフはアフガニスタン軍の戦闘力や士気状態を点検し、これの強化のための一連の措置を講ずるため派遣されたと見るべきであろう[110]。もし彼が軍の投入を提案したとしても、12月に行われたような全面介入ではなかっただろう[111]。

　アフガニスタンとの関係において米国を意識したかのようなソ連の行動はワシントンでも観察された。エピシェフがカブールから発つ日の4月12日（ワシントンは11日）駐米ソ連大使館の1等書記官ヴァシリー・ゴロボイは、国務省のアフガニスタン担当者ロナルド・ロートンを訪問した。ゴロボイは、「カブールで米国大使が暗殺されて以来、米国とアフガニスタンの関係が急変したようだ」と前置きし、「米国がアフガニスタンに対する経済援助の削減を決定し、議会に平和奉仕団の撤収のような措置を要請したの」は「納得が行かないことだ」と語った[112]。ゴロボイによれば、ソ連はダブスの暗殺事件には何の関係もないし、「アフガニスタンは主権国家であるので、ソ連がアフガニスタンに何かを指示すべき立場には

3. 説得と忍耐, そしてその限界

ない」ということである。ロートンは, アフガニスタン人に助言できる立場のソ連が彼らに自制を求めるべきであり, 実際にソ連は反テロ活動において実質的な役割を果たしているのではないかと反論し, アメリカはアフガニスタン問題に介入したことも, その意志もないと強調した。そして現段階では, 米国とアフガニスタンの関係改善の見込みはないとの意見もつけ加えた[113]。ソ連はアフガニスタン問題に巻き込まれるのを恐れていたが, むしろ米国は, アフガニスタン問題はソ連の問題という立場を取っている。

しかしゴロボイはアフガニスタン改革におけるソ連の役割を否認したのではなかった。「アフガニスタンは, 強力な宗教的伝統を保っており, 他ならぬこれが政治と宗教を分離し政治から宗教を除こうとする政権に対する反発の根源である。種族集団の自律的伝統も存在し, 叛軍たちは反DRA活動のために国境を越えパキスタンへと向かった。……発展途上国の場合は, 軍が革命遂行の核心である。……ロシアの農民も教育を受けておらずしかも文盲だったので, 自分たちの真の利益がどこにあるのかを知らなかった。それで彼らの大多数は［最初は］ロシア革命に反対した。アフガニスタン政府の任務は, 人民が自分たちの真正な利益を探し出せるよう教育することだ。……[114]」

アフガニスタンのような宗教と文盲の支配する社会では真正な社会主義革命の完成が難しい課題ではあるが, この難問を解くには政府とくに軍隊の役割が重要であると強調したのである。ブレジネフがタラキーに強調した内容と合致している。

ゴロボイとロートンとの間には定期的な会談はなく, この会談は2ヶ月ぶりに行われたものである[115]。エピシェフがカブールでの任務を終えた時点で, そして政治局で4人の報告書が検討・承認された時点で, 駐米ソ連大使館はアフガニスタンの状況に関するアメリカの立場を打診すると同時に, 米国側にアフガニスタンに関するソ連の立場を伝えようとしたのである。アフガニスタンへのソ連の関与は, 直接的な軍事介入あるいは圧力による統制でなく, ただ軍と政府次元の改革への支援であることをはっきりしようとしたのである。

116　第3章　外交時代──1979年3月から7月まで──

　エピシェフがカブールを発った直後の4月14日、アフガニスタンの新任首相アミンは、ソ軍事顧問団長ゴレーロフ将軍を呼び出し、ソ連指導部に「ロケット弾を装着しソ連人操縦士が搭乗したヘリ15─20機を送ってくれるよう」要請した。それは、現実に悪化する状況への対処方案としての支援要請ではなく、パキスタンとの国境あるいは中央地域での状況が悪化する場合に備えて、との但し書きが付けられたものであった。しかもソ連操縦士のカブール出現は内密にする、とのカブール政府の保証もつけられたものであった。これに対しては、もちろん参謀総長オガルコフのレベルで、「このようなことを行う必要はない」と回答されたが[116]、18日にウスチノフは、この報告とともに「ソ連軍ヘリ操縦士の派遣の不当性」に関するメモランダムを政治局に提出した[117]。このような要請に接したソ連指導部は、カブール政権の執拗さに愕然としただろう。
　4月21日政治局がゴレーロフに送った訓戒まじりの指示は神経質なものであった。

　　カブールの中央軍事顧問団長へ……
　　DRAで出没する反革命勢力の鎮圧のための措置においてソ連軍支隊が直接参加するのは、そのような行動がアフガニスタンへのソ連の国際主義的援助を歪曲し、アフガン住民の間に反政府的かつ反ソ連的な宣伝を遂行する目的を持つアフガン革命の敵たちと外部の敵対勢力によって利用されかねないということを、すでにアフガニスタン指導部に説明したはずだと伝えよ。
　　各5─10発のロケット弾を搭載したヘリ25機も、今年3─4月にわたってすでに提供されたはずであると、アフガン政府に強調せよ。
　　現在保有している軍ヘリにアフガン人操縦士を乗せ、地上軍の支隊や航空隊を一緒に活用すれば、反革命軍鎮圧の解決能力を持つようになるということをアミンに納得させよ[118]。

　すなわちモスクワとカブールにおいて、エピシェフの派遣によっては、態度や政策の変化はまったく起きなかったのである。
　しかし、政策や態度における変化はなかったとしても、カブールではそ

のとき一つの微妙な亀裂が起こり始めていた。これは、統一戦線を忠告するモスクワをもっと複雑な苦境に陥れるものでもあった。

もう一人の大使

1979年4月下旬頃のアフガニスタンが抱えている問題であるとモスクワが認識していたのは、カブールの現政権と伝統的なイスラム反政府勢力との葛藤、そして政権内部におけるすでに表面化していたハルク派とパルチャム派の葛藤であった。ソ連指導部は、前者の問題を自国の軍事力を投入せずに解決しようとしていた。

ところが、4月23日、アフガニスタンの首相アミンは、政府に統制される新聞『カブール・タイムズ』とのインタビューでNDPAの団結を強調しつつ、「指導者の役割は必ずしも個人崇拝と合致するものではない。……人民の間での指導者の権威と人気は、個人崇拝とはまったく無関係なのである」と述べた。この発言はタラキーに対する個人崇拝を遠回しに批判したもの、とメールは受けとめている[119]。アフガニスタンをソ連の影響から抜け出させようとした自主独立・民族主義者としてアミンを描いている彼女は、アミン自身タラキーの個人崇拝の構築に一役を担ったが、その潜在的危険性に気づき警告し始めたと説明しながら、両者の分裂の直接的なきっかけは、他ならぬ個人崇拝の問題であると解釈している[120]。今のところ、タラキー個人崇拝に対するアミンの不満が、彼の憂国忠誠に起因したものか、あるいは個人の権力欲から出たものか、については立証しようもないが、4月末から両指導者の間にすき間ができるようになったのは確かである。権力の分化作用はハルク内部でも起こり始めたのである。それを誰よりもはやく感じ取ったのは、どうやらある程度客観的な立場のアメリカのほうだった。

5月3日、タラキーは外信記者たちとの会見で、アミンとのこのような葛藤の可能性を一蹴したが[121]、8日にカブールの米大使館が国務省に送った電文は、「両指導者の間の摩擦の素地が現実にあらわれた」と報告している[122]。

両指導者の間に見解の差あるいは軋轢が存在しているという事実が次第に表に出ているようだ。最近のある記者会見でアミンがタラキーを中心とする個人崇拝を非難したということについて偉大な指導者（タラキー）は……政府は, 人民がいたるところに自分の肖像画を飾るのをやめるように指示していると語りつつ……（コメント：最近になって多くのタラキー肖像画が姿を消した。）……「去る1年間アミンの行ってきたすべてのインタービューの内容を読んでいるから」, アミンが「そのような種の言及」をしたとは思わないと, 不機嫌そうに否認した[123]。

　4月28日の四月革命の一周年を前後としたアフガニスタン指導部の演説やインタービューをまとめて報告した同電文によると, タラキーは政治的基盤を拡大せよとの1カ月前のブレジネフの忠告に従う気は毛頭なかったようである。

　アメリカ大使館が1万名以上と推算する政治犯の投獄者に対して, タラキーは「抑留されている囚人は1千ないし1千2百人くらいにすぎない」と述べ, 4月中に起きたジャララバードでの反乱事件についても,「軍事反乱はもちろん何事も生じなかった」と主張して, 国内的な不安の原因は,「帝国主義の支援を受ける地域の反動国家（パキスタンとイラン）」にあり, 彼らが「アフガニスタンに対し武装侵略を画策しているし, 多くの人民を殺戮している」と批判した[124]。

　さらに, ソ連指導部が強調した政治的社会的基盤の拡大についてはほとんど触れずに,「社会主義社会の建設というのは長期的な課題であり, 社会主義社会の基礎を構築するだけで6年ないし10年はかかる」とし,「アフガニスタン民主共和国では人民の98パーセントが政府を支持しているから, 民主主義的な独裁体制とも呼べるだろう」と自信感を表明して, ソ連の忠告に間接的に反駁した[125]。もちろん対ソ連関係について,「われわれが必要としているものは, 余裕があれば何でも頂いている」とのべ, ソ連からの軍事的な支援があり, ソ連の協力を得ていることをほのめかしたが, 政敵に関する問題においては敏感な反応を見せた。「アフガニスタ

ンとチェコスロバキアとの兄弟的な関係に鑑みれば，チェコスロバキア当局が前大使バブラク・カルマルに隠れ場を提供しているとは思えない(126)。」

アムスタッツの分析どおりに，このような一連のタラキーの話において「特別な注意を引くのは，政府の統制を受けるメディアに公式的に記録されたアミンのタラキー批判をタラキー自身が，（アミンが自分を批判していることを知りながらも知らない振りをする）率直とは思われない態度で否認したこと」であり，タラキーのプラハ批判は，実は「現在あるいはある将来の時点で亡命パルチャム指導者たちに隠れ場所を提供するかもしれない兄弟国家（ユーゴスラビアあるいはソ連）を睨んだもの」であっただろう。タラキーとアミンの政権は内的な亀裂を起こしながらも，もし自分たちの政権が確固たる統制の確立に失敗した場合，「国際的な友人たち」が政権の交替を考えるようになる可能性を心配していたにちがいない(127)。

アミンが首相として政権の前面に登場すると同時に内閣にも微妙な変化があった。3月31日の内閣改造発表によれば，四月革命の英雄ワタンザルが国防相に，マズドゥリヤルが内務相に，そしてサルワリが国家保安委員会の責任者にそれぞれ任命された(128)。タラキーは国家元首として革命評議会の議長職を維持したが，外相アミンが首相を兼職することによってタラキーの権限は相対的に縮小された。

ところが，新しい内閣の18個省の大臣・次官級の人士たちの中でソ連で高等教育（軍事訓練を含めた専門教育，大学あるいは大学院）を受けた者が6人に過ぎなかったことに対しアメリカで教育された者は11人であった(129)。もちろんアミン自身がアメリカのコロンビア大学に留学した者であった。

もちろんカブール大学出身のエリートが新内閣の多数を占めていたし，それ以前の内閣構成（不明）と比較しないとその相対的変化の程度がどのようなものであったか，正確に評価しがたいのではあるが，このような人事はソ連指導部に対するアミンの言葉とは矛盾するものである。

わずか1カ月前の3月1日，経済支援のことを協議するためにカブールを訪れたソ連閣僚会議副議長I. V. アルヒポフとの会談の席でアミンは，

「アフガン人に対するよりよいイデオロギー的な支援のためには，アジアで勉強した者たちが必要なのではなく，ソ連やヨーロッパ各国で勉強した人々が必要である。なぜなら偏狭な民族主義を始め他のあらゆる欠乏からアフガン人を救い出すには，そういう人々がもっと効果的であるからだ」と述べながら，アフガン人たちが忠実なマルクス・レーニン主義者となってアフガニスタンへと戻ってくる必要があると強調したのである。アルヒポフはこの対話の内容をソ連共産党中央委員会に報告している[130]。にもかかわらず，アフガニスタンの新内閣ではアメリカ留学組が多数を占めるようになった。連合戦線を構築せよとのソ連の忠告が反映された形跡がないのはもちろん，アミン自らの言葉も守られていなかったのである。このことでモスクワは，アフガニスタン政権が心理的にソ連離れに拍車をかけているという印象を受けたのではなかろうか。実際にソ連の反応はなかったが，米大使館のアムスタッツは，この変化を非常に「興味深い」ものであると国務省に報告している[131]。

アフガニスタンでこのような微震が起こった直後である4月初め，グロムイコは外務省のヨーロッパ第2局の副局長（イギリス担当）ヴァシリー・サフロンチュクを呼び出し，アフガニスタンでの勤務を提案した。サフロンチュクは回想で，アフガニスタンに関する知識もまったくなかったし，アフガニスタンへ行かねばならぬ理由についても理解できなくて釈然としない自分に，グロムイコは，ただアフガニスタンの要請によるものと説明し，「アフガニスタンの外務省と政府に，国際舞台でのわが国（ソ連）との連帯強化のための外交政策問題上の支援提供」が任務であるとつけ加えたと語っている[132]。カブール政権からの要請があって派遣するのではあるが，実質的な任務はアフガニスタンの外交政策がソ連の軌道から逸れないようにするのだということである。

サフロンチュクの回想によれば，確かにアミンから外務省の顧問として英語の通じる人を派遣してくれるよう要請があったらしい。サフロンチュクは1978年9月国連総会の議題と日程に関する協議のために，ソ連代表団の1人としてカブールを訪問したことがあった。その時の外相アミンが英語の堪能な彼に目をつけていたということである[133]。政治局会議で指

摘されたように，プザノフだけでは何か足りないと思っていったグロムイコとしては，アミンの外交顧問派遣の要請をいい機会として捉えたかもしれない(134)。

　サフロンチュクは約1カ月半の準備過程を経て，5月25日にカブールへと向かった。彼がアフガニスタンへと発つ一日前駐モスクワ米国大使館は国務省宛に，サフロンチュクが「アミンの個人的な顧問」として勤めるためにカブールへ向かうという判断と，彼の経歴（1965から1971年まで駐ガーナソ連大使，イギリス専門家，国連のソ連代表部副代表を歴任）そしてサフロンチュクが「KGBとの連携を持つ人物」とのモスクワ駐在パキスタン大使館のコメントを報告した(135)。

　アフリカのガーナで外交官生活を送ったことはあるものの，サフロンチュクはイギリスと国連を畑としてロンドンやニューヨークを闊歩した人物である。華麗なる西側の外交街で活躍した彼にとってアフガニスタンという国は，驚異のみならず失望の対象であっただろう。自分の赴任地に対する否定的印象や軽蔑感を隠さず表に出すほど率直な人でもあったようである。

　カブールに着いたサフロンチュクを何よりも驚かせたのは，ソ連大使館内の状況であった。彼自身アフガニスタン専門家ではなかったゆえに，カブールに現地専門家が顕著に不足していることに彼の驚きは大きかった。

　　私を喜ばせながらも驚かせたのは，カブールのソ連大使館と通商代表部で多くの同志たちを見つけたことだった。彼らは以前の業務過程つまりモスクワの外務省の中央機関，ロンドン駐在ソ連大使館，ニューヨーク駐在国連ソ連代表部そして私が勤めた他の地域で知り合った人々だった。……以前この問題（アフガニスタン問題）を取り扱ったこともなく地域（アフガニスタン）の言語も知らない，東洋やアジアに関する専門知識のない人に果たしてどの程度正しくこの国（アフガニスタン）の状況が判断できるだろうか。……大使館では中東諸国担当課の人物たちが唯一の専門家であった。私は，副大使Yu. K. アレクセーエフ，参事官V. S. オジェゴフ，A. S. オブーロフなど何人

かの若い外交官たちから受けた助言に対しては，感謝の心なくしては振り返れない。私は彼らの持つアフガニスタンとその国の歴史，経済，民族的習慣に関する知識の膨大さに感嘆し，彼らが地域の活動家たちに接触するときその軽快さを羨ましがった。

ああ，ところが各所轄官庁の代表についてはいうまでもなく，大使館職員全員についてはこう言えない。われわれの間では，外交官にはプロフェショナリズムというのは全然役に立たないとの意見が広まっていた。外交官はあっちこっちへと押し流されるからということだった[136]。

サフロンチュクは，5月27日アミンに会ってからほとんど一週間に一回ずつアミンをはじめとする外務省の関係者たちに会った。しかしその定例会談で触れられた議題は対外政策に関する問題に限るものではなかった。アフガニスタンでの革命の発展段階やその他対内的かつ原則的な問題が言及されることが多かったという[137]。その過程でサフロンチュクはアミンに対しても決していい印象を受けてはいなかったようである。彼の見たアミンは，「初対面では愉快な印象を与えるし……対応態度において活発かつ鄭重で初対面の相手は誰でも魅せられるが……彼の振る舞いや口振りは急に人を警戒させ誠実さに対する疑惑を呼び起こさせる」タイプであった。「アミンは，誇示するかのようにソ連およびソ連人民との友好的な関係を強調し，マルクス・レーニン主義理念への自分の固い忠誠心を表明」したが，「彼は口先だけで，かたちだけでマルクス主義を受けとめており……政治的な陰謀の領域において強力な」者であった。サフロンチュクのアミンに対する評価は，「平凡な小ブルジョアであり極端なパシュトゥーン民族主義者」そのものであった[138]。

アミンに対するサフロンチュクの不信は，アミンを擁護する現地の他のソ連人たちにも及んだ。サフロンチュクはこう述べている。「アミンは，本当に止まることを知らない政治的野心を持っており，このような野心を満たそうとする権力への熱望は何も恐れず，人民と党の同志たちに対する如何なる犯罪をも辞さない姿勢であった。疑似マルクス主義的な彼の言葉

3. 説得と忍耐，そしてその限界

は対談の相手とくに社会主義国家の代表たちに実際と違う意見を抱かせるためのカムフラージュの目的だけで使われた。実際に彼はこの手口で著しく成功した。大勢の人が彼の言葉を額面どおり受けとめたのだから(139)。」

「社会主義国家の代表たち」そして「大勢の人」にはソ連からやってきた代表たちも含まれるだろう。アミンに対するサフロンチュクの否定的印象とは違い，他の多くのソ連代表たちはアミンに対し肯定的印象を受けていたということである。

カブール現地のさまざまなソ連人顧問の間でのこのような意見の食い違いは，モロゾフの回想からもうかがえる。モロゾフは具体的に名までを取り上げている。「ソ連共産党中央委員会国際部のアフガニスタン担当者ニコライ・シモネンコ，ソ連軍事顧問団長レフ・ゴレーロフ将軍，後にカブールに来た党の顧問団長セミョーン・ヴェショーロフ，そしてソ連内務省が派遣したニコライ・ヴェセルコフ将軍などがとくにアミンとの関係維持だけに関心を寄せていたため客観的な判断が下せなかった」と彼は語っている(140)。カブール在住ソ連人たちの間には，アフガニスタン政局全般に関する評価はさておきアミンに関する評価における葛藤あるいは報告内容の衝突があったらしい。矛盾した報告はモスクワの4人を悩ませ，結局次々へと新しい人物を派遣せざるを得なかっただろう。

サフロンチュクは，後に西側の研究者によってアフガニスタンでの自分の役割が「4月のクーデター以後樹立したカブール政権の政治的基盤を広めるためにカブールへ派遣された」とか，あるいは「党（NDPA）と組織の幅広い政治戦線を創出させるために派遣された」と評価される傾向について，「真実とは程遠い憶測」と否認したが(141)，彼自身の回想が描いているのはほとんどがアフガニスタンの国内的政策や理念に関する問題におけるアミンとの衝突である(142)。

サフロンチュクが赴任した5月末頃から8月にいたるまで，アミンとサフロンチュクが激しい対立を露呈したのは，アフガニスタンの民族祖国戦線の形成に関する問題であった。ヘラートの反乱事件以降パキスタンとイランに拠点を置き外部から漸増する支援を受ける反革命勢力の圧力と強化

に立ち向かい，民族ブルジョア，諸種族の指導者，人民権力に忠誠な地主を含むアフガニスタン社会のあらゆる「愛国的」勢力を団結させるという課題であった(143)。これはモスクワの要求する課題でもあった。

しかしこのようなアフガニスタンの国内的な，そしてモスクワからの外的な要求をアミンは拒否した。少なくともサフロンチュクはアミンを説得することに失敗した。サフロンチュクとアミンは，アフガニスタンでの革命の段階という最も基本的な問題から認識の差異を露呈した。サフロンチュクの記憶によれば6月末のある会談でアミンは，「アフガニスタンは社会主義国家の援助に頼りつつ封建社会から共産主義社会へ飛び越えることができる。資本主義や社会主義は省いて飛び越えられる。こうすることによって，われわれは民族解放運動に関するマルクス・レーニン主義の理論に貢献できる」と言明したという(144)。サフロンチュクは，アフガニスタンではある程度の資本主義秩序すなわち銀行や株式会社などが成長しつつあるので資本主義を飛び越えるのが不可能であることを説明しようとしたが，「失敗した」と振り返っている(145)。

このようなアミンの態度をサフロンチュクはモスクワにそのまま報告した。1979年7月2日付けの報告書にはこう書かれている。

　　アミンは，NDPAの中央委員会政治局が革命守護のための民族組織（NOZR）の結成に関する決定を下したと聞かせ，この組織の名称について説明した。アミンは，「愛国戦線」という名前の利用を拒絶したのは，現在アフガニスタンではただ一つの政党つまりアフガニスタン人民民主党しか存在していないし，この党はマルクス・レーニン主義の立場に立っており，プロレタリア独裁へ向かう歩みを実現しているからであると強調した。また「愛国戦線」という名称は，アフガニスタンの条件の中で危険な他の諸政党の参加を予見しているということであった。サフロンチュクは，東ヨーロッパの経験を引き，現政権に忠実な他の政党および組織を引き入れるよう忠告した(146)。

サフロンチュクの報告書に接したモスクワの指導部とくにグロムイコは，次第にアミンに対するサフロンチュクの印象を分かち合うようになっ

たと思われる。
　サフロンチュクは,「アミンの分派主義とドグマティズム」に失望したようである。彼の回想からは,アミンへの失望感と怒りが滲み出ている。

　　NDPAの綱領は民族統一戦線の課題や構成に触れているにもかかわらず,アミンは社会主義あるいは他の友好的な国家の代表たちとの会談で,アフガニスタンには民族統一戦線の形成のための客観的基礎がないと執拗に主張した。NDPAの権力が固まるまでにも,その後にも統一的かつ全民族的な革命的,愛国的,民主的なNDPAを除いては他に政党が存在したこともないからということだった。アミンは,四月革命はNDPAの指導の下で排他的に完成されたものであり,他のいかなる政治的グループも革命の勝利のための最小限の努力さえしなかったと確言した。
　　したがって,アミンは第2次世界大戦以後の人民民主主義国家での民族・祖国戦線の経験を検討しようともしなかった。これらの諸国では戦時に非マルクス主義政党らが出現し多様な形態で反ファッショ闘争に参加したので,彼らが民族戦線の枠の中で団結を図るのは論理的であるということだった。
　　アミンは,「権力を掌握してから1年も経ったいま,われわれに民族ブルジョア政党,農民政党,種族党を創設せよと命令しないでほしい。後に彼らを統合し民族戦線を創るんだと？いや,われわれはそんな道をとる気はない。NDPAは誰とも権力を分かち合う気はない。われわれは我々自身を中心としてアフガニスタンのあらゆる民族民主勢力を結集できるし,革命課業の完遂のために団結を保証できる」と言い切った。
　　民族戦線のアイディアを拒否しつつ,アミンとタラキーは何よりも現実を無視した。……アミンは事情を分かっていなかったか,あるいは理解できなかったのだ。……ソ連軍の進攻のずっと前の段階ですでに,アフガニスタン指導者たちには被扶養者気質が明らかに現れていた。……ともかく反革命勢力への反撃の組織のための民族戦線のアイ

ディアはアミンとタラキーによって拒絶されたのだ(147)。

　サフロンチュクのこのような回想では，アミンに関する表現はある程度誇張されたところがあるかもしれないが，実際にモスクワに送った報告の内容と大筋において合致することから，当時のモスクワがサフロンチュクの目を通じてアミンをどう見ていたかが窺える。しかもサフロンチュクは赴任一カ月目にアメリカ側にも同様の不満を漏らしていた。
　6月24日アムスタッツは，アメリカ大使館を儀礼的に訪問したサフロンチュクを迎えた。アムスタッツは，サフロンチュクからとても「素直でおもしろい人物」との印象を受けた(148)。サフロンチュクは，ソ連が「DRAの指導部に政治的権力の基盤を拡大させるために新しい人物を政府に補充するよう求めているのは事実」と認めつつも，しかし「他の国の経験に見習い民族戦線を形成するのは彼ら（アフガニスタンの現指導部）にとっては敏感な問題」であるとつけ加えた。「彼らはいかなる反対勢力も容認する気もないし，権力を共有しようともしない。彼らのいう政治的基盤の拡大というものは学生，青年，女性と労働者たちの組織を形成するのであるが，このようなすべての層を同一政党の枠内へ包摂することに固執している。これは政治的基盤の拡大ではない。彼らは権力を共有するということに非常に神経質で，頑固な連中なのだ。(149)」
　サフロンチュクはハルク政権に対する不満とともに，アフガニスタンへの軽蔑感をも隠さなかった。アムスタッツとの対話で彼が頻繁に指摘したのは，「［アフガニスタン］政府内には知性的要素はかけらもない」ということであった。「新聞が水準以下であることは言うまでもなく，文化生活というものは存在もしない」と，彼は罵っている(150)。
　アフガニスタン政権の政治的基盤を広げる問題における見解の差異を狭められなかったアミンとサフロンチュクの間の認識の乖離は，アミンを中心とするハルク政権全般へのサフロンチュクの嫌悪感に発展していった。外相以外に彼が主に相手にした者は二人の外務次官（アッサドゥラ・アミンとシャー・モハンメッド・ドースト）であったが，彼らに対するサフロンチュクの好悪の感情もやはりはっきりしていた。

3. 説得と忍耐, そしてその限界

アッサドゥラは, アミンの甥であると同時に娘婿としていわゆるネポティズムによって次官の座についた人であったが, サフロンチュクによれば, 彼は医科大学出で「対外政策の領域ではまったく経験のない男」であった。それどころかアッサドゥラは英語とロシア語が出来なかったので実務的にも苦労させられたし, とくに「行事や各種のセレモニーに顔を出すことが好きなパーティの常連」だったという[151]。これとは違いドーストは「対外政策におけるすべての実際的な業務を遂行する……経験ある外務官僚」であった。サフロンチュクには,「ドーストと一緒に働くのが楽で, たのしみ」であった。サフロンチュクに言わせれば,「ドーストは言語はもちろん国際業務やアフガニスタンの対外政策の基本方向にも詳しかったし……非常に謙虚な人物だった」という。ドーストを嫌がっていた首相アミンに, サフロンチュクが「彼がいなければ外務省は機能できなくなる」と主張するくらいであった[152]。ドーストは12月27日のソ連軍の侵攻と同時に樹立されるカルマル政権で外相のポストに就くのである。

1979年半ば頃アフガニスタンで活動したソ連の代表たち（大使プザノフ, 中央軍事顧問団長ゴレーロフ, KGBの要員たち）はそれぞれモスクワへカブール政権の要望事項および自分たちの判断を報告していた。エピシェフもその一人であっただろう。しかしながらプザノフを除けば, サフロンチュクほど長期にわたってアフガニスタン指導部と緊密な接触を維持しながら状況を把握した人物はいない。彼はモスクワの外務省, ソ連共産党中央委員会, そしてカブールを繋ぐ重要な人物の一人であった。そんな彼が, アフガニスタンの政治や社会, 文化などにいささかも肯定的な印象を持てなかったということは, 西側に馴染んだ者としての避けがたい限界だったかもしれないが[153], 何よりも重要なのは, 彼がアミン率いるハルク政権を嫌悪し不信を抱いていたということである。少なくともグロムイコはサフロンチュクの目でアフガニスタンを眺めるようになっただろう。連合戦線を求めるモスクワの目と耳には, 分裂志向のアミンのイメージが飛び込んで行ったに違いない。

サフロンチュクがアムスタッツに不満を吐き出していたその時刻, アフガニスタン委員会は「アフガニスタンの状況と対策について」の提案書を

作成し、6月28日政治局に提出した。

　……いろんな客観的情況においてDRAの状況は難しい。これは経済的な後進性、労働階級の不足、そしてNDPAの脆弱性とも関連があるが、主観的な諸原因のせいでその難しさは増している。すなわち党と国家における指導部の協調性の欠如、事実上すべての権力のタラキー、アミンへの集中がそれである。彼らは頻繁に法の破壊や失策を犯している(154)。……アフガニスタンには人民戦線が存在しない。事実上革命権力の地方組織が設立されるまではそうである。このような問題に関するわれわれの顧問たちのアフガニスタン指導部への忠告は事実上実行されていない(155)。……

　ソ連外務省、KGB、国防省、そしてソ連共産党中央委員会国際部は、これと関連して［次のような措置を施すのが］妥当であると強調する。

　1．ソ連共産党中央委員会政治局の名義でアフガニスタン人民民主党中央委員会政治局に書簡を発送する。書簡では友好的なかたちで4月革命の成果の喪失の危険性に関する率直な憂慮と不安を表明し、反革命勢力との闘争の強化、人民権力の強化への忠告を伝える(156)。……

　3．アフガニスタンの中央軍事顧問団への援助として、部隊（師団と連隊）で直接働かせるための将校団とともに経験ある将軍を派遣する。

　4．バグラム飛行場のソ連飛行中隊の防衛や警備の保障のために、飛行機整備士の服装（上下連結作業服）をしたパラシュート空挺大隊を、アフガニスタン側の同意を得てDRAへ派遣する。

　ソ連大使館の警備のためにKGBの特殊部隊（125—150名）を大使館職員に偽装させ、カブールへ派遣する。急激な情況の悪化に備え、特別に重要な政府の施設を保護するために、参謀本部のGRUの特殊部隊を今年8月始め頃まで訓練させ、DRAのバグラム飛行場へ送る。……

3．説得と忍耐，そしてその限界

グロムイコ，アンドロポフ，ウスチノフ，ポノマリョフ[157]

アフガニスタン委員会は，カブール政権にモスクワの「率直な憂慮」と不満を伝えるとともに，徐々に政治的問題への軍の介入を許そうとしていた。「経験ある将軍」の「経験」というのは外国での軍事活動，極端に言えば対外軍事介入の経験を意味するものであり，その場合の「将軍」は強硬論者となりかねない。国際的耳目を恐れていたグロムイコも，問題が軍事的領域に発展しつつあるのに同意した。小規模のKGBあるいはGRU特殊部隊の偽装派遣は，3月には全然考慮の対象ともなれなかったものであった。しかし，いまは認められようとしていた。コスイギンがあれほど憂慮したタラキーのアイディアがアフガニスタン委員会によって採用されかけていたのである。アンドロポフとウスチノフの肩に重荷が次第に重くのしかかり始めたということでもある。

サフロンチュクは回想で，『ニューヨーカー』誌に載ったリチャード・バーネットとエクバル・アフマッドの論文の一節に非常に満足したと書いている。彼の回想から引用すれば，その一節とはこうである。「ソ連の外交官たちや他の共産主義ブロック諸国の外交官たちが，アフガニスタンへの軍事介入の危険性を認めたということは，クレムリンの指導者たちには専門家たちからの忠告が不足していたことを意味しない。彼らはこのような忠告を無視したのだ[158]。」つまりサフロンチュクは軍事介入に反対したということである。

しかしアフガニスタンの全般についてあれほど否定的イメージを持った人間が，しかもアミンとの衝突で突破口の模索に失敗し，その経緯をそのままモスクワに報告した人が，モスクワの上司にどんな対案が提示できたのだろうか。軍事的解決に関しては口をつぐんでいたとしても，自分の報告に目を通したモスクワがどのようなアフガニスタン・イメージを頭の中に描いているかをほんとに察せなかっただろうか。

泥沼のかけら——軍事化への抑制とその限界

ホブズボームはアメリカのベトナム介入について，冷戦時代の主なアク

ターたちが没理解や混同、そして偏執症の厚い雲の中で手さぐりで進んでいた結果であるということで部分的に説明できるとしているが(159)、同じ冷戦時代、つまり1979年の夏までのソ連は、ベトナム問題で頭を悩ました米国がかかっていたような冷戦の催眠術にはかかっていなかった。すなわち1979年前半までのソ連は、対外的な宣伝においては「帝国主義者たち」、「国内の反動勢力」、「イラン」、「中国」、「パキスタン」、「アメリカ」、そして「ムスリムたち」などさまざまな敵のイメージを描きながらも(160)、指導部の会合ではアフガニスタンという国際的権力の真空地帯にアメリカあるいは中国の魔手が出されているとの憂慮を表明した政治局員はいなかったのである。ソ連の指導部において、アフガニスタンにかかわる核心的な問題は、急進的な共産社会を建てようとするタラキー＝アミン政権の独善や我執に起因するものと見られた。むしろアフガニスタン問題により米国との関係が傷つけられるのではないかと危惧が表れていた。にもかかわらず、モスクワの意図に反して、現地からは否定的な報告書が次々と送られてきた結果、ソ連の指導者たちは何らかのかたちでこれらへの反応を余儀なくされたのである。

　もちろん、中央の政策決定者と現地の報告者の間柄においては、これとは異なるさまざまな形態がありえる。たとえば、政策決定者をエイジェントの役に立たぬ道具として描く探偵小説や映画とは違い、実際の世界での情報報告とは、政策決定を導き出すものというよりは政策決定に従うものであることがもっと多い、というのはキッシンジャーの言葉である。彼のとり上げた例は、戦間期再武装わずか2年目に入ったばかりのドイツがラインラントを占領したとき、フランス軍の参謀総長ガメリン将軍がドイツの強大化を恐れていた政治指導部にドイツの武力を誇張し報告していたということである(161)。同じ例として独ソ開戦の前夜ソ連軍参謀本部総諜報局長ゴリコフの場合もとり上げられる。彼の1941年3月20日付けの報告は、諜報としてドイツの攻撃可能性が差し迫っているとしながらも、結論としてはイギリスの攪乱情報と見なしたもので、結局彼の情報報告はスターリンの考えを先取りしたものと分析されている(162)。

　さらに、もっと曖昧な報告、すなわち状況の説明においては危機感を煽

3. 説得と忍耐, そしてその限界　　　131

り最後のコメントには報告者の正反対の意見をつけ加えることによって, 最終的な判断は情報の解釈者にまかせ報告者自身は状況判断の責任から逃れようとする場合もあるだろう。

　しかし, それが緊迫した状況の真ん中におかれている報告者の立場となると話は違うようである。1979 年前半カブールに滞在していたソ連の代表たちは上に述べられたそのいずれかの道をも選ばず, しかもモスクワの真の意図をも分かっていなかったかのように繰り返し支援要請を送っていた。

　カブールから上がってくるソ連代表たちの支援要請に関する報告は二種類に分けられる。その一つはタラキー＝アミンの要請圧力によるものであり, もう一つは現地のソ連人とソ連の軍事施設を保護するためのものでソ連代表たちが独自的に判断したものであった。3月中旬のヘラートの反乱事件が起こるずっと前からカブール政権に対する物理的挑戦は続いていた。ソ連軍地上軍大佐でソ連国防省作戦グループの一員としてアフガニスタン戦争に参戦したアレクサンドル・リャホフスキーとソ連国防省所属の従軍記者としてアフガニスタン戦争を取材したヴィヤチェスラフ・ザブロージン中佐が紹介した文書の一つ, 1978―1979 年のアフガニスタン叛軍の状況に関する DRA の国家保安省（MGB）, カブール・テヘラン・イスラマバードの各ソ連大使館, そしてソ連の KGB の秘密報告をまとめた要約文を見ると, すでに 1978 年の四月クーデターを前後とした期間にパキスタンには二つの反政府組織が存在している。すなわち G. ヘクマチアル率いる「アフガニスタン・イスラム党」（IPA）と B. ラバニ指導下の「アフガニスタン・イスラム結社」（IOA）が形成され活動していたのである[163]。

　さらに 1979 年に入っては, やはりパキスタン領土に新たな反政府組織・結社が創設された。上の二つの他に IPA から M. Yu. ハレスを中心とする分派が分離・結成した「ハレス・イスラム党」(IPKh), 著名な宗教活動家 S. A. ガイルラニにより創られ王政復古を主張する「アフガニスタン民族イスラム戦線」（NIFA）, 正統的な僧

侶層「コーランの奉仕者たち」に基づいて創設された M. ナビー率いる「イスラム革命運動」(DIRA) が出現し、カブール政権との武装闘争の傾向を帯びながら戦闘部隊の組織、兵力の戦闘訓練の準備、そして現代的兵器や機器の装いに着手した。

すべての反政府勢力は、基本的に諸種族への工作に注力している。その目的は各種族の訓練された武装自衛隊員を自分たちの側に抱き込むことである。反政府勢力は、多様な階層の住民、民族・人種グループに対して多様な手口で宣伝を展開しつつある。彼らの政治的スローガンや綱領の宗教的で民族主義的な色彩が、形成されている伝統、住民の社会的民族的心理に照応し、反政府指導者が代表する階層の利害に応えられるよう特別な努力がなされている。

ペシャーワル、コハート、クエッタ、パラチナール、ミラムシャフなどのパキスタン領土では、DRA に接した多くの村が反革命組織の指揮部、軍事キャンプ、武器庫の根拠地となった。……彼らはパキスタン領土に居住する高位聖職者階級、種族の指導者たち、族長に大規模の宣伝作業を繰り広げており、その範囲は殆どの地方に及んでいるが、政権側からは何の抑制も加えられていない。……

パキスタンに［アフガニスタンからの］難民が出現して以来 IPA, IOA, DIRA, IPKh, NFSA は、難民キャンプからたやすく募集できる農民兵士を、パキスタンの軍事専門家たちの援助を得つつ訓練しはじめた。その結果 1978 年末に至ってはパキスタンで訓練された部隊やグループを再びアフガニスタンに送り込み、タラキー政府に対する軍事的抵抗の規模は急速に増加し始めた。

……1979 年 1 月始め、国内の状況は急激に悪化した。中心地域、伝統的にカブールの影響力が弱いハザラジャートでは軍事的抵抗も拡大しつつあった。……パキスタン領土から訓練センターで養成された原理主義者たちの諸グループがやってきて、地元住民に対し反政府軍の徴募を繰り広げている。反政府宣伝はとくに［アフガニスタン］軍部隊兵士たちの間に急激に積極化しているが、新しい反政府部隊の創設を目的とし、イランやパキスタンへの移住の増大をも目的としてい

3. 説得と忍耐, そしてその限界

る。

　この国の多くの地方で道路封鎖, 電信電話線の切断などのような反政府グループの破壊活動が展開された。政府に忠誠な市民へのテロも増加一途にある。IPA と IOA の指導者たちは, このような行動を通じて状況の不安定化, アフガニスタン新政権の弱化を狙っている。彼らは絶え間のない緊張状態の中に政府をおき, 不安と恐怖の雰囲気を醸成しようとしている(164)。

　このような状況の中で, 1979年1月アフガニスタン駐在ソ連軍事顧問団長ゴレーロフ中将は, アミンがソ連軍支隊の派遣を要請しているとの報告をソ連軍参謀総長オガルコフにした(165)。オガルコフは断固たる拒否の立場を表明したが, ヘラートの事態が起きると同時にアフガニスタン指導部からの要請, そして軍事顧問団をはじめとするソ連の諸代表たちの増兵要請は急増し始めた。3月20日モスクワの指導部がタラキーにソ連軍の投入および直接的な軍事支援は出来ないと説教すると同時に検討しなければならなかった報告書は, カブール駐在ソ連大使と KGB 代表が連名で送ったものであった。プザノフとイヴァノフ将軍が3月19日に送ってきたその報告書は, 「ソ連が援助を遂行するに使われている重要な施設 (バグラムの軍事飛行場とカブール空港) などの保護のための兵力の派遣について検討するよう」に提案していた。「状況が悪化する場合に現地ソ連人の疎開や安全確保」のために必要であると記されていた(166)。3月にはゴレーロフも参謀本部に, 叛軍によって封鎖されたホスト (アフガニスタンの地方名) に食糧を輸送する「輸送航空大隊」を要請したという(167)。

　当時は全く意識していなかったかも知れないが, このような一連の要請は, 後知恵を以て言えば, ベトナムでのウェストモアランド将軍の前轍を踏み始めたものであるとも言えよう。アフガニスタン在住ソ連人と軍事施設の保護のために派遣された兵力が危険にさらされるようになったらどう対処すべきかについては, 考慮されていなかったのである(168)。

　モスクワは戦闘兵力の派兵は断固として拒んでいたが, このような要請には応じた。3月20日ブレジネフはタラキーに150—200人の軍事顧問の

増派を約束した(169)。このほかにある程度の軍事的支援は行われたようである。すなわち、3月23日米国務省は、アフガニスタンの内部的抵抗事件へのソ連の軍事的干渉があると警告し、ソ連の軍用輸送機のカブールへの飛行が増加しておりアフガニスタンに駐在しているソ連軍事顧問の数が1,000人を越えたと指摘した(170)。3月28日号の『ワシントン・ポスト』紙は、「3月26日と27日にかけて、ソ連の輸送機 AN-12 が軽装甲車と最新型戦闘ヘリ MI-24 などをカブールへ輸送し、バグラム空軍飛行場には空挺部隊が配置された」と報じた(171)。実際に3月末から4月始めにかけてソ連はアフガニスタンにそれぞれ5—10発のロケット弾が装着されたヘリ25機を提供した(172)。

　制限的な支援ではあるが、一度軍事支援の要請が受け入れられたということは、カブールの指導部あるいは現地のソ連代表たちにとっては、「絶対不可」ということはないだろうと思わせたに違いない。恐らく3月20日を前後とした政治局の決議すなわち軍事的干渉不可の決定が伝えられていたはずであるにもかかわらず、以降要請はつぎつぎになされた。エピシェフ将軍がカブールを発った直後の4月14日、アフガニスタン首相アミンがゴレーロフを通じてソ連指導部に要請した「ロケット弾を装着しソ連人操縦士が搭乗したヘリ15—20機」の件は、オガルコフとウスチノフによって拒否され、結局4月21日政治局がゴレーロフに癇癪まじりの訓令を送ったのは、前述したとおりである(173)。

　しかし4月中旬以後アフガニスタンの反政府勢力はかつてない積極性を発揮し、バッドギッズ、バダフシャン、タハール、クナール、ナンガルハール、パクティカ、そしてパクティヤ地方に出没し、現地のソ連代表たちもカブール政権の軍事的支援要請の妥当性を確認でもするかのように、軍事的援助を強化する必要があるとの報告を送ってきた。

　5月6日、カブールのプザノフ、イヴァノフ、ゴレーロフは「（キューバでの訓練旅団の例に従い）カブール地域にアフガニスタン軍のための統一的訓練センターを設立する必要がある」とモスクワに報告した(174)。なるべく軍事的関わりは避けようとするモスクワの立場がはっきり伝えられたにもかかわらず、現地の代表たちはタラキー・アミンの立場と軌を一にす

3. 説得と忍耐, そしてその限界

るこのような報告をモスクワに送ったのである。

モスクワ指導部を引き回そうとしたのはカブール政権だけでなく，現地のソ連代表たちもそれに一役を担っていた。5月24日ソ連の政治局はこのような一連の要請に応じ渋々軍事援助に乗り出した。アフガニスタン指導部の「1500台の自動車の要請」を受けたコスイギンの報告に，2週間以内に実行するよう応えたこの会議では，「DRAにソ連人操縦士が搭乗したヘリと輸送機を送ってくれるよう言ったアフガニスタン側の要請に関して，そしてわが空挺部隊のカブールへの投入に関して言えば，軍部隊の遂行に関するこの問題はタラキー同志が3月にモスクワを訪問した際，具体的にかつあらゆる観点から検討が済んだはずである。そのような行動は，われわれが深く確信するところ，内政のみならず国際的な面においても状況の複雑化を伴うものである。何よりも敵対勢力が，4月革命の業績やDRAの利益を侵害するに十分利用する恐れが確かにある」と強調しながらも，結局軍事的関わりへいっそう踏み込む次のようなプザノフへの書簡を採択した。

> タラキーを訪問し，アフガニスタン民主共和国への追加的な軍事援助の供与に関するアフガニスタン指導部の要請が注意深く検討されたということを通知せよ。
>
> アフガニスタンでの反革命的な反動行為の積極化に関するアフガニスタン指導部の憂慮は，モスクワも分かち合っているということを伝えよ。ソ連政府は，アフガニスタンが状況安定のためにもっと多くの国際援助を要求するのに応じて，1979―1981年の期間アフガニスタンに総額5300万ルーブルに達する特別物資を無償供給することを決定した。これには140門の大砲と迫撃砲，90両の装甲輸送車両（その中50両は即時供給），4万8000挺の小銃，約1000個の擲弾筒，680発の航空爆弾が含まれている。この他にも1979年6―7月に速やかに総計5万ルーブルに達する医薬品と医療設備を送ることを決定した。援助の手始めとして，今年5月に100機の点火用タンクと160個の使い捨て砲弾弾倉を送ることにした。（この弾倉に）無毒性中毒物質

を含むガス弾を入れて使用するのは不可能だろう(175)。

　文面だけでは，送られる砲弾弾倉にガス弾を装着するのは，技術的に不可能だから承知しろということを言っているのか，あるいはもともとガス弾の装着ができない弾倉を送るという意味なのか明らかではないが，いずれにせよガス弾の使用は不可であると述べられているのである。アフガニスタンからの要請内容は明かされていないのでこのガス弾の詳細については断定できないが，確かにソ連は援助交渉の過程で，アフガニスタン政府がこの種の兵器を使う可能性もあると判断しただろう。それで，アフガニスタン政府がソ連製武器を悪用するのを恐れ，通常兵器だけに限って送るようになったのではないだろうか。

　5月末頃にはカブールからの要請とは別の「ムスリマンスキー」大隊が基本的な編成を完了し，ウズベキスタンの小都市チルチクから遠くない都市に配置され夏の各種訓練に入った(176)。

　政治局の議題にまで上らない報告の中にも，アフガニスタンの状況が非常に険悪化しつつあるとの報告は絶えず出されていたようである。ソ連軍参謀本部へ毎日のように上がってくる現地の軍事顧問からの報告には，叛軍の攻撃による現地ソ連人軍事顧問の死亡を知らせるものさえあった。6月1日付けの次のような報告は，モスクワの指導部がいくら軍事的な関わりを避けようとしても，アフガニスタン現地に軍事顧問団を持っている以上叛軍との攻防の過程で，自然の成り行きで人的犠牲を出させられ，結局は何らかの措置を取らざるをえず，現状維持ですませるわけには行かなかったということを物語っている。

　　　　　1979年6月1日8.00時アフガニスタンの状況について
　アフガニスタンの状況，特にパクティカ，ガーズニ，そしてパクティア地方の状況は悪化し緊張している。パクティアでは種族の反乱部隊との戦闘が続いている。ホスト地方の都市ガルデズは叛軍が掌握している。パクティカとガーズニ地方では山岳地域や住民居住地域で，第14歩兵師団の反乱軍4個部隊との戦闘が続けられている。
　今年5月31日ガルデズから南東20キロ離れたパクティアの草原

3. 説得と忍耐, そしてその限界

で, 遠距離から機関銃を撃って来る叛軍グループによって, 軍団の政治部責任者の顧問ヴァシリー・イグナーシェフ大佐と軍団の砲兵連隊長の顧問ヴィクトル・ルイコフ中佐が死亡した[177]。

首都カブールから南の最も近い都市であるガーズニとガルデズが敵の手中に陥ったということはカブール政権にとって事態がただごとではないことを意味する。しかも敵の攻撃によりソ連軍人が殺されたということはモスクワにとっても座視することができなかっただろう。2週間後の6月14日, アミンはゴレーロフに,「敵が人民宮殿の警備員たちを買収し国家の指導部を除去しようと画策している。人民宮殿を警備する者たちを完全には信用できない。人民宮殿の政府庁舎とバグラムおよびシンダンドの飛行場, そして戦車や歩兵用戦闘車両に乗車しているソ連人乗務員たちの保護のために援助を与えてくれるようあなたの指導部に要請する」とのことを伝えるよう求めた。二日後ゴレーロフはこれをモスクワに報告した[178]。結局6月のうちにソ連指導部は3月19日のプザノフとイヴァノフの報告書が検討を訴えたとおりの措置, すなわち「適当な口実の下にソ連の利益に奉仕する軍施設の保護のためにわが軍部隊つまりソ連軍支隊の派遣が必要と思われる。整備技術者の服装をさせバグラムとカブールの飛行場へ[179]……」投入する決定を下した[180]。

リャホフスキーによれば, ソ連軍参謀本部にアフガニスタンの状況展開を検討し対応方案を研究する特別グループが設けられたのはこの時期だという。このグループは毎朝8時までアフガニスタンでの状況に関するメモと地図を用意し, 軍事的性格を持つ問題について軍指導部が相応の措置を採択できるよう報告書を作成したというのである[181]。この特別グループの詳細については明かされていないが, 確かに政治指導部とは別に軍事的な状況に関する分析チームが国防省内に創られていたとしても不思議なことではない。要するに肝心なのは, 4月中旬まで参謀総長の線で拒否された軍事的支援の件が, 状況悪化の報告が次第に増えるにつれ, 6月下旬に至っては, そのような報告を綿密に検討し何らかの措置を取るように提案するチームが創られ, 結局はその意見がアフガニスタン委員会に反映され

るようになったということである。経験ある将軍率いる将校団の派遣，バグラム飛行場への空挺大隊の派遣，KGB および GRU の特殊部隊の派遣を骨子とする 6 月 28 日のアフガニスタン委員会の提案書[182]は，その結果であるともとらえられる。

最後の外交カード ── アミン締めだし作戦

カブールのソ連大使館の警備のための KGB 特殊部隊はもちろん KGB の所轄であるが，パラシュート空挺部隊，GRU の特殊部隊は国防省の統制の下におかれる。政治的な決定の可否にかかわらず，軍はいつも最悪のシナリオを前提に準備をしていなければならない。これはある国家の軍部が政治指導部とどういう関係を持っているかとは別個の問題でもある。

1979 年 5 月 2 日，ソ連軍参謀本部情報総局（GRU）の責任者 P．I．イヴァシューチン上級大将は，トゥルクメン軍管区の元旅団長で当時 GRU に所属していた V．V．コレースニク大佐を呼び出し，特殊大隊の組織および訓練に関する任務を下達した。翌日コレースニクは二人の将校とともにタシケントへと飛び特殊部隊の組織に着手した[183]。

通称「ムスリマンスキー」[184]と名付けられたスペツナズ（特殊任務）大隊の構成員はトゥルケスタン軍管区と中央アジア軍管区の偵察部隊，自動化狙撃部隊，そして戦車部隊から選り抜かれた。この特殊大隊は 5 個中隊と 2 個特別グループからなっており，その数は 500 人位であった。大隊の指揮官にはコレースニクの提案によりハビブ・ハルバエフ少佐が任命された。この大隊は 5 月末基本的な組織を完了し訓練を開始し，9 月末まで訓練を受けた。これと同時に KGB スペッツナズ支隊の準備も行われた[185]。

6 月 28 日のアフガニスタン委員会の提案書で言及された KGB や GRU の特殊部隊とは，この大隊らを指すのである。軍と情報機関は政治局より一歩先に進んでいたのである。

アフガニスタン委員会のこの提案書は，6 月 29 日の政治局会議で承認された。ブレジネフは，カブール政権に対する憂慮と不満を表した書簡を伝えるよう駐カブールソ連大使館に指示する一方，書簡で指摘した問題に

3. 説得と忍耐，そしてその限界　　　139

おいてアフガニスタン指導者たちの覚醒を促すためにソ連共産党中央委員会国際部の責任者ポノマリョフを派遣することに同意した。

プロトコル 156/IX　1979年6月29日ソ連共産党中央委員会政治局会議
　　DRAの状況およびその改善のための必要な措置について
　1．ソ連外務省，KGB，国防省，そしてソ連共産党中央委員会国際部が提出した，1979年6月28日付の提議に同意する。
　2．アフガニスタン人民民主党中央委員会政治局へのソ連共産党中央委員会政治局のメッセージのテキストを，カブールのソ連大使館に送る計画を承認する。
　3．メッセージに提示された問題についてのDRA指導部との会談のために，ポノマリョフがカブールへと向かう必要があるということを強調する。
　　　　　　　　　　　　　　　　ソ連共産党書記　ブレジネフ[186]

アフガニスタン委員会の提案には含まれていなかったポノマリョフ派遣の決定が下されたのは，政治局会議でアフガニスタン問題への軍事的アプローチに対する憂慮が提起されたからであるだろう。提案書の大筋には承認するが，軍事問題化にはブレーキをかける必要があると意識されたためだろう。
　メッセージの内容がどのようなものであったかは明かされていないが，ポノマリョフの役割は確かにNDPA政権の政治的基盤拡大への促し，ないしそれ以上のものであったに違いない。前日の4人の提案書では，「すべての権力のタラキー，アミンへの集中……頻繁な法の破壊や失策……人民戦線の不在……このような問題に関するわれわれの顧問たちのアフガニスタン指導部への忠告は事実上実現されていない」という絶望的な表現が使われていた。サフロンチュクの活動と報告がソ連の指導部とくにアフガニスタン委員会に，アミンに対する否定的なイメージを植え付けるのに寄与するものであったとすれば[187]，ポノマリョフはタラキー，アミンの両指導者に警告あるいは脅迫の方法でハルク政権の交替をほのめかすか，ア

ミンの任命権者であるタラキーを説得しアミンへの牽制を求めるか，そのいずれかであっただろう。ポノマリョフが選んだ道は後者に近いものであった。

ところが，1979年夏当時のポノマリョフがどのような立場を取っていたかは，彼自身沈黙を守っているし，報告書も明かされていないので，状況証拠や国際部の立場から推察せざるを得ない。ソ連共産党中央委員会の国際部は，部長であるポノマリョフの下に6名の副部長をおいていたが，その中で，コルニエンコが「ポノマリョフの右腕」と呼んだロスチスラフ・ウリヤノフスキーは南アジア地域を専担しながらアジア・アフリカの民族解放運動を取り仕切っていた(188)。ウリヤノフスキーは，この外にも「ソヴィエト・アジア・アフリカ連帯委員会」，「アフリカ・アジア人民連帯組織」の議長として活躍していたので(189)，アフガニスタン問題に関する限り国際部内でポノマリョフに強い忠告や提言のできる立場にあった。アフガニスタンの四月クーデターおよびその以降の過程についての彼の意見は前述したが，それは，真正な社会主義への移行という目標の遂行過程においてアフガニスタンはまだ民族民主革命の段階におり，かつ未成熟な封建社会段階でのそれであるので，アフガニスタンにはモンゴル式の社会主義化が相応しいということであった。カブール政権とくにアミンが不満がっていたのがほかならぬこのような見解であった。

ウリヤノフスキーの見解がアフガニスタンのNDPAに対する国際部の方針と大きい食い違いはなかったとすれば，ポノマリョフの意見もやはりこの路線から逸れてはいなかっただろう。すなわち党の団結，アフガニスタンの国内的な連合戦線の形成のための弾圧政策中止などを求めることであった(190)。アフガニスタン委員会ひいてはソ連共産党中央委員会政治局の対アフガニスタン路線とのズレはなかったということである。

ポノマリョフは国際部長として党中央委員会の外交方針をまとめ，それをアフガニスタン委員会を通じて提案できる位置にあったので，NDPAに対するこのような立場は4人の報告書あるいは提案書に反映されただろう。ともかく彼は，1979年の夏モスクワが選んだ外交的解決の最後のカードであった。

3. 説得と忍耐，そしてその限界

　カブールの外交街にもモスクワとアミンの対立は感知されていた。ハルク政権において「タラキーはただの案山子に過ぎず，悪漢はアミンである。……したがって最善の解決方法はアミンの除去あるいは死」との判断を固めていた(191)。米大使館のアムスタッツが，7月17日にカブール駐在東ドイツ大使シュヴィーソウから聞いた話は非常に示唆的なものであった。シュヴィーソウは，「サフロンチュクがカブール政権の〈急激な変化〉という任務を帯びているのは事実であり……ソ連が図っているのはアミンなどを除去する党内の軍事クーデター」と語った。「われわれはこの政権の終章に立ち会っているということだ。……8月は熱い月になりそうだ。天気の話じゃないんだ。(192)」

　ポノマリョフは7月18—19日にカブールをひそかに訪問した(193)。1978年に次ぐ2回目の訪問で非公式的なものであった。1978年夏の訪問目的は，パルチャム派にたいするハルク派の弾圧阻止であった。

> [1978年の訪問は] NDPA内部の敵対的なグループの和解仲裁のためのものだった。われわれはこのような対立を憂慮していた。[党内の葛藤が] 誰にも利益にはならないということは明白だった。われわれは，タラキーがアミンの強力な影響の下にいるのを見破っていたし，アミンについて我らの秘密要員たちは，米国の情報員と関連があると疑っていた。……アミンは，パルチャム派そして自分の気に入らない者を処理することにおけるタラキーの腕だった。……このような状況ゆえんに革命の見込みは暗かった。……私はタラキーと率直な話を交わした。彼は，私の非難が正しいと同意し，忠告に感謝した。しかしすべてのことは以前と同様続けられた(194)。

　ポノマリョフは1979年に入りパルチャム派が完全に壊滅されアミンが浮上する過程を眺めていた。ポノマリョフの派遣が決まる2週間前，駐イラクソ連大使バルコフスキーがモスクワに送ってきた報告は，両派の権力闘争で完全壊滅しつつあるパルチャム派の訴えを伝えていた。バルコフスキーが伝えた内容はこうあった。「[イラク在住アフガニスタン大使] F. ムハンメッドは家族を連れてボンへと向かうと語った。彼には帰国せよと

の命令が下達されたが、彼の属した派閥であるパルチャム派の指導部が、アフガニスタンでの個人的な安全に何の保証もないから西ドイツへ行くことを提案した。……パルチャム派を導いていたすべての働き手たちは海外の外交的業務への派遣を強いられた。最近彼らは全員その職から解任されたが、カブールに戻った者は一人もいない。党の指導者たち——これは彼の表現であるが、たぶんプラハの党指導者たちを意味するであろう——は、祖国への帰国問題をめぐって、ソ連の同志たちと祖国での自分たちの安全の保障措置について相談したが何の忠告も受けなかった、と彼は言った。ムハンメッドは、革命直後は権力が軍の手中にあって、NDPAの指導部には服従しなかったが、結局は間違った方向に傾いていった、という(195)。」

この文面から見ると、ソ連はプラハのカルマルと一定の接触を維持していたが、確実な言質は与えなかったようである。5—6月の段階でソ連は、まだアフガニスタン指導部に統一戦線を構築するよう求めていた。したがって海外に亡命者による傀儡政権を建てるよりは、タラキー＝アミン政権を説得するほうを選んだだろう。

もし説得に失敗するとしても、アフガニスタン国内でアミンに代わる新しい指導者を探し出せると思ったかもしれない。ムハンメッドの言うとおり、アフガニスタン軍部はハルク派と最初から一味同心ではなかったのである。

ともかくモスクワにとって——とくにアンドロポフはそう思っていたが——問題児はアミンであった。ポノマリョフはこの件についてタラキーとの接触をはかったに違いない。7月18日と19日、二日間の非公式会談でポノマリョフはタラキーに、アミンに気をつけるよう信号を送った。ポノマリョフの訪問目的を、9月始めに予定されている自分のキューバ旅行（非同盟諸国首脳会談）のための協議と思ったタラキーにポノマリョフは、「昨今の状況ではカブールを見捨てて（ハバナなんかへ）行く場合じゃない」と述べ、状況がタラキーの外遊を許していないと警告したのである(196)。

しかし、アミンとともにタラキーはポノマリョフに、アフガニスタンに

3. 説得と忍耐，そしてその限界

対するソ連軍の2個師団の投入問題を提起した。ポノマリョフは，自分の訪問目的とは程遠いこと，つまりソ連は軍隊投入の計画を持っていないということをカブールの指導部に説明することに訪問日程の全てをあてた。7月19日と20日付でそれぞれモスクワに送ったポノマリョフの報告書は，アフガニスタン政権のソ連軍支援要請やこれに対するソ連側の難色表明があったことを強調していた。

……タラキーとアミンはアフガニスタン駐在ソ連軍の増員に関する問題を何度も繰り返して提起した。「アフガニスタン政府の合法的な要請に応じて」非常状態におかれているアフガニスタンにまず2個師団の兵力を投入する問題が出された。

アフガニスタン指導部のこのような言明と関連して，ソ連はこのようなことは出来ないと表明した。……
1979年7月19日　ポノマリョフ

7月19日タラキーとの2度目の会談が行われた。……タラキーは再びソ連側からの軍事的支援の強化に関する問題に戻った。これとともに彼は，非常状況の発生の場合カブールへの空挺師団の投入が反革命勢力の出現の壊滅に決定的な役割を果たすだろうと語った。

答弁として再びわれわれの立場が強調され述べられた。ソ連としてはそのような措置は取れないと……
1979年7月20日　ポノマリョフ[197]

アフガニスタン民主共和国に権力基盤の強化，弾圧政策の中止，ひいてはアミンの問題を訴えにいったポノマリョフは，アフガニスタン指導部の軍事的支援要請のくりかえしに対してそのようなことは出来ないとばかり説明してモスクワに戻った。

軍事的支援の要請というのは確かにカブール政権の一貫した政策ではあるものの，タラキーとアミンはポノマリョフの訪問目的をある程度見破り逆攻勢に出たのではなかろうか。ポノマリョフの訪問日である18日に出されたアミンの演説文は，「われわれはわが国土と民族的主権，われわれ

の独立を尊重しないか，あるいはわれわれの独立を防衛し，わが国土と祖国を守護するにおいて，そして民族的主権を維持するにおいてわれわれを誠実に支援しない者たちと友好条約を結んだことはない。ソ連とわが国の友好が現段階の兄弟愛にまで発展してきたわけも他ならぬここにある」と強調していた。そして翌日の 19 日に出されたタラキーの演説には，「わが党と国家は人民の福祉と繁栄のための多くの他のプランを持っている。……われわれの努力を阻止するのは，わが革命の死を意味する。われわれはこのような死を拒否し［我らの立場を］押し通す」との内容が含まれていた。アムスタッツが米国務省に打電する報告書で指摘したように，これは確かに，カブールでの政権変化を謀るソ連の秘密「交渉」にたいする初めてのそして公開的な抵抗の表現であった[198]。

東ドイツ大使シュヴィーソウの分析によれば，モスクワはアフガニスタン問題を解決していく過程で三つの要素を考慮せねばならなかった。1）ソ連のメンツを立てることができ，2）NDPA のメンツも立てることができ，3）ムスリムたちのメンツをも立て得る方法をも模索しなければならないということであった[199]。そのためには，カブール政権が自発的に政権の顔をもっと穏健な人物に変える道以外に選択の余地はなかった。

しかし，ソ連の圧力は亀裂を露呈していたタラキーとアミンをかえって密着させたのではなかろうか。タラキーはアミンの野心に鈍感であるほど彼を信用していたか，あるいはアミンの道に乗せられた以上別に選択肢がないと思っていただろう。もしポノマリョフが警告の中でパルチャム派との連合をほのめかしたとしても，タラキーとしては急に馬を乗り換えるのは難しかっただろう。

7 月 25 日アムスタッツは米国務省に，ソ連はもはや外交的には解決不可能な状況に直面しているとの内容の報告書を打電した。サフロンチュクは結局「不可能な任務」(mission impossible) を担っているに等しい（米大使館はポノマリョフの秘密訪問を知らなかった模様である）とするこの報告書は，「現在進行中の闘争への政治的解決のための大詰めの試みは，首相ハフィズーラ・アミンの退場という核心的な要素が成し遂げられないので，結局失敗に終わるに決まっていると，ここの観察者たちは予言してい

3. 説得と忍耐，そしてその限界

る。にもかかわらず現在行われていると思われるサフロンチュクの努力は，モスクワがアフガニスタンの国内的葛藤の平和的決着を交渉するために全力を尽くしたということと，将来どのような措置が取られるにせよそれは自分たちの正当なかつ重要な利益を擁護するためのものとして正当化するための礎石を敷く作業となり」かねないし，「サフロンチュクによって直接的にそして東ドイツ大使シュヴィーソウを通じ間接的にわれわれに自分たちの動きを通報した理由は……ソ連がアフガニスタンに対して将来どのような行動や政策を取るにしろ，それを正当なものとして認めてほしいということを知らせるため」のものであるかのように見える，と伝えていた(200)。ポノマリョフの訪問を知らなかったアムスタッツさえ事態の緊迫性に気づいていた。それだけでなく，モスクワがアフガニスタン問題の解決のために正常ではない方法を考えているということを米国側に事前に伝え，その反応を窺っているということにまで気づいていた。デタントをうまく活かしたかったソ連の外交筋の立場としては当然な動きだったかもしれない。

7月27日アフガニスタン放送は夕方のニュースで，大統領タラキーの「布告」を発表し，「パキスタンとイランからの武装勢力のアフガニスタンに対する絶え間ない攻撃のため，タラキーが祖国の防衛と軍隊の統率に関するリーダーシップを発揮することが要求されている。タラキーはアミンを信頼してきた。……タラキーは首相［アミン］に，叛軍の鎮圧状況に関して定期的に報告するよう指示し，国防省の業務を管轄せよと指示した」と報じた(201)。国防相ワタンザルを解任することによって，タラキーはポノマリョフの忠告に反発したに違いない(202)。

このような状況発展に関する報告とともにアムスタッツは次のようなコメントを米国務省に打電した。

　このような状況の変化が，現在ここで繰り広げられる政治ドラマのどこに当てはまるものか不分明である。しかし確かなのは，国防相として政治的権威の持ち主でもあるモハンマッド・アスラム・ワタンザルが追い出されたということだ。こちらの大部分の人はワタンザルが

タラキー＝アミンよりはより民族主義的な性向を持っているので，幅広い基盤を持つ政権の形成に卓越な役割を果たせるだろうと信じていた。……（アミンの新たに占めたもっと大きくて直接的な役割は）「民族戦線」政権の出現のためには先決されるべき「アミンの退場」が，まだ差し迫っていないということを示唆してくれる[203]。

ポノマリョフの訪問を察知していなかった米大使館としては，アミンの国防相兼職そしてタラキーのアミンへの信頼表現が，ポノマリョフの訪問が意味するハルク政権への圧力に対する反発であるというのを理解できなかっただろう。しかし，ワタンザルの追い出しによってタラキー＝アミン政権が，あれほどソ連の要求した「統一戦線」から離れて行ったということは正しく判断していた。モスクワの眼で見れば，アンドロポフのアミンへの不満は次第に現実味を帯びていっただろう[204]。

しかし，モスクワではポノマリョフの訪問成果が待ち望まれながら，他の機関による同じ目的，同じ手口の措置が取られていた。国防省では，6月28日のアフガニスタン委員会の提案書で提起された「経験ある将軍」を派遣するための準備作業が始まった。8月始めソ連国防省の第1国防次官セルゲイ・ソコロフ元帥は「経験ある将軍」として地上軍司令官パブロフスキー将軍を長とする代表団の派遣を決定し，その一員としてソ連地上軍戦闘準備総局のヴィクトール・アルカジエヴィッチ・メリムスキー将軍にアフガニスタン出張を命令した[205]。同じく8月始めKGBのカブール支局はモスクワから調査の指令を受けた。「アミンとタラキーの間に深刻な不和や異見はないか，そしてNDPA内にアミンよりもっと強力な人物はいないのかに関して分析を要する[206]。」

プザノフも歩調を合わせていた。ウェスタードの研究によれば，アフガニスタン政権の権力基盤の拡大に失敗したソ連の外交官たちは新しい計画を樹立しタラキーとアミンを競争させようとした。プザノフの報告書を分析した彼は，「7月末，アミンの不満，すなわちタラキー大統領が自分を軍指導部から解任しようとしている，そして大統領がすべての権力を握ろうとするとの不平を聞いたプザノフはアミンに，タラキーから現在の軍事

3. 説得と忍耐, そしてその限界

的な業務に関するタラキーの参入を奪いアミンを長とする非常運営グループを組織するよう提案した。大使はアミンを危険人物と思っていたので, 恐らくこのような提案の目的は何よりもタラキーにアミンの欲求に対する疑いを呼び起こさせようとしたものであろう。ソ連の代表たちはタラキーをして権力からのアミンの解任へと傾かせるように努力した」と述べている(207)。しかしプザノフがモスクワの指示なしに独自的に, アミンに力を付け与えるような振る舞いをしたのではないだろう。

1979年7月から8月にかけてアミンの締め出しのための働き掛けは, ポノマリョフの中央委員会国際部を始めグロムイコの外務省, アンドロポフのKGB, そしてウスチノフの国防省によって同時に行われていた。もちろんKGBは代案を模索する段階におり, 国防省は硬派の将軍を派遣しようとする段階にあっただけではあるが, カブールとモスクワにはシュヴィーソウの表現どおり「熱い夏」が始まろうとしていたに違いない。チェコスロバキアでの「経験は持っている」ものの, 未経験の地に足を踏み込むことになったパブロフスキーにはもっと「暑い夏」になっただろう。

(1) А. Филиппов, *op. cit.*, pp. 110-113.
(2) J. Bruce Amstutz, *Afghanistan : The First Five Years of Soviet Occupation*, National Defense University, Washington, 1986, p. 41.
(3) Anthony Hyman, *Afghanistan under Soviet Domination*, 1964-81, Macmillan, Hong Kong, 1982, pp. 100-101.
(4) Mark Urban, *op. cit.*, pp. 29-30.
(5) А. Ляховский, *op. cit.*, p. 62.
(6) N. Ivanov, "How the Afghan War Started", *Soviet Soldier*, No. 9, 1991, p. 16.
(7) А. Ляховский, *op. cit.*, p. 62.
(8) ЦХСД, Ф. 89, Пер. 25, Док. 1, л. 12-25, p. 1. しかしこの会議の主宰はキリレンコに委任され, ブレジネフは参加しなかった。
(9) *Ibid.*, pp. 1-3.
(10) ЦХСД, Фонд 89, Пер. 25, Док. 1, л. 1, 12-25.「1979年3月17—19日, 政治局会議：アフガニスタンの状 況悪化とわれわれの可能な措置」; *CWIHPB*, *op. cit.*, p. 70.
(11) ガーソフは上述のグロムイコの同じ発言を引用し, それが「強力な介入への

促し」と解釈しているが，それは間違いだと思われる。Garthoff, *op. cit.*, p. 992；本節の「グロムイコの弁才とアンドロポフの比重」を参照。グロムイコは会議の後半にも，「状況がもっと悪化すれば，われわれはどうすべきかを討論しなければならない。現在のアフガニスタンの状況は不透明なのだ。ただ一つだけは明白だ。われわれはアフガニスタンを敵に渡すわけにはいかないと言うことだ。これをどう達成するかを考えよう。それにしてもわが軍隊を投入する必要はないだろう」と主張している。ЦХСД, Ф. 89, Пер. 25, Док. 1, л. 12-25, p. 11.

すなわちグロムイコは「アフガニスタンを失うわけにはいかない」と言い出し「わが軍隊を投入する必要はないだろう」と話を結んだのである。

(12) ЦХСД, Ф. 89, Пер. 25, Док. 1, л. 12-25, pp. 5-7.
(13) *Ibid.*, p. 8；Ляховский, *op. cit.*, p. 62.
(14) ЦХСД, Ф. 89, Пер. 25, Док. 1, л. 12-25, p. 8-9.
(15) *Ibid.*, pp. 9-10；*CWIHPB, op. cit.*, p. 70.
(16) Ляховский, *op. cit.*, p. 62.
(17) *Ibid.*, p. 62-64；*Труд*, Jun. 23, 1992；M. Hassan Kakar, *Afghanistan : The Soviet Invasion and the Afghan Response, 1979-1982*, University of California Press, Berkeley and Los Angeles, 1995, p. 322.
(18) Ляховский, *op. cit.*, p. 64；*Труд*, Jun. 23, 1992；M. Hassan Kakar, *op. cit.*, p. 323.
(19) Ляховский, *op. cit.*, pp. 64-67；*Труд*, Jun. 23, 1992；M. Hassan Kakar, *op. cit.*, pp. 324-325. タジク人，ウズベク人，そしてトゥルケスタ人で構成されるソ連の軍事的支援の問題はアフガニスタンの反政府人士とアメリカによっても十分あり得るものとして見なされていた。3月25日カブール在住ポーランド領事に会ったアフガン王族の一人スルタン・マムード＝ガージは「アフガニスタン政府は大部分のアフガン軍特に徴集兵を信用していないし……ソ連は国境の反対側に住んでいるタジク，ウズベク，トゥルケスタ種族を動員しカブール政権を支援，強化するだろう」と述べた。カブールの米大使館はこの対話内容を国務部へ報告した。*DFED*, Vol. 29, pp. 81-82.
(20) Ляховский, *op. cit.*, pp. 66-67；M. Hassan Kakar, *op. cit.*, p. 326.
(21) ガーソフは1990年11月11日ソ連共産党中央委員会の国際部のヴァレンチン・ファーリンとのインタビューを紹介している。「ファーリンは，ソ連がタラキーのソ連軍派遣要請を拒むとき，アメリカにメッセージをインターセプトさせソ連軍が派遣されないとのことを確信させるために意図的にラジオ電話を使ったと語った」。Garthoff, *op. cit.*, pp. 995-996n.
(22) Michael J. Dean, *Political Control of the Soviet Armed Forces*, Macdonald and Jane's, London, 1977, p. 102.
(23) Raymond L. Garthoff, "The Soviet Military and SALT," in Jiri Valenta and William Porter, eds., *Soviet Decisionmaking for National Security*, George

Allen & Unwin, London, 1984, p. 136.
(24) Jiri Valenta, "Soviet Decisionmaking on Czechoslovakia, 1968," *Ibid.*, pp. 170, 172-173, 180.
(25) Galia Golan, "Soviet Decisionmaking in the Yom Kippur War, 1973," *Ibid.*, pp. 189-190.
(26) ЦХСД, Фонд 89, Перечень 25, Документ 1. 「1979年3月18日, 政治局会議：アフガニスタンの状況悪化とわれわれの可能な措置」, p. 14 ; Ляховский, *op. cit.*, p. 68.
(27) ЦХСД, Фонд 89, Перечень 25, Документ 1. 「1979年3月18日, 政治局会議：アフガニスタンの状況悪化とわれわれの可能な措置」, p. 14-15 ; Ляховский, *op. cit.*, p. 68.
(28) *Ibid.*, p. 15 ; *CWIHPB*, Issue 4, Fall 1994, p. 70 ; Ляховский, *op. cit.*, p. 68. 強調は筆者。
(29) ЦХСД, Фонд 89, Перечень 25, Документ 1, p. 15-16 ; *CWIHPB*, Issue 4, Fall 1994, p. 71 ; Ляховский, *op. cit.*, pp. 68-69. 強調は筆者。
(30) ЦХСД, Фонд 89, Перечень 25, Документ 1, p. 16 ; *CWIHPB*, Issue 4, Fall 1994, p. 71 ; А. Ляховский, *op. cit.*, p. 69.
(31) ガーソフはこれを見て、グロムイコが急に立場を変えたといっているが、グロムイコは前日と同じ意見を述べたに過ぎない。Garthoff, *op. cit.*, p. 992 参照。むしろ立場を変えたのはアンドロポフである。
(32) Henry Kissinger, Diplomacy, p. 358.
(33) ドブルイニンはグロムイコについて、「彼は国内の権力の最上層部で、ある問題が扱われるときにも、外交官としての姿勢をとろうとした。……しかし政治家としての彼はいつもアメリカとの関係においては武力衝突のようなことは未然に防ごうとする様子を見せた」と評した。しかしながら、「何よりも彼は、来たるべき権力闘争で、誰が勝利者となるかについて生まれつきの素晴らしい感覚の持ち主であって、自分のキャリアの最後まで的確な時機に何の手落ちもなく勝利者の側を選び、そちらの方に傾く」才能の持ち主でもあったと述べている。Anatoly Dobrynin, *op. cit.*, pp. 32-33, 131.
(34) ЦХСД, Фонд 89, Перечень 25, Документ 1, p. 16. 強調は筆者。
(35) *Ibid.* p. 16. （このコスイギンの発言を紹介した *CWIHPB*, Issue 4, Fall 1994, p. 71 の部分は意味の分からない翻訳になっている。）
(36) *Ibid.* p. 17.
(37) *Ibid.* pp. 19, 23.
(38) *Ibid.* pp. 20-21.
(39) *Ibid.* p. 23.
(40) *Ibid.* p. 24.
(41) *Ibid.* p. 24 ; Ляховский, *op. cit.*, p. 70.

(42) ЦХСД, Фонд 89, Пер. 14, Док. 26, pp. 2-3 ; *CWIHP Bulletin*, Issue 4 (Fall 1994), pp. 71-72. しかし *CWIHP Bulletin* には1979年3月20日のコスイギン、グロムイコ、ウスチノフ、ポノマリョフの4人とタラキーとの秘密会談記録の一部が載せられているだけで、全文ではない。タラキーとの対面で、グロムイコは一言も発言していない。
(43) ЦХСД, Фонд 89, Пер. 14, Док. 26, pp. 8, 12 ; *CWIHPB*, Issue 4 (Fall 1994), pp. 72-73 ; Ляховский, *op. cit.*, p. 74.
(44) Г. М. Корниенко, *op. cit.*, p. 109.
(45) ЦХСД, Фонд 89, Пер. 14, Док. 25, pp. 1-2 ; *CWIHPB*, *op. cit.*, pp. 73-74.
(46) ブレジネフは、このような自分の考え方を3月22日の政治局会議でも、タラキーとの会談の結果報告として述べている。ЦХСД, Фонд 89, Пер., Док. 25, л. 1-3, pp. 1-2.
(47) ЦХСД, Фонд 89, Пер. 14, Док. 25, p. 4 ; *CWIHPB*, *op. cit.*, p. 74.
(48) Гай и Снегирев, Вторжение, *Знамя*, Mar. 1991, pp. 201-202. ポノマリョフの証言。
(49) О. А. Вестад, *op. cit.*, p. 26.
(50) Edward N. Luttwak, "Toward Post-Heoric Warfare", *Foreign Affairs*, Vol. 74, No. 3, 1995, p. 110.
(51) McNamara, *op. cit.*, p. 109.
(52) Halberstam, *op. cit.*, p. 633.
(53) *Kabul Times*, March 28, 1979. Beverley Male, *op. cit.*, p. 164 から再引用。
(54) Dobrynin, *op. cit.*, pp. 440-441.
(55) "Из Архива Президента РФ : Документы 'комиссии Суслова'. События в Польше в 1981 г.", *Новая и новейшая история* (「ロシア大統領アルヒーヴから：スースロフ委員会の記録。1981年ポーランドの状況」、『近現代史』), No. 1, 1994, p. 84.
(56) 1992年11月ブダペストを訪れたエリツィンによってハンガリー政府に引き渡された、1956年のハンガリー事態に関するソ連共産党の資料。その一部が『歴史アルヒーヴ』誌に載っている。"Венгрия : Апрель-Октябрь 1956 года. Из архива ЦК КПСС", *Исторический архив*, No. 4, 1993, pp. 103-142 ; "Венгрия : Октябрь-Ноябрь 1956 года. Из архива ЦК КПСС", *Исторический архив*, No. 5, 1993, pp. 132-160 ; "Венгрия : Ноябрь 1956- Август 1957 года. Из архива ЦК КПСС", *Исторический архив*, No. 6, 1993, pp. 130-144.
(57) *Исторический архив*, No. 4, 1993, pp. 106-107.
(58) *Ibid.*, p. 108.
(59) *Ibid.*, pp. 108-110.
(60) *Ibid.*, pp. 110-128.
(61) *Исторический архив*, No. 5, 1993, p. 145.

(62) *Ibid.*, p. 146.
(63) Jiri Valenta, "Soviet Decisionmaking on Czechoslovakia, 1968", in Valenta and Potter, *op. cit.*, p. 176. 1989年12月のチェコスロバキア革命の影響で接近可能になったチェコ共産党の保管文書の中で，この会談の記録を分析したジャン・モラヴェクの研究によると，この会議ではブレジネフ，スースロフ，コスイギン，ポドゴルヌイ，そしてシェレストがドゥプチェクの指導部を攻撃する強硬発言をしたという。Jiri Valenta and Jan Moravec, "Documentation : Could the Prague Spring Have Been Saved ?", *Orbis*, 35/4, Fall 1991, pp. 581-601.
(64) Valenta, *op. cit.*, p. 165.
(65) チェコ侵攻に関するソ連共産党中央委員会の記録は，ごく一部にすぎないが，От правды никуда не уйдешь...(Новые документы о событиях в Чехословакии 1968 г.), *Кентавр*, No. 4, 1993, pp. 75-92 ; No. 5, 1993, pp. 90-104 に紹介されている。
(66) 1979年現在，政治局の核心人物の中ではKGB議長アンドロポフが65歳で比較的若い方であり，脳梗塞症を病んでいたブレジネフ73歳，政治局のイデオローグたるスースロフは77歳，外相グロムイコが70歳，そして国防相ウスチノフが71歳であった。計算は, John Loewenhardt, *op. cit.*, pp. 106-141 による。
(67) Uri Ra'anan and Igor Lukes, *op. Cit.*, p. xxvii.
(68) *Ibid.*, p. 157.
(69) Г. М. Корниенко, *op. cit.*, p. 109.
(70) N. Ivanov, "How the Afghan War Started," *Soviet Soldier*, No. 7, 1991, p. 22.
(71) Гай и Снегирев, *op. Cit.*, pp. 204-205.
(72) ЦХСД, Фонд 89, Пер. 25, Док. 1, pp. 1, 24.
(73) ЦХСД, Фонд 89, Пер. 14, Док. 28. この報告書は *CWIHPB*, Issue 3 (Fall 1993), pp. 67-69 には全文が紹介されている。そして Ляховский, *op. cit.*, pp. 75-76 にはその一部が載っている。
(74) 金成浩，前掲論文，38頁。
(75) ソ連軍のアフガニスタン進駐が完了した後の1980年1月17日の政治局会議は，「アフガニスタンの状況と関連した資料の検討および準備に関する作業はグロムイコ，アンドロポフ，ウスチノフ，ポノマリョフ同志たちに引き続き委任する」と承認した。АПРФ, Фонд 3, Опись 82, Дело 174, No. 117.
(76) ЦХСД, Фонд 89, Пер. 25, Док. 1, pp. 22, 24.
(77) 2週間後グロムイコは，カブール駐在ソ連大使館に領事顧問（第2人者にあたる）としてサフロンチュクを派遣する。В. С. Сафрончук, Афганистан времен Тараки, *Международная жизнь*, Dec. 1990, p. 86.

(78) А. Морозов, Кабульский резидент, *Новое время*, No. 40, 1991, p. 37.
(79) *Комсомольская правда*, Dec. 27, 1990 ; Гай и Снегирев, *op. cit.*, April 1991, p. 218 ; Ляховский, *op. cit.*, p. 70.
(80) 8月12日付けのこの報告書は、「アフガニスタンへ特殊部隊3個大隊兵力とソ連人乗務員が搭乗した輸送ヘリの派遣を要請する」ものであった。1979年3月から8月までの共同報告書は、5月6日付けの「カブール地域に、アフガニスタン軍のための訓練センターの設置が必要と判断する」との報告書、7月12日の「シンダンドのアフガニスタン空軍基地にソ連軍ヘリ編隊の派遣の検討を」望む提案書、8月1日の「アフガニスタンの友人たちの要請と関連し、近いうちにカブールへ特殊旅団を派遣する件を肯定的に検討すべき」との提案などが公開されている。*Комсомольская правда*, Dec. 27, 1990 ; Ляховский, *op. cit.*, pp. 80, 86 ; Пиков, *op. cit.*, pp. 203-205.
(81) 6月16日のゴレーロフの報告、7月11日のKGB代表の報告、7月21日のプザノフの報告、7月24日のKGB代表の報告、8月12日のゴレーロフの報告など。しかし、その内容は共同報告書と同様、独自の判断からであれアフガニスタン指導部の要請からであれ、全部アフガニスタンに対する軍事的な支援つまりソ連軍支隊の増派を要請するものである。*Комсомольская правда*, Dec. 27, 1990 ; Ляховский, *op.* cit., pp. 80, 86 ; Пиков, *op. cit.*, pp. 203-205.
　これらの報告書を含め1991年以降公開されたアフガニスタン戦争関係の文書は、アルヒーヴから非常に注意深くより抜かれたかのように、ほとんどが「アフガニスタンからの軍隊派遣の要請があった」と言うことを強調するものである。
(82) カブールのKGB副責任者モロゾフは、「プザノフおよび党と軍の同志たちのそれとは異なる報告書をモスクワへ送れた」のは、1979年9月同じくKGB要員であるオサドチーが休暇に出たときからであると回想する。その時期は9月中旬、タラキーと彼の側近いわゆる「4人組」（グーラブゾイ、ワタンザル、マズドゥリヤル、サルワリ）が絞め出される事件が起きた後、モスクワからカブールのKGB支局に「報告体系を分割せよ」との指示が下達された時期と一致する。Морозов, Кабульский резидент, *Новое время*, No. 38, 1991, p. 37 と No. 40, 1991, p. 37.
　もっともオサドチーの休暇の時期においてモロゾフの記憶は間違っている。カブール在住米大使館の代理大使アムスタッツが休暇に出かける「ソ連の領事ヴィリオル・オサドチーに空港で会った」のは10月3日である。KABUL 7318, *DFED*, Vol. 30, p. 113.
(83) Гай и Снегирев, Вторжение, *Знамя*, Mar. 1991, p. 202.
(84) 金成浩、前掲論文、38頁。
(85) ЦХСД, Фонд 5, Опись 76, Дело 1042, p. 2. 「1979年4月4日付の駐カブールソ連大使館からの書簡」。
(86) *Ibid.*, pp. 2-3.

第3章 (注)　　　　　　　　　　　　　153

(87) 　*Ibid.*, p. 3.
(88) 　*Правда*, Mar. 19, 1979.
(89) 　ЦХСД, Фонд 5, Опись 76, Дело 1042, p. 3.
(90) 　1993年の *CWIHPB* 誌が英訳・紹介したこの文書には、「アフガニスタンの状況と関連したわれわれの将来の政策」との題のもとに「グロムイコ、アンドロポフ、ウスチノフ、ポノマリョフ同志たちはこの問題に関する考慮において意見が一致した」との提案の文句が記されていた。*CWIHPB*, Issue 3, Fall 1993, p. 67. この表現から、私は逆にメモランダムの作成過程に相当意見の食い違いがあったのではないかとの疑念を抱き始めた。ところが後になって手に入れた National Security Archive の資料を検討して見ると、この翻訳は間違いで、ロシア語の原文には「グロムイコ、アンドロポフ、ウスチノフ、ポノマリョフ同志たちの1979年4月1日付けのメモランダムに述べられた上記の問題についての意見に同意する」となっているのが分かった。政治局の会議でブレジネフ以下全局員が同意するとの意味である。ЦХСД, Фонд 89, Пер. 14, Док. 28.

間違った翻訳を見て考えたことではあるが、メモランダムの内容および3月17日からの政治局での各人の発言から判断して、異なる諸立場の妥協案であるということは確かである。

(91) 　ЦХСД, Фонд 89, Пер. 14, Док. 28. この文書の全文は *CWIHPB*, Issue 3 (Fall 1993), pp. 67-69 に英語に訳され収録されており、一部は Ляховский, *op. cit.*, p. 76 にも紹介されている。
(92) 　ЦХСД, Фонд 89, Пер. 14, Док. 28, pp. 1-3.
(93) 　*Ibid.*, p. 3.
(94) 　*CWIHPB*, Issue 3 (Fall 1993), p. 68 は、この「きっかけ」(толчок) を「背景的原因」(underlying cause) と訳している。これは適切な訳と思われる。実際にアフガニスタン政府が難関に逢着している真の原因はその先に述べられている。これは文書作成の基本でもある。

ところが、ロシアの現代文書館 (ЦХСД) の広範な資料の検討やインタビューなどを通じて、非常に価値ある論文を書いたオッド・ウェスタードは、この背景的原因を誇張解釈している。O. Вестад, Накануне ввода советских войск в Афганистан. 1978-1979 гг.(「アフガニスタンへのソ連軍投入の前夜、1978-1979年」), *Новая и новейшая история* (『近現代史』), No. 2, 1994, p. 27. 彼の論文の前提は、「イスラム勢力の猖獗が、ソ連のアフガニスタン侵攻の原因である」ということなので、この点を強調せざるを得なかったかもしれない。しかし彼の論文が、ソ連指導部のイスラム勢力勃興への恐怖感の根拠として提示しているのは、このメモランダムの一句節と、10月中旬頃 KGB のツィネフなる要員が作成した報告「対外安保に関するイラン指導部の思惑」だけである。この報告の内容は、「[イランが追求している] イスラム共和国の目的は、アフガニスタンの現政権を弱めてソ連のムスリム共和国に影響を与え、この地域で共産主義の拡散を

第3章 外交時代 ——1979年3月から7月まで——

許さないことである」というものだったという。*Ibid*., p. 30.
　このKGBの報告をソ連指導部がどう受けとめたかという点も分析されていない。これだけでは「イスラム勢力脅威説」を裏付けるには不充分ではないだろうか。
(95)　ЦХСД, Фонд 89, Пер. 14, Док. 28, pp. 4-5.
(96)　*Ibid*., p. 4.
(97)　カルマルらがこの時期モスクワにはいなかったということは文面から推察できる。しかしモスクワの情報機関が彼らとの接触を謀っていた可能性は充分あり得る。1981年イギリスに亡命したKGB少佐ヴラジミル・クジチキンによると、KGBは政治局に1978年4月のクーデター以来ずっとタラキーよりはカルマルを推したという。それはカルマルの柔軟性と彼がKGBの手先であることを買ったからであるという。この推薦を押し退けたのはブレジネフであり、ブレジネフはタラキーを信用していたという。"Coups and Killings in Kabul : A KGB defector tells how Afghanistan became Brezhnev's Viet Nam," *Time*, Nov. 22, 1982, pp. 33-34.
　スパイの世界で転向した者の陳述は控え目に見る必要はあるが、4人のメモランダムから見て、パルチャム派がよりよい代案として同情を買っていたことは確かである。にもかかわらずモスクワは当分の間ハルク政権にたいして政治基盤拡大への促しを続けたいと思ったらしい。
　KGBがカルマルを確保・保護していた可能性は、もう一人のKGB大佐の回想によって推察できる。モロゾフは、「1979年5月カブール在住レジデントゥーラ（KGB支部）は、カブールにアミンの命令によってテロ特別グループができたとの情報を入手し」、迅速に中央の対外情報局責任者（クリュチコフ）に報告したと述べている。Морозов, Кабульский резидент, *Новое время*, No. 39, 1991, p. 33. モロゾフの回想もその全般にわたって、反アミン親カルマルの傾向を表している。
(98)　ЦХСД, Фонд 89, Пер. 14, Док. 28, pp. 5-6.
(99)　*Ibid*., p. 6.
(100)　*Ibid*., p. 6.
(101)　*Ibid*., pp. 7-11.
(102)　ミハイル・ゴルバチョフ（工藤精一郎・鈴木康雄訳）『ゴルバチョフ回想録』（上巻）新潮社、1996年、271-273頁。
(103)　本書の第1章の2を参照。
(104)　エピシェフに関する記述は、*Военный энциклопедческий словарь*（『軍事百科事典』）（以下 *ВЭС* と略称する）, M. 1983, p. 253 ; А. А. Гречко и Н. В. Огарков, *Советская военная энциклопедия*（『ソ連軍事百科事典』）（以下 *СВЭ* と略称する）, Vol. 3, Военное издательство, М., 1977, pp. 311-312 ; Michael J. Dean, *Political Control of the Soviet Armed Forces*, Macdonald and Jane's, London,

1977, pp. 86-93 ; Roman Kolkowicz, *The Soviet Military and the Communist Party*, Princeton Univ. Press, New Jersey, 1967, pp. 234-235, 241-242, 359-360, 363 を参照。
(105) ЦХСД, Фонд 89, Пер. 25, Док. 1, pp. 9-10.
(106) *Красная звезда*, Apr. 25, 1979.
(107) Joseph Collins, *op. cit.*, p. 60.
(108) Jiri Valenta, "Soviet Decisionmaking on Afghanistan, 1979", in Jiri Valenta and William C. Potter, eds., *Soviet Decisionmaking for National Security*, George Allen & Unwin, London, 1984, p. 225.
(109) Valenta, "Soviet Decisionmaking on Czechoslovakia, 1968", in Valenta and Porter, *op. cit.*, pp. 169-170, 172-173.
(110) Вестад, *op. cit.*, p. 28. ガーソフは、エピシェフがモスクワに戻ってからカブール政権の交替を提案しただろう、と推測している。Garthoff, *op. cit.*, p. 996. しかし、その根拠はない。
(111) 米国はベトナムで、これと似た状況に置かれたことがある。1961年10月ベトナムのゴー・ディン・ディエム政権がアメリカに、経済的支援とともに地域の叛軍（ベト・コン）との交戦に必要な軍隊の強化のための支援（爆撃機、ヘリの操縦士、輸送機、ベトナム軍を鍛える米軍部隊）を要請したとき、ケネディは硬派の二人つまり総合参謀本部議長マックスウェル・テーラー将軍とホワイトハウスの補佐官W. W. ロストウをサイゴンに送り、調査活動を行なわせた。十日後テーラーがワシントンに送った報告書は米軍介入の問題点と対策を一緒に取り上げたものであった。
「現在悪化しつつある状況を打開するためには米軍の投入が必要であるとの結論に達した。もちろん米軍の投入が呼び起こしかねない次のような問題点がありえる。1）現在米軍は予備兵力が足りないので、限定されない期間共産主義ブロックの辺境に固定させるべき兵力の動員が難しい。2）すでに米国の権威（政策選択の幅）はベトナムの状況展開に左右されているが、軍隊を派遣することによって、もっと縛られることになるだろう。3）最初の分遣隊が成すべき結果を達成し損なう場合は、増強への圧力に抵抗しがたくなるだろう。もし究極的な目的がベトナム内部の反乱軍を掃討し国境を閉鎖することならば、われわれの介入は果てしもないことになるだろう。4）米軍の投入は緊張を高め、アジアでの大規模戦争へのエスカレーションの危険を増やすだろう。……したがって投入される米軍の規模は、ベトナム国民の士気や国際与論に望ましい影響を生み出せるあまり大きくない程度に制限すべきだ。」具体的な措置として、彼が提案したのは1）ゴー・ディン・ディエム政権への行政顧問団の派遣、2）軍事・政治的情報システムの改善のための共同努力、3）地方の社会、政治、情報、軍などの要素に対する共同調査、4）ベトナム軍の改善・強化、5）アメリカ軍のタスク・フォースの投入、6）経済的支援の再評価などであった。が、軍の投入は、アメリ

カの意志を見せ，ベトナムや東南アジアの人々の士気を高揚し兵站的な作戦を遂行する目的で行われるものであるべきで，その作戦の範囲も自衛に限られたものであった。"1961 Request by South Vietnam for US Combat Forces", "Cable from Taylor to Kennedy on Introduction of US Troops", "Taylor's Summary of Findings on His Mission to South Vietnam", "Evaluation and Conclusions of Taylor's Report on Vietnam", *The Pentagon Papers*, as published by *The New York Times*, based on investigative reporting by Neil Sheehan, Bantam Books, Inc., New York, 1971, pp. 140-147 ; Halberstam, *op. cit.*, pp. 189-190 ; Henry Brandon, *Anatomy of Error : The Secret History of the Vietnam War*, Andre Deutsch, London, 1969, pp. 17-18.

　　類推は控えたいが，1961年10月の米国とベトナムそして1979年4月のソ連とアフガニスタンの関係において，米・ソ両国が辺境の小国との頭を痛ませる関係を抱えながらも互いを強く意識していたこと，実に似た政治・軍事的な混乱に直面した同盟国を援助せざるをえなかったこと，そして軍事的な苦境に陥った小国の状況調べのために硬派の軍人を派遣したことなどから，もしエピシェフがテーラーのような政治的感覚の持ち主だったら同様の報告をしているのではなかろうかと思われる。

(112)　"Memorandum of Conversation"，米国務省からカブール，モスクワ，イスラマバード，テヘラン，ニューデリー，NSC-Mr. Thornton などに配布，*DFED*, Vol. 29, p. 84.
(113)　*Ibid.*, p. 85.
(114)　*Ibid.*, p. 86.
(115)　*Ibid.*, p. 84.
(116)　Пиков, *op. cit.*, p. 203 ; Ляховский, *op. cit.*, p. 78 ; Красная звезда, Oct. 18, 1989.
(117)　ЦХСД, Фонд 89, Пер. 14, Док. 28. 「1979年4月21日，政治局会議：アフガニスタン民主共和国への，反革命軍の出現の鎮圧におけるソ連軍ヘリ戦闘乗務員の参加の不当性について」, p. 1.
(118)　*Ibid.*, p. 2 ; Ляховский, *op. cit.*, p. 79.
(119)　Beverley Male, *Revolutionary Afghanistan : A Reappraisal*, Croom Helm, London & Canberra, 1982, pp. 167, 170 n.
(120)　*Ibid.*, p. 156.
(121)　*Ibid.*, p. 168.
(122)　KABUL 3557, May 8, 1979, *DFED*, Vol. 29, p. 89.
(123)　*Ibid.*, p. 88.
(124)　*Ibid.*, pp. 88-89.
(125)　*Ibid.*, p. 89.
(126)　*Ibid.*, p. 90.

(127) *Ibid.*, p. 90. モロゾフの手にプラハのパルチャム派要人暗殺団の情報が入ったのもちょうどこの時期である。本章の注(97)参照。
(128) Bradsher, *op. cit.*, p. 102.
(129) 内閣の構成員と彼らの経歴・学歴などについては，KABUL A-33, May 14, 1979, *DFED*, Vol. 29, pp. 104-109. 同報告書が数値で整理した表によれば，長・次官任命者たちの最終学歴においての分布は，大学および専門（例：軍事）教育の場合，アフガニスタン出身者が29名，アメリカが6名，レバノン（アメリカン大学）が3名，ソ連，イギリス，フランス，インドが各1名ずつであり，大学院以上の高等教育の場合には，アフガニスタンが5名，アメリカが7名，ソ連が5名であった。
(130) ЦХСД, Фонд 5, Опись 76, Дело 1046.「1979年3月1日，アルヒポフとアミンとの会談」。
(131) KABUL A-33, May 14, 1979, *DFED*, Vol. 29, p. 104.
(132) В. С. Сафрончук, *op. cit.*, Dec. 1990, pp. 86-87.
(133) *Ibid.*, p. 87. サフロンチュクの説明によれば，アミンのこのような行動は，アミン自身の学歴（コロンビア大学院）とつなげられ，ソ連側にアミンをＣＩＡのエイジェントと疑わせるようになったという。しかし実際にアミンは，NDPAが政権を握るずっと前からパルチャム派からそのような疑惑と非難を受けてきた。KABUL 3511, May 3, 1978, *DFED*, Vol. 29, p. 57. したがって，アミンに対する疑惑の問題は，ソ連のアフガニスタン侵攻の過程に働いた一つの原因として位置づけられるよりは，NDPA内部の権力闘争の過程で生じた縺れの一つとして理解されるべきである。12月27日軍隊の投入直後ソ連の政治局が社会主義諸国に送ったメッセージには，そして宣伝のためのタス通信の報道文にさえ，帝国勢力の蠢動とアミンの弾圧政策に関する批判は含まれていたが，帝国主義勢力とアミンとのつながりを決めつける表現はなかった。ЦХСД, Фонд 89, Пер. 14, Док. 33 ; *Вопросы истории*, No. 3, 1993, pp. 6-14.
むしろアミンとＣＩＡのつながりに対する批判に積極的だったのは1980年以降のカルマル政権である。しかしそのカルマルも，「アミンがＣＩＡのエイジェントだったということを本当に信じるのか」という質問に対し，アメリカは常にアフガニスタンの不安定を狙っていたという自分の信念を前提に「アミンの振る舞いの結果」をもって判断すれば，アミンという存在がアメリカにいかに利益になったか分かるはずだというあやふやな答弁で通した。А. Боровик, Спрятанная война, *Огонёк*, No. 46, Nov. 1989, p. 18.
(134) 本章2の「アフガニスタンに関する政治局の委員会」参照。ところが，サフロンチュクの派遣をもっと積極的な意味からとらえる見方が存在しなかったわけでもない。カブール駐在東ドイツ大使ヘルマン・シュヴィーソウは，アフガニスタンでのソ連の活動に関する情報リークの対西側窓口の役目を働いたと見なされていた人物であるが，彼は7月17日アムスタッツとの会談の中で，プザノフ

が厳然と存在しているカブールのソ連大使館にサフロンチュクを派遣したソ連の
ねらいについて語ったことがある。彼にいわせれば，「ソ連大使が（アフガニス
タン政府に急激な変化をもたらしうる）微妙な交渉に携わるのはあまりいいこと
とは言えないし，もしそのような交渉が失敗に終わる場合に大使であるプザノフ
が『好ましからざる人物』として追放されるよりは，サフロンチュクが追放され
るのが（外部からの）注意をより引かれないから」ということであった。
KABUL 5448, Jul. 18, 1979, *DFED*, Vol. 29, p. 181. この説明によると，ソ連は
はやくもサフロンチュクの派遣の時点でアフガニスタンのハルク政権に対する人
為的な交替の可能性を模索していたことになる。しかし，この対話が交わされた
7月中旬のことなら別であるが，4月初めにそのような工作の可能性を前提とし
てサフロンチュクを派遣したと見るには，あまりにも早すぎる。

(135) MOSCOW 13169, May 24, 1979, *DFED*, Vol. 29, p. 122-123. サフロンチ
ュクがKGBとのつながりを持つ人物であるか否かは立証できるものでもない
し，サフロンチュクの場合そんなに重要な論点でもない。ただ彼の報告がグロム
イコ宛のものだったか，あるいはアンドロポフ宛のものだったかはポイントとな
るが，少なくともサフロンチュク自身の回想やソ連共産党中央委員会への報告書
から判断して，報告はグロムイコあるいは中央委員会へ送られていたかのように
見える。中央委員会への彼の報告をグロムイコが独占できたとは思えない。

(136) Сафрончук, *op. cit.*, pp. 89-90.

(137) *Ibid.*, p. 92.

(138) *Ibid.*, p. 90.

(139) *Ibid.*

(140) А. Морозов, Кабульский резидент, *Новое время*, No. 38 (1991), p. 38 ; No.
39 (1991), p. 32.

(141) Сафрончук, Афганистан времен Амина, *Международная жизнь*, Jan. 1991,
p. 140.

(142) 1979年6月24日，アムスタッツに会ったサフロンチュクは自己紹介で，
自ら「大使の職級」にあたるが「儀典的には」カブールのソ連大使館のナンバ
ー・スリーであると語った。自分より先に赴任したユーリー・アレクセーエフが
ナンバー・ツー・マンとなっているが，彼は主にアフガニスタンの「国内的問
題」を取り扱っており，サフロンチュク自身は「対外的問題」を担っていると説
明した。そのうえ彼は，アレクセーエフの担当分野は「行政」であるとつけ加え
た。KABUL 4888, Jun. 25, *DFED*, Vol. 29, p. 129. したがってサフロンチュク
は「対外的問題」と言っても，実質的には「行政」以外の政治的な問題に取り組
んでいたのである。

(143) В. С. Сафрончук, Афганистан времен Тараки, *Международная жизнь*, Dec.
1990, p. 93.

(144) このようなアミンの主張に対する批判，そしてアフガニスタン革命の段階

における統一戦線の形成必要性に関する主張は1982年のウリヤノフスキーの論文でも提起されている。Р. А. Ульяновский, *op. cit.*, p. 87.
(145) Сафрончук, *op. cit.*, p. 93.
(146) ЦХСД, Фонд 5, Опись 76, Дело 1046, Л. 38-40.「1979年7月2日，アフガニスタンのソ連大使館副大使 V. S. サフロンチュクとアミンとの会談」。
(147) Сафрончук, *op. cit.*, pp. 93-95.
(148) KABUL 4888, *DFED*, Vol. 29, p. 127. 後になってアムスタッツは，サフロンチュクがソ連軍のアフガニスタン侵攻と密接な関連のある重要な人物だったことに気付くようになった。1986年に出版された著書で，彼はサフロンチュクを次のように表現している。「[1979年夏に至ってアフガニスタンへの] ソ連の関与は，その範囲が広まった。ある部署では重要な決定を下す前にソ連人顧問の承認が必要であった。ソ連の職業外交官のヴァシリー・サフロンチュクはソ連大使館の序列第3位の人物で [アフガニスタンの] 外務省に勤めた。……大使級に準ずる人物であるサフロンチュクは，1979年からソ連の侵攻以後の1982年までアフガニスタンの外交政策を取り仕切った。……侵攻の直前 [アフガニスタン外務省の] 建物に執務室を持っていた唯一の人物はサフロンチュクだけだった。」J. Bruce Amstutz, *Afghanistan : The First Five Years of Soviet Occupation*, National Defense University, Washington D. C., 1986, pp. 38, 286-289.
(149) KABUL 4888, *DFED*, Vol. 29, p. 128.
(150) *Ibid.*, p. 129.
(151) В. С. Сафрончук, Афганистан времен Амина, *Международная жизнь*, Jan. 1991, p. 127.
(152) *Ibid.*, pp. 127-128.
(153) アフガニスタン社会の特質について，グロムイコはサフロンチュクよりはもっと理解しようとする姿勢であったようである。カルマル政権の下でもネポティズムが横行すると，サフロンチュクはこれをもグロムイコに報告したという。グロムイコの反応は，「向こうは東洋だ。それなりの慣習があるはずだ」とのことだった。*Ibid.*, p. 133.
(154) *Труд*, Jun. 23, 1991 ; Ляховский, *op. cit.*, p. 85.
(155) *Труд*, Jun. 23, 1991. 強調は筆者。
(156) *Ibid.*
(157) Ляховский, *op. cit.*, p. 86.
(158) Сафрончук, *op. cit.*, p. 141.
(159) Eric Hobsbawm, *The Age of Extremes : A History of the World, 1914-1991*, Pantheon Books, New York, 1994, pp. 244-245。
(160) 1979年3月から8月までの対アフガニスタン関係においてソ連の新聞に描き出された「敵のイメージ」，敵として描写された頻度，そしてその意味については，Thomas W. Holloway, "Propaganda Analysis and the Soviet Interven-

tion in Afghanistan," unpublished Ph. D. Dissertation, The Ohio State University, 1991, pp. 128-135, 204-208 参照。ホーロウェーはこの時期の特徴として，アフガニスタン関係報道の急増，敵のイメージの強調の二つを挙げている。*Ibid.*, p. 135.

(161) Kissinger, *op. cit.*, pp. 303-304.

(162) 和田春樹，『朝鮮戦争』，岩波書店，1995 年，142-143 頁。

(163) Забродин и Ляховский, *Тайны Афганской Войны*, Планета, Москва, 1991, p. 31.

(164) *Ibid.*, pp. 31-32.

(165) アフガニスタンからのソ連軍の派遣要請があったのは，普通ヘラートの反乱が起こった直後のこととされている。*Ibid.*, p. 31. が，ゴレーロフの証言によると，ソ連軍支隊派遣の可能性はすでに 1979 年 1 月ゴレーロフとアミンの会談で触れられたという。Гай и Снегирев, Вторжение, *Знамя*, Apr. 1991, p. 219.

(166) Гай и Снегирев, *op. cit.*, p. 218. 3 月 17 日の政治局会議でのコスイギンの発言，そして 3 月 20 日タラキーに対するブレジネフの発言によると，当時アフガニスタンに在住していたソ連民間人顧問こと専門家たちの数は約 550 人，軍事顧問として派遣されたソ連軍の将軍，将校の数はおよそ 500 人であった。ЦХСД, Фонд 89, Пер. 25, Док. 1, Л. 1, 12-25, p. 10 ; ЦХСД, Фонд 89, Пер. 14, Док. 25, p. 5. 彼らの家族までを含めて考えれば，保護対象者は数千人に至っただろう。

(167) Гай и Снегирев, *op. cit.*, p. 219.

(168) 1965 年始め頃までベトナムで地上戦は控えていた米国は，軍事的要地の保護の名目で海兵隊 2 個大隊の派遣を要求したサイゴン在住アメリカ軍事顧問団長ウェストモアランド将軍の報告以来徐々にベトナム戦争拡大への道に乗っていった。Halberstam, *op. cit.*, p. 653 ; "April, '65, Order Increasing Ground Force and Shifting Mission," in *The Pentagon Papers*, as published by *The New York Times*, based on investigative reporting by Neil Sheehan, Bantam Books, Inc., New York, 1971.

ハルバースタムは，ウェストモアランドの派兵要求を「合理化の上昇リズムの始まり」と表現している。軍事顧問団の人命や物資の保護のために，新しい兵力の補充が余儀なくされる。しかももっと多くのアメリカ人が敵の攻撃に晒されると，彼らを保護し増強させるために，更に別の兵力の派遣が要求される，ということである。ゴレーロフらの報告もこのようなパターンに似たものではなかろうか。最初に飛行場の保護のために派遣された兵士たちの保護は，もっと多くの兵力によってこそ可能なものではないのだろうか。カブール在住ソ連代表たちは自分たちの報告がモスクワの指導部に，そして全体的な事件展開に，結果的にどのような影響を及ぼすことになるかについては，認識していなかったようである。

(169) ЦХСД, Фонд 89, Пер. 14, Док. 25, p. 5.

(170) "Chronology of Main Events Related to the Soviet Invasion of Afghanistan," in House of Commons, "Afghanistan : The Soviet Invasion and Its Consequences for British Policy", Fifth Report from the Foreign Affairs Committee, Session 1979-1980, London, 1980, Appendix 1, p. xxxiv.
　　1000人という数字は，ブレジネフの「約500人」という言及に比べれば若干誇張された感じがする。
(171) *Washington Post*, Mar. 28, 1979, p. A 16；この事実はゴレーロフも確認している．Гай и Снегирев, Вторжение, *op. cit.*, p. 219.
(172) ЦХСД, Фонд 89, Пер. 14, Док. 28.
(173) 本書の第3章の3の「エピシェフ派遣の意味」参照．
(174) Пиков, *op. cit.*, p. 203；Ляховский, *op. cit.*, p. 79.
(175) ЦХСД, Фонд 89, Пер. 14, Док. 30. 「1979年5月24日，政治局会議：アフガニスタン民主共和国への追加的な軍事援助の供与について」．
(176) Ляховский, *op. cit.*, p. 83.
(177) Пиков, *op. cit.*, pp. 199-200.
(178) *Комсомольская правда*, Dec. 27, 1990；Пиков, *op. cit.*, p. 204；Ляховский, *op. cit.*, pp. 84-85.
(179) *Комсомольская правда*, Dec. 27, 1990
(180) 本書第3章3の「もう一人の大使」参照．
(181) Ляховский, *op. cit.*, p. 85.
(182) 6月28日の提案書は，本書の第3章の3の「もう一人の大使」参照．
(183) Ляховский, *op. cit.*, p. 82；Ivanov, "How the Afghan War Started," *Soviet Soldier*, No. 9, 1991, p. 24. イヴァノフのノン・フィクションには，コレースニクという名前がヴァシリー・コーレソフとなっている．
(184) 部隊の構成員は，主にタジク人，トゥルケスタ人，ウズベク人からなった．ただ，対空 ZSU-23-4 砲の射手は，東洋系の専門家がいなかったため，スラブ系の兵が担当した．Ляховский, *op. cit.*, p. 82；Ivanov, *op. cit.*, p. 24.
(185) Ляховский, *op. cit.*, p. 82；Ivanov, *op. cit.*, p. 24.
(186) *Труд*, Jun. 23, 1991.
(187) アミンに対するサフロンチュクの印象とソ連指導部のそれが同じ脈絡であっただろうということは，政治局に出された4人の提案書がタラキー＝アミン政権の権力集中を非難したところから推察され得る．
(188) このほかにヴィターリー・シャポシニコフ（スカンジナヴィア諸国，国際社会主義機構），ピョートル・マンチュィハ（アフリカ），イヴァン・コヴァレンコ（極東），カーレン・ブルテンツ（中東，南米），アナトーリー・チェルニャーエフ（北米，イギリス）がいた．Robert W. Kitrinos, "The CPSU Central Committee's International Department," in Robbin F. Laird and Erik P. Hoffmann, *Soviet Foreign Policy in a Changing World*, Aldine Publishing

Company, New York, 1986, p. 183. キトリノスのこの論文はもともと *Problems of Communism*, Vol. 33, No. 5 (Sep.-Oct. 1984), pp. 47-65 に収録されたものである。

(189) *Ibid.*, p. 184.

(190) Гай и Снегирев, Вторжение, *Знамя*, Mar. 1991, p. 201.

(191) KABUL 5433, *DFED*, Vol. 29, p. 175.

(192) KABUL 5459, *Ibid.*, pp. 181-182.

(193) Ляховский, *op. cit.*, p. 82. ポノマリョフがカブールを訪問する直前、カブールの市街と外交街ではアミンを非難するビラがばら撒かれた。その文面から、このビラを作成・散布したのはパルチャム・シンパと見られた。ところが奇妙なことに非難の対象はアミン一味だけで（「革命の進歩、領土的全一性、祖国の独立は、アミン一派の即時除去なしには不可能だ」とか、「アミンと彼のファッショ徒党、ＣＩＡ、ムスリム一派、マオイストたちに死を、そして民主民族勢力の同盟と団結をめざせよ」などの表現）、大統領であるタラキーに対しては触れられていないものであった。このビラはほとんどすべてのカブール駐在外国大使館が１－２枚以上は持っているほど巧みに警察や保安機構の目を盗んで撒かれたという。同時に、アミンがＣＩＡの手先としてアフガニスタンにおけるソ連の信用を失墜させようと企んでいるとの噂も取り沙汰されていた。KABUL 5360, Jul. 16, 1979, *DFED*, Vol. 29, pp. 167-169.

(194) ポノマリョフの証言、Гай и Снегирев, *op. cit.*, p. 201.

(195) ЦХСД, Фонд 5, Опись 76, Дело 1046, Л. 29-30.「1979年6月14日、А. А. バルコフスキーと駐イラクアフガニスタン大使 F. ムハンメッドとの会談」。

(196) ポノマリョフの証言、Гай и Снегирев, *op. cit.*, p. 201.

(197) Пиков, *op. cit.*, p. 205 ; Ляховский, *op. cit.*, p. 87 ; Гай и Снегирев, *op. cit.*, p. 201. この２通の報告書は、完全なものでもないし、しかもアフガニスタンからの支援要請が頻繁に出されたことを強調するかのように軍投入に関する他の一連の報告書ととも公開されたもので、ポノマリョフのタラキー面談目的あるいはそれに対するタラキーの反応などについては一字も書かれてない。ポノマリョフの報告の目玉は公開されていない部分に書かれているか、あるいはモスクワに戻ってから口頭で報告したのだろう。

(198) KABUL 5493, Jul. 22, 1979, *DFED*, Vol. 29, pp. 192-194.

(199) KABUL 5459, Jul. 18, 1979, *Ibid.*, p. 182.

(200) KABUL 5627, Jul. 25, 1979, *Ibid.*, pp. 200-204.

(201) KABUL 5683, Jul. 28, 1979, *Ibid.*, pp. 213-214.

(202) タラキーがモスクワの要求を受け入れ、鎮圧への見込みのない難関をアミンになすりつけ、その必然的な失敗の責任を問うかたちでアミンを除去しようとしたという解釈もありえるが、解任のために首相、外相、国防相の職責をすべて与えるということは危険すぎる政治的賭博である。タラキーがアミンに軍を統制

第3章 (注)　　　　　　　　　　　　　　　　　　　　163

する国防相のポストまで譲ってしまう人間だったとすれば，ポノマリョフのいう意味をまったく理解できない人間だったと解釈するほうが筋に合うであろう。
(203)　*Ibid.*, p. 214.
(204)　本章の1の「病弱なブレジネフの原則論」参照。
(205)　В. А. Меримский, Кабул-Москва : война по заказу, *Военно-исторический журнал*, Oct. 1993, pp. 11-12.
(206)　А. Морозов, *op. cit.*, No. 41, 1991, p. 28.
(207)　Вестад, *op. cit.*, pp. 27-28. ウェスタードは8月6日付けのプザノフ報告 (ЦХСД, Ф. 5, Оп. 76, Д. 1045, Л. 94) に基づいてこう書いている。報告書原文の確認が出来なかったので確実には言えないが，いくつかの点において矛盾が見つかる。まず第一に，7月27日にタラキーによって国防相に就任したばかりのアミンが軍指導部から解任されるのを恐れていたということである。ウェスタードはアミンがいつ国防の業務を担うようになったかについて触れておらず，4月の状況から一気に8月の状況へ進んで叙述しているので，彼の論文だけではアミンの不満の背景については知るようがない。

　もう一つはソ連の外交官たちが新しい計画を立て，アミンとタラキーを競争させるためにアミンに非常運営グループを組織させようとしたということである。これについては本章の注(202)で指摘したような批判が適用できる。すなわちタラキーを悟らせるためにそんなに危険な政治的な賭が現地の外交官たちのレベルで可能であったのだろうかということである。報告書解釈のどこかの間違いだろう。

　ただここではそのような動きが現地のソ連大使館を中心として確かにあったということと，そのような工作がモスクワの指示なくては不可能であるということをつけ加えて受けとめておくことにする。

第4章　将軍たちの日々
——1979年8月から9月まで——

1．忘れられた教訓

中央軍事顧問団長

　軍事的自制の方針が完全に崩れてからは，支援要請の2カ月が続いた。7月11日にはタラキーの「ソ連軍特殊部隊のカブール配置」要請をKGBの代表が伝えるかたちで，翌日の12日には「シンダンドの空軍基地にソ連軍ヘリ分遣隊の派遣」を求めるプザノフ，イヴァノフ，ゴレーロフ3人の独自の判断が，次々へモスクワに送られた。7月19日と20日ポノマリョフへの要請の外にも，21日には「アミンのヘリ8—10機の要請」をプザノフが，24日にはやはりアミンの「ソ連軍3個支隊兵力のカブール配置」要請をKGB代表が，それぞれモスクワに報告した[1]。

　軍事顧問団長ゴレーロフも，5月に受けたモスクワからの叱責をすでに忘れていた。8月1日，彼はプザノフ，イヴァノフとともに，「8—9月にかけて予想される叛軍の行動を考慮し……カブールに特殊旅団を派遣してくれるよう求めるアフガニスタンの友人たちの要請に肯定的に応じる必要がある」とモスクワに報告し，12日にはアミンの要請であることを前置きし「ソ連軍支隊の投入」を提案した。同日，彼はプザノフ，イヴァノフと一緒にモスクワに「ソ連軍特殊部隊3個大隊およびソ連人操縦士付きのヘリの派遣」をも求めている[2]。

　ソ連政治指導部の意図や自身が受けた叱責をあまり気にしないかのようなゴレーロフのこういった振る舞いは，軍事的状況を厳密に把握している中央軍事顧問団長としての判断によるものであると同時に，タラキー＝アミン・チームの絶え間ない圧力に屈服した結果であるかも知れないが，彼はある程度親アミン的傾向も露呈していた[3]。リャホフスキーはゴレー

ロフの行動について，「各国の中央軍事顧問団長はソ連からの武器，機械および特別に軍事物資の供給を担当し，多様な要請と提案を参謀本部に送ったりした。大概の場合，駐在国の指導者たちは中央軍事顧問団の活動について，提供される機械や武器の数に照応するものと評価した。こういった機械や武器はソ連からの援助として成功的なものとされた。このような成功から中央軍事顧問団には，贈り物や勲章などの個人的な特恵が与えられた。それで彼らは自分たちの個人的なイメージを高揚しようとし自分たちの恩人を喜ばせようとしつつ，自分の祖国には頻繁に損害を与えたのである」と婉曲に批判している[4]。

リャホフスキーは，「各国の中央軍事顧問団長」という表現でゴレーロフの行動を一般化しているが，アフガニスタンの中央軍事顧問団長であるゴレーロフがタラキー＝アミン政権の軍事支援要求をそのままとりつぎ，また自分の判断に基づく支援要請を続けたのは確かである。1975年から4年以上長らくアフガニスタン駐在ソ連軍事顧問団を率いたレフ・ニコラエヴィッチ・ゴレーロフ中将[5]は，アフガニスタンの軍事情勢に気をとられ，またアミンの顔色を窺うばかりで，モスクワでは次第にアミンに対する敵愾心が募っていたということは察知しえなかったのである[6]。

ゴレーロフを含むソ連の代表たちがモスクワへ頻繁に報告書を送り，結局ソ連を軍事的にアフガニスタンという泥沼へとだんだん引きずり込むのを横から比較的正確に観察していたのはカブール駐在アメリカ大使館であった。

競争者の目

知らぬ間に泥沼にはまり込んでいく者の姿は，競争相手にはよく見える。ソ連指導部の態度が微妙に変化しつつあったこの数カ月間，現地で状況の変化を見守っていたアメリカ大使館の評価も変わって行った。1979年5月9日，カブール米大使館のアムスタッツは国務省へ打電する報告書に，「最近の数週間アフガニスタンへのソ連の介入の程度は著しく増大したが，世界世論が騒いでいる程ではない。ソ連軍戦闘部隊がアフガニスタンの国内的葛藤に介入する可能性も排除できないが，われわれの判断する

ところ，恐らくソ連はベトナム型の罠にはまるのは避けようとするだろう」ときっぱりと断定していた(7)。

4月始めエピシェフがカブールを訪問して以来，ソ連軍軍事顧問の数は1000人を上回るようになり，MIG-21, SU-7 戦闘機，MI-24ヘリ，そしてT-62戦車などがアフガニスタン側に提供されたにもかかわらず，ソ連の関与は政治的精神的支援にとどまるだろうということがこの報告の要旨であった。もちろん報告書には，ソ連はアフガニスタンとの1978年12月の友好協力条約に基づく介入の法的正当性を持っており，しかもアフガニスタンとの地理的な隣接性から見て，アフガニスタン政権の崩壊を座視はしないだろう，と軍事介入の蓋然性をほのめかす内容が書かれていたが，なぜか報告の主旨をまとめる最初の要約のところには「ベトナム型泥沼の回避」が強く強調されていた(8)。すべての可能性はとり上げるが最終的な判断は報告を受ける者が下す，というスタイルの典型とも言えよう。

しかし半信半疑とも言えるこのようなアムスタッツの報告，すなわちソ連がチェコスロバキア型の解決方式を選んで結局はベトナム型の泥沼に足を突っ込むようなことはまずないだろうとの判断を明確なものにし，なおかつ正しいものと確認させたのは，駐モスクワ米大使館であった。大使マルコム・トゥーンは，5月24日国務省に送った報告書で，「われわれは，現にアフガニスタンでソ連が自由に選択肢をえらべるとは思わない。現在の状況を1968年のチェコスロバキア侵攻になぞらえるのも間違いだと思われる。ソ連はこれまで通りカブールの親ソヴィエト政権に助言的で兵站的な軍事支援を続けるにとどまるだろう。たまにはソ連の人員がDRAの軍事作戦に参加することもあるだろうが，当分の間モスクワはアフガニスタンの叛軍鎮圧作戦の本質的な部分を担うのを避けようとするだろう。本大使館はカブール大使館の分析の主旨に同意する。特にソ連がベトナム型の罠にはまりこむのを極力避けようとするだろうとの結論にはまったく同感である」と述べている(9)。

彼はこういった判断の根拠をも提示した。まず第一に戦略的観点から見てチェコスロバキアとは違い，アフガニスタンはロシアへの歴史的な侵略通路でもないし，ワルシャワ条約で結ばれた社会主義同盟国でもないこ

と。第二に,中国の脅威を感じているソ連にとって,アフガニスタン侵攻は西側とのデタントを危うくするのみならず現在進んでいる SALT 交渉をも台無しにする。しかも,ムスリム世界との関係も保証できなくなるということ。第三に,アフガニスタンの反政府勢力はチェコスロバキアの民主化勢力とはまったく違い,地方のあちらこちらに勢力を伸ばしていて,ソ連軍の投入があってもチェコスロバキアの場合のようにすぐにはおさまらないだろうし,むしろソ連軍の直接的な干渉によって叛軍の活動は刺激され,現カブール政権の延命のためには果てしもない軍隊の投入が必要になるということであった[10]。三つの論拠の中で第三の論拠はベトナムの経験を持ったアメリカ人特有の判断とも言えよう。しかし現実的にソ連軍の特別な動きが見あたらないという次のような最後の論拠は,何よりも強い判断の根拠となっていた。

　軍事的行動を準備するとしても,ソ連は,アフガニスタンの状況が 1968 年 7 —8 月チェコスロバキアで直面したそれとは色々な面でもっと複雑であることを知るようになるだろう。チェコスロバキア侵攻は,ワルシャワ条約の枠の中で大規模の戦闘,指揮,そして兵站の訓練演習という基礎の上で巧みに行われた。したがって偵察,兵站,指揮および統制の手順はすでに備えられていたし,何よりも兵力の動員や展開が完全にその演習の一環という「煙幕」の中で遂行された。アフガニスタンの場合にはそのような効果的な「煙幕」を張るのは無理だろう。アフガニスタンでチェコスロバキア型の作戦を遂行するに必要な兵力の集中は——もちろん空挺師団の配備で,ある程度の充員は可能であるとしても——結局国境地帯での大規模の兵力動員と再配備を余儀なくされるだろう。アフガニスタンと隣接した二つの軍管区に,ソ連は 11 個の師団兵力を保持しており,その中で,特別な動員命令を発しなくても直ちに戦闘態勢に突入させうるのは,ただ 3 個師団だけであると観測される。その 3 個師団もアフガニスタンでの作戦には向いていない。彼らは中国との国境に気を遣わなければならないのである[11]。

第4章　将軍たちの日々 ——1979年8月から9月まで——

　5月24日現在、現実的にソ連にはアフガニスタンに対する軍事作戦を行う用意ができていないと見ているのである。締めくくりとしてトゥーンは国務省に、ソ連の軍事的関与の増加可能性に備え、こまめにソ連政府に警告するよう助言したうえで、「米大使館の職員たちが頻繁にソ連の中央アジア地域を旅行し探索したところ、ソ連はその地域をしっかり統制している」と、それからイランやアフガニスタンに比べソヴィエトの治下で比較的高い生活水準を謳歌するその地域でムスリム・シンパの空気は感じられない、もし何かが発生してもソ連はすぐ掌握できるだろうと報告した[12]。5月の段階では、カブールでもモスクワでも軍事的な緊張の空気は感じられていなかったのである。

　しかし、カブール政権の軍事的支援要請、現地のソ連代表たちの追認報告、これらに対するモスクワの渋々ながらの人的・物的供与が行われた3カ月の間、カブール米大使館の判断は少しずつ変わりつつあった。8月6日アムスタッツは、8月始め起きたバラ・ヒッサル要塞の反乱がアフガニスタン政府軍によって鎮圧されたということを米国務省に打電しながら、次のような文章で報告をまとめていた。

　　3月のヘラート、4月のジャララバード、6月23日のハザラ・シアに相次ぎ8月5日のバラ・ヒッサル……現在までソ連は、苦境に陥ったタラキー＝アミンの作戦を、財政的支援、軍事物資の供与、軍事顧問の派遣などの方法で支えることができた。軍事顧問の数は次第に増加し——現在は約2千人くらいと見られる——彼らはいくつかの梯隊では直接的な指揮官の役割を担ってきた。ソ連の関与の性格は、ベトナムでアメリカ政府が経験したのとあまり変わりのない段階を踏み、発展していくものと見られる（例えば、バグラム空軍基地でのソ連人の統制の漸増）[13]。

　アフガニスタン戦争の泥沼化は侵攻の後の出来事ではなかった。第3者の瞳に映ったソ連は、侵攻を開始する5カ月前の1979年8月から、すでにベトナムでのアメリカの悲劇を再現しはじめたのである。

　1979年前半ソ連指導部がアフガニスタン事態の成り行きを眺めなが

1. 忘れられた教訓

ら,頭の中にアメリカのベトナム戦争を浮かべていたか否かは明らかではない。しかしコスイギンは,3月のタラキーとの会談で,ベトナム人民の勇敢な闘争成果を例に上げながら,アフガニスタン問題の自主的な解決を促した(14)。ところが,そのような闘争を自分たちが相手にするものとなるとは思いもしなかっただろう。コスイギンはタラキーにベトナムの教訓を叩き込みながらも,ソ連の直接な軍事介入は絶対ないということを前提にしていたのである。

グロムイコも,ソ連とアメリカとの関係は気にしていたが,ベトナムでの米国の経験にはまったく関心がなかったようである。アフガニスタン委員会のメンバーの中で回想を残した唯一の人物でもあるグロムイコは,その回想録でベトナム戦争についてはほとんど触れていない。ただ次のように短く書いているだけである。「[[ジョンソン大統領の対外政策の] 最大の誤謬はベトナムへの侵略戦争であった。……ベトナム問題については,私と他のソ連の高官たちが米国の高官たちと何度も議論したが,われわれが直面したのは,全然耳を傾けてくれない厚い壁であった。……60年代末にはホワイトハウスを含めすべての人が,50万人を越える米軍の兵隊が南ベトナムのジャングルに陥り,もがいているということを思い知っていた。北ベトナムを爆撃しラオスやカンボジアをも爆撃してみたが……米国人自ら汚い戦争と呼ぶこの戦争で,米国は莫大な犠牲を払った。しかも戦争はアメリカ経済に深刻な混乱をもたらし,国家財政をからにし,納税者たちに莫大な犠牲を強いた。(15)」1979年上半期のグロムイコの考えも,コスイギンのそれと大きなズレはなかっただろう。

カブールのソ連代表たちはもちろんモスクワの指導部の誰一人,アフガニスタンがソ連の足を引っ張っているのに気づいていない間,沼は次第に深みを増していた。まさに誰もが意図していなかった「状況が鞍に乗り,人間を動かす」ようになったのである(16)。政治指導部は「軍事介入不可」を前提にしていたため,泥沼化するアフガニスタン状況を正確に見ていなかったが,ソ連軍部の立場はそれより複雑であった。ウスチノフは政治指導部の方針に徹底に従う立場をとっていたが,ソ連国防省にはそれとは別の意味でアフガニスタンへのソ連軍の関与を恐れていた将軍が存在し

ていたのである。1979年夏において，その将軍の考えを判断しうる直接的な手がかりがないため，彼の経歴および1979年前半の立場から推論するしかない。

2．国防省の光と影

ソ連軍参謀総長

　ソ連の国防省の首脳部は国防相と3人の第1国防次官，そして約11—12人の国防次官からなっている。3人の第1国防次官は参謀総長，ワルシャワ条約統一軍総司令官，そして戦略予備軍総司令官が自動的に担当し，戦略ロケット軍などの5個軍種の司令官とその他の領域を担当する将軍が国防次官となる[17]。

　彼らの序列は，ソ連軍内部の権力の分布を判断しうる重要な尺度となるが[18]，参謀総長とワルシャワ条約統一軍総司令官の序列は1977年から変わっている。もともとはワルシャワ条約統一軍総司令官が序列第2位，参謀総長が第3位であったが，1977年1月にニコライ・オガルコフが新任参謀総長に登場してから，この順位が逆になったのである[19]。このような変動は，西側とのデタント政策を推進していたブレジネフが戦略兵器制限交渉に否定的な立場をとった参謀総長クリコフをワルシャワ条約統一軍総司令官に異動させることにより生じたことであるが，ある分析によれば，既に1976年4月に軍備制限と軍の予算問題においてブレジネフに負担を負わせてきたグレチコ国防相が死亡し，ブレジネフの旧い友人であり，ソ連共産党中央委員会で軍事産業問題を担当していたウスチノフが国防相になるとともに生じたものでもある[20]。

　実際にオガルコフは，米国との戦略兵器制限交渉の過程で地位を上げた将軍と言える。彼は1969年の最初の交渉からソ連代表団の一人として会談に参加し[21]，それを契機にソ連軍首脳部に抜擢された人物である。オガルコフはウスチノフ国防相時代の1977年1月参謀総長へ昇進するとともに上級大将からソ連邦元帥に進級したが，もともと軍人として彼のパトロンは，グレチコ国防相の前任者マリノフスキーと当時の参謀総長ザハロ

2. 国防省の光と影

フであった。

1960年代ソ連の国防相とソ連軍参謀総長であったマリノフスキーとザハロフは，1945年8月の満州でそれぞれザバイカル方面軍司令官と参謀長であった縁を持っていた(22)。オガルコフは，マリノフスキーが極東軍管区司令官であったとき，彼の参謀長を務めており(23)，マリノフスキー国防相の下の参謀総長に任命されたザハロフによって1968年ソ連軍の第1参謀次長へと抜擢され中央に進出したのである(24)。その後，戦略兵器制限交渉での働きを認められ，1971年にソ連共産党中央委員に，1974年には国防次官になるなど，政治的昇進を続けてきた(25)。工兵出身としてははじめて参謀総長というソ連国防省内の高位職に就いたオガルコフは，複雑な現代兵器体系に関する幅広い知識を持って，米国との戦略兵器制限交渉の場で相手に強い印象を与えたという(26)。しかも性格的には，物事について非常に硬派で頑固な面を持っており，よくいえば素朴な人間であり(27)，悪くいえば専横的かつ命令的な人間であると評されていた(28)。一言でいえば強いキャラクターの人物であった。

そんな彼が1979年ソ連軍の参謀総長の座についていたのである。オガルコフ率いるソ連軍参謀本部が1978年から1979年始めにかけて抱えていた当面の課題は，米国との第2次戦略兵器制限交渉(SALT-II)の成功的な完遂であった。このために，1978年1月から1979年1月まで，米ソ両国の代表団会談が持続され，その間に9回の外相会談がワシントンとモスクワ，そしてジュネーブなどで行われていた(29)。第1次戦略兵器制限交渉の成功的な完遂によりソ連軍参謀総長のポストにまでつけたオガルコフは，1974年国防次官に昇進するにつれ，それまでは第一線の代表団からは離れていたが，参謀総長として再び米国との戦略兵器制限交渉に関与することになったのである。彼は，1978年10月にも，ほとんど完成段階に至った協定内容の履行問題をめぐって，モスクワを訪問していた米国代表団と論議していた(30)。

1979年1月，カブール駐在ソ連軍事顧問団長ゴレーロフ将軍が，アミンのソ連軍派遣要請を参謀本部に要請した際，オガルコフは，断固として「ソ連軍が派遣されることはもちろんのこと，砲弾と弾薬でアフガニスタ

ンの秩序を樹立するようなことは決してなかろう」と回答し、「アミンとそういった対話を持続しないように」と指示している(31)。こういったオガルコフの返事がウスチノフあるいは政治指導部との協議なしに出されたとは思えないが、1979年初めの参謀総長の関心事は、アフガニスタンへの軍事的介入やその増強ではなかったのである。

　1979年3月19日の政治局会議、すなわちヘラート事件後開かれた一連の政治局会議の中でブレジネフが初めて加わり軍隊の投入がいかに危険なものであるかを力説し、グロムイコ、コスイギン、アンドロポフが相次いでデタント破壊の危険性やアミンの専横を批判したその会議には、オガルコフも参加していた。彼は、「アフガニスタン側からソ連に派遣されている将校約160名の訓練を強化してほしいとの要請があった」というただ一言の報告兼発言をしただけであるが、政治指導部から肯定的な答えは得られなかった(32)。その日の会議の空気から、オガルコフはアフガニスタンの件に対する政治指導部の意向がどのようなものであるかについては十分気づいたに違いない。

　4月14日、アミンのヘリ提供の要請を伝えるゴレーロフの報告に対し、オガルコフは「そんなことを行う必要はない」という判断を報告書に書き残している(33)。ソ連軍参謀総長が、デタントとSALT-II交渉に結びつけられている自分の立場を考えて、西側との関係を悪化しかねないアフガニスタンへの軍事介入に積極的ではなかったのか、あるいは政治指導部の意向を正確に認識し、それに従った結果なのかは判断しがたい。しかし、すくなくとも1979年前半オガルコフのおかれた政治的な状況から見れば、この二つの要因がともに彼の思考や行動に作用したと考えるのが自然である。

　アフガニスタン問題について、1979年4月までオガルコフが政治局の方針と軌を一にしていたのは確かであるが、5月から12月まで彼がどういう考え方をし、どういう行動に出たかが把握できる手がかりはほとんどない。しかし、キャラクターの強い参謀総長が自分の考え方をたやすく変えたとは思われない。オガルコフの考えが戦略的で政治的な判断だけに基づく不介入方針であるなら、政治指導部の戦略や政策が変われば、それに

従いすぐ変えられるものであろうが，参謀総長の不介入方針の根拠はただそれだけだとは思えない。その根拠は，11月末頃になってウスチノフに提示された(34)。

しかし，結局出兵したという結果をもって判断すれば，ウスチノフを含む政治指導部の人間たちを軍事介入へと向かうよう動かした別の制服集団が存在したということが考えられる。軍事的な問題を政治的権威だけで押し切るほど無謀な者たちが権力の頂点に立っていたのではないとすれば，「経験ある将軍の派遣」を決定したその時点を前後にして彼らはどこかから，アフガニスタンがソ連のベトナムになるとは限らない，第3世界で豊富な経験を積み重ねてきた無敵のソ連軍がアフガニスタンのような小さい国でアメリカ軍の二の舞を演じるはずがない，アミンのような人間とどうやって政治的妥協をはかるというのか，予想される難関はあらかじめ調べた上で綿密な鎮圧計画を立てそれに従えばいい，などの希望の囁きを聞いていたに違いない。

もちろんそのような囁きが政治指導部の決断を引っぱり出したのではないとしても，政治指導部の諮問に応じたやや控え目の肯定的反応さえなかったら，ブレジネフらによって出兵の決定が下されるまでには至らなかったであろう。ソ連国防省内には，参謀本部の将軍でなくても，政治指導部の要求に応えられる優秀な将軍は存在していた。希望の囁きの発信地はあったのである。

影の将軍

1979年ソ連国防省の主軸をなしていた将軍たちは，大体においてグレチコとウスチノフの国防相時代に国防省に登場してきた人々である。1967年4月に国防相に就任したアンドレイ・グレチコは，大祖国戦争時代以来の知り合いである二人の将軍を昇進させた。それはセルゲイ・ソコロフとヴィクトル・クリコフである(35)。二人ともレニングラード軍管区で勤めていた。ソコロフはレニングラード軍管区司令官から国防省の第1次官に進出し(36)，クリコフは同軍管区のムルマンスク地域の軍司令官(37)からいわゆる出世コースと知られていたキエフ軍管区司令官のポストへと異動

した⁽³⁸⁾。その後1971年10月に、クリコフが参謀総長に進出してから、しばらくソ連国防省ではグレチコ＝ソコロフ＝クリコフの時代が続いた。

ところが、1976年4月にグレチコの死亡によってウスチノフが新任国防相に就任し、翌年1月にはオガルコフが参謀総長へ昇って来るにつれソ連軍首脳部の布陣が変わった。すなわち参謀総長であったクリコフがワルシャワ条約機構統一軍総司令官に移り、国防省内の序列も第3位に下がってしまった。それまで序列第3位であった参謀総長のポストがオガルコフの登場とともに第2位となり、第2位だったワルシャワ条約統一軍総司令官は第3位に転落したのである⁽³⁹⁾。パトロンの死亡、仲間の凋落はソコロフにとっても好ましいことではなかっただろう。ソコロフは、ブルガーニン以来初めての民間人出身国防相のもとで、工兵将校出身の若い参謀総長に仕えなければならなかったのである。

1976年から始まった進級ラッシュでもソコロフは取り残された。1976年5月から1977年1月までのわずか8ヶ月の間、4人のソ連邦元帥が誕生することになるが、1976年5月ブレジネフを皮切りに⁽⁴⁰⁾、同年7月にはウスチノフが、そして翌年の1月にはオガルコフとクリコフがそれぞれ参謀総長とワルシャワ条約統一軍総司令官に就きながらソ連軍内では名誉ある最高の階級、ソ連邦元帥へ昇進した。ソコロフはさらに1年間の足踏みを余儀なくされた。彼は1978年2月、元帥となったのである⁽⁴¹⁾。軍人にとって階級と儀典がいかに重要なものなのかを考えれば、ソコロフとしてはウスチノフとオガルコフが浮上して以来の歳月は屈辱的な時間だったともいえよう。

ブレジネフ政権の18年間にわたって、ソ連邦元帥にまで昇進した者は8人で⁽⁴²⁾、そのうち2人はブレジネフとウスチノフであるので、真の軍人として元帥となったのは6人である。そのうちヤクボフスキー、バチツキー、ゴルシコフの3人はすでにソ連邦元帥に進級して退役しているか、あるいは海軍提督であったので、1976—1978年にわたって元帥へ昇進したソ連軍の主軸陸軍の職業軍人は、クリコフとオガルコフ、そしてソコロフの3人だけである。クリコフはすでに凋落の道を歩んでいたため、1979年ソ連国防省内で職業軍人を代表する二つの嶺として聳えていたのはオガ

ルコフとソコロフとも言えよう。まさに二人はまったく対照的な競争者であった[43]。

　ソコロフはグレチコとヤクボフスキーにより抜擢され，10年以上を第1国防次官として働いてきたが，国防省内での彼の役割や位置については，さほど対外的に知られていなかった。後に彼がチェルネンコ政権で国防相になってから西側では，ソコロフがただ行政処理に堪能で，兵站問題を専門とする，物静かな軍人であり政治指導者の軍事政策方針を支持し，かつ宣伝する平凡な将軍であると認識されはじめた程度であるが[44]，実際にはソ連国内ではソコロフは，政治的な感覚を備えた軍事指導者として，常に戦争に対する軍事・政治的準備態勢の水準を高める具体的な方法を模索する将軍と称えられていた[45]。

　第1国防次官時代の彼の幾つかの姿を見れば，米国との戦略兵器制限交渉に取り組んだオガルコフに劣らないほど，第3世界諸国との軍事外交問題にかかわっていた将軍であることが判る。1967年国防省に入って以来，ソコロフが公の場に顔を出したのは大概いわゆる第3世界の諸国が絡んでいる行事であった。第1国防次官就任後間もない1967年6月と7月，ポドゴルヌイのイラクおよびシリア訪問に軍人として随行したのをはじめ，ソコロフは主に第3世界諸国に対しソ連軍に代表する人物として活躍したのである。1967年から1979年までのソ連の新聞に現れた彼の動きを纏めてみれば次の通りである。

　　1967年6月1日，ポドゴルヌイのシリア訪問。第1国防次官ソコロフ，外務次官マリクが随行。(『プラウダ』，同年6月2日号)
　　同年7月3―4日，ポドゴルヌイのイラク訪問。ソコロフ，マリクが随行。(『プラウダ』，同年7月5日号)
　　同年8月14日，シリア軍事代表団の訪ソ。レセプションにはグレチコ，ヤクボフスキー，ザハロフ，ソコロフ，パヴロフスキーが参加。(『プラウダ』，同年8月15日号，『赤い星』，同年8月16日号)
　　同年10月3日，ハンガリー軍隊の日を記念したハンガリー大使館のレセプションにソコロフ以下ソコロフスキーなど参加。(『赤い

星』,同年10月3日号)

　1968年2月10日,北朝鮮人民軍創設20周年を記念し北朝鮮大使館で催されたレセプションにグレチコ,ヤクボフスキー,ザハロフ,エピシェフ,ソコロフが参加。(同日付け『赤い星』)

　同年2月14日,南イエメン軍事代表団の訪ソ。グレチコ,ヤクボフスキー,ザハロフ,エピシェフ,ソコロフが出迎え。(同日付け『赤い星』)

　同年2月24日,ハンガリー軍事代表団の帰国。グレチコ,ザハロフ,エピシェフ,ソコロフが見送り。(『赤い星』,同年2月25日号)

　同年2月26日,モンゴル軍事代表団の帰国。ソコロフが見送り。(『プラウダ』,同年2月27日号,『赤い星』,同年2月28日号)

　同年2月29日,ベトナム軍事代表団の帰国。ソコロフが見送り。(同日付け『赤い星』)

　同年3月19日,チェコスロバキア軍参謀総長エギッド・ペピフの訪ソ。彼との会談に同席したのは,グレチコ,ヤクボフスキー,ザハロフ,エピシェフ,ソコロフ。(『プラウダ』,同年3月19日号)

　同年5月19日,ザハロフ参謀総長の代表団がイラン訪問。ソコロフ,シチェメンコ,カザコフが随行。(同日付け『赤い星』)

　同年12月13日,アフガニスタン国防相ハン・ムハンメッドの訪ソ。会談にはヤクボフスキー,ザハロフ,ソコロフが同席。(『赤い星』,同年12月14日号)

　同年12月15日,南イエメン軍事代表団の訪ソ。ソコロフがソ連を代表して出迎え。(同日付け『赤い星』)

　1969年4月22日,ポーランド軍事代表団の訪ソ。ソコロフ上級大将,第1参謀次長オガルコフ大将が出迎え。(同日付け『赤い星』)(ソコロフの階級がオガルコフのそれより上だったのである。)

　同年4月29日,アルジェリア軍事代表団の訪ソ。ソコロフ,パヴロフスキーが出迎え。(同日付け『赤い星』)

　同年10月25日,ソ連軍代表団のルーマニア訪問。代表団長はソコロフ。(同日付け『赤い星』)

2. 国防省の光と影　　177

　1970年12月23日，ベトナム人民軍創設26周年記念ベトナム大使館レセプション。ソコロフ以下の軍関係者が参加。(同日付け『赤い星』)
　1971年1月11日，マリ軍事代表団の訪ソ。会談の相手はソコロフ。(『赤い星』，同年1月13日号)

引用が長くなったが，一言でいえばソコロフは国防省に進出して以来第3世界を自分の舞台としてきたとも言えよう。1973年，ベトナム問題に関するパリ協定が結ばれた後，すなわちソ連が東ヨーロッパを超えた全世界の社会主義国家への安保提供者としてのソ連軍のイメージを広げようとしていたとき，ソコロフは『イズベスチヤ』紙で「社会主義国家の利益を侵犯しようとする侵略者には，一国家の力によってではなく，すべての社会主義国家の力と手段により対抗すべき」と強調している[46]。これは東ヨーロッパを越えた地域へのブレジネフ・ドクトリンの適用を意味するものであり，アジア・アフリカの社会主義国家を念頭においたものにほかならない。

1976年ウスチノフが国防相として登場した以降，ソコロフはもっぱら第3世界の問題に取り組んだ。この傾向も彼の動きを報道した新聞から読みとられる。

　1976年12月6日，リビア革命議会議長カダフィの訪ソ。彼とソ連指導者たちとのクレムリン会談に，軍人としては唯一人ソコロフが同席。(『プラウダ』，『イズベスチヤ』，同年12月8日号)
　1977年3月22日，ポドゴルヌイのタンザニア訪問。軍人として随行した唯一の人物はソコロフ。(同日付け『プラウダ』)
　同年5月4日，エチオピア革命議会議長メンギトゥス・ハイレ・マリアムの訪ソ。ポドゴルヌイ以下政治局員たちが迎え。軍人としてはソコロフが参加。(『プラウダ』，同年5月5日号)
　同年5月17日，ラオス国防相クハムタヤ・シプハンドナの訪ソ。ウスチノフとの会談に同席したのはオガルコフ，エピシェフ，ソコロフ。(同日付け『プラウダ』)

同年11月13日、ヨルダン軍総司令官ジェイッド・ベン・シャケラの招請でソ連軍代表団がヨルダン訪問。代表団長はソコロフ。(同日付け『赤い星』)(47)

翌年の1978年2月ソコロフは元帥グループの仲間入れした。1978—1979年の期間は、オガルコフがSALT-IIの問題で奔走していた時期でもあるが、ソコロフは依然として第3世界への軍事外交やソ連軍の整備のために駆け回っていた。

1978年2月21日、ソ連軍創建60周年記念祝典。総括報告者はソコロフ。(『プラウダ』、同年2月22日号)

同年4月2日、ソコロフのモザンビーク訪問。モザンビーク革命議長マーシェルと会談。(同日付け『プラウダ』)

同年6月7日、イエメン共和国の国防相アンタールの訪ソ。ウスチノフとの会談に同席したのは、ソコロフ、ゴルシコフ。(『プラウダ』、同年6月8日号)

同年10月31日、クレムリン宮で革命記念日パレードの準備会議。会議を主宰したのはソコロフ。(『プラウダ』、同年11月1日号)

1979年8月22日、ソ連—モンゴルの対日戦勝記念レセプションがモンゴル大使館で開催。軍人として参加したのはソコロフ。(同日付け『プラウダ』)

同年9月8日、モスクワ戦車の日記念式。ソコロフとエピシェフが参加。(『プラウダ』、同年9月8日号、『イズベスチヤ』、同年9月9日号)

同年9月25日、メキシコ国防相ロペスの訪ソ。空港で彼を迎えたのは、ウスチノフ、ソコロフ、メキシコ大使。(『プラウダ』、同年9月26日号)

これだけの経歴の持ち主であれば(48)、1970年代半ばソ連が対アジア・アフリカ軍事外交で成功を収めたと評価される(49)に貢献した人物とも言えよう。そして国防省内でアフガニスタンへの軍事介入問題がとり上げら

2. 国防省の光と影

れた場合，彼ほど相談や諮問に適切な人物はいなかっただろう。彼はすでに1979年半ばからアフガニスタン問題に取り組んでいた。

1979年6月28日，アフガニスタン委員会の4人はアフガニスタン問題に関する協同作戦を開始するに至った。外交チャンネルのポノマリョフの派遣，GRUやKGBの特殊部隊，そして経験ある将軍の派遣がそれであった。これは協同作戦であると同時に，各々の機関が独自的な行動をしてもいいと政治局のレベルで認められたという意味合いをも持っている。同日4人が政治局に提出した稟議書は，「いろんな客観的情況においてDRAの状況は難しい。これは経済的な後進性，労働者階級の不足，そしてNDPAの脆弱性とも関連があるが，主観的な諸原因のせいでその難しさは増している。すなわち党と国家における指導部の協調性の欠如，事実上すべての権力のタラキー＝アミンへの集中がそれである。彼らは頻繁に法の破壊や失策を犯している[50]。……反革命勢力との闘争におけるアフガニスタン政府の基本的支柱は軍隊である。最近この闘争にもっと積極的に参加するのは保安軍と国境守備軍，それから現に創設されている自衛軍である。しかし住民の幅広い層を反動との闘争に引き寄せるのは不十分であり，それ故に状況の安定のためにアフガニスタン政府が取っている措置は効果がない」と力説していた[51]。

ソ連外務省，KGB，国防省，そしてソ連共産党中央委員会国際部が対策として提示したのは，「アフガニスタンの中央軍事顧問団への援助として，部隊（師団と連隊）で直接働かせるための将校団とともに経験ある将軍の派遣，バグラム飛行場のソ連飛行中隊の防御や警備の保障のために，飛行機整備士の服装（上下連結作業服）をしたパラシュート空挺大隊の派遣，ソ連大使館の警備のために大使館職員に偽装させたKGBの特殊部隊（125—150名）の派遣，そして急激な情況の悪化に備え，特別に重要な政府の施設の保護のためのGRU特殊部隊の派遣」であった[52]。翌日政治局はこれを承認した。

GRU特殊部隊の組織はすでに5月から始まっていたが，派遣される将校団の構成や代表は決まっていなかったようである。将校団の派遣は，これらの問題に関する準備過程を経てから，8月中旬になされたのである。

ポノマリョフ派遣の帰趨を観望する意味もあったであろう。経験ある将軍率いる派遣将校団の組織に取り組んだ人物は，参謀本部の人間でなくセルゲイ・ソコロフ元帥であった。

経験ある将軍 ── 混乱の加重

ソ連地上軍の戦闘準備総局のヴィクトル・メリムスキー大将は，アフガニスタン出張のためにソコロフに呼び出されたのを8月のある日と憶えている。彼がパヴロフスキーとともにカブールへと向かったのが17日のことであるから，おそらく8月の初め頃だっただろう。ソコロフに会ったメリムスキーが言われたのは，「アフガニスタン指導部は自国軍隊の戦闘力の向上に必要な武器と戦闘機器，それから多様な戦闘物資の供給を要求し続けている。それどころか，わが軍隊のアフガニスタン投入問題さえ提起している。向こうのわが顧問たちや大使も，軍事的支援提供の必要性を認めてはいるが，その規模ははるかに小さい。それで地上軍司令官イヴァン・パヴロフスキーを団長とする非公式軍事代表団を派遣する決定が下された。代表団は現場のすべてを調べるべきだ。……貴局から2─3人を選び抜きアフガニスタン状況の研究に着手せよ。私のスタッフから資料を受け取って戻るようにせよ。具体的な課題はパヴロフスキーも含めた代表団全員を集めてから決定する」ということであった[53]。ソコロフのスタッフはすでに資料の集めや纏めを終えていたのである。

数日後，パヴロフスキーを含む代表団全員が呼び集められた際，ソコロフは代表団の課題としてアフガニスタン軍の戦闘力レベルの判定，軍事援助規模の確定，反乱軍の壊滅のための軍事行動の計画およびその準備におけるアフガニスタン軍司令部への協力提供を指示した。そして「アフガニスタン将校たちとの会談ではいかなる約束もすべからず，公式的にはわが軍のアフガニスタン投入の可能性の検討にも加わってはならない」と強調した[54]。

このようなソコロフの強調は，「状況の安定のためにアフガニスタン政府が取っている措置は効果がないので……アフガニスタンの中央軍事顧問団への援助を」提供するというアフガニスタン委員会の提案および政治局

の承認に符合するものであったが,派遣される当事者たちが感知した空気は,代表団の事実上の任務はアフガニスタン軍部隊や支隊の戦闘行動を準備,組織,指導する事実上の軍事介入の一歩を踏み込むことではないかと思わせるものであったという。メリムスキー将軍自らがそういった不審な考えをしたと振り返っているだけでなく[55],派遣団の代表パヴロフスキー地上軍司令官も同様の疑惑を抱いていた。カブールへと飛ぶ前にパヴロフスキーは,ソチで休暇を楽しんでいるウスチノフに直接電話をかけ「アフガニスタンへの軍投入問題が計画されているのか」とたずねて,「そういった計画はない」とのウスチノフの返事をもらったという[56]。メリムスキーとパヴロフスキーが自分たちの回想で,派遣将校団の真の目的が軍事介入のための事前調査であったことを隠しているのでないとしても,すなわち彼らが言われたとおりの目的以外に何の企みもなかったとしても,軍事介入という可能性が一つの選択肢として国防省軍首脳部特にソコロフの頭の中の一隅を占めかかっていたのではなかろうか[57]。

　実際に8月の段階で詳細な軍投入の計画が立てられていたとは思えないが,ソ連軍出兵の可能性あるいは賛否に関する議論は,ポノマリョフのカブールからの帰国からパヴロフスキーの派遣までの間の時点で芽生え始めたのである。

　ともかく,8月17日ソ連地上軍司令官兼国防次官であるパヴロフスキー上級大将は,12人の将軍,50人の将校を率いてカブールに着いた[58]。彼は1968年のチェコスロバキアに対する強硬主戦論者として知られており,チェコスロバキア侵攻作戦の成功的な遂行でソ連邦英雄の称号を授けられた人物でもあった[59]。しかも1967年ソ連地上軍司令部の再建以来,その司令官を務めてきた,ソ連軍地上戦闘の最高責任者であった。したがって国境を接しているアフガニスタンに対する軍隊投入の問題を考慮するときも,彼は打って付けの人物であったであろう。「経験ある将軍」として彼は,アフガニスタンも数回訪問したことがあった[60]。但しパヴロフスキーは1979年2月24日に70歳の誕生日を迎え[61],国防省内ではウスチノフ,エピシェフとともに70代の最高齢将軍の一人であった。老齢というのは老熟を意味すると同時に積極性の衰退をも意味する。

第4章　将軍たちの日々——1979年8月から9月まで——

　17日正午カブールに着いた一行は、ソ連大使館でプザノフ、ゴレーロフ、そしてカブール駐在KGB代表ボリス・セミョノヴィッチ・イヴァノフの報告を聴取した。メリムスキーによれば、この席でイヴァノフはメリムスキーに、「アミンはアメリカで留学していた当時アフガニスタン留学生の同郷会を率いており、この事実が、CIAが彼に注目するようになった要因だった。彼がCIAに雇われている可能性がある。アミンは権力を独り占めしようとしており、アメリカの支援を狙っている」との評価書を見せたという(62)。このエピソードだけでは、現地のKGBが本当にアミンをCIAのエイジェントと疑っていたとは言い切れないが、カブール駐在KGB要員たちが、軍事顧問や党顧問たちとは、アミンに対する見解を異にしており、他の機関のソ連人たちの親アミン的な振る舞いに不満を抱いていたとは言えよう。現地KGBの副責任者モロゾフも、NDPAへ派遣されたソ連人顧問と軍事顧問たちがアミンを信用しすぎていたと、自分の回想で述べている。「アミンの言葉や行動に対する無批判的なアプローチが、モスクワから来た顧問団大多数の特徴であり、KGB要員たちの情報よりは中央委員会の情報伝達者たちの情報がもっと信頼された」ということである(63)。イヴァノフの行動はパヴロフスキー代表団に対する牽制の意味もあっただろう。

　8月20日パヴロフスキーは、タラキーおよびアミンにそれぞれ別の会談を通じて会った。タラキーはパヴロフスキーに、「アフガニスタン軍は戦闘技術、兵器そして組織的な教育に欠いているため……向後2年以内に強力な軍隊に鍛えられるよう願うわれわれにとって、あなた方は必要な処方をしてくれる医者に等しい」との感謝の言葉を披瀝した(64)。代表団がタラキーから受けた印象は、穏健で妥協的な人物だというもので、決断力を欠いた人、激烈な状況の真ん中に立たされているとは決して思わせない人であるというものであった。しかし同日会ったアミンはそれとはまったく対照的な人間、すなわち豊富なエネルギーの持ち主で自分の価値を熟知している強い意志の威圧的で利口な人というイメージを持たせたという(65)。アミンはタラキーとは違い、積極的にソ連軍の投入を求めた。メリムスキーの回想によればアミンは、「わが革命はその根源が10月革命に

拠るものであり、われわれは貴党の経験を借用している。われわれにはあなた方と同様の一般的課題があって、その他にも……初期状態にある4月革命を防御すべき課題がある。……ソ連がアフガニスタンに分遣隊を投入してくれれば、アフガニスタンの軍部隊を機関の警備から解除し反革命分子たちとの闘争に使えるようになる。投入されたソ連軍が反軍との戦闘に使われることはないだろう」と語った。パヴロフスキーは「本代表団はそういった問題を検討あるいは決定する権限を持っていない」と答えた[66]。

パヴロフスキー代表団とアミンの対話はパヴロフスキーの報告書でも確認されうる。パヴロフスキーはアミンとの対話内容を翌日モスクワの参謀本部に報告した。

　会談でアミンは、ソ連が兵団（1千5百—2千）、「コマンド」（パラシュート空挺部隊）の投入・配置に同意すれば、カブール地域に重武装兵力（戦車、砲兵およびその他の部隊）を含む大規模の兵力を集中投入できるし、この兵力を他の地域での反革命軍との戦闘にも活用しうると語った。このコマンドはバーラー・ヒッサル要塞に配置するものであり、反革命軍の問題の解決にはソ連軍を加わらせないということであった。
　さらにアミン同志は、カブールの防御にあたっている都市高地帯の77対空高射砲隊が信用できないと述べながら、その兵力に代わってソ連の分隊を入れる問題を提起した。……
　　　　　　　　　　　　　1979年8月21日　パヴロフスキー[67]

アミンの要請したソ連軍の規模は、自分が信頼し得ないアフガニスタン軍のカブール警備隊に代わってアフガニスタンの首都を警備できるほどのものであった。3月のヘラート反乱の時にタラキーがソ連政府に要請した全面的な支援とは違い、アミンの要求はごく限定されたものであった。それは1個師団の兵力にも至らないものであり、そのような兵力支援要請の動機も、カブールすなわちNDPAの指導部の警護のためのものであった。2カ月前の6月14日中央軍事顧問団長ゴレーロフに、アミンは「敵

が人民宮殿の警護員たちを買収し、国家指導部を打ち倒そうと画策している。もはや人民宮殿を警備する者たちも信頼できない。人民宮殿の政府やバグラム、シンダンド飛行場のソ連人乗務員の保護のために（兵力を）支援してくれるよう」要請したことがあった(68)。

ソ連政府は6月29日の政治局の決議でKGB、GRUの特殊部隊の派遣と、1個大隊兵力の空挺部隊をバグラムやカブールの主要地域へ送り込ませることを採択したにもかかわらず、アフガニスタン指導部にはこの事実を隠していたのである。7月11日、タラキーがカブール駐在KGB代表に「首都での急激な状況悪化に備え大隊規模のソ連軍特殊部隊をカブールに秘かに配置してほしいとの意見を披瀝した」し(69)、同月ポノマリョフがカブールを訪問したときも、「非常状態が発生する場合は、カブールに空挺師団を投下すると約束してほしい」とのタラキーの要請があったが、ともに拒んでいた。

アミンも、7月21日にはプザノフに、そして24日にはKGB代表に、8月12日にはゴレーロフに同様の要請をし続けた(70)。しかしソ連指導部からの肯定的な回答はなかった。要するに、特殊部隊の組織を含めたソ連軍部の小規模特殊部隊の準備は、アフガニスタン指導部からの一連の要請とは関係ないものであり、カブール政権にも秘密にして進められていたものである。

ソコロフから軍事的支援に関する一切の言及は回避せよと指示されたパヴロフスキーも、アミンの軍事的支援要請には難色を表明した。8月25日ゴレーロフとともにアミンに会ったパヴロフスキーは、「反乱軍との戦闘のためにカブール警備隊2個師団兵力のうち1個師団が移動できるよう、ソ連軍の投入を考慮してほしい」というアミンの要請に、「ソ連軍の投入は地域の軍事・政治的状況をより悪化させ、反乱軍へのアメリカの援助を強化させかねない」と拒絶した(71)。そしてパヴロフスキーは「アフガニスタン軍が充分な兵力を保っている状況では言うまでもない」とつけ加えた(72)。

25日の会談にパヴロフスキーに随行したメリムスキーもほとんど同じ内容を述べている。彼の回想によれば、タラキーやアミンとの最初の会談

2. 国防省の光と影

後、アフガニスタンの11個地上軍師団兵力のうち7個を選び調査作業に取り組んだメリムスキー一行は、全体的な兵力の分布から見てソ連式の戦闘設備を充分に整えている15万名兵力のアフガニスタン正規軍が、約2万5千人位の分散しかつ武装も充分でない反乱軍を相手に手こずっているとの印象を受けたという。メリムスキー一行は、アフガニスタン軍にとって重要な問題は外部の敵でなく、いわゆるネポティズムによる階級秩序の紊乱であると判断した[73]。

　パヴロフスキーは25日の会談で、この問題を提起し詳細に調べてみるというアミンの肯定的な答えを耳にした。会談の過程で話題が「ソ連の軍事的支援」に辿りつくとパヴロフスキーは例の「権限外」という答弁を繰り返した。すると、アミンは「貴政府に私からの要請を伝えてもらいたいと言ったじゃないか」、「なぜ貴政府は緊急問題の決定のための私との会談に同意しないのか。何度もこのような要請をしたが、回答をもらえなかったのは非常に残念なことだ」と不満を吐露したという[74]。アミンがソ連からの軍事的支援を得ようと躍起になっていたことは確かであろう。特殊部隊の組織に取り組んでいたにもかかわらず、ソ連がアミンの要請に背を向けたのはなぜだろうか。沈黙には二通りの意味がある。一つは拒絶であり、もう一つは隠蔽である。

　アフガニスタン正規軍の対反乱軍戦闘力量およびソ連軍の投入可能性に関するパヴロフスキーの判断はメリムスキーのそれと軌を一にしていた。パヴロフスキーは、1991年『ズナーミャ』誌とのインタビューでこう主張した。「アミンは、空挺旅団派遣の要請をウスチノフに伝えてくれるよう私に頼んだ。それをもって反乱軍グループを一掃するということであった。彼は、1個旅団でもいいと言った。しかし、たとえ1個旅団と言っても、他国の領土での軍事活動をするためには非常に深刻な理由があるべきだ。私はそのような理由を見付けられなかった。アフガニスタン人民民主党の内紛が種族間の反目を深めてはいたが、その瞬間にも外部からの侵入の脅威はまったくなかった。事実、少数の叛軍組織は考慮の対象にはなりえなかった。本当に空挺部隊が進駐する必要があるだろうか。彼らを配置する場所さえなかったのだ[75]。」パヴロフスキー一行は10月末頃モスク

ワからの帰国命令を受けるまでアフガニスタンの諸軍部隊を見てまわった。モスクワに戻る途中パヴロフスキーは国防相への最終報告をメリムスキーに見せたという。その報告書で，メリムスキーはソ連軍のアフガニスタン投入が妥当ではない，という表現があるのに注目したということである(76)。

　パヴロフスキー軍事代表団の63人の一行の中に，代表団長や彼の補佐役のメリムスキーとは別の任務を下達されて送り込まれた軍人がいる可能性を排除することはできないが，今のところパヴロフスキーの証言とメリムスキーの回想，そして公開されている幾つかの報告書資料から判断すれば，「経験ある将軍」一行は，自分たちに課された任務を忠実に遂行し，ソ連軍の投入は不要であるとの副次的な評価までをモスクワに上申したことに間違いない。しかしパヴロフスキーの報告に接したモスクワ指導部の混乱はさらに加重したであろう。大使と中央軍事顧問団は，軍事的支援要請を肯定的に報告していたし，KGB要員たちはアミンを白眼視していた。党中央委員会の顧問たちのようにアミンを肯定的に評価する連中もいるかと思えば，サフロンチュクのようにアミンを貶す人もいた。それに加えてパヴロフスキーはアミンに対する評価はともあれ，軍事的観点からソ連軍の投入は不要であると判断していた。

　このようにさまざまな評価にモスクワは困惑しただろう。特に，アミンに対する評価はもちろん軍投入の可否の問題においても矛盾した報告を受けたウスチノフは，状況判断に大いに迷ったであろう(77)。

　パヴロフスキーは軍人としての自分の判断に忠実であったかも知れないが，自分のカブール滞在中の9月14日に生じたクーデターによってモスクワの認識の変化はもちろん，ソ連指導部の選択できる対案の幅が非常に狭くなったことに気づいていなかったようである。もしそれが分かっていたら，軍事的・専門的判断にはこだわっていなかっただろう。11月3日に彼を迎えたウスチノフが冷たい態度を見せた理由を，彼はほんとうに分からなかったのだろうか。

3. 陰謀と野望

スペツナズと空挺部隊

6月29日の政治局会議で決まったことのなかで，軍事的な動きとしては，「経験ある将軍」の派遣以外にも，第一に「バグラム飛行場のソ連飛行中隊の防衛や警備の保障のために，飛行機整備士の服装（上下連結作業服）をしたパラシュート空挺大隊を，アフガニスタン側の同意を得てDRAへ派遣すること」と，第二に「ソ連大使館の警備のためにKGBの特殊部隊（125—150名）を大使館職員に偽装させ，カブールへ派遣すること」，それから第三に，「急激な情況の悪化に備え，特別に重要な政府の施設を保護するために，参謀本部のGRUの特殊部隊を今年8月始め頃まで訓練させ，DRAのバグラム飛行場へ送ること」があった[78]。

第一の特殊部隊の派遣のために，アフガニスタンとの国境から最も近いウズベキスタンの軍事都市フェルガナの空挺師団の再編が行われた。イヴァノフのノンフィクションによれば，ソ連空挺団の副司令官 N. N. グスイコフ中将が空挺団司令官 D. S. スホールコフ大将からフェルガナ空挺師団の再編を命じられたのは，7月2日のことである[79]。フェルガナの空挺師団を解体し，そのなかから1個連隊兵力を一つの独立梯隊として組織すること，そして師団のなかで1個大隊兵力を選り抜いてバグラムへと飛ぶ準備をさせることであった[80]。師団を再編し独立梯隊を組織したのは，おそらく中央からの直接的な統制を受ける単位部隊が必要であったからであろう。

続いてイヴァノフによれば，選り抜かれた空挺大隊はロマンキン中佐を長として，7月7日バグラム飛行場に空輸され，ゴレーロフの統制の下におかれた[81]。イヴァノフのこの叙述はノンフィクションとして証拠を提示していないが，当時ソ連軍空挺団の偵察局長アレクセイ・ククーシキン大佐の回想から「モスクワとカブールの公式的な合意によって，アフガニスタン空軍基地の再建や警護の目的でソ連のパラシュート空挺部隊が，1979年7月フェルガナからバグラムへ移動した」ことが確認できる。そ

れからククーシキンは、フェルガナ空挺師団の再編の責任者が空挺団の副司令官 N. N. グスイコフ中将であったことも述べている[82]。

第二の KGB の特殊部隊の編成およびカブール駐在ソ連大使館への派遣は、10月まで実施されなかった[83]。

第三の課題、すなわち GRU 特殊部隊とは、「ムスリマンスキー」大隊、すなわち5月初め頃 GRU 司令官イヴァシューチンの命令を受け、トゥルケスタン軍管区の元旅団長で当時 GRU に所属していた V. V. コレースニク大佐がタシケントでトゥルケスタン軍管区と中央アジア軍管区の兵力から組織したあのスペツナズである[84]。このスペツナズの本来の目的は、政治局の決議によれば「急激な情況の悪化に備え、特別に重要な政府の施設を保護すること」であったが、実際には、アフガニスタン大統領官邸の警備とされていた[85]。しかし、このスペツナズも出動しないまま待機状態にあった。

この一つの空挺部隊と二つのスペツナズが企画・組織され始めたのは、すべてポノマリョフのカブール訪問以前のことである。すなわちスペツナズおよび空挺部隊の組織・派遣の計画はすでに6月末に立てられていたが、その実行はアフガニスタン状況の変化を見守りながら行われるようになったのである。

アフガニスタン委員会の計画どおりであるなら GRU のスペツナズが訓練を終えカブールに向かったはずの8月5日、カブール近郊の要塞バラ・ヒッサルの警備部隊で反乱が発生したが、アフガニスタン政府軍によってすぐ鎮圧された。政府軍は戦車とヘリの機銃掃射でカブール周辺を完全に掌握し、住民に対してはヘリからのビラ散布、宣伝トラックの動員、ラジオ放送などを利用する心理戦を繰り広げ、わずか数時間で鎮圧作戦に成功した。この過程を見守っていたアメリカ大使館は国務省に送った報告で、「6月23日起きたハザラ・シアの蜂起と同様、反乱軍は都市の地域で重要な支持を獲得するのに失敗した」と述べた[86]。カブールはソ連が懸念するほど危うい状態ではなかったのである。

10日後の16日アメリカ大使館のアムスタッツが国務省に送った報告もアフガニスタン情勢を、緊迫したものと描いていない。この報告書による

3. 陰謀と野望

と,「現在アフガニスタンで活動する主要反政府グループは, ヌリスタン東部（カブールから近いパンズィシリ渓谷）, 首都東南部のパザイ地方（パキスタンの難民と連帯して活動する多様な公式グループ, 特にグルブディン・ヘクマチアルとセイエッド・アフマッド・ガイルラニのグループの本部のあるペシャーワル, そしてガルデズやガーズニ市に至る地域）, 月の形をしている中央地域（ハザラ・シア……）, ヘラート市の周辺地域（イランの影響や経験のある地域）, ヒンドゥークシの北部トゥルクメンとウズベク地方」に広範に広がっていた[87]。しかし,「これらの反政府勢力は分裂し本質的にリーダーシップを欠いている」ため,「現（アフガニスタン）政権の成功的な鎮圧により, すべてが主要居住地域から追い出されている状態」であり, さらに「アフガニスタン反政府勢力は団結するどころか互いに（協同の作戦のための）協調さえ出来ない状態」にあるにもかかわらず,「その方向へ進もうとする努力の様子も見えない」実状であった[88]。アムスタッツの結論は,「反政府勢力の背丈は10フィートにも足らない。反政府勢力はハルク政権に問題を提起してはいるが, 彼らにも障碍があって, アフガニスタン共和国の崩壊が避けがたいものとは必ずしも言えない。たとえば,（意図的であるとは思われるが）各反乱勢力はそれぞれ一つの都市の拠点しか確保していないのである。……全国的な忠誠を受ける反乱勢力の指導者として浮上した人物もいなければ, 反政府勢力の間の協調もなされていない。しかもそのような全般的なプランさえない。いままで反政府勢力はおもに政権の失態や弾圧により, かえって拍車がかけられた。しかしこのような諸要素は本質的にネガティブなものであるのだ。ハルク政権が, これ以上失策を犯すことなく賢明な策を展開するならば, そして反乱軍が統一した指導力の下に自らを組織できないなら, ネガティブな諸要素が, 強くてよく武装した政権を転覆するに要求される苦難や苦労にどのくらい長く耐えられるのか確言することはできない」ということであった[89]。

8月10日, 11日, そして12日三日連続のアフガニスタン指導部のソ連に対する兵力支援要請に加勢して, カブールのソ連代表たちも「カブールにソ連軍特殊部隊3個大隊兵力を配置してくれるよう」求めたが[90], ソ連からの回答はなかった。当時はまだパヴロフスキーがカブールに着く

前で、ソ連はアムスタッツと同様アフガニスタンが政治的には混乱しているが軍事的には深刻な状態に陥っているのではない、と判断していたのである。そのようなある程度楽観的な見解はソ連外務省の人間によっても示された。

8月14日、駐モスクワ・フランス大使館の代理大使ジャック・デュポンに会ったソ連外務省の中東局長ボルディレフは、アフガニスタンの情勢について、「難しいことではあるが、目下アフガニスタン革命は過渡期にあるため、驚くべきことではない」と主張し、「8月5日カブールで生じた事件は外部国家の介入によって引き起こされた事件であり……しかし状況はもうしっかり掌握されたと、アフガニスタン政府から聞いた」と述べた。ソ連のアフガニスタンへの介入可能性についてもボルディレフは、「ソ連はアフガニスタン指導者たちに対しうまくこなしている。両国関係はとても良好で、ソ連はアフガニスタンの将来を楽観している」と述べつつ、「ソ連はどんな形の介入にも反対の立場である」と強調した(91)。

8月5日の不発クーデターが未遂に終わったこと、そしてそれを境目にアフガニスタンの軍事的な情勢が小康状態に入ったこと、それにまだパヴロフスキーの働き掛けが始まっていないことが、ソ連としては二つのスペツナズの始動を遅らせる動因となっていたのである。一時的な楽観、自信、そして観望の気分を1979年8月のモスクワは味わっていたのかも知れない。

このような気分はカブールのKGBも分かち合っていた。8月15日カブールのある社交の集まりで、ソ連の外交官（カブールの米大使館の外交官たちはそう信じていたらしい）アレクサンドル・モロゾフから聞いた話とそれに関するコメントを本国国務省に打電したアメリカ大使館の政務官ジェームズ・テーラーの報告書によると、「モロゾフは、アフガニスタンに対するアメリカの敵対的な政策を非難しながらも……結論として、カブールの現政権に対する現在の反政府勢力は、完全に無責任であり、それは正当化されがたい反ソ連的原則に立脚しているため失敗する運命にあると述べて」いた。さらにテーラーは、「モロゾフは、もしここの多くの顧問たちや他の官吏たちを保護する必要が生じれば、ソ連指導部がカブールへ軍隊

を送ってくれると信じているように見えた。もちろんわれわれは，モロゾフがこう語ることによってただ自分の精神に自信感を吹き込もうとしているのか，もしくは彼がほんとにソ連の当面の計画を知っているからそう語っているのか，分からない。この点で次のようなことに注目すべきである。すなわちカブールでの暴力事態が発生したとき（たとえば6月23日と8月5日），ただちに大勢のソ連人居住地域はもちろんソ連大使館の周辺を防御したのはアフガニスタン軍であった」と自分のコメントをもつけ加えている[92]。KGBのカブール支局の副責任者として，モロゾフはパヴロフスキー代表団の派遣が差し迫っているのはもちろん，KGBの特殊部隊が出動を待っているということも知っていただろう。

　総じて，モスクワからのスペツナズ派遣が延ばされたことには二つの判断が前提となっていただろう。その一つは，カブールを中心とする主要地域がいまだ反政府勢力に侵されるほどの危険には晒されていないという判断である。アフガニスタンの反政府勢力が，軍事的な観点から見れば微々たるものに過ぎず，しかも統一されていない多種多様な勢力のバラバラ状態にあるということは，米国人だけの判断ではなかっただろう[93]。もう一つは，アミン締めだし工作に取りかかったポノマリョフの働きかけと軍事的な状況を探索していたパヴロフスキーの調査の結果を見てから，実行に移しても遅くないという判断であっただろう。

　しかしモスクワの観望の姿勢もほんの暫くのことであった。9月末になって空挺団の偵察団が動き出すようになり，その後1カ月の間隔を置いてKGBとGRUのスペツナズがカブールへ送り込まれるようになったのである。アフガニスタン情勢に急激な悪化が見られたか，あるいはカブール政権に対するソ連指導部の認識の変化があったか，どちらかであろう。

1979年8月，西側の目

　前述した5月下旬のトゥーンの報告書および8月上旬のアムスタッツの報告書より読み取られるのは，米国の判断では，1979年前半のモスクワは軍事介入の用意がない，しかし少しずつアフガニスタンという泥沼にはまり込んでいるということである。確かに，小規模の軍事的な準備をして

いたにせよ、1979年9月上旬までソ連の政治指導部にはアフガニスタン問題を武力で解決するというような考えはなかった。アミンを追い出し、カブール政権の政治的基盤が拡大できるような人物を含む新しい政権が整えられれば、と思っていたに違いない。

8月に入り、米国は上のような独自の判断に加え、ソ連―アフガニスタン関係に関するNATO同盟国の意見や情報を聴取・総合する作業に取り組んだ。KGBのカブール支局がモスクワから「アミンとタラキーの間に深刻な不和や異見はないか、そしてNDPA内にアミンよりもっと強力な人物はいないのかについて分析を要する」との照会の指令を受けた[94]。8月上旬から、西側ではNATO諸国の政治委員会（POLAD）が開かれ、米国代表メーナード・グーリトマンは「アフガニスタンに対するソ連の意図に関する共同の評価」について「持続的な意見交換」を提案した[95]。8月7日の初会議では、アフガニスタンの内部情勢、ソ連の意図、アフガニスタンとパキスタンの関係が議題となったが、主なテーマはアフガニスタン反政府勢力に関する各国の評価や見解であった。書面で提出された報告でカナダは、「武装反乱軍は増えている一方ではあるが、結集の見込みはない。彼らにはタラキー政権の打倒のための共同軍事作戦の能力さえ見えない。軍内部での非忠誠分子の存在や装備不足などの問題を抱えているにもかかわらず、アフガニスタン政府は存続に必要な都市中心地域での統制を確実に掌握し続けられると見られる」とアフガニスタン政府の生存能力を楽観視し、ソ連の立場については、「ソ連がタラキー政権を倒しアフガニスタンの大衆にアピールできる新しい政権を立てようと企てているとの噂が取り沙汰されているが、実体的な証拠はない。ソ連の最高の目的は、アフガニスタン政権に別の変化を起こさせず自分の手中に縛っておくことにある。したがってできる限り現政権を維持させ、それが限界にぶつかった場合は新しい政権の樹立を考慮するだろう」との見解を披瀝した[96]。ソ連にとっては現状維持が最高の政策であるとの見方を述べたのである。

西ドイツ代表は次のような見解を示した。「（ソ連がアフガニスタンにブレジネフ・ドクトリンを適用するのは）危険を伴うもので、果たして積極的に介入するかどうか疑わしい。何よりもそれはアラブ・イスラム圏からの否

3. 陰謀と野望   193

定的な反応を呼び起こしかねない。モスクワは現にそのような危険は甘受できるという心構えにあるかも知れないが，アフガニスタン内部の反発は予想よりもっと深刻なものとなるだろう。現在まで外部の侵略や植民統治の経験もなく，常に敵に立ち向かい闘って来たアフガニスタン人たちは自由という価値を大切にする民族でもある。もしソ連が介入するようになれば，アフガニスタン人たちは今までの種族間葛藤を忘れて，一つとなって闘うだろう。

　果たしてソ連がこれに打ち勝つことができるのだろうか。アフガニスタンは80％が山岳地域であり，なお道路も整っていないため，地理的にも接近が難しい。しかも好戦的な山岳種族に馴染みのゲリラ戦では彼らが有利であることはいうまでもない。ソ連の軍事的介入は，予測不能な長引くゲリラ戦を招きソ連軍を長期間縛りつくことになるだろう。もちろんソ連が現カブール政権を支持する行動に出るのはたしかである。軍隊も送るし顧問団の数も増えるだろう。モスクワが（投入する）ソ連軍をウズベク人とタジク人から組織する可能性がある。彼らに（アフガニスタン）軍服を着せれば区別がつかない。しかし，現段階では，モスクワにほんとうに軍事介入の危険を甘受する用意が出来ているかについては，判断しがたい[97]。」もしもソ連が冒険をするのであれば，偽装兵力を使う程度に止まるだろうとの判断であった。

　トルコ代表は中東国家らしく，イランやパキスタンと関連した情勢についても触れたが，ソ連とアフガニスタンの関係に関しては，あるアラブ国家大使の言葉を引き合いに出して「今年6月8日タラキーがソ連軍の投入を要請するためにモスクワに行った。ソ連はこれを拒絶し，経済支援の継続だけを約束した」と紹介した[98]。これは3月のことの間違いであるが，引き続きトルコ代表は，「もしソ連がアフガニスタン国民と直接対決することになれば，ベトナム型の冒険に陥ることとなるだろう。それゆえソ連は状況が悪化する場合（アフガニスタン政権の）構成員を入れ替えることにより，なるべく現状を維持しようとするだろう。それは，ハルクの誰となるか，あるいはパルチャムの誰かであろう。その作業が血を流さず成就できるか否かは予測しがたい。もし（政権改編の作業が）マルクス主

義者たちの間に権力闘争を引き起こすことになれば、反政府勢力にいい口実を提供する結果となりかねない」と述べた(99)。モスクワの意図やそれにより生じうる問題を比較的正確に指摘する情報である。

　最後に行われたイギリスの報告もソ連のジレンマを強調したものである。「現段階ソ連にとって可能な最善策は駐屯ソ連軍の増強しかない。ロシアが必要以上にアフガニスタンへ足を踏み込んでいるのも事実であるが、しかし当面は体面を傷つけずに、そしてより深刻な損失の可能性を考慮せずには、ただちに手を引ける状況でもない。したがって、ロシアにタラキー＝アミンへの代案があれば、馬を乗り換える可能性は十分ある。問題は、いかなる代替指導者であれ、本質的にタラキー＝アミンよりは自分たちがもっとロシアから独立的であることを誇示できない限り、支持基盤を確立することが出来ないということにある。」続けてイギリス代表は、ソ連のとりうる代替馬として軍事政権の樹立の可能性があると報告した(100)。

　結局のところ、NATO諸国の観点は、アフガニスタン反政府勢力には希望の光が見えない、ソ連は当分の間カブール政権の交替を試みるだろうが、その策も現段階では実現しがたい、だからこそソ連はジレンマに逢着している、とのことであった。翌日グーリトマンはこの会議の内容を国務省に報告した。8月20日の米国務省の返事は、ソ連の意図に関する予測や展望に触れるのを避けているが、アフガニスタンの政府軍と反政府勢力の間の軍事情勢については、POLADの論議と軌を一にするものであった。「アフガニスタンの反政府運動が分裂しており、かつ（諸派に）同意されたリーダーを欠いているという……意見に同意する。（反政府勢力の）このような弱点と、ごく基本的な兵站的支援および重火器の不足は、反政府勢力の政権に対する調和した攻撃を妨げるし、容易に都市や施設を占拠するのを妨害する要因である。にもかかわらず叛軍が非効果的であるとは言えない。彼らは地方で政権の統制を揺さぶっているし、現在はヘラートのDRA権力を脅している。すなわち軍隊と主要道路、都市近郊の地域を脅しているのである。しかしながらDRAは、その政府軍──特にカブールの重要武装部隊および空軍兵力──に、叛軍および脱走兵たちに立ち向

3. 陰謀と野望

かい政権のために戦う用意さえある限り，依然として優位を占めうるであろう[101]。」

8月21日，再び開かれたPOLAD会議では，NATO諸国の駐モスクワ大使館からの報告を中心に話が進んだ。しかし，グーリトマンが国務省に送る報告書に示された内容から見る限りこの会議は，モスクワの真の狙いがどこにあるのかについて各国のモスクワ大使館からのエピソードが飛び交わされたくらいで，ただの情報交換のための集まりにしか見られない[102]。ところが，この日に述べられた各国の意見のなかで，グーリットマンが報告書の最後のところに載せた二つの見方は，まさに1979年8月のソ連の立場を的確に説明するものであった。

その一つはオランダの報告で，情報に基づくものというよりは状況から判断された，向後のソ連のとりうる行動についての論理的な予測であった。「(アフガニスタンの) 反政府勢力の力は大したものではない。都市地域は政府が掌握している。反政府勢力による政府転覆の危険はない。むしろ危険なのは(政府)軍の離反の可能性である。もしソ連が軍事介入に乗り出せば，インド洋に近づくことになるかも知れないが，次のような深刻な結果をもたらすであろう。1) 軍の増強や介入によっても，アフガニスタン問題の平定の見込みはない。2) 全面的な軍隊投入はソ連―イラン，ソ連―パキスタンの関係を悪化させるだけである。3) 介入は非同盟諸国，とくにアジアとの関係に否定的な影響を及ぼしかねない。4) アラブ世界におけるソ連の立場も弱まる。5) 大陸中国との関係にも影響が出る。6) 対米関係，とくにSALT-IIが危うくなる。したがって，モスクワにとって最善の道は政治的解決である。すなわち現アフガニスタン政権を幅広い支持を受け得る政権，しかし革命的でモスクワに忠誠を誓う政権に交替させることである[103]。」

もう一つの見方はモスクワ駐在米大使館のもので，論理的であるというよりはモスクワの空気から感じ取ったものであった。「ソ連指導部は，アフガニスタンでのソ連の政治軍事的影響力が低下する場合に備え，世論操作をしているらしい。7月28日号の『プラウダ』の一論者は，アフガニスタンについて書きながら異例にもアフガニスタンとソ連が隣国同士であ

るということに触れなかった。8月7日号の同紙は，カブールで起きた衝突を詳細に報道した。わが大使館の結論はこうである。難しい選択に直面したモスクワは，タラキー＝アミン政権が除去されるのを介入なしに見守るかも知れない。ともかく，ソ連は岐路に立たされている。すなわち1）介入の自制か，あるいは2）ベトナム方式か[104]。」NATO諸国が論理的に，それからモスクワの雰囲気に基づいて下した結論は，ソ連のとりうる選択肢は一つ，すなわちカブール政権の交替であるということであった。

　西側が賑やかな討論を通じてこのような見解を固めている頃，モスクワの孤独なアフガニスタン委員会もこれとあまり変わりない判断を下していたのである。四分五裂したアフガニスタン反政府勢力の攻撃も小康状態に入り，小規模であれ用意していたスペツナズの派遣も急ぐ必要はなくなったモスクワが，政治的解決を求めていたとすれば，それは7月から推し進めてきたアミン締め出しだったのである。とすれば，彼に代わる人物に本格的に接触し始めたのも，この「熱い夏」であったのではなかろうか。

9月の銃声，そしてその余波

　ポノマリョフとプザノフのタラキー説得は効果がなかった[105]。プザノフの目に映ったカブールの政局は，「アミンはすでに危険な存在となっており，タラキーには脅威的な存在となっていたので，タラキーがカブールを放り出して行けない」状況であった[106]。しかし9月1日タラキーは，ハバナで開かれた第6回非同盟諸国首脳会談への参加のためにキューバへと飛んだ。モスクワのポノマリョフも自分の説得が無為に終わったことを知らされていた[107]。

　サフロンチュクの回想によれば，8月中旬からNDPAの内部には，「4月革命の指導者に対する陰謀が党内で熟している」，「陰謀の加担者はグーラブゾイ，マズドゥリヤル，サルワリ，ワタンザルだ」，「タラキー同志は陰謀者に対する措置を取らず，なお黙過している」との怪文書が出回っていたという。しかもアミンは，ハバナでのタラキーが行う予定の演説文に，社会主義国家や社会主義性向の国家の政策への支持表明を入れ込むように求める自分の意見が反映されていないと，タラキーを非難したとい

3．陰謀と野望

う(108)。サフロンチュクはアミンに対する強い敵愾心を持っていたため，彼の回想を額面どおりには信じがたいが，タラキーのハバナ行きによって，アミンに対する牽制に励んできたモスクワとカブールのソ連外交官が失望したのは確かであろう。

ハバナ会議を終え帰国する途中の9月9日から11日まで，タラキーはモスクワに寄った。モスクワ駐在米国大使マルコム・トゥーンが米国務省に打電した当時の様子はこうある。

1．9月9－11日，タラキーのモスクワ訪問が非常に目立つほど広く報道されたことから判断するところ，アフガニスタンの指導者はソ連の当局から「アフガニスタン国民」に対するソ連の支援約束を再確認してもらったようだ。しかし，双方の問題における意見の食い違いがあったような兆候も見られる。

2．公表された唯一の会合は，9月10日のブレジネフ，グロムイコとの会談である。その会談について「タス」通信は，次のように報じている。

＝両国はあらゆる領域における相互関係の発展のために努力すべきであるとの条項を引き合いに出しながらソ連―アフガニスタン友好条約に触れた（しかし軍事援助に関する条項は特定しなかった）。

＝ブレジネフはタラキーに，帝国主義者および反動勢力との正当な闘争においてアフガニスタンの兄弟たちは，ソ連の包括的かつ無条件的な援助に頼り続けられると述べた。

＝会談は和気愛々で友好的な雰囲気で行われた。

＝国際的な問題に関する討議では「完全な意見の一致」があった（しかし，両国関係に関する討議については，このような表現が使われていない）。

3．9月11日タラキーの離ソ声明を伝えた「タス」の報道は，何らかの意見の不一致があったような印象を与えた。タラキーは，ブレジネフとの会談が「非常に有用」だったし，「率直かつ兄弟的な雰囲気」で関心事について話し合ったと語った。

4．コメント：……アフガニスタンに対するソ連のコミットメントは曖昧模糊としていて，DRA よりは「アフガニスタン人民」に対するものであるようだ。ソ連のテレビや新聞が報じたブレジネフとタラキーの歓談場面は，まるでタラキーがまだ最高位級のソ連の支持を受けているのを誇示するために操作されたものと見られる[109]。

外交上の言葉使いで「率直な話し合い」というのは，相当な意見の食い違いあるいは衝突があったことを意味する。トゥーンはそれに注目し，括弧を付けて報告していた。ブレジネフは NDPA の内部葛藤についてタラキーを叱責し，3月と同様タラキーに先輩としての説教をしたのではなかろうか。プザノフは，「ブレジネフが概略的にアフガニスタンの指導者に，ある危険が待ち伏せているとほのめかした」と証言しているが[110]，おそらくそれ以上の強さで，タラキー不在中のアミンの行動を知らせ，アミンに対する牽制あるいは追い出しを促したであろう[111]。サフロンチュクの回想によれば，タラキーの不在中，アミンは反「4人組」（内務相アスラム・ワタンザル，通信相サイド・モハンマッド・グーラブゾイ，国境相シェルザン・マズドゥリヤル，国家保安委員会(AGSA)議長アッサドゥラ・サルワリ）キャンペーンを展開した。サフロンチュクとの会談でも，アミンは「彼らが自分に対する陰謀を練っており，自分の血を願っている」と繰り返し力説した[112]。

タラキーがまだモスクワに滞在中であった9月10日，訓練を終えた GRU のスペツナズ，ハルバエフ少佐の「ムスリマンスキー」大隊は，タシケントでアフガニスタン軍服で偽装しカブールへの飛行を準備する途中，飛行中止命令を受けた[113]。タラキーにアミン牽制を求めたモスクワとしては，政府の主要施設すなわちアフガニスタン国家元首の安全を保護するために用意した GRU のスペツナズを微妙な時期に派遣することによって，不必要にアミンに疑心をおこさせるようなことは避けたかっただろう[114]。

9月11日タラキーはカブールに帰ったが，二日間何の措置も取らなかった[115]。国境相マズドゥリヤルは9月9日ブルガリア大使館の建国記念

3. 陰謀と野望

日パーティに顔を出したのを最後に姿を消した。そして内務相ワタンザルも9月11日タラキーを迎える空港の式典に現れて以来,姿を消した。それからカブール駐在イギリス大使は,9月13日ワタンザルとマズドゥリヤルが叛軍に拉致されたという噂を聞いた[116]。

9月12日,ジャララバードのインド領事は,当地域で広範な戦闘が行われているにもかかわらず,知事モハンメッド・ザリフが勤務地を離脱していることに気づいた[117]。同日カブールでは閣僚会議が開かれ,アミンが改革を要請した。四人の大臣の即時交替を要求したのである。これに対しタラキーはアミンを非難しながら拒否した[118]。

9月13日夕方,地方での作業に関する中間報告のためにカブールに戻ってきたメリムスキー将軍は,パヴロフスキー代表団の非公式的な参謀長の役割を遂行していたV. D. マジルカから,13日中カブールで起きたことについて次のような説明を聞かされた。「今朝アミンは……内務相,通信相,AGSA議長,国境相に対する不満を述べにタラキーのところに行った。彼の不満の要点は,この4人組,とくにそのうち二人がアミン自身の行為について公開的に不満を表しているとのことだった。彼らはアミンを首相職から追い出すために,物理的な除去を含め如何なる手でも打とうとしているとのことで,アミンはタラキーに彼らの解任を求めた。……もしそれが出来ないとしても最も反抗的な二人の大臣,AGSAのサルワリと内務相ワタンザルの解任は不可避だと,アミンは粘った。さらにアミンは,タラキーが首相の自分よりは4人組を信用することについて不満をのべた。

タラキーはアミンに,極端な手段まで取る必要はないと宥め,説得しようとした。タラキーはアミンに4人の公開的な謝罪を提案しながら説得しようとしたが,アミンは彼らの解任に固執した。官邸に戻ったアミンは政府閣僚を一人一人呼び出し,彼らがどちらの味方かを探った。それと同時に(アミンが除去しようとした)内務相は,カブールの警備部隊に,戦闘警戒態勢へ入れと命令した。彼は前に国防相だったから,軍の業務をよく知っていたのだ。この通告を受けた参謀総長M. ヤクブは,国家元首と相談したうえ,司令官たちには協力を,そして諸部隊には書記長の直接的な

許可なしには行動しないようにする措置を取った⁽¹¹⁹⁾。」

　9月13日カブールで起こったことについては，他に研究も資料もないため，メリムスキーの回想に頼るしかないが，確かにその日にはアミンとタラキーの話し合い，そしてアフガニスタン軍の怪しい動きがあっただろう。タラキーの帰国以降のカブールの政局を綿密にモニターしていたソ連大使プザノフを含む「われわれ」⁽¹²⁰⁾が，「アミンはとどまるところを知らない」と判断し，モスクワに「率直な暗号電文」を送ったのは，この13日のことである⁽¹²¹⁾。

　同日夜遅く，モスクワからの「至急電文」を受けたプザノフはパヴロフスキー，ゴレーロフ，KGBのイヴァノフ，そして通訳のリュリコフとともに人民宮殿を訪ね，タラキーとアミンに「われわれはソ連指導部の意見を伝達せよとの委任を受けて，ここに来た」と言ったうえで，モスクワからの至急電文について知らせた⁽¹²²⁾。このモスクワからの至急電文についてはN. イヴァノフのノンフィクションが紹介している。夜11時頃プザノフ，パヴロフスキー，B.イヴァノフ，ゴレーロフ宛に打たれたとされるこの電文は，次のようなものであった。

　　プザノフ，パヴロフスキー，イヴァノフ，ゴレーロフ同志たちへ，
　　迅速にタラキー，アミンに会い，次のように伝えよ。
　　ソ連指導部，特に政治局とレオニード・イリイーチ・ブレジネフ同志は，アフガニスタン指導部が革命に対する高度の責任意識を見せるよう望んでいる。
　　革命の名の下で，そしてその勝利のためにもあなたたちは自らの地盤を堅め，団結した様子と調和した姿勢で協調し合わなければならない。
　　指導部の如何なる分裂も，革命やアフガニスタン人民に破滅をもたらしうるものである。しかも，それは国内の反革命分子たちはもちろん外部のアフガニスタンの敵によってただちに利用されるだろう⁽¹²³⁾。

　これについては，出所あるいは文書作成者および署名者，日付も明かし

3. 陰謀と野望

ていないから、イヴァノフの創作である可能性も勿論ある。しかし、同日プザノフが受けたと述べている電文は、このような内容のものであると考えることができる(124)。当時カブールのソ連人たちを代表する人物はやはりプザノフ大使であったため、この報告と回申のやりとりも主に彼とグロムイコの間で行われたに違いない。グロムイコはアフガニスタン委員会、そしてブレジネフの承認を得て指示を下しただろうが、その以前までのアフガニスタン委員会のすべての報告、提案書の署名の順から見ても、グロムイコがこのような電文を送れる立場にあったと判断して無理はない。それからその内容についても、次に紹介する二日後の9月15日のグロムイコの電文と大差ないことから判断して、イヴァノフが紹介している文書に大きな間違いはないと思われる。

ともかく、この通告に対してタラキーは、「わが指導部に少なくない異見が存在するのは事実であるが、それはどこにもあることだろう。ソ連の親友たちに、心配してくれて感謝しているということと、そしてすべてのことがうまく行くよう約束するということを伝えてほしい」と述べ、アミンは「敬愛するタラキー同志の言われたことに同意します。もし急にあの世にいけとの命令を受けることになっても、私は同志のお名前を叫びながら死ぬ覚悟である。もし運命が私よりタラキー同志を先にこの世から奪っていくこととなれば、私は指導者でもあり先生でもある同志の遺訓を神聖に遂行するつもりである」と答えたという(125)。アミンとしてはその場凌ぎの魂胆もあっただろう。

その間ソ連大使館には、マズドゥリヤル、ワタンザル、グーラブゾイ、サルワリの四人がやってきて、イヴァノフ将軍との面談を要請した。彼らは、大使館に戻ってきたプザノフ一行のイヴァノフ将軍に、アミンが反革命陰謀を図っていること、そしてアミンがCIAのエイジェントであることを示す反駁しがたい証拠がある、と主張した。ソ連大使館は彼らに書面報告をするように求め、その夜は彼らを帰した(126)。プザノフは1年前にも同じ状況でカルマルが接触を求めた時、その全貌がアミンによってモニターされていたことを思い出しただろう(127)。プザノフはこの4人のことを含むハルク内部の衝突について直ちにグロムイコに報告したに違いな

い。翌日の14日のことについて，プザノフはこう回想している。

　グロムイコは，アミンの勝手な行動について知らされ，再び私に指示した。アフガニスタンの書記長を訪ね，昨日のわが政治局の指示の精神で，かれらともう一度対話をせよということだった。同じ構成で行ったわれわれを，タラキーはアルク宮殿2階の自分の部屋で迎えてくれた。われわれは，政府の要人4人に加えられた制裁についてタラキーが知っているかどうかを尋ねた。知っているということだった。それでわれわれは提案した。「いま生じている状況についてもう一度真摯に議論しましょう。もし必要ならアミン同志を呼びましょう。」彼は受話器を取りパシュトゥー語でアミンと通話した。アミン邸は近くにあった。「いま来るそうです。」そして，その際タラキーは突然アミンの全権掌握計画について言い出した。彼に何が起こったかは知れないが，タラキーはアミンについて失望したかのように語った。われわれが何度も彼に注ぎ込もうとしたことだったが，無為に終わったそのことだった。突然外から銃声が聞こえてきた(128)。

　確かにこの日プザノフは，グロムイコの指示を受けてタラキーとアミンの会談の成立のために中心的な役割を果たしている。さらにプザノフは，タラキーに代わり電話に出て，自分の安全の保障を要求しながら来ようとしないアミンを説得したようである(129)。

　グロムイコのアフガニスタン委員会は，あくまでもタラキーの手腕に期待を寄せていたに違いない。タラキーを挟んだアミンと「4人組」の対立が激化する中で，モスクワとカブールのソ連代表たち特に大使プザノフは，タラキーの方へ傾いていたのである。タラキーのところに同行したソ連地上軍総司令官パヴロフスキー将軍，中央軍事顧問団長ゴレーロフ将軍，KGBのイヴァノフ将軍がどのような態度をとっていたかは明らかではないが，この日働いた筋はグロムイコ—プザノフ・ラインであった。

　数分後，武装警護員を帯同し人民宮殿にやってきたアミンを迎えたのはタラキーでも，ソ連大使でもなく，銃撃であった。アミンが人民宮殿に入ったとたん生じた銃撃でアミンの副官ダーウド・タルン少佐とナヴァブ・

3. 陰謀と野望

アーリが死亡し，アミンはすかさず身を隠し自分の官邸へ戻った⁽¹³⁰⁾。

9月14日，カブールの朝はこのような銃撃戦から始まった。同日1日中の様子を，中央軍事顧問団長ゴレーロフはモスクワの参謀本部に送る報告書にこう書いてある。

> 1979年9月15日8：00時現在アフガニスタンの状況について
> アフガニスタンの状況は漸次複雑化しつつある。
> 　DRAの指導部で発生している葛藤と関連し，アミンの命令によって本年9月14日09時30分，カブールの警備隊では戦闘命令 No.1 が発令された。9月14日16時20分参謀総長の信号に従い都市（カブール）へ軍隊が入って行き，18時までは都市が掌握された。
> 　17時50分カブール放送を通じてDRA政府における変化に関する言明があった。これと同時に第8歩兵師団の現職指揮官たちと砲兵連隊の指揮官，それから第8師団の独立戦車大隊の指揮官，参謀本部の第4，第15戦車旅団の責任者が解任された。
> 　夜にかけてカブールでは比較的静かな状況が続いた。都市のあらゆる主要施設には軍隊が進駐し，街には重武装した軍支隊が巡察した。タラキー邸は軍隊によって封鎖され，そこにいたるすべての通信線は断ち切られた。……
> 　　　　　　　　　　　　　　　在カブール中央軍事顧問団長⁽¹³¹⁾

アフガニスタン軍の第8歩兵師団と第4，第15戦車旅団は，カブールの警備を担っている親衛部隊である⁽¹³²⁾。アミンは首都警備兵力の指揮部をすばやく自分の勢力で入れ替え，内務省管轄の首都地域をしっかり掌握したのである。秘密警察であるAGSAも例外ではなかった。早くも正午の直前カブール駐在インド大使館員たちは，大使館の真正面にあるアフガニスタン国家保安委員会（AGSA）の取調室がある建物で武装兵力の激しい動きを目撃した⁽¹³³⁾。

上のゴレーロフの報告書で，「政府における変化」とは3人の大臣とAGSA議長の更迭を意味するだろう。9月15日朝07時48分に打電されたアムスタッツの米国務省への秘密電文は，「更迭された大臣たちの運命

について，アフガニスタン放送は何も触れていない。おそらく彼らはどこかに逃避中であろうが，軍事的な厳戒態勢から見てすぐ逮捕されるとみられる」と伝え，「AGSA の新しい議長モハンマッド・アジズの任命についてラジオの声明は，AGSA がいままでのような内務省の一機関でなく防衛を担当する独立部署であることを明らかにした。国防相としてアミンはもはや膨張傾向にあるこの秘密警察を直接統制するようになった」と報告した(134)。アミンは 14 日早朝の銃撃戦からわずか 12 時間以内に全カブールを完全に掌握したのである。

「政府における変化」がラジオを通じて公表された 17 時 50 分，タラキーのいる人民宮殿の周辺には空爆が行われた(135)。軟禁状態に陥ったタラキーへの威嚇爆撃であった。9 月 14 日夕方，モスクワとカブールのソ連代表たちが頼ってきたタラキーは舞台から消え去ってしまい，アミン一人が前面に登場した(136)。

14 日カブールで起こったクーデターはモスクワでもパニックや混乱を呼び起こした。15 日グロムイコはカブールのプザノフ以下代表たちに秘密指示を出した。

　　カブールのソ連代表たちへ
　1．現在アフガニスタンで形成されつつある現実的な状況を考慮して，指導部を率いるアミンとの関係を拒否しないほうが合目的的であると思われる。これと関連し，アミンがタラキーの側近および革命の敵でないながらも彼の気に入らない人物に対する弾圧を止めるようにあらゆる手を打つ必要がある。同時にアミンの政治的特質や意図をもっと知るために，アミンとの接触を活用し続ける必要がある。
　2．また，アフガニスタン軍内に存在するわれわれの軍事顧問そして保安機構と内務省の顧問たちは，自分たちの地位を維持するのが合目的的であると思われる。彼らは，反乱軍組織および他の反革命勢力との戦闘行動の訓練と遂行に関連した各自の 1 次的な任務を果たさなければならない。もちろん，われわれの顧問たちが属している諸部隊が，アミンの嫌いな人物たちに対する弾圧的措置に引き込まれる場合

3. 陰謀と野望

には，それに加担してはならない。

1979年9月15日　グロムイコ⁽¹³⁷⁾

　アフガニスタン委員会を代表してグロムイコが指示を下したのは，タラキー帰国以後の状況をグロムイコ―プザノフのラインが取り仕切っていたからであろうが，彼らにとってこの9月の事件は，他のソ連代表とは比べることもできないほどの痛手になっただろう。この時点を境目に，カブールではプザノフの役目が，そしてモスクワではグロムイコの役目が落ちはじめるのは必至だった。

　グロムイコの立場は，凶暴なアミンは嫌いだが，しかし「アミンの政治的特質や意図をもっと知るために」は彼との関係や接触を維持しつつ，「彼の気に入らない人物に対する弾圧を止めるように」手を尽くすとのことであった。それが「現実的な状況を考慮した」策でもあったのである。

　プザノフの意見もグロムイコのそれと変わりはなかった[138]。9月16日アミンは，NDPAの中央委員会全体会議で「タラキーの個人崇拝やタラキー側近たちの陰謀」[139]を激烈に非難してから，NDPAの書記長と革命評議会議長に選出された。翌日の17日アミンの選出を祝うために儀典的に彼を訪ねてから大使館に戻ったプザノフは，大使館内の高位職員を召集し，「われわれが置かれている状況はこうだ。アミンが権力を掌握したのだ。ともかくタラキーは愚図（рохля）だ。彼はわれわれとの約束を履行したことも，自分自身の約束を守ったこともない。しかし，アミンはいつもわれわれの忠告に同意するだけでなく，われわれの提案や忠告をすべて履行する。アミンは強力な人物なので，われわれは彼との業務上の関係を維持し，彼を支援する必要があるのだ」と訓示したという[140]。現実容認と事態観望の立場がプザノフからグロムイコに伝えられたものだったか，あるいはグロムイコの指示をプザノフが受け入れたものだったか，その前後関係は明らかではないが[141]，外務省筋の人間としては他にどうしようもなかっただろう。

　グロムイコが派遣したサフロンチュクも例外ではなかった。9月20日アムスタッツに会ったサフロンチュクは，「ソ連大使館は内閣の軍将校

（4人組は軍人あがりだった）やタラキーに対するアミンの行動計画を事前に知らなかった」とのべながら、9月17日のアミンのラジオ演説、すなわち「憲法の制定や政治犯の釈放」に触れたアミンの施政方針について、「アミンのプログラムはアフガニスタンを法の支配の下に置こうとするもので、アミンにも自分の言葉を立証する機会を与えるべきだ」と語った[142]。アミンとアフガニスタンに対する燃える敵慨心や軽蔑感を隠さなかったサフロンチュクの口から出た言葉としては、意外にも冷静な見解である。

ところが中央軍事顧問団長は、外務省の人間とは異なる立場にあったようである。モロゾフは、アミンがアフガニスタンの権力の頂点に立った9月16日の翌朝のカブールソ連大使館の様子を次のように書いている。「9月17日の朝、ゴレーロフ将軍と彼の政治委員ザプラーチン将軍が嬉しそうに興奮した表情で大使館に来て、プザノフにアミン同志が直接個人的に自分たちにアミン自身の選出を知らせてくれたと報告した。そして彼らはタラキーの手先（プザノフを指す）と抱き合い熱いキッスを交わした[143]。」プザノフとは違い、ゴレーロフにはアミンの執権が嬉しかったようである。

それはともかく、モスクワとしては当面、既定事実（a fait accompli）に直面し、短期的には事件の連鎖作用に乗るしか他の代案がなかっただろう[144]。しかしカブールの空気は緊張感に包まれていたと見られる。9月18日アムスタッツが米国務省に打電した報告もやはり、その雰囲気を恐ろしいほど的確に表している。「今後何が起こるか分からない。アミンは自分に対する多くの陰謀を驚くほどかわしてきた。たしかに確率（the law of averages）はいつか彼に追いつくだろう。しかし、スターリンは自分のベッドで死んだ。私個人としては、彼（アミン）が今年が終わるまで生き残れる確率として50％以上を与えることは出来ない。彼が老年になってベッドで死ぬ可能性はゼロだ。……カブールで過ごす時間は楽しい。ただ誰も傷つけられないよう祈ろう[145]。」アフガニスタンで手を焼いているライバルを傍観するアメリカとしては楽しい時間であったかも知れないが、当のモスクワにとっては新しい対策や方針を打ち出さねばならぬつ

3. 陰謀と野望

らい時間であった。

アフガニスタン委員会はアンドロポフとウスチノフを中心に対アフガニスタン政策の再検討に取りかかったに違いない。ソ連軍は将校団秘密派遣に乗り出した。当の秘密グループの一員であったククーシキン将軍の回想によれば，9月末空挺部隊の将校グループは民間人専門家（顧問）の服装をしてカブールへと飛ぶよう命令された。彼らの出張の目的は，カブールの警備地域の偵察と，都市の境界に兵力を移動させるための予定ルートの調査であった。空挺団の副司令官グスイコフ中将が責任者となったそのグループには，空挺団司令部の将校たちと，それからその他にも，遠いベラルーシのヴィチェプスク市空挺師団（第103空挺師団）の司令官I. リャブチェンコ少将と連隊長たちが加わっていた(146)。リャブチェンコの空挺師団からは1個連隊兵力が選ばれ，トゥルケスタン軍管区で再訓練が始まっていた(147)。それからリャブチェンコを含む空挺将校団は，9月末カブールへと飛び，市北部のソ連軍事顧問団の拠点で3カ月くらい（つまり侵攻の直前まで）滞在しながら，各都市の主要な進入路，重要目標物の位置およびそれに至る通路，空挺部隊の投下地点を把握した(148)。

ククーシキンによれば，フェルガナ空挺師団は数年間もソ連南部の仮想国家で戦うために訓練を重ねていたという(149)。そして，ソ連空挺団はアフガニスタンでの万が一の状況が生じる場合に備え，すでに7月から連合空挺部隊と偵察将校団を組織していた(150)。9月後半になって，この部隊と将校団が動き出したのである。

ほとんど同じ時期である9月末，中央軍事顧問団長ゴレーロフ将軍とカブールKGBのボリス・イヴァノフ将軍もモスクワに呼び出された。二人の将軍は党中央委員会の建物で，アンドロポフ，グロムイコ，ウスチノフ，ポノマリョフ，オガルコフに会いアフガニスタン状況を報告した。アンドロポフはアミンに関するゴレーロフの見解に関心を見せたというが，ゴレーロフは，「アミンは意志の強い人で，業務能力もあるし，優秀な組織家である」と答えたうえで，「アフガニスタン軍は課された任務が遂行できるが，そのレベルにおいて現代的な要求に応えるのは無理である」と報告した(151)。ゴレーロフの記憶によれば，彼の報告の後イヴァノフ将軍

が報告したというが，イヴァノフの見解は確かにゴーレロフの親アミン的色彩の見解とは違っていただろう(152)。

10月3日にはカブール駐在KGB要員ヴィリオル・オサドチーがモスクワに向かった。モロゾフの回想によれば，オサドチーは反アミン的なモロゾフとは違う見解を持っていたようである(153)。休暇に向かっていた彼は空港でアムスタッツに会い，「タラキーが一人で監禁されている」と述べ，「3人の大臣はまだ隣国に逃走中であろう」と語った。隣国とはソ連を意味するのかというアムスタッツの質問にオッサドチーは，「おそらくそうではないだろう。もしそうだったらわれわれはその事実を隠す必要はないだろう。われわれはカルマルがプラハにいるということも否定していない」と答えた。そして彼は「明日何が起こるか全然分からない」と意味深長な言葉を吐いた(154)。オサドチーがただの休暇のために「明日何が起こるか知れない」カブールを発ったとは思えない。アンドロポフはカブール駐在KGB人間たちの見解も本腰を入れて再検討していたのではなかろうか。

カブールでは手ごわい野心家がただ一人聳え立つようになった。タラキーは監禁され，3人の反アミン派ハルクは秘かにソ連大使館に身を隠し，そこからソ連飛行機に乗ってソフィアへと向かった(155)。それはソ連指導部の協力がなければ，不可能なことであっただろう。オッサドチーの話を額面どおり受け入れ，グーラブゾイらのソフィア行きを併せて考えれば，まだカルマルはプラハにいた。ハルクの破門者たちとパルチャムの亡命者たちは東ヨーロッパで，モスクワの仲裁の下に反アミン戦線を結成し始めたのではないだろうか。

野心家

「野心」あるいは「野望」という言葉はあまり科学的な意味合いを持つ用語ではない。もしこの単語であらゆる政治的現象を説明するであれば，それはまるで「権力」だの「国家利益」だのという類の疑似科学的な専門用語で国内外のあらゆる政治現象を説こうとする古典的な現実主義者たちの一見無責任な「科学」とあまり変わりのない態度となるだろう。

3. 陰謀と野望

しかし,政治家は社会科学者でもないし,そうである必要もない。アフガニスタンでアミンが頂上へと至る過程を見守ってきたソ連指導部としては,他政派との妥協を拒否する頑固な実力者,しかも同じハルク派内部でさえ自分に反対する人間を一人残さず除去していく無謀な「弾圧者」を,権力欲の化身という似顔絵にダブらせてみる以外に別の準拠があり得たのだろうか。9月15日グロムイコの指示は,すでにアミンを「人民の弾圧者」と決めつけ,現地のソ連人にアミンと一定の距離を置くよう求めていたのである。

アミンが持っていたような「権力欲」と,モスクワの老衰したブレジネフ以外の人間たちが持っていた「政治的野心」,それから将軍たちが隠していた「職業的野心」との境界線はどこに引くべきなのだろうか。現実主義者たちの目を借りてみれば,ソ連の軍靴がアフガニスタンの地に踏み込むようになるまでのドラマは,確かに大小のさまざまな権力と野心が衝突していく「現実」世界とも言えるであろう。このような意味からの野心といえば,ソコロフに指示されたパヴロフスキーがカブールで暑い夏を過ごしている間,アミンが自分の野望を一応血を流さず達成したかのように見えたとき,そしてアフガニスタン委員会がカブールに出現した強固な「権力」への対応に腐心している間,モスクワにも一つの小さい「野心」が姿を現していた。

パヴロフスキーがカブールへ発つころ,ザカルパチエ軍管区司令官ヴァレンチン・イヴァノヴィッチ・ヴァレンニコフ上級大将はソ連軍参謀本部の第1参謀次長のポストに就いた[156]。ヴァレンニコフのモスクワ進出は,通常毎年8月に行われるソ連軍の人事異動の中のこととして考えることもできるが,通常とは一つ異なる点があった。伝統的に二つしかなかったソ連軍参謀本部の第1参謀次長のポストが,ヴァレンニコフの参入により三つに増えたのである。1979年8月当時の2人の第1参謀次長アフロメーエフとグリブコフ(ワルシャワ条約統一軍参謀長)が更送されず,第1参謀次長がもう1人追加されたのであった[157]。

56歳のヴァレンニコフ将軍は,ソ連軍首脳部では比較的若いほうではあるが,大祖国戦争の最後の世代として,スターリングラード戦闘参加,

ウクライナとポーランド解放、ベルリン入城などの経験を積んだ歴戦の人物でもあった(158)。大概60、70代が主流である国防省に数少ない50代将軍(159)として名を連ねることになっただけに、それほど有能で、野心もあっただろう。ソコロフがレニングラード軍管区司令官だった1965年、同軍管区のムルマンスク警備団参謀長を務めていたヴァレンニコフは少将に昇進して以来、12年ぶりの1978年2月上級大将の座についた。(『プラウダ』、1978年2月18日号、同年3月17日号)

ソ連軍の16個の軍管区のうち、伝統的に重要な6個の軍管区（中国と境接しているザバイカル軍管区、極東軍管区、中央アジア軍管区、大祖国戦争以来最高の権威を誇るキエフ軍管区とモスクワ軍管区、そしてNATOとの対峙地域に当たるバルト海沿岸軍管区）には上級大将の将軍が司令官として当てられてきており、その他の軍管区では大将級の将軍が司令官を務めてきた。ところが、ヴァレンニコフが大将としてザカルパチエ軍管区司令官を務めていた1978年上級大将に進級することにより、彼の軍管区は7番目の上級大将軍管区に昇格することとなった。軍管区司令官の階級は権威の象徴であり、それが高ければ高いほど非常時に発揮できる決定権の保有程度が大きいという意味合いを持っている。1977年末から1978年初めにかけてザカルパチエ軍管区の意味が特別に変化した印もないから、このような小さい変動は明らかにヴァレンニコフ自身のソ連軍での位置や能力を反映したものと見ていいだろう(160)。

ソ連軍内部の人脈においても、ヴァレンニコフは確かにザハロフ－オガルコフ－アフロメーエフのラインではなかった。ヴァレンニコフはオガルコフと一緒に勤務したこともなかったし、性向や出身兵科の面でも大いに異なっていた。アフロメーエフとは、ヴォロシーロフ参謀本部アカデミーの卒業同期生（1967年）という点で縁はあったが(161)、活動領域や昇進経路には違いがあった。1974年以来、アフロメーエフは参謀本部で、ソ連軍事ドクトリンの軍事技術的な側面に関する業務と、核兵器と宇宙兵器を含む兵力の制限および組織に関する米国との交渉問題に従事してきた(162)。さらにアフロメーエフは企画と作戦兵科を専門としながらも、ソ連軍首脳部に進出するまでいわば伝統的な出世の梯子には乗っていなかっ

た。すなわちキエフ軍管区や駐独ソ連軍集団などの主要軍管区を含んだ如何なる軍管区司令官も経験したことがなかった。このような経歴のアフロメーエフが参謀本部の要職についたのは，オガルコフの後援があったからであろう。戦略兵器制限交渉に取り組んでいたオガルコフが，アフロメーエフの関心および専門領域を買い，起用したと見るのが妥当であろう(163)。

　一方のヴァレンニコフは伝統的な純粋野戦指揮官としての昇進の道を辿ってきた。ヴァレンニコフが将軍への仲間入りをしたレニングラード軍管区ムルマンスク警備団時代，ムルマンスク地域警備団長はクリコフ，そして軍管区司令官はソコロフであった。1967年にソコロフとクリコフがグレチコ国防相により，それぞれ第1国防次官とキエフ軍管区司令官に進出したとき，ヴァレンニコフは参謀本部アカデミーに入学し，卒業後は重要な出世コースの一つとされる駐独ソ連軍集団を経てザカルパチエ軍管区司令官となった。このような縁を持つ3人は，1979年8月ソ連軍首脳部で，それぞれワルシャワ条約統一軍総司令官（クリコフ），第1国防次官（ソコロフ），第1参謀次長（ヴァレンニコフ）として再会したのである。このような人脈の面から見て，ポストを一つ増やしてヴァレンニコフを第1参謀次長へ起用する必要が，果たして参謀総長オガルコフにあっただろうか。それよりはソコロフ系列の誰かが人事異動のイニシャティブを取ったのではないだろうか。

　もちろんオガルコフとアフロメーエフが主軸となった当時のソ連軍参謀本部は，相対的に作戦企画，戦術，戦闘準備の軍事思想および理論的武装の面が欠乏しており，そのような不足を補強する必要もあっただろう。戦闘理論の面でもヴァレンニコフは打ってつけの将軍だったのである。1978年6月ヴァレンニコフは『赤い星』紙に「戦闘準備への関心」という短い論文を寄稿し自分の関心領域を紹介したことがあった（『赤い星』，1978年6月7日号）が，1979年8月号の『軍事思想』誌に「攻撃作戦における戦果達成の諸問題点について」という題の長い論文を寄せ，自分の理論的基盤をかためた(164)。これは彼が参謀本部へと異動したその月のことである。

この論文でヴァレンニコフは，大祖国戦争当時戦線でのソ連軍主力部隊の古典的な縦深戦闘の策の成敗が他ならぬ砲兵隊や航空隊の支援攻撃にかかっていたということを例に挙げながら，敵の抵抗や側面移動逆襲を一挙に無力化させ，攻撃の目標を制するためには予備兵力の拡充を前提に，支援兵力と主兵力の同時多面的な攻撃が必要であると論破した。ヴァレンニコフの論調は現代においても，このような戦術は基本的に変わりないということであった。

　現代において軍，特に先進諸国の軍は完全に機械化されており，最高の機動性を誇る。したがって，現在防御の突破や戦果達成の問題は，何よりも突撃作業に参加するグループの力によって決定される。このときに緊要なのは，軍事行動が大規模の兵力および軍事物資の犠牲をもたらすことを考慮に入れるべきだということである。従って第２隊列および予備兵力の準備（訓練），復帰，利用の点における正しい決定こそ，成功的な攻撃遂行の必須条件となる。

　過去の戦争でも予想しなかったことがよく起こったが，交戦国家が核兵器や他の最先端兵器を操る現代において，この予想もしなかった出来事はいっそう大きい意味を持つだろう。したがって短時間内に作戦目標への決定的な到達のためにも，そして急激に成長した軍の戦闘能力を創造的かつより正しく使うためにも，突発的事件を生み出す手段と能力に関する深い研究は欠かせないものである。

　大祖国戦争で戦線の集団兵力による戦略的な攻撃の過程で，わが司令部は戦線（の敵陣）縦深に対する連続的な攻撃を幅広く巧みに実行した。そうすることによって敵から，攪乱された戦略的防御線復旧のための時間稼ぎの可能性を奪ったのである。新しい兵器，そしてこれと関連した兵力の利用における変化を考慮しても，連続的な攻撃作戦の組織や遂行の経験の大部分は現代的な状況にも適用されうるのである。

　それ故強調したいのは，過去よりは軍の攻撃力，可動性，そして機動力が著しく成長し，防御陣もいっそう迅速に取れるようになった現

3．陰謀と野望　213

代的な状況の中では，我軍の第2隊列や予備兵力も加わったうえで，進入路での敵の攻撃を遮断する可能性が高まった。従って，現在，作戦予備軍の同時的な戦闘参加は以前よりいっそう大きな重要性を帯びるようになったのである。

　先頭部隊の役目についても，大祖国戦争での攻撃作戦の経験から学ぶべきものがある。広範な戦線にわたる中間境界線，主要目標物，敵の退路における道路の結び目や渡河地点の掌握といった先頭主兵力の巧みなそして決定的な行動は，退却する敵の軍隊に脅威を与えるだけでなく，防御の縦深線における中間境界線での抵抗の試みを困難にさせ，頻繁に挫折させたのである。結果的に，敵の計画どおりの退却は崩れ，成功的な作戦達成のためのいっそうの好条件を生み出したのである。現代的な状況で独立行動のできる多様な用途の敵の後方兵団および部隊に対する勇敢な急襲の必要性は一層高まっている[165]。

　一見して，常識的なことを述べているかのようにも見えるが，ヴァレンニコフのこの論理によれば，ソ連軍の地上兵力の増強は不可避なものとなり，目標がどのようなものであれ軍の攻撃地点においては，あらゆる種の兵力の大規模集結は必須条件となる。

　確かに1977年の初め頃クリコフがワルシャワ条約統一軍に異動して以来，ソ連軍参謀本部には能力と作戦経験を兼備した高位級の地上軍指揮官を欠いていたため[166]，このような実戦能力および作戦経験を補充する意味でも，ヴァレンニコフの起用は必要だっただろう。実際に，10月にヴァレンニコフは参謀本部の中央作戦総局の業務を管轄するようになっていた[167]。

(1)　*Комсомольская правда*, Dec. 27, 1990 ; *Красная звезда*, Oct. 18, 1989 ; Ляховский, *op. cit.*, pp. 87-88 ; Пиков, *op. cit.*, p. 206.
(2)　*Комсомольская правда*, Dec. 27, 1990 ; *Красная звезда*, Oct. 18, 1989 ; Ляховский, *op. cit.*, pp. 87-88 ; Пиков, *op. cit.*, pp. 206-207.
(3)　だいぶ後のことではあるが，モロゾフはゴレーロフの親アミン的態度を次のように厳しく批判している。「彼ら将軍たち（ゴレーロフとザプラーチン）が後

になってソ連の新聞とのインタビューで，ソ連軍のアフガニスタン進駐に反対したと強弁したのは信頼できる。なぜなら彼らは，ソ連軍がアミンを処理しにアフガニスタンに入って来るということを知っていたからだ。親愛し深く尊敬するアミンのいないアフガニスタンで彼らのすることは何もなかったのだ。」モロゾフの目に，プザノフは親タラキー的人物として，ゴレーロフは親アミン派として映っていたのである。А. Морозов, *op. cit.*, No. 41, 1991, p. 30. この他にゴレーロフの親アミン傾向については本章の3の「9月の銃声，そしてその余波」参照。

(4) Ляховский, *op. cit.*, p. 80.
(5) Гай и Снегирев, Вторжение, *Знамя*, Mar. 1991, p. 198.
(6) 結局ゴレーロフは1979年12月6日に，そしてザプラーチンは12月10日に更迭され，モスクワに呼び戻された。*Ibid.*, pp. 220, 222. この日付は彼らの記憶に基づくものである。

　ところが モロゾフは，二人の将軍がソ連軍「限定的分遣隊」のアフガニスタン進駐の直後モスクワに召還されたと述べている。Морозов, *op. cit.*, p. 30. しかし，ゴレーロフとザプラーチンの証言どおり6日と10日に更迭されたと見るのが妥当である。何よりも本人たちの記憶が正しいと思われるし，モスクワが親アミン派の将軍たちをカブールに残したまま，軍事作戦を敢行するのも理解しがたい。

(7) KABUL 3626, May 6, 1979, *DFED*, Vol. 29, p. 91.
(8) *Ibid.*, pp. 91-94.
(9) MOSCOW 13083, May 24, 1979, *DFED*, Vol. 29, pp. 116-117.
(10) *Ibid.*, pp. 117-118.
(11) *Ibid.*, p. 119.
(12) *Ibid.*, pp. 120-121.
(13) KABUL 5967, Aug. 6, 1979, *DFED*, Vol. 29, p. 232.
(14) ЦХСД, Фонд 89, Пер. 14, Док. 26, pp. 1-2.
(15) А. А. Громыко, *Памятное*, книга первая, Издательство политической литературы, Москва, 1988, pp. 404-405.
(16) ベトナムへのアメリカの軍事的介入がエスカレーションしていた1965年6月，ジョンソン行政府の中で「悪魔擁護論者」の役割を果たしていたジョージ・ボールが，アメリカのベトナムへの介入過程をラルフ・エマーソンを引用し例えた表現。D. Halberstam, *op. cit.*, p. 683 ; H. Brandon, *op. cit.*, p. 57.
(17) "Секрет без секретов" (「秘密でない秘密」), Известия, Feb. 21, 1990 ; *Советская военная энциклопедия*, Vol. 1-8, M. 1983 ; *Военный энциклопедический словарь*, M. 1983 ; *Soviet Armed Forces Review Annual* (*SAFRA*), Vol. 4, Academic International Press, Florida, 1980 により作成。
(18) 本章では軍関係の行事を報ずるソ連の新聞の紙面に載る氏名の順序により推察する方法をとる。

(19) たとえば，1976年までは第一参謀次長として軍事的な行事にはあまり顔を出さなかったオガルコフは，1977年5月9日の大祖国戦勝記念日の行事に参謀総長として参席した。それを報じた5月10日付けの『プラウダ』紙は，軍首脳部の名前をウスチノフ，オガルコフ，クリコフ，エピシェフ，ソコロフの順に伝えている。*Правда*, May 10, 1977, p. 1.

(20) Dale R. Herspring, *The Soviet High Command, 1967-1989 : Personalities and Politics*, Princeton Univ. Press, New Jersey, 1990, p. 121. ウスチノフの前任者グレチコはアメリカとのSALT交渉においてブレジネフと，意見の相当な食い違いがあった。最近のドブルイニンの回想によれば，1974年11月23―24日ヴラジヴォストクで行われた戦略兵器制限交渉で，イギリスとフランスの保有している核弾頭をも考慮し弾頭の数を調整しようとしたグレチコの意見を，ブレジネフは書記長の権威で抑え自分の立場を貫いたという。国防相であるにもかかわらずモスクワに残っていたグレチコに，ブレジネフは電話を通じて，自分は政治局の会議でグレチコとぶつかる用意があると強い口調で脅かしたというのである。もちろんその過程でブレジネフの意見に同調したのはグロムイコであった。Dobrynin, *op. cit.*, pp. 330, 394.

(21) *New York Times*, Nov. 21, 1969.

(22) Andrew Cockburn, *The Threat : Inside the Soviet Military Machine*, Vintage Books, New York, 1983, p. 472 n.

(23) А. А. Гречко и Н. В. Огарков, *Советская военная энциклопедия*, Vol. 6, Военное издательство, М. 1978, p. 507.

(24) D. Herspring, *op. cit.*, pp. 305-306.

(25) Thomas Wolfe, *The SALT Experience*, Ballinger Publishing Company, Massachusetts, 1979, p. 69.

(26) Herspring, *op. cit.*, p. 123 n.

(27) A. Cockburn, *op. cit.*, p. 102.

(28) Илья Земцов, *Черненко : Советский Союз в канун перестройки*, Overseas Publications Interchange Ltd., London, 1989, p. 319.

(29) Wolfe, *op. cit.*, p. 278.

(30) *Ibid.*, p. 235.

(31) Гай и Снегирев, Вторжение, *Знамя*, Apr. 1991, p. 219. 本章の1の「中央軍事顧問団長」参照。

(32) ЦХСД, Фонд 89, Пер. 25, Док. 1, p. 24.

(33) *Красная звезда*, Oct. 18, 1989 ; Гай и Снегирев, Вторжение, *op. cit.*, p. 216 ; Ляховский, *op. cit.*, p. 78 ; Н. И. Пиков, *op. cit.*, p. 203.

(34) 本書の第6章参照。

(35) Andrew Cockburn, *op. cit.*, pp. 96-97. マリノフスキー戦車アカデミーの元物理学教授エドワド・ロジャンスキーの証言。米国に亡命したロジャンスキー

は，自分の義父であるキエフ軍管区参謀長イヴァン・ドミトリー・エルショフ
が，1967年までレニングラード軍管区司令官であったソコロフとの個人的なコ
ネでソ連軍内部で成長できたと述べ，ソ連軍での成長と進級は，いわゆるコネク
ションを通じなければ不可能であると語った。しかも，1960年代ソ連軍の内部
には国防相グレチコ，ワルシャワ条約統一軍司令官ヤクボフスキー，ソコロ
フ，クリコフが強いコネクションを形成していたと言う。
(36) *Правда*, Apr. 13, 1967. 同日ソコロフとともにイヴァン・ヤクボフスキー元
帥は第1国防次官兼参謀総長に，パヴロフスキー上級大将が国防次官兼地上軍司
令官に任命された。
(37) *Советская военная энциклопедия*, Vol. 4, 1977, p. 517.
(38) キエフ軍管区はグレチコとチュイコフ，ヤクボフスキーが司令官を務めたと
ころであり，大祖国戦争当時の経験からして軍事的に最も重要な軍管区の一つと
されていた。この軍管区の司令官のポストはソ連軍参謀総長あるいは国防相への
コースの前段階として見なされていたのである。乾一宇訳，『ソ連軍』，172—173
頁；Victor Suvorov, *Inside the Soviet Army*, Hamish Hamilton, London, 1982,
p. 45.
(39) 1976年までは儀典的序列が国防相（グレチコ）―ワルシャワ条約統一軍総
司令官（ヤクボフスキー）―参謀総長（クリコフ）―政治総本部司令官（エピシ
ェフ）―ソコロフの順であったが，1977年からは国防相（ウスチノフ）―参謀
総長（オガルコフ）―ワルシャワ条約統一軍司令官（クリコフ）―政治総本部
司令官（エピシェフ）―ソコロフの順に変わったのである。たとえば，*Правда*,
May 10, 1977, 戦勝記念日祝典行事に関する記事。
(40) *Красная звезда*, May 5, 1976.
(41) *Известия*, Feb. 18, 1978.
(42) 上述の5人の外の3人は，前ワルシャワ条約統一軍総司令官ヤクボフスキ
ー，防空軍司令官バチツキー，それから海軍総司令官ゴルシコフ将軍である。
(43) 前述したイヴァノフのノンフィクションは，あくまでもノンフィクションで
あるだけに引き合いに出すことは慎重にしたいが，相当の資料引用の部分におい
て公開されている資料とまったく同じ内容を紹介している（たとえばカブール駐
在米国大使館から国務省の報告電文，現地ソ連人顧問たちのモスクワへの報告電
文等など）。彼自身国防省の記者であるだけに資料接近や雰囲気把握にはある程
度信用してもいいだろう。彼の作品でもオガルコフとソコロフの関係について述
べたところはあまり見られないが，次のようなところは，あくまでも国防省の空
気の察知のための参考として紹介しておきたい。
　「ひとときウスチノフは，参謀総長のポストにはオガルコフが相応しいとブレ
ジネフを説得したことがあった。オガルコフは有能で決断力もあるし，強い意志
の人物であると。もともとソコロフ元帥がそのポストを熱望していたが，ブレジ
ネフは，君と一緒に働く人だから，とウスチノフの推薦に同意した。事実ソコロ

フが参謀総長候補として名を連ねたのは，1967年当時の参謀総長ザハロフが病気になったときからである。しかしザハロフはそれからも4年を参謀総長を務めた。ブレジネフは誰もくびにしたことのない人だった。軍事的な基準から見ればソコロフは昇進をあまりにも長らく待ち望んでいたが，1971年になっても彼が参謀総長になることはなかった。順番は東ドイツ駐留ソ連軍集団司令官クリコフに回ったのである。そしてクリコフの後釜を選ぶときにもソコロフはついていなかった。ウスチノフはオガルコフを選んだのである。」N. Ivanov, "How the Afghan War Started", *Soviet Soldier*, No. 11, 1991, p. 25. 「ソコロフ元帥」は「ソコロフ上級大将」の間違いである。

(44) Herspring, *op. cit.*, pp. 226, 247.
(45) О. Лосик, Маршал Советского Союза С. Л. Соколов, *Военно-исторический журнал*, July 1981, pp. 64-66.
(46) *Известия*, Feb. 23, 1973 ; Stephen S. Kaplan, *Diplomacy of Power*, The Brookings Institution, Washington, D.C., 1981, p. 104.
(47) この年勃発したエチオピア-ソマリアの戦争に関与しソ連軍事顧問団の役割を企画・指導したのがソコロフであることが知られている。John Erickson, "Some Notes on the Soviet Scene", in House of Commons, *Afghanistan : The Soviet Invasion and Its Consequences for British Policy*, Fifth Report from the Foreign Affairs Committee, Session 1979-1980, London, 1980, p. 37.
(48) ここで別に注をつけず括弧の中にその出所を明かしたのは，*The Soviet Biographic Archive, 1954-1985* から参照したものである。この資料は，西ドイツの Radio Free Europe-Radio Liberty 社とアメリカのフーバー研究所が共同で，新聞を含むソ連の主要ジャーナルに報道されたソ連の要人の動向に関する記事をスクラップし人名のアルファベット順に整理したものを，1986年Chadwyck-Healey社がマイクロフィッシュにおさめた資料である。その期間は大抵1950年から1986年までをカバーしており，スクラップ記事の数は約100万件に達する。

　ソコロフの動向に関する叙述で括弧の中に新聞の名を挙げたのは，この資料のソコロフ編を参照したものである。この資料がカバーしている情報の量から見て，少なくとも報道されている彼のほとんどすべての動きが漏れずにおさめられていると思われる。上に列挙したソコロフの活動は，彼に関する記事のほとんどすべてと考えていい。
(49) 1960年代末と1970年代の中東とアフリカ，それから南部アジアで，ソ連が米国に匹敵する競争者として登場し得たのは，これらの地域でのソ連の外交政策を裏付ける軍事力があったからであり，実際ほとんど大部分の場合，外交手段としてソ連軍が利用された。Alvin Z. Rubinstein, *Soviet Foreign Policy since World War II : Imperial and Global*, Winthrop Publishers, Inc., Cambridge, 1981, p. 176.

キャプランはソ連軍の対外介入の頻度を数量的に分析したことがある。Stephen S. Kaplan, *op. cit.*, Appendix, pp. 689-693. 彼の分析によれば，1944年6月から1979年2月までソ連が対外的な手段として軍を利用したのは総190件にのぼり，この中で1968年チェコスロバキア侵攻後発生したものが64件で，そのうち40件がヨーロッパと中国以外の第3世界地域で行われた。チェコスロバキア侵攻前の126件のうちほんの32件が中東，アフリカ，南部アジアで行われたことに比べれば，ソ連の対第3世界外交政策が相対的に積極化し，軍事力の利用頻度も高まりつつあったと言えよう。もちろんこのような数量分析だけでは，ソ連軍が地域紛争にいかほどの密度で介入したか，すなわち実際に交戦に加わったのかそれとも軍事顧問団の派遣程度にとどまったのかなどについては知るすべもない。しかしこのような分析が軍事的な脅威や兵力配置，そして兵力の撤退などに関するすべての事項を総合したものに過ぎないとは言え，1970年代に入ってソ連軍の安保上の利害関係がヨーロッパ地域を越え，これらの地域まで拡大しつつあったということを物語っているのは確かである。

(50)　*Труд*, Jun. 23, 1991 ; Ляховский, *op. cit.*, p. 85.

(51)　*Труд*, Jun. 23, 1991.

(52)　Ляховский, *op. cit.*, p. 86.

(53)　В. А. Меримский, Кавул-Москва : война по заказу, *Военно-исторический журнал*, Oct. 1993, pp. 11-12.

(54)　*Ibid.*, p. 12 ; Гай и Снегирев, Вторжение, *Знамя*, Apr. 1991, p. 218.

(55)　Меримский, *op. cit.*, p. 12.

(56)　*Ibid.*, p. 14 ; Гай и Снегирев, *op. cit.*, p. 218.

(57)　少なくともこのような雰囲気は，パヴロフスキーのアフガニスタン滞在中次第に強まりつつあった。パヴロフスキーはモスクワの国防省に送る報告書で，軍隊の投入は要らないと機会ある度ごと強調し，10月末頃任務を終え帰国する直前に作成した報告書でもソ連軍の出兵は妥当でないとのことを強調したという。Гай и Снегирев, *op. cit.*, p. 218 ; Меримский, *op. cit.*, p. 21. このことは，軍首脳部では出兵すべきとの意見が相当強くなっていたということを示唆するものである。

(58)　House of Commons, "Afghanistan : The Soviet Invasion and Its Consequences for British Policy", Fifth Report from the Foreign Affairs Committee, Session 1979-1980, London, 1980, p. 37 ; House of Representatives, "East-West Relations in the Aftermath of Soviet Invasion of Afghanistan", Hearings before the Subcommittee on Europe and the Middle East of the Committee on Foreign Affairs, U. S. Government Printing Office, Washington, January, 1980, pp. 30, 33 ; Raymond L. Garthoff, *Detente and Confrontation : American-Soviet relations from Nixon to Reagan*, The Brookings Institution, Washington, D. C., 1985, p. 905 ; Гай и Снегирев, *op. cit.*, p. 218.

第 4 章　(注)　　　　　　　　　　　　　　　　　　　　　219

　　パヴロフスキー代表団の派遣は，エピシェフの派遣の時とは違い極秘事項であった。カブールの米大使館が国務省へパヴロフスキーの出現を初めて報告できたのは，2 週間がすぎた 9 月 2 日のことであった。モスクワの不審な空気はカブールでも感知されていた。同日の報告書で米大使館のアムスタッツは「(カブールでの) パヴロフスキーの出現の一つのありえる理由は，ソ連がアフガニスタンに対する将来のソ連軍の介入のための詳細な整地作業をしているということである。もしモスクワが最終的にそのような措置が必要であると腹を決めるのであればのことだが……」と書いている。Kabul 6604, Sep. 2, 1979, *DFED*, Vol. 30, p. 51.

　　この代表団を構成していた人物として，メリムスキーの回想を通じて確認できる者たちは，地上軍戦闘準備総局の L. K. コトルヤール，V. Ya. ドツェンコ，R. G. ドゥーコフ大佐たちと，砲兵少将 N. F. アレシェンコ，A. P. アファナシエフ将軍，A. A. ドラーグン将軍，代表団の参謀長 V. D. マジルカなどである。В. А. Меримский, Кабул-Москва : война по заказу, *Военно-исторический журнал*, Oct. 1993, pp. 12, 15, 19.

(59)　*Советская военная энциклопедия*, Vol. 6, 1978, pp. 186-187.
(60)　Гай и Снегирев, *op. cit.*, p. 218.
(61)　*Военно-исторический журнал*, Feb. 1979, pp. 52-55.
(62)　Меримский, *op. cit.*, pp. 12-13.
(63)　А. Морозов, Кабульский резидент, *Новое время*, No. 40, 1991, p. 37.
(64)　Меримский, *op. cit.*, p. 14.
(65)　*Ibid.*, pp. 14-15.
(66)　*Ibid.*, p. 14.
(67)　Пиков, *op. cit.*, p. 207.
(68)　ゴレーロフの報告，1979 年 6 月 16 日。Ляховский, *op. cit.*, pp. 84-85 ; Пиков, *op. cit.*, p. 204.
(69)　KGB 代表の報告，1979 年 7 月 17 日。Пиков, *op. cit.*, p. 204.
(70)　1979 年 7 月 21 日，プザノフの報告。7 月 24 日，KGB 代表の報告。8 月 12 日，ゴレーロフの報告。*Ibid.*, pp. 205-206.
(71)　1979 年 8 月 25 日，パヴロフスキーの報告。*Ibid.*, p. 208.
(72)　この会談に同席した P. M. シムチェンコフ大佐の証言。Ляховский, *op. cit.*, p. 78.
(73)　Меримский, *op. cit.*, p. 16.
(74)　*Ibid.*, p. 17.
(75)　Гай и Снегирев, *op. cit.*, pp. 218-219.
(76)　Меримский, *op. cit.*, p. 21.
(77)　パヴロフスキーがモスクワに帰還したときには，すでにアフガニスタンではアミン一人支配体制が確立し，モスクワはアミンにどう対応すべきかについて頭

を抱えている頃であったが、ウスチノフの迷いは依然として続いていたようである。パヴロフスキーの回想によれば、11月3日に帰国した彼をウスチノフは冷たい態度で迎え、NDPAの内訌について若干関心を寄せただけであったという。12月10日やはりモスクワへ呼び出されたアフガニスタン軍政治総本部ソ連側責任者ザプラーチン少将の回想によれば、ウスチノフへのブリーフィングの際、アミンに対して肯定的に報告をすると、「向こうにいた君たちは全員互いに食い違う評価をしているんだ」と興奮して吐きすてるように言った。Гай и Снегирев, *op. cit.*, pp. 219, 222.

(78) 本書の第3章3の「もう一人の大使」参照。

(79) N. Ivanov, "How the Afghan War Started", *Soviet Soldier*, No. 9, 1991, p. 26.

(80) *Ibid.*

(81) *Ibid.*, pp. 26-27.

(82) Алексей Васильевич Кукушкин, Как был взят Кабул(「カブールはいかに掌握されたのか」), *Военно-исторический журнал*(『軍事史ジャーナル』), No. 6, Nov.-Dec. 1995, pp. 56-57.

(83) KGBの第1局こと対外情報局の右腕ともいわれるスペツナズのゼー(Z)グループがソ連大使館の警備の任務を帯びて移動したのは、11月初めのことである。Michael Dobbs, "The Afghan Archive. Into the Quagmire : Secret Memos Trace Kremlin's March to War", *The Washington Post*, Nov. 15, 1992, A1, A32. 『ワシントン・ポスト』紙のモスクワ特派員ドッブスは、ロシアで公開されつつあったアフガニスタン侵攻関係の資料を調べて、それを整理・報道した。彼の記事のほとんどがその資料に基づいているので信憑性は高い。

(84) 本書の第3章3の「泥沼のかけら」参照。

(85) Ляховский, *op. cit.*, p. 92.

(86) KABUL 5967, Aug. 6, 1979, *DFED*, Vol. 29, pp. 228-229.

(87) KABUL 6251, Aug. 16, 1979, *DFED*, Vol. 30, p. 27.

(88) *Ibid.*, pp. 24-28.

(89) *Ibid.*, p.30.

(90) 8月12日ゴレーロフの報告書、同日のプザノフ、イヴァノフ、ゴレーロフの報告書。Ляховский, *op. cit.*, pp. 90-91；Пиков, *op. cit.*, pp. 206-207.

(91) モスクワ駐在米大使館のマーク・ギャリソンから米国務省への報告書。MOSCOW 20485, Aug. 16, 1979, *DFED*, Vol. 30, p. 32.

(92) KABUL 6269, Aug. 18, 1979, *DFED*, Vol. 30, pp. 33-34.

(93) この脈絡から見れば、パヴロフスキーやメリムスキーの判断は間違ってはいなかった。本章2の「経験ある将軍」参照。メリムスキー将軍はガルデズ市での経験を紹介している。「ガルデズ市の警備隊は1個歩兵師団、軍団の参謀部、それから軍団の部隊からなっていた。軍団司令部は反乱者たちに対し師団の歩兵兵

第4章 (注)　　　　　　　　　　　　　　　221

力を積極的に活用し殲滅する代わりに，間断なくカブールへ緊急電信を打つことばかりしていた。電文には状況が脚色されているだけでなく，反乱軍の数は数千人と誇張されており，まるで最後通牒のように兵力の強化を求めていた。もしそうしないと都市全体が敵に回ると警告するようなものだったのだ。結局歩兵師団が戦闘行動に入り市域の反乱勢力は壊滅されたが，捕虜の話によれば反乱軍の数はせいぜい 300—350 人に過ぎなかった。他地域も状況は同じだった。」Меримский, op. cit., Oct. 1993, p. 16.

　皮肉なことに，中央軍事顧問団長ゴレーロフさえ，軍事的な状況から見ればアフガニスタンへソ連軍を投入する必要はないと主張したという。9月末カブールに着いた空挺将校団にブリーフィングしたとき，ゴレーロフはソ連軍を投入する必要はないと述べたという。Кукушкин, op. cit., p. 57；同じ頃の9月末，モスクワの党中央委員会に KGB のイヴァノフ将軍と一緒に呼び出されたときも，ゴレーロフは当時のアフガニスタン軍兵力を詳細に説明しながら，アフガニスタン軍兵力だけで状況の掌握は無理なくできると断固と主張したと回想している。Гай и Снегирев, Вторжение, Знамя, Apr. 1991, p. 219-220.　しかし同席した KGB のイヴァノフ将軍は，アフガニスタン軍の能力や NDPA についてゴレーロフとはまったく違う見解を報告したという。Красная звезда, Nov. 18, 1989（イヴァノフの話は Diego Cordovez and Selig S. Harrison, *Out of Afghanistan : The Inside Story of the Soviet Withdrawal*, Oxford University Press, Oxford, 1995, pp. 39-40 から再引用）。

　事実，反政府グループを敵に回していたソ連よりは，彼らと接触していた米国側の方が，アフガニスタン反政府勢力の分裂についてもっと切実に感じていたようである。ペシャワルの米国領事 D. B. アーチャードは，8月10日，11日，そして14日に，それぞれアフマッド・ガイラニのいとこハッサン・ガイラニ，アメリカ市民権を持つアフガン人ジア・ナッスリー，それからヒズブ・イスラミ・グループのナンバーツーであるアミヌーラーに会い，彼らからほぼ五つのグループに分かれている諸勢力の統合が非常に難しいということを聞かされた。彼は，この対話内容を国務省に詳細に報告している。それだけでなく，アーチャードは，グループ構成員の奪い合いのことでハッサン・ガイラニとジア・ナッサーリーが激しく口論するのを目撃し，まさに「OK牧場の決闘」に居合わせているかのような緊張感に包まれていたと報告している。PESHAWAR　0199, Aug. 16, 1979, pp. 35-36.

(94)　A. Морозов, op. cit., No. 41, 1991, p. 28. 本書の第3章3の「泥沼のかけら」参照。
(95)　USNATO 05615, Aug. 8, 1979, *DFED*, Vol. 30, p. 5.
(96)　*Ibid.*, pp. 6-7.
(97)　*Ibid.*, pp. 9-10.
(98)　*Ibid.*, pp. 10-11.

(99)　*Ibid.*, p. 12.
(100)　*Ibid.*, p. 14.
(101)　STATE 218144, Aug. 20, 1979, *DFED*, Vol. 30, p. 39.
(102)　USNATO 5863, Aug. 23, 1979, *DFED*, Vol. 30, pp. 42-47.
(103)　*Ibid.*, p. 46.
(104)　*Ibid.*, p. 47.
(105)　ポノマリョフのカブール訪問と時を共にして、プザノフもタラキーのキューバ旅行を引き留めたという。Гай и Снегирев, Вторжение, *Знамя*, Mar. 1991, p. 204.
(106)　*Ibid.*
(107)　*Ibid.*, p. 201.
(108)　В. С. Сафрончук, Афганистан времен Амина, *Международная жизнь*, Jan. 1991, p. 129.
(109)　MOSCOW 21969, Sep. 13, 1979, *DFED*, Vol. 30, p. 64.
(110)　Гай и Снегирев, Вторжение, *Знамя*, Mar. 1991, p. 204.
(111)　モロゾフは、このモスクワ会談の過程にアンドロポフとクリュチコフが深く関わっていたと主張している。「(KGBの)クリュチコフと議長アンドロポフは、タラキーに何らかの暗示を与えれば、彼がアミンを牽制するだろうと信じていた。タラキーは確かに……モスクワに寄ったとき、彼らから聞かされたに違いない。彼とアンドロポフとの会談の通訳は諜報員で、数年間にわたって秘かにタラキーおよびカルマルと接触してきた者だった。タラキーがカブールに戻ってきたあの日、私は通訳から短いメモを受け取ったが、その中で彼は、アミンに対するタラキーの目を醒すことができたと知らせてくれた。いい結果を待とう、と彼は書いていた。スパイの用語でこれは望ましいことを意味する。……モスクワはタラキーに、アミンを縛っておくように説得したのだ。」Морозов, Кабульский резидент, *Новое время*, No. 41, 1991, p. 28. モロゾフの述べているディテールはさておいて、アミンを嫌っていたアンドロポフが、モスクワに寄ったタラキーに黙っていたはずはないだろう。
(112)　В. С. Сафрончук, Афганистан времен Амина, *Международная жизнь*, Jan. 1991, p. 130.
(113)　Ляховский, *op. cit.*, pp. 92-93 ; N. Ivanov, "How the Afghan War Started", *Soviet Soldier*, No. 10, 1991, pp. 14-15.
(114)　リャホフスキーはこのことについて、「アンドロポフは確かにブレジネフとタラキーを説得するのに成功した。アミンがすぐ無力化するから大隊を送る必要はないと説得したのだ。しかしアミン除去のための行動は失敗した。アミンは、彼を待ち伏せて狙っていたところを避けて、ほかの道を選び無事に空港に着き、自分の先生を迎えた」と述べている。*Ibid.*, p. 93. この説はアミンの除去のためにKGBが何らかの工作をしていたということをほのめかしている。

第 4 章 (注)

しかし，S. ハリソンはこれとは正反対の説を主張している。「アフガニスタン秘密警察の責任者アッサドゥラ・サルワリは，（9 月 11 日）アミンがタラキーを迎えに空港へ向かうのを狙って殺害計画を立てた。ところが，サルワリの甥で KGB の情報提供者がテロ計画をソ連のエイジェントにもらし，計画は失敗した。ソ連のエイジェントは，アミンに危険を警告し，ほかの道を選ぶよう忠告したのだ。KGB はアミンとアメリカの連携可能性を疑いながらも，そして彼を追い出そうとしていながらも，まだその段階ではアミンと彼の政敵たちとの間で流血衝突が生じ予測つかない不安定な結果が出るのは避けたかったのだ。」(Diego Cordovez and Selig S. Harrison, *Out of Afghanistan : The Inside Story of the Soviet Withdrawal*, Oxford University Press, Oxford, 1995, p. 40. ハリソンのこの叙述は，Raja Anwar, *The Tragedy of Afghanistan*, Verso, London, 1988 に頼っている。)

しかし残念ながら，両方の説明はいずれも 1 次的な証拠資料に基づいたものではない。

(115)　プザノフの証言，Гай и Снегирев, *op. cit.*, p. 204.
(116)　KABUL 6874, Sep. 15, 1979, *DFED*, Vol. 30, p. 69.
(117)　前の注のアムスタッツの報告書によれば，ザリフはカブールに現れ，14 日の軍出身内閣構成員すなわち「4 人組」のパージに加担し，マズドゥリヤルの後任として新しい通信相に就任した。*Ibid.*　すでに 12 日には，地方の親アミン勢力がカブールに集まっていたのである。
(118)　カブール駐在ユーゴスラビア大使ボグダン・マルバシチが，プザノフから聞かされた話。KABUL 7281, Oct. 2, 1979, *DFED*, Vol. 30, p. 108.
(119)　В. А. Меримский, Кабул-Москва : война по заказу, *Военно-исторический журнал*, Oct. 1993, p. 19.
(120)　Гай и Снегирев, *op. cit.*, p. 205. 「われわれ」とは，プザノフ，イヴァノフ，ゴレーロフを意味するだろう。
(121)　プザノフの証言，*Ibid.*　プザノフは自分たちが暗号電文を送った日を明らかにしていないが，電文を送った当日深夜人民宮殿でタラキー，アミンに会ったと述べている。
(122)　*Ibid.*, p. 205.
(123)　N. Ivanov, "How the Afghan War Started", *Soviet Soldier*, No. 10, 1991, p. 16.
(124)　KGB のモロゾフ大佐に知らされた当時のソ連代表たちの課題は，「アミンからすべての権限を奪うのではなく，タラキーに協力してアフガニスタン国防省と国家保安委員会の業務からアミンの干渉を減らさせること」であった。A. Морозов, Кабульский резидент, *Новое время*, No. 41, 1991, p. 29.
(125)　プザノフの証言。Гай и Снегирев, *op. cit.*, p. 205.
(126)　*Ibid.*, p. 206 ; А. Морозов, *op. cit.*, p. 29.　ウェスタードは，9 月 12 日から

14日かけて起きた一連の事件を整理するのに些細なミスを犯している。彼は，プザノフらが12日から14日まで毎日すなわち3回にわたってタラキー，アミンと会ったかのように書いている。すなわち，アミンのドラマティックな言葉，そして「4人組」のソ連大使館への出現が12日のことだと書いているのである。それから13日にもう一度プザノフはタラキーに会って「4人組」のことを相談し，最後の14日に銃撃戦が起こったとしている。ウェスタードの根拠は，1991年3月号『ズナーミャ』誌のガイとスネギリョフの論文「侵攻」が紹介しているプザノフの証言である。しかし，その証言でプザノフは日付には触れていないが，モスクワの指示に従い人民宮殿に行ってアミンのドラマティックな言葉を聴いたことと，宮殿から大使館に戻ってアフガニスタンの大臣たちの訪問について知らされたのが，同じ日のことだと語っている。そして翌日「4人組」のことをタラキーに告げて，その直後銃撃があったと述べている。

　同誌に載っているグーラブゾイの証言（自分たち4人がソ連大使館に逃避したのが13日木曜日であったと明確にしている）や，『新時代』誌のモロゾフの回想からも，これが9月13日のことであるのが明らかである。O. A. Вестад, *op. cit.*, pp. 28-29 ; Гай и Снегирев, *op. cit.*, pp. 205-207 ; Морозов, *op. cit.*, p. 29.

(127)　Гай и Снегирев, *op. cit.*, p. 203.
(128)　*Ibid.*, p. 207.
(129)　プザノフとアミンとのやりとりについては，当時カブールにいた人の証言はそれぞれ表現が少しずつ異なる。まずKGBのモロゾフは，「タラキーはアミンに電話を入れ，来るように招いた。アミンは，人民宮殿には自分に対する暗殺の企みがあるかも知れないと云って，『偉大なる指導者』の所に行くのを頑固に拒否した。しかし，結局はタラキーの説得に譲歩し，受話器をプザノフにかわってくれるよう要請し，自分の身の安全に対する彼からの個人的な保障を要求した。大使はその保障をしてやった」と述べている。Морозов, *op. cit.*, p. 30.　9月15日パヴロフスキーから聴いた話を述べているメリムスキーは，「朝に彼（パヴロフスキー）は大使と一緒にタラキーを訪れ，対立を調整しようとした。続けられた対話の末，タラキーはアミンに会うことに同意した。タラキーはアミンに電話をかけ，来るように招きながら，ソ連の同志たちからの提案があると話した」と伝えている。В. А. Меримский, *op. cit.*, p. 19.

　10月8日，アフガニスタン外務省によって召集された社会主義国家大使会議で，アフガニスタンの外相シャー・ワーリは，「ソ連大使が直接アミンに電話し，アミンをタラキーとの会談に招いた」と，プザノフの陰謀へのかかわりを非難した。プザノフの代わりにこの会議に参加したサフロンチュクは，シャー・ワーリの主張に強く反駁したが，そんなサフロンチュクも回想で，「彼（プザノフ）は，アミンに個人的に安全を保障する約束をしたらしい」と述べている。B. C. Сафрончук, Афганистан времен Амина, *Международная жизнь*, Jan. 1991, p. 135 ; KABUL 7784, Oct. 30, 1979, *DFED*, Vol. 30, p. 128.　モロゾフ，メリムスキ

一，サフロンチュクの3人とも，アミンに対して嫌悪感を持っていたことを勘案すれば，彼らがアミンに有利な状況説明をするはずがない。プザノフのアミンへの言質は確かにあったと思われる。

プザノフのこのような行動は，アフガニスタンのパトロンであるソ連大使としての自分の権威，ソ連軍地上軍総司令官パヴロフスキー将軍，中央軍事顧問団長ゴレーロフ将軍，KGBのイヴァノフ将軍を同伴したなかでの自信感からの振る舞いであったのではなかろうか。

(130) Гай и Снегирев, *op. cit.*, p. 207 ; Сафрончук, *op. cit.*, p. 135.
(131) Н. И. Пиков, *op. cit.*, pp. 200-201 ; А. Ляховский, *Op. cit.*, p. 96.
(132) А. Кукушкин, *op. cit.*, p. 57 ; M. Hassan Kakar, *Afghanistan : The Soviet Invasion and the Afghan Response, 1979-1982*, University of California Press, Berkeley and Los Angeles, 1995, p. 22.
(133) カブール駐在インド大使館の外交官たちの目撃談。KABUL 6874, Sep. 15, *DFED*, Vol. 30, p. 69.
(134) KABUL 6874, Sep. 15, 1979, DFED, Vol. 30, pp. 69-70.
(135) *Ibid.*, p. 70.
(136) テロは恐怖や政治的激変をもたらすものだけでなく，想像力の源泉でもある。14日の銃撃が誰の仕業であるかについては，さまざまな意見が飛び交っている。まずパヴロフスキー代表団は，アミンへの暗殺企図がアミン自らの自作自演であるとの結論に達したという。もしタラキー側の狙撃兵が発砲したら，人民宮殿に入ったアミンを至近距離で撃ち損なうはずがないということである。それからアミンの副官タルンは，タラキーの随行警護員としてアミンから送られた者で，アミンの企みについて知りすぎていた。アミンを迎えにタラキーの部屋から出たタルンを至近距離で撃てるのはアミン側の人であり，しかもそうすることによってアミンはタルンとタラキー両方を除去することが出来た，との論理である。Меримский, *op. cit.*, p. 20.

当時カブールに居合わせた人の推測でない体系的分析として14日の状況を明確に説明した研究はまだない。ただリャホフスキーは，あるKGB要員とザプラーチン少将の話を引き合いに出し，「アミンの行動はタラキーの陰謀の失敗に対する対応措置だった。NDPAの書記長はアミンの殺害を命令した。……銃撃はタラキー側から始まった」と述べている。Ляховский, *op. cit.*, p. 94. ウェスタドも，「タラキー派の人々は相談のために宮殿にやってきたアミンを殺害しようと試みた。……しかし，暗殺の企ては成功しなかった」と記している。Вестад, *op. cit.*, p. 29. この二人は，タラキー主導説を裏付ける証拠を提示していない。

ハリソンは，前述のアンワルの本を引用し，AGSAのサルワリがタラキーを説得して，14日にアミンを招待するようにしておいて，タラキーの警護員にアミンの殺害を指示したと書いている。Cordovez and Harrison, *op. cit.*, pp. 40-41. しかし，ハリソンも，彼の引き合い出しているアンワルの本も具体的な証

拠には欠けている。総じて最も新しい研究と言えるリャホフスキー、ウェスタード、ハリソンの分析はすべて証拠のないタラキー主導説を主張しているのである。

　情況から見てタラキーとアミンは互いに殺意とまでは言えなくとも、相手を除去しようとしていたように思われる。グーラブゾイの証言によれば、彼をはじめとする4人は12—13日にわたってアミンを除去するようにタラキーに促しており、13日にはアミンをタラキーとの午餐に招待し逮捕しようとしたが、アミンがその計画に乗らなかったという。そこでグーラブゾイはタラキーに護身用ピストルを渡して自分の執務室に戻った。同日午後8時頃グーラブゾイはアミンから電話で解任通告を受け、タラキーにその事実をやはり電話で訴えた後、ソ連大使館に身を隠したと述べている。Гай и Снегирев, op. cit., p. 206. 一応グーラブゾイの家に撤収した4人（グーラブゾイの証言によればマズドゥリヤルはパグマンの保養地に逃避）を、9月14日朝KGBのイリインが訪ねたとき、サルワリは電話でタラキーにアミンの陰謀を再び強調していたという。А. Морозов, op. cit., p. 29. グーラブゾイらの粘り強い説得にタラキーの気が変わった可能性は十分ある。上述のプザノフの証言のなかでも14日朝の対話でタラキーの気が変わったような様子が見付かったと述べられている。アミンも、タラキーに絡んでいる4人の陰謀について気づいていただろう。12日に早くも地方にいる自分の支持勢力をカブールに呼び集め、13日には4人の解任を宣言したアミンが、14日のタラキーの呼び出しに何の安全保障もなく乗り出すはずがない。タラキー側の先攻説に賛同はするが、アミンも腹を括っていたとも言えよう。

(137)　Н. И. Пиков, op. cit., p. 208 ; А. Ляховский, op. cit., p. 96.

(138)　メリムスキーの回想によれば、グロムイコへの「この段階ではアミンとの協力を維持し続ける方が最善の方策」とのプザノフの提案において、パヴロフスキーも同じ意見だったという。В. А. Меримский, op. cit., Oct. 1993, p. 20.

(139)　NDPA中央委員たちに配られた同日付けの秘密手紙。ダリ語からの翻訳紹介。А. Ляховский, op. cit., p. 97.

(140)　А. Морозов, op. cit., p. 30.

(141)　モロゾフの回想によれば、9月15日朝プザノフはアミンからタラキーの逮捕に関する通告を受けてから、モスクワに至急電文を打ち、「タラキーはすべてが終わった。これからはアミンに賭けるしかない」と提案した。Ibid.

(142)　KABUL 7063, Sep. 22, 1979, DFED, Vol. 30, p. 84.

(143)　А. Морозов, Кабульский резидент, Новое время, No. 41, 1991, p. 30.

(144)　KABUL 6936, Sep. 17, 1979, ibid., p. 75.

(145)　KABUL, Sep. 18, 1979, ibid., p. 76.

(146)　Кукушкин, op. cit., pp. 56-57. ガーソフは、リャブチェンコに特殊任務が課されたのは12月のことであると述べている。1989年12月の第23号の『ソ連兵士』誌（ロシア語版）に載せられたリャブチェンコのインタビュー記事に出て

いる「9月」が「12月」のミスプリントであるということである。R. Garthoff, *op. cit.*, p. 1010 n. 同誌の英語版 *Soviet Soldier* の 1990 年第 5 号にも同じ内容の記事が出ているが，そこでリャブチェンコは，「私が特殊任務の命令を受けたのは 1979 年 9 月のことである。それは友好アフガニスタンの反革命勢力との闘争を支援するための任務であった」と語っている。*Soviet Soldier*, No. 5, 1990, p. 24. ガーソフは何か勘違いしているのだろうか。ガーソフは，特殊任務とは 12 月のアフガニスタン侵攻のための準備であると思っていたようである。それでリャブチェンコが 9 月末にアフガニスタンに派遣されていないと決めつけているらしい。しかしククーシキンの回想でも確認されるように，ヴィチェプスク空挺師団の将校団は，すでに 9 月末に動員されていたのである。

(147) リャブチェンコのインタビュー，"Afghan War : The Beginning", *Soviet Soldier*, No. 5, 1990, p. 24. 「スペツナズと空挺部隊」で紹介したイヴァノフの叙述のなかで，グスイコフがスホールコフから受けた命令の一つ，「フェルガナの空挺師団を解体し，そのなかから 1 個連隊兵力を一つの独立梯隊として組織する」ということは，他ならぬこの措置，すなわち既存のフェルガナ空挺師団の精鋭兵力とヴィチェプスク空挺師団の精鋭兵力との連合梯隊を組織するとの意味である。

(148) "Afghan War : The Beginning", *Soviet Soldier*, No. 5, 1990, p. 24 ; Кукушкин, *op. cit.*, p. 57.

(149) Кукушкин, *op. cit.*, p. 57.

(150) 本章 3 の「スペツナズと空挺部隊」参照。

(151) Гай и Снегирев, *op. cit.*, Mar. 1991, pp. 219-220.

(152) 本章 2 の「経験ある将軍」参照。

(153) А. Морозов, Кабульский резидент, *Новое время*, No. 38, 1991, p. 36. モロゾフは，自分は NDPA の内紛の原因がアミンの権力欲にあると主張したが，他の代表たちは親アミン的立場をとっていたと述べている。それで自分の報告がモスクワに正しく伝わったのは，9 月オサドチーが休暇に向かってからはじめて可能だったと振り返っている。

(154) KABUL 7318, Oct. 3, 1979, *DFED*, Vol. 30, p. 113. アムスタッツはオサドチーが KGB と関連ある人物であることに気づいていたらしい。報告書では「ソ連外交官」，「領事」との肩書を使っているが，彼が空港で VIP ラウンジを利用していたことについて，「彼の重要性は，大使たちの離着任の時だけ利用できるこのラウンジを，休暇のために利用することからも窺える」とつけ加えている。

(155) グーラブゾイの証言。Гай и Снегирев, Вторжение, *Знамя*, Mar. 1991, p. 207.

(156) *Огонёк*, Mar. 1989, p. 6 ; Ulrich-Joachim Schulz-Torge, *Who Was Who in the Soviet Union*, K. G. Saur, London, 1992, p. 286 ; *Soviet Armed Forces*

Review Annual (*SAFRA*), Vol. 4, 1980, p. 8 ; House of Commons, "Afghanistan : The Soviet Invasion and Its Consequences for British Policy", Fifth Report from the Foreign Affairs Committee, Session 1979-1980, London, 1980, p. 41.

(157) *SAFRA*, Vol. 4, 1980, pp. 7-8.

(158) *Огонёк*, Mar. 1989, p. 6.

(159) 1979年ソ連軍首脳部の将軍24人のうち，50代の将軍はワルシャワ条約統一軍総司令官クリコフ元帥（58歳），防空軍司令官コルドゥノフ航空元帥（上級大将，56歳），工兵出身の国防次官シャバノフ大将（56歳），第1参謀次長アフロメーエフ（上級大将，56歳）の4人であった。

(160) Ammon Cella, *Soviet Political and Military Conduct in the Middle East*, McMillan Press, Hong Kong, 1981, pp. 4, 167 n.

(161) М. М. Козлов, *Академия генерального штаба*, Военное издательство, М., 1987, p. 144 ; *ВЭС*, 1983, pp. 56, 110.

(162) アフロメーエフのインタビュー記事。*Красная звезда*, Jul. 1989, p. 2.

(163) Dale R. Herspring, *The Soviet High Command, 1967-1989 : Personalities and Politics*, Princeton Univ. Press, New Jersey, 1990, p. 289. その後アフロメーエフはオガルコフの後を継いで，ゴルバチョフ政権でソ連軍参謀総長および最高会議議長（ゴルバチョフ）の常任顧問を歴任しつつ，アメリカとの戦略兵器削減交渉に当たった。*Красная звезда*, Jul. 1989, p. 2.

(164) В. Варенников, Некоторые проблемы развития успеха в наступательных операциях (По опыту Великой Отечественной войны), *Военная мысль*, Aug. 1979, pp. 25-36.

(165) В. И. Варенников, *op. cit.*, p. 35.

(166) *SAFRA*, Vol. 4, 1980, p. 89.

(167) *ВЭС*, 1983, p. 110 ; *Report on the USSR*, Vol. 1, No. 17, p. 12 ; Гай и Снегирев, *op. cit.*, Apr.1991, p. 227.

第5章　見えない戦争
──1979年10月から11月まで──

1．傲慢と偏見

マクベスの苦悶──カブールのアミン

　9月14日の銃撃戦はモスクワはもちろん，アミンにとっても大きな衝撃であったに違いない。同日，ある程度の偶発的な衝突の蓋然性を予期し，悲壮な覚悟で人民宮殿へと向かったとしても，ソ連大使の居合わせたところで物理的な攻撃が加えられたことについては，考えを整理する時間が必要であった。

　アミンは，まず迅速に自分の権力樹立の作業に取りかかった。9月16日のアミンのNDPA書記長就任声明が公表[1]されて以来，彼の権力掌握に対するなんらかの抵抗の兆しも現れなかったことから見て，彼は少なくとも党と軍隊からの支持は固めていたと見られる[2]。党から追い出された大臣たちの後任には，9月12日から各地方からカブールに集まってきたアミンの支持者たちが任命された。すなわち9月20日のカブールの新聞は，パクティヤ地方知事モハンメッド・ファキールが内務相に，ナンガハール地方知事モハンメッド・ザリフが通信相に任命されたと報じた[3]。

　権力の掌握からわずか1週間も経たないうち，アミンの新政権は改閣，憲法制定の意向[4]，親ソ連非同盟路線の堅持[5]などを公表し，権力がための基礎作業を終えたが[6]，9月14日人民宮殿にソ連大使プザノフがタラキーとともに自分を待っていたということは，アミンの脳裏からなかなか消えていなかったようである。政府改造の発表があった9月20日，アフガニスタン外務省と企画庁の官吏二人は，米国大使館の援助担当官に「アミンの新政権は，米国との関係を改善しようとしている」と述べつ

つ、アミンによって考慮されている案の中には同年2月14日の米国大使ダブスの死に関する公式的な謝罪の手紙も含まれていると示した。二人は、このようなアミンの意思を米国政府に伝えてほしいと要請した。アムスタッツはこの事実を「ハルクはワシントンに向かってオリーブの枝を振るのであろうか」との題で報告しているが、このような動きの背後には「アミンのイメージの高揚に関心あるソ連の忠告があるはず」として半信半疑の意見をコメントとしてつけ加えていた(7)。9月26日、米国国際協力団（ICA）のマッカフィー女史のアフガニスタン要人との面談を仲介するためにアフガニスタン情報文化相ハヤル・モハンマッド・カタワジに会った際、「一カ月前、アフガニスタン革命に対する米国の敵意が両国間協力を阻んでいると、米国を乱暴に批判した」カタワジが、「わが国は貴国のような先進国からの教育、技術訓練、公務員の英語教育といった分野の助けを必要としている」と述べつつ、マッカフィーの要請を全部受け入れたときにも、アムスタッツはただ「わが側に対する態度の変化を感じた」と報告する程度にとどまっていた(8)。

しかし翌日の27日、NDPA書記長に就任したアミンを儀典訪問した当のアムスタッツは、アミンの態度に驚いた。アミンとの会談の時間をなるべく短くせよとの国務省の指示を受けていたアムスタッツにとって、この訪問はアミンとの初対面であった。アミンはアムスタッツに、「ワシントンに明白にさせたいのは、（アフガニスタンが米国と）よりよい友好的な関係を望んでいるということだ。アフガニスタンは世界のどの国にも悪い感情を持ってはいない」と語りつつ、アムスタッツが願う時にはいつでも自分のドアは開いていると強調した(9)。記念写真撮影の時間4分を含め、会談の時間は19分しかなかったため、あまり深い話は交わされなかったが、アムスタッツのアミンに対する印象は完全に変わった。米国務省に送る報告書にアムスタッツは、「この多情な人物を観察するに際し、彼が後を絶たない陰謀の中で生き残り、頂上に登った者だとは信じがたい。……この友好的な人と話し合いながら、果たしてこの人が5千人と推算される政治的反対者を処刑した当の責任者であるのかという疑問が生じるくらいだった。……（アミンを）訪問してよかったと思う。彼は、国務省に自分

1. 傲慢と偏見

が関係改善を願っているというメッセージを送る機会を歓迎したと思われる」と記した[10]。

わずか1ヵ月前までアムスタッツは，アミンを「悪党」と表現していた。カタワジだけでなくアムスタッツの認識も変わっていくくらい，クーデター以降ハルク政権の対米態度は，急激に変化したのである。

9月の最後の十日間は，アフガニスタン政府の対米接近の姿勢を矢つぎ早に示した期間であった。アムスタッツがアミンに会っていたその時刻，ニューヨークでは米国務次官ニューソムがアフガニスタン外相シャー・ワーリと会談した。シャー・ワーリは，パキスタン大統領ジア・ウル・ハークと外相シャヒのカブール招請を打ち明け，パキスタンに対する柔軟な姿勢を見せつつ，「NDPAはマルクス・レーニン主義政党ではない」とまで言い出し，「党は社会主義国家だけでなく世界のどの政党との関係を歓迎し……主権国家アフガニスタンは非同盟運動の立場を考慮しているし，独自的な政策を持っている」と強調した[11]。同日カブールでは，アフガニスタン外務省の情報責任者アッサドゥラ・マティンがマッカフィーに，アミンの指示であることをほのめかしながら，「アミンは個人的に，米国との関係改善に非常に関心をもっている」と述べた[12]。9月最後の一週間アミンは米国に友好的なゼスチュアを送りつづけたのである。

ところが，10月1日のカブールの米大使館の米国務省への報告によれば，アミン政権は米国への接近において両面的立場をとっていた。「マッカフィー女史の会見要請に対する全面的承認，情報文化相の暖かい歓待，外務省情報責任者マーティンの接近，情報文化省官吏30人の米文化院での英語研修中断の取り消し，27日アミンとアムスタッツとの歓談，シャー・ワーリとニューソムの会談」はすべて，アミン政権からのシグナルとして受け止められたが，「アフガニスタン秘密警察による米大使館への監視持続，米大使館の新しいスタッフに対する運転免許交付の拒否」などは依然として変わらなかった[13]。したがって報告書は「性急な判断は禁物」との表現で締め括られていたが，アミン政権の対米態度が変わったのは確かであった。

アミンが政権を握っていたのは3カ月に過ぎなかったから，果たしてア

ミンが執権以前から持っていた独自対外政策の長期的なプランを実現しようとしたのであったかどうかは確かめようがない。しかし，カブールの米大使館が，この一連の出来事を驚くほどの急激な旋回として受け止めたことから見て，9月末の対米接近は政権の前面に登場する前とはずいぶん変わったアミンの態度の現れだったということは確かである。もしアミンに9月以前から対米親和的な姿勢やゼスチュアが見出されていたら，カブールの米全権代理アムスタッツが国務省に送る秘密電文に，彼を「悪党」とまで称する必要も，そして豹変したアミンの接近にこれほど騒ぐ必要もなかったはずである(14)。

しかしアミンが米国を好意的な目で見始めたとしても，ソ連の影響の下におかれている自国の現実や6年前のダーウドのケースを考慮すれば，それは即刻かつ完全なソ連離れをめざすことを意味するものではなかっただろう。現に，逃げた3人のタラキーの側近が恐らくソ連大使館の庇護の下に隠れていると思われるし，当のソ連大使が14日の銃撃事件に関連した疑いの強い状況で，賢明な野心家だったらとりあえずソ連の真意が何であるかについて突き止めるべきである。

アミンが政権掌握に成功した直後，サフロンチュクはアミンに辞任および帰国を申し出たが，アミンは断固として拒否した。アミンは，「外相シャー・ワーリには顧問が要らないかも知れないが，自分はサフロンチュクとの定期的な会談が続けられるよう願っている」と言ったという(15)。モスクワの外務省筋と同様アミンも急激な対ソ姿勢の変化は願っていなかったのである。10月2日アミンは，カブール駐在KGB代表イヴァノフに「10月15日以後引っ越しする予定の自分の新しい邸宅の警護に当たるソ連軍大隊の派遣」を要請している(16)。

しかし，アミンにとって禍いの種とも言える二つの問題が残っていた。一つは，軟禁状態におかれているタラキーの問題であり，もう一つはプザノフの処理問題であった。ソ連指導部のアミン除去の意図がまだなくなっていないとすれば，タラキーの生存はアミンにとって厄介なものになるだろう(17)。もちろんアミンはモスクワが自分をしめだそうとしていたことについては正確に把握していなかったようであるが，それにしても訪問先

のモスクワから帰ってきたとたんに追い出されたタラキーは気になる存在であったに違いない。そしてアミンとしては，理由はともあれ，自分に対する暗殺企図の現場に居合わせたソ連大使も到底対話を続ける相手にはならないと思うのが自然である。

　アミンにとって敵の数はだんだん増えてきた。最初は海外へ事実上追放したパルチャム派，その後頻発するようになった地方の反革命勢力，今度はタラキーとソ連大使館に隠れているタラキーの側近たちがアミンの敵に回った。そして彼らの背後にはソ連という大きな影が覆っていたのである。アミンは，手に入れた権力の大きさや栄光よりはるかに大きな敵と悩みを抱えるようになったのである。権力に向かって無謀に突進する盲目的な政治家でなければ，この段階で自分の持っている力を周りの敵の力と比べて，妥協の道を探るべきだった。ところが，アミンが選んだのは戻れることのできぬ片道ともいうべき道であった。アミンは，米国とパキスタンを自分の側に引き寄せるに必死になる一方，タラキーとプザノフの問題を一挙に解決しようとしたのである。

　10月6日，アフガニスタン外相シャー・ワーリは異例的なカブール駐在社会主義国家大使会議を招集し，9月14日人民宮殿で起きた事件についてブリーフィングしながら，その背後にはソ連大使プザノフの陰謀があったと強く非難した[18]。

　プザノフの代わりにこの会議に参加したサフロンチュクが聴いたシャー・ワーリの非難の要旨は以下の通りであった。「NDPAの中央委員の4人，すなわちワタンザル，グーラブゾイ，マズドゥリヤル，そしてサルワリは，1979年の春から四月革命の指導者アミンに対する陰謀を企んでいた。最初彼らはタラキーを通じアミンを首相のポストから引きずりおろそうとしたが，党が陰謀者たちを支持していなかったため成功できなかった。結局彼らはアミンに対する物理的な除去計画を立て，彼の命に対する幾つかの殺害企図を企んだ。しかしアミンと彼の忠実な戦友たちは，このような計画を事前に除去し，軍と党はアミンへの忠誠心を堅持した。アミンは幾たびもタラキーに4人の陰謀について注意を促し，彼らに対する措置をとるよう求めたが，前書記長はこのような措置をとるどころか，むし

ろ彼らに対する寛大な立場をとった。非常に残念ながら，アフガニスタンに友好的な大国ソ連の大使プザノフは，陰謀者たちを手助けした。プザノフはタラキーがアミンを罠に陥れるよう支援したが，アミンは勇気と機知を発揮し死を免れることができた。(9月14日の) 銃撃でアミンの忠実な戦友タルンとナヴァブ・アーリが死亡した。……プザノフは自らアミンに電話をかけタラキーとの会談に招待したのである。」シャー・ワーリは続けて，4人の現況について「陰謀が摘発されて以来，4人はソ連大使館に隠れており，そこからカブール警備隊の幾つかの部隊と連絡を試み，アミンに対抗させようとしているが，軍は四月革命の指導者への忠誠心を堅持している。陰謀家たちは未だソ連大使館に隠れている」と確言した。何の証拠があるのかというサフロンチュクの激烈な抗議に対し，シャー・ワーリは「アミン同志からの話」であると説明した[19]。

　さらにサフロンチュクが，「9月14日の状況でのソ連大使の役割に関する捏造や，これに関するシャー・ワーリの声明が，ソ連とアフガニスタンの関係に回復しがたい否定的な結果を呼び起こしかねないということを考慮しての発言であるのか」と問い詰めると，シャー・ワーリは，「自分はアミンの委任を受けてこの声明を発表した。確かに社会主義国家大使会議で知らされる情報の結果についても慎重に考慮した」と答えたという[20]。

　アミンは，シャー・ワーリの声明を通じて巧妙にソ連大使だけを非難の的にしながら，ソ連の意図をテストしようとしたのではなかろうか。ソ連を敵に回すような大胆な策をとる立場ではなかった彼は，一応ソ連大使館に4人の政敵が隠れているのを自分が察知しているということをモスクワに伝え，そして自分の政敵たちの側に立っていると思われるプザノフ個人への「忌避」事実を公表することによって，ソ連の反応を見ようとしたのである。こういう面から見れば，シャー・ワーリの振る舞いは，確かに彼の言葉どおりアミンの「慎重な考慮」に基づいたものであると考えられる。社会主義国家の大使たちの会議というのは公式的なものでもないし，シャー・ワーリが公式的なテキストを持って非難声明を発したことでもないから，ソ連政府がこれを正面からの挑戦として受けとめるはずがない，

1. 傲慢と偏見

もしプザノフ個人に対するこのような非難が、モスクワからの否定的でない反応をもたらすこととなれば、それをもって自分へのモスクワの信用の程度を測ることができる、と思ったのであろう。

10月10日、カブールの新聞は、タラキーが「重病で亡くなった」と報道した[21]。タラキーの死に関する通説は、10月8日アミンの命令を受けた大統領警護室責任者ジャンダッドが、同室の将校ルージ、エクバル、ハッドゥドに指示し、タラキーが軟禁されている彼の邸宅で絞殺したということとなっている[22]。しかし、オーストラリアの研究者ベヴァリー・メールはこの絞殺説に強い疑問を投げかけている[23]。彼女は、「バブラク・カルマル政権は、タラキーはアミンの指示により絞殺されたと主張し、絞殺加担者たちの供述を1980年1月21日と23日の『カブール・タイムズ』紙に公表した。しかし、その供述の内容は重要な点において曖昧なものである。たとえば、そのような命令があったのが10月8日かあるいは9日かについても、彼らははっきり憶えていない。しかも関連者たちはすべて処刑されたので、その証言を立証することもできない」と疑問を提起しているのである。1980年1月10日同紙が載せたタラキー未亡人のカーターへの嘆願書簡にも、アミンが不法的に権力を握り、自分の夫を殺したと書いてあるが、殺害の詳細なことは書いてないという事実も「タラキー絞殺説」へのメールの反駁根拠の一つである。すなわちメールは9月14日の銃撃でタラキーが致命的な負傷をおい、10月8日か9日に死んだと主張しているのである。

しかしメールも、9月14日の銃撃でタラキーが重傷を負ったということを裏付ける証拠を何一つ提示していない。確かに9月14日から10月10日までの約1ヶ月間タラキーの安否については、アミン政権から公式的な発表がなされなかったため、カブール外交街の関心の焦点となり、さまざまな憶測を呼び起こしていた[24]が、タラキーが重傷を負って、それが原因で死んだという説を含めて根拠のないさまざまな噂が飛び交っていただけである。「タラキーの重傷・死亡説」の主張者も、証拠を提示していないアミン擁護の研究者メール以外にはいない。

ところが、9月14日の現場に居合わせたプザノフとパヴロフスキーは

一様に、9月14日の銃撃戦でタラキーが何らかの物理的な危害を被ったとは述べていない(25)。タラキーが負傷したにもかかわらず、彼らが回想でこの事実を隠す必要があるとも思われない。同日タラキーは何の負傷も負わなかったし、またモスクワもそう確信していたと見るのが妥当ではないだろうか。「タラキー病死説」と「タラキー絞殺説」のいずれにも確実な証拠はないが、10月6日に始まったアミンの強硬手段の延長線上で「タラキーの死」を考えるのが妥当だろう。「タラキーの死」をアミンからの侮辱として受け止めたというブレジネフの驚愕(26)もこういう脈絡から理解できる。シャー・ワーリのプザノフ批判が行われてから、タラキーはアミン政権によって殺されたと考えられる。

ところで、アミンはなぜ権力掌握から20日もたった10月6日からこのような行動に出たのだろうか。当時カブールでは次のような推測が取り沙汰されていた。この20日間アミンは、ソ連からの自分の政権に対するなんらかの保障を引き出そうとしたのではないかという推測である。すなわち、米国の方へ接近しながら、タラキーの命を材料にして、ソ連と取引しようとしたのではないかということである。10月2日、カブール駐在ユーゴスラビア大使マルバシチは、アムスタッツに「ソ連は、クーデター以後のアミン政権を支持してくれる代償として、アミンからなんらかの譲歩、たとえばタラキーの生命保障を得ただろう。アミンは完全にソ連に依存しているし、そしてその代償を支払わねばならないだろう」と自分の印象を述べている(27)。しかし、この推測を裏付ける何の証拠も形跡もない。むしろモスクワは9月の事件については沈黙を守っていた。10月はじめ頃のアミン政権に対するカブール外交街の印象とは裏腹に、結局、ソ連の長い沈黙に焦っていたアミンの堪忍袋の緒が切れたと見るのが妥当である。

アミンは、10月2日の自分の邸宅を警備するソ連軍大隊の派遣要請も受け入れられず、ソ連からのなんらかの肯定的な回答もされない状態で、突破口模索の一環としてプザノフ批判とタラキー除去に乗り出したのである。ここで止まらずにアミンは、アフガニスタン国内でアミンにとって替わりうる人物として、しばしば噂されたヌール・アフマッド・エテマーデ

ィまで処刑している(28)。10月中のアミンの強硬措置は，自分の国内的権力を固めるためにとられたものというよりは，モスクワに対する抵抗のメッセージであったに違いない。

10月10日と13日にカブールのソ連中央軍事顧問団がモスクワの参謀本部に送った報告書を見れば，タラキーの死亡発表の後もアフガニスタンの状況が比較的静まり返っていたことが分かる。

　　　1979年10月10日8時アフガニスタンの状況について
　［アフガニスタンの］状況は変わっていない。ラジオとテレビを通じて伝えられたアフガニスタン情報局の通知によれば，タラキーは10月9日「急な，しかし重い発病の後」亡くなった。遺体は家族納骨所に静かに埋葬された。
　叛徒の積極的な行動として報告されたものはない。バルフとゾァウザン地方では封建派の独立叛徒の行為があった。情報によれば，クナール地方では2—3日間にわたって前30部隊の反乱軍と地域種族叛徒の間に内部的衝突が発生した。……
　第14歩兵師団の支隊はガーズニ南西部15—20キロメー地域の反乱軍を掃討し続けている。偵察目的で4機の飛行機が出動した(29)。

　　　1979年10月13日8時アフガニスタンの状況について
　9月（原文のまま。10月の間違い）12日のアフガニスタンの状況は基本的に平穏である。アフガニスタンの軍情報部隊と軍のNDPA細胞組織では，「タラキーはアミンに対するテロ的な陰謀を組織したが壊滅させられた」という内容のNDPA中央委員会からの手紙が読み上げられた。全国ではアミンを支持する各種会議や大衆集会，そしてデモが行われた。
　叛徒側からの積極的な戦闘行動はなかった。ファラフ北西部50キロの地域では，第17分遣隊が積極的な戦闘行動に出た。150人余りの反乱軍の壊滅，負傷者4人，捕虜25人の戦果をあげた。アフガニスタン部隊の犠牲は死亡が5人，負傷者11人であった。16機の戦闘機が出撃した(30)。

10月中にアミンが国内で直面した最も深刻な挑戦は，15—16日リシュクールにあるカブール警備第7歩兵師団の反乱であったが(31)，この反乱の規模も非常に小さいものであり，他の軍部隊の支持を得られなかった単発性のエピソードに過ぎなかった。メリムスキーは回想で当時の状況を詳しく書いている。「10月14日16時30分第7歩兵師団で反乱が発生，5台の戦車が参謀部に向かい，大砲を発射しながら接近してきた。最初は反乱にすべての独立大隊が加担したようにも見えたが，われわれは正確な状況が把握できなかった。しかしカブールに駐屯していた第7，8歩兵師団の自動化狙撃連隊は反乱軍を支持しなかった。10月15日の朝状況は明白に把握された。……タラキー打倒後1カ月が経った10月14日，彼の側近たちがアミンを追い出すために蜂起したのである。……反乱軍を指揮したのは警備司令部のある指揮官で，彼は自分が師団長であると僭称した。反乱には歩兵連隊と独立戦車大隊が加勢したが，彼らは朝のうちにプーロ・アーラムへと退却した。夕方まで砲兵連隊の指揮官がそこで反乱軍を支援しようとしたが，彼に従ったのは歩兵1個中隊にすぎなかった。その中隊は6回の砲撃をしてきたが，すべて外れ，われわれ（政府軍）の戦車砲による2回の応射の後，方々に散った。……（反乱軍は）参謀本部を護衛する警備中隊に対し，アミンと参謀総長を打倒せよと呼びかけたが，当の中隊は反乱を支持しなかった。10月15日のうちに，反乱は鎮圧された。(32)」

　この反乱も結局，通常の規模のものにすぎなかったのである。9月アミンの政権掌握以来10月が終わるまでアミンに対する国内の深刻な政権次元の挑戦はほとんどなかったに等しい。アミンの苦悶と行動の的はモスクワだったのである。

　10月29日，アミンの挑戦に対する長い沈黙の末に，ソ連政府はプザノフの後任大使としてフェクリヤット・アフメゾァノヴィッチ・タベーエフを任命し，彼へのアグレマンをアミンに要請した。この要請書をアミンに渡したのはサフロンチュクであったが，その時アミンは「新しい大使の任命の知らせを非常に喜び，その喜びを隠せなかった」という(33)。サフロンチュクの目に「軽率かつ失礼な行為」をしているように見られるほど，

アミンは新任大使の受け付けを急いだ。アミンは，新しい大使に対する公式的な同意を与える前に革命評議会および外務省との相談の手続き，そして赴任に必要な儀典的な手順などの過程はまったく無視し，「今日直ちに公式的ノートを発するから，新任大使が10月革命62周年記念日までは赴任し，信任状を引き渡してほしい」と催促した(34)。アミンは，新任大使タベーエフがソ連最高会議幹部会員，タタール共和国共産党第1書記，ソ連共産党中央委員を歴任した優秀な働き手であるということに感銘を受けた(35)，とサフロンチュクは振り返っているが，アミンにとっては，モスクワが自分の呼びかけに対する肯定的な反応を見せたということが，何よりも嬉しかったのではないだろうか。

同日アミンとの会談の内容をサフロンチュクはモスクワにこう報告している。

> 話は，第1次5カ年計画を承認したアフガニスタン人民民主党の中央委員会全体会議について進んだ。アミンは，アフガニスタン駐在ソ連大使にF. A. タベーエフを任命した事実を高く評価し，プザノフの貢献についても触れた。アミンには，[シリア大統領] アサドとイエメンの指導者アブデル・イスマイルのソ連訪問予定を知らせた。アミンは，帝国主義およびシオニズムとの闘争での一部のアラブ諸国指導者たちの一貫性のない態度について語った。結論でアミンは，[米国の] カブール駐在臨時全権A.K. ブラッドとの会談およびその印象について話した。その会談でブラッドは，もしもソ連軍の駐屯が減るようになればアフガニスタンへの米国の経済援助の可能性があるとほのめかしたという。アミンはこれを拒絶した(36)。

アミンは，公式的に忌避人物として交替を要請したことがなかったにもかかわらず，プザノフ忌避という自分の要求がモスクワによって受け入れられたことに喜びながら，米国からの提案を拒否したことをサフロンチュクに伝えたのである(37)。

プザノフは11月19日までカブールに留まり，タベーエフは11月28日にカブールに着任したが(38)，すでに10月末には「カブールのツァーリ」

の影は薄くなっていた。そしてアミン政権は，国内の権力を確固たるものとし，しかもソ連からの追認まで受けたかのように見えた。少なくともアミンはそう思っていた。1ヵ月半にわたるモスクワの沈黙が，アミンを悩ませたのは確かである。それゆえ，やっとモスクワからの反応を得たアミンが喜んだのも無理ではない。しかしその喜びのあまりに，アミンが気付かなかったのは，カブールでプザノフの影が薄くなるとともに，モスクワでは外交的観望の姿勢が強硬策に変わりつつあったということである。

アミン破門──モスクワのアフガニスタン委員会とKGB

9月14日から16日まで起きた，タラキーの退場とアミンの登場は，アミンよりはタラキーに賭けていたモスクワにとっては確かに痛手となったが，プザノフをはじめとするカブールのソ連代表たちには，グロムイコのイニシャティブにより，「ソ連の長期的な利益を考慮しアフガニスタンを友好的な立場で統制できるよう，アミンを事実上のアフガニスタン指導者と見なし接触を続けよ」との指示が下達された[39]。この時点までグロムイコは，アフガニスタン指導部からのソ連軍派遣要請について，コルニエンコをはじめとする外務省の人間たちとたびたび意見を交換し，そのような措置は許しがたいという外務省の意見を確認していた[40]。

アミンの登場に対する観望的な態度は当分続けられたが，アミン政権の米国との接触が増加するにつれ，9月末にはカブールの中央軍事顧問団長ゴレーロフ将軍とKGB代表イヴァノフ将軍がモスクワに召還されるなど，アフガニスタン委員会のアフガニスタン政策再検討が行われた。10月3日にはもう一人のKGB要員オッサドチーもカブールを発ちモスクワに向かった。これもアフガニスタン問題検討の一環であっただろう。

当時カブールのKGB要員たちの間では，アミンに関する評価が互いに食い違っていたようである。NDPAの分裂やアフガニスタン国内情勢の混乱が，結局アミンという人物の個人的な野心と権力欲から起因するものであると決めつけていたモロゾフは，「モスクワにNDPA分裂の真の原因が報告できたのは，1979年9月（原文のまま，10月の間違い）KGBの対外固定諜者ヴィリオル・オッサドチーがモスクワに休暇に行ってからだっ

た」と回想している⁽⁴¹⁾。モロゾフは，それ以降モスクワに，アミンに関する否定的な評価報告を続々と送ったという。その報告での評価と結論は「大使プザノフや党と軍の同志たち，ひいてはKGB代表ボグダノフの意見とも違うもの」であったという⁽⁴²⁾。KGB代表ボグダノフとは，アフガニスタン国家保安機構（AGSA）のソ連人顧問ボグダノフ大佐を指す⁽⁴³⁾。プザノフの大使としての立場，そしてアミンの要請を忠実にモスクワに伝えてきたゴレーロフの立場などに比べれば，モロゾフの意見は相当反アミン的なものだったに違いない。

モロゾフは自分の回想で，カブールKGBのイヴァノフ将軍と意見の衝突があったとは言っていない。8月17日にカブールに着いたメリムスキーにアミンとCIAの関連可能性をちらつかせたのはそのイヴァノフであり，9月13日の夜いわゆる「4人組」が「アミンはCIAのエイジェントであり，米国との接触を続けてきた」との情報を持ってソ連大使館で接触をはかったとき相手となったのも当のイヴァノフである。それから9月末ゴレーロフとモスクワに行ったとき自分とは違う意見を申し出たと，ゴレーロフがほのめかしているのもイヴァノフ将軍である。イヴァノフは，9月14日人民宮殿でプザノフ，パヴロフスキー，それからゴレーロフとともにタラキーに会っていた。アミンに対する彼の意見は，親アミン的なゴレーロフとは違う，すなわちモロゾフと同様厳しいものだっただろう。

再びモロゾフの回想によれば，アミンの執権以後カブール駐在KGBの情報評価と総括結論は，「アミンの宮廷革命はソ連にとって深刻な打撃になりかねない」ものであり，「アミンがすべての権力を簒奪することによって，彼の国内的弾圧政策は加速化し，その結果すべての反アミン勢力の統合および団結が生まれると予想される」ということであった。さらに「状況を打開するには，アミンを権力から追い出すと同時にNDPAを統一・再建し弾圧から妥協への政策転換を図るしかない」というものであった⁽⁴⁴⁾。

アミンの権力掌握以前，すなわち9月15日までは，カブールからモスクワへの報告書は大概大使，中央軍事顧問団長，KGB代表，この3人の連名で送られていたが，10月2日のKGB代表の報告で見られるよう

に，アミンの登場以来カブールからの報告システムは，各所轄官庁別の報告に変わった。対アフガニスタン政策の再検討をしていたモスクワとしては，この別々の報告システムがより望ましいものであった。

総じて，9月末から10月はじめ頃までの期間は，カブールからの大使館，軍事顧問団，KGB要員の報告が独自の内容でモスクワに伝えられ，しかも反アミン的な評価がたくさん送られる一種の転換期に当たる時期であったとも言えよう。

10月7日，すなわちカブールでシャー・ワーリによるプザノフ批判があった翌日，アフガニスタン委員会の4人はグロムイコの主宰で会議を開き，ヴィチェプスクの空挺師団の1個連隊をトゥルケスタン軍管区に移動させ，訓練に入るよう措置した[45]。すでに9月末からは，空挺団の将校団がアフガニスタンで，偵察活動を繰り広げていたのであるから，この措置はその延長線上でとられた軍事的措置であるとも捉えられるが，前日にあった，シャー・ワーリのプザノフ批判が同会議で報告・検討された結果であるとも考えられる。

しかし，モスクワを真のパニック状態に陥れたのは，10月9日カブールで報じられたタラキーの死であった。アフガニスタン委員会の4人はもちろん，特にブレジネフは驚愕し，アミンのこのような行動を「侮辱」として受け止めた[46]。9月14日，わずか3日前にモスクワで見送ったタラキーがクーデターによって追い出され，それから1カ月も満たないうちに殺害されたのを見たブレジネフにとっては，それはただの「侮辱」以上の「アミンからの挑戦状」に等しかったのである。

10月10日，KGB議長アンドロポフは，チェコスロバキアに身を隠していたバブラク・カルマルをモスクワに連れてくることを承認した[47]。タラキーの死を目の前にしたモスクワははじめて，一つの代案として考慮してもおかしくないバブラク・カルマルがチェコスロバキアにいては，決して安全ではないということに気づいたのである[48]。

アフガニスタン委員会の対アフガニスタン政策は変わり始めた。コルニエンコは，この時期に入って「グロムイコがアフガニスタン問題についてコルニエンコと協議することを突然やめた」と振り返っている[49]。この

ようなグロムイコの態度の変化について、ガーソフは「コルニエンコのアフガニスタンへのソ連軍投入反対の堅い立場をよく知っていたグロムイコが、コルニエンコと論争したくなくなったか、あるいは決定に彼を引き込みたくなかった」と解釈している(50)。ガーソフは、この時期すでに出兵が決められていたという前提、それからグロムイコはそれに賛同したという前提の上で非常に単純な解釈をしているのである。

　しかし、10月の段階で出兵が決まったのではない。もしアフガニスタン委員会で、アフガニスタン問題をめぐって外交的に扱うべきことが論じられたら、当然グロムイコはプザノフやサフロンチュクからの報告に基づいて、外務省の自分の補佐官たちと、従来どおり協議を続けるべきである。ところが、プザノフがアミン政権によって事実上の忌避人物として非難されたうえで、アフガニスタン委員会で外務省の仕事よりはKGBあるいは軍の仕事が論じられるようになれば、別にグロムイコが自分の系統の人たちと相談し、その結論を委員会に押しつけることもなくなる。つまりグロムイコの沈黙は、4人の間でアミン政権に対する立場が強硬論に転じたということを意味するのである。

　アミンがタラキーを物理的に除去し、米国との接触を頻繁に試みるようになったとしても、なるべく武力解決は避けようとした3月以来のアフガニスタン委員会の立場から見て、直ちに武力解決の案が出されたのではないだろう。しかし確かなのは、プザノフがカブールでの影響力を失ってしまうと同時に、現地KGBからの報告が急増したことである。したがって、自然にアフガニスタン委員会内部でのアンドロポフの責任が重くなったに違いない。

　ただ「10月のことであった」と述べながら、その日付は明確にしていないが、カブールのゴレーロフとザプラーチンがモスクワに呼び戻されたのは、タラキー暗殺後のことである。モスクワへと飛ぶ前日ザプラーチンとゴレーロフはアミンに会って、彼からブレジネフへの親書を受け取り、モスクワでその手紙を参謀総長オガルコフに渡した。その時、オガルコフは「いいだろう。KGBに渡そう。彼らに処理させよう」と語ったという。ザプラーチンは、おそらくその親書の内容は、アミンのブレジネフへ

の個人的な会見の要請だったろうと推測している(51)。アミンには，プザノフとタラキーの件，そして自分の政権とモスクワの関係における諸問題の解明とモスクワの立場確認の機会がほしかっただろうが，すでにモスクワではアミン政権の問題をKGBに取り仕切らせるようになっていたのである。このような局面では，グロムイコにも別に打つ手がなかったのではないだろうか。

国防相ウスチノフと参謀本部のオガルコフ，そしてエピシェフなどを交えた席で，ザプラーチンとゴレーロフは「敬愛なるアミンはわれわれソ連側に傾いているし，彼のより大きい可能性を考慮すべきである」と述べ，「わが利益のためにも彼を利用する必要がある」と強調したが，受け入れられなかった(52)。モスクワとしては，これ以上の観望はできなかったのである。

モロゾフは，カブールのKGBが「アミンを権力から追い出す」ことがアフガニスタン問題の唯一の解決方案であるとモスクワに報告し続けたが，「軍事的な介入による援助提供は，アフガニスタン全国からの反発を呼び起こしかねないから，望ましくない」と強調したという(53)。モスクワのKGBでは，これだけの報告と分析では足りないと判断しただろうか，クリュチコフの対外情報局はKGB特殊部隊Zグループのアフガニスタン派遣を決定した。その目的はアフガニスタンにソ連軍が出現する場合アフガニスタン人民の反応はいかなるものであろうかに関する情報の収集だった(54)。ソ連大使館の警護という当初の目的は変わったが，カブールへのKGBスペツナズの派遣は，すでに6月29日に承認されていた措置であった。アフガニスタンの反政府勢力の攻勢が絶頂に達したときに下された決定であったが，夏にその攻勢が小康状態に入ってからポノマリョフやパヴロフスキーの活動結果を見てから実施しようとした，そのスペツナズがようやく動き出したのである。外交的努力や軍事調査団の活動がすべて無為に終わり，急激なアフガニスタン政局の変化に直面したアンドロポフとクリュチコフは，結局このKGBスペツナズを派遣せざるを得なくなったのである。

この10月のアフガニスタン政局の激化とKGBの台頭は，結局アフガ

ニスタン委員会の対アフガニスタン政策にも変化をもたらした。10月29日,すなわちカブールではサフロンチュクが新しいソ連大使の任命事実をアミンに知らせ,アミンが喜びにひたっていたその日,アフガニスタン委員会の4人はアミンに対する委員会の方針を纏めていた。それは二日後の政治局会議で検討・承認された。

タラキーが権力から解任され物理的に除去された結果となった,今年9月13—16日以来,アフガニスタンの状況は極端に悪化している。

アミンは権力強化の意図を持って,一応憲法制定作業の開始や逮捕者の部分的釈放などの見せかけのゼスチュアを示しているが,実際には党,軍,国家機関,そして社会団体に対する大規模な弾圧を繰り広げているのである。彼は,現に活動している敵ないしは潜在的な敵と見られる党と国家のあらゆる重要人物たちを,事実上政治領域から排除している。[55]……

情報によれば,現在アミンはNDPA中央委員会政治局員たちのグループ(ゼライ,ミサク,パンズィシェリー)に対する制裁を準備している。彼らは「反党・反革命的行為」という捏造された疑いで起訴されている。先日召集されたNDPA中央委員会全体会議でアミンは,自分の親戚をはじめとする,自分に最も献身的な者たちを党の指導部に入れた。[56]……

最近,アフガニスタンの新指導部には西側列強との関係における「より均衡のとれた政策」を取ろうとする兆候が現れている。特に明らかなのは,米国の代表たちがアフガニスタン人たちとの接触に基づき,アフガニスタンの政治路線をワシントンの方針に合わせるように修正させることが可能であるとの結論に達したということである[57]。ソ連との関係の領域におけるアミンの行動は,彼の偽善と二重性を最もはっきりと暴露しているのである[58]。

上述したことを勘案して,そしてアフガニスタンでの反革命を成功に至らせないためにあらゆる必要なことをなすべきだとの認識に立脚

して，次のような路線を堅持するのが妥当であると思われる。

　1．われわれがアミンを信用していないという事実，そして彼との関係を続けたくないというわれわれの立場を，アミンが悟る契機を与えないように，アミンそして現在のNDPA，DRAの指導部との全般的な関係を積極的に続ける。アミンに適切な圧力をかけるために，そしてそれと同時にアミンの真の狙いをより詳細に明かすために，アミンとの接触を履行する。……

　反ソ連的な方向へのアミンの方向転換の始まりを物語る事実が歴然として存在しているから，われわれからの措置に関する補充的な提案をするところである。

　　　　　　　グロムイコ，アンドロポフ，ウスチノフ，ポノマリョフ
　　　　　　　　　　　　　　　　　　　　　　1979年10月29日[59]

　10月29日のアフガニスタン委員会のこの提案は，残念なことに，その全文は公表されていない[60]。上の部分的な提案書は，リャホフスキーの研究と1992年6月23日号の『トルート』紙が紹介したごくわずかな文書を組み合わせたものである。文書の一部ではあるが，これから見る限り，10月末のアフガニスタン委員会4人の意見はもっぱらアミン糾弾となっているのが分かる。しかも，アミンの処理のために「あらゆる必要なことをなすべき」とまでされている。

　アミンは権力と血に飢えた，偽善的かつ二重的人間であり，しかもソ連から離反し米国の側へ傾斜している裏切り者となっている。9月末からアミンが試みた米国との接触で，米国からアミンへの何の肯定的な反応がなかったことから見れば，アフガニスタン委員会のアミンの離反に対する憂慮は，多少神経過敏であったとも見られるが，一切断ち切っていた米国との接触に急に乗り出したアミンの行動は，確かにモスクワの疑いを呼び起こしていたのである。

　上の提案書では，ソ連にとってアミンとの関係を継続する狙いも，非常に欺瞞的なものとなっていた。信用はしていないが，その事実が知られないように関係を持ち続けるということである。10月29日，カブールでア

1．傲慢と偏見

ミンがソ連の反応に喜んでいるうちに，モスクワでアフガニスタン委員会は彼を破門に処したのである。

29日の提案書で述べられた「われわれの措置に関する補充的な提案」とは，恐らく延ばされていたKGBとGRUの特殊部隊派遣を実行に移すことであろう。11月初めにはKGBのZグループがアフガニスタンへと向かった[61]。それから，コレースニク大佐が率いるGRUの「ムスリマンスキー大隊」は，11月10日から12日までチルチクとタシケントから，アフガニスタンのバグラム飛行場に移動した[62]。

アフガニスタン委員会の29日の提案が31日政治局会議で承認されると同時に，ウスチノフはカブールに滞在していたパヴロフスキー代表団の帰国を命じた[63]。予想外に早めの撤収だと思ったパヴロフスキーを，11月3日モスクワで，ウスチノフが冷たい態度で出迎えた[64]のは当然なことである。恐らくモスクワでのアミン破門を知らなかったパヴロフスキーは，アフガニスタンへのソ連軍投入の不当性はもちろん，そのうえモスクワにアミンとの高位級会談の必要性を力説していたのである[65]。

上の10月29日の提案書は，その全文が知られていないから，その提案に際してのアフガニスタン委員会の基本認識あるいは提案書の背後の認識を見るためには，侵攻後の彼らの報告書を見る必要がある。一言でいえば，10月末に具体化した，アフガニスタン委員会の「アミン憎悪」と「アミン政権の米国寄りに対する懸念」は，12月末の侵攻時まで，変わらなかったということである。11月と12月前半にかけて，さまざまな周辺的な軍事介入促進あるいは抑制の要因が現われたにもかかわらず，この二つ（もちろん二つといっても，文面から見る限り，アフガニスタン委員会はすべての悪と憂慮の源泉はただ一つ「アミン」であると思っていたにちがいない）の「感情」は1カ月にわたるソ連指導部の「出兵苦悶」の出発点となり，12月の破局の前兆になったことが分かる。アミンを殺害しカルマルを擁立した後の12月31日，アフガニスタン委員会の4人が，12月27日から28日までアフガニスタンで起きたことを正当化し，それに関する自分たちの立場を披瀝した政治局への報告書はその中身において，10月29日の決議書とまったく同じ論調や論理展開を見せている。全文5頁の12

月31日の報告書の最初の2頁は次のようになっている。

　　　　　1979年12月27—28日,アフガニスタンの状況について
　今年9月にアミンによって遂行されたクーデターおよびNDPA中央委員会書記長兼アフガニスタン革命評議会議長タラキーの暗殺以降,アフガニスタンの状況は急激に悪化し,危機的な性格を帯びた。
　アミンは,アフガニスタンに個人独裁体制を樹立し,NDPA中央委員会と革命評議会の地位を事実上完全に名目的な機関に引きずりおろした。党と国家指導部のポストには,アミンと姻戚関係にある者たちあるいはアミンに個人的な忠誠を尽くす者が任命された。NDPA中央委員会,革命評議会,それからアフガニスタン政府の多くの人物たちは,党の隊列から追放されるかあるいは逮捕された。4月革命の積極的な参加者,自分たちのソ連同調傾向を隠さなかった者,すなわち党内の生活においてレーニン主義の規範を守護した者たちは,基本的に弾圧を受けるかまたは物理的に抹殺された。アミンは,まるでソ連の党と政府がタラキーを除去する措置を承認したかのように言明しつつ,アフガニスタンの党と人民を欺瞞した。
　アフガニスタンでは,アミンの直接的な命令によって,ソ連を中傷誹謗しアフガニスタンでのソ連人顧問たちの活動に疑問を投げかける,操作されたに違いない噂が取り沙汰され始めた。したがってアフガニスタン代表たちとの接触および彼らへの支援活動において,ソ連の働き手たちには制限が加えられた。
　同時に,アミンによって「より均衡のとれた対外路線」であると承認された枠の中で,米国人との接触を図ろうとする企てが芽生え始めた。アミンはカブールのアメリカ代理全権と秘かに接触した。アフガニスタン政府は,米国文化院の活動のための好条件を提供し始めたし,アミンの指示によってアフガニスタンの特別要員たちは,米国大使館に対する工作を中止した[66]。……

　この報告書の最後には,1979年12月31日の日付とアンドロポフ,グロムイコ,ウスチノフ,ポノマリョフの署名があった[67]。10月29日の

提案書とは違い、アンドロポフの署名が最も前に出ている。すなわち10月29日と12月31日の二つの文書は、すでに10月29日の提案でアフガニスタン出兵の前兆は現れていたこと、それからそれを起点に出兵に至るまでの期間のアフガニスタン委員会内部でのイニシャティブは、アンドロポフの方へ移っていたことを語ってくれるのである。

2．アウトサイダー

傍観者

アフガニスタン委員会の10月29日の提案書が指摘したように、「米国の代表たちがアフガニスタン人たちとの接触に基づき、アフガニスタンの政治路線をワシントンの方針に合わせるように修正させることが可能であるとの結論に達した」のは本当なのだろうか。1979年10月の前後、米国は、ソ連が懸念するほど、ソ連とアフガニスタン関係における積極的なアクターとして動いていたのか。

9月26日、クーデター以降のアフガニスタン問題を議論するために開かれた米下院外交委員会アジア太平洋問題小委員会で、国務省の近東および南アジア担当次官補ソーンダースは、対アフガニスタン政策における国務省の基本的立場について証言した。彼は、「米国の重要な利益がカブールの状況発展により影響される」のは確かであるが、問題の核心は「アフガニスタン内部の不安とそれにより発生するアフガニスタンからの難民」によって米国が希求する「地域安定」が脅かされているということにあると語った。続いて次官補は、「われわれが、世界で最も貧困な国の一つであるアフガニスタンの国民の福祉と経済発展に関心を注いでいるということは、過去30年間5億ドルの援助を提供したことからも分かるだろうが、現在その国の経済発展は停まってしまった。しかもわれわれからの援助計画も10月1日からは、議会の要求によって、削減されるようになっている」と婉曲に議会を非難したうえで、「アフガニスタンの外交政策が真の意味での伝統的な非同盟運動から遠ざかっていったのは非常に遺憾なこと」であり、「アフガニスタン問題におけるソ連の関与が増加している

ことについてもわれわれは懸念している」と一般論としての見方を披瀝した(68)。

ところが，肝心なアメリカの立場についてソーンダースは，「アメリカ政府としては，アフガニスタンにおける如何なる特別な地位（no special position）も追求していない」と述べ，「アフガニスタンの人権問題に関するわれわれの深い憂慮をふくめ，われわれとアフガニスタン政府との間には重要な意見の食い違いが存在する。安全に関する考慮，そして援助計画の削減により，カブールのわが大使館の人員を縮減せざるを得なくなっており，そこに滞在するわが政府の職員およびその家族も引き揚げさせなければならない。われわれは，アフガニスタン政府に正常かつ友好的な関係への希望を披瀝してきた。そのような方向へのイニシャティブを取るか取らないかは，あくまでもアフガニスタン側の問題である」とくぎをさした(69)。

もちろんソーンダースは，「麻薬の主要流出源と見られるアフガニスタンとは，その統制のために協力する余地がある」(70)とつけ加えたが，国務省の対アフガニスタン政策は，1年半前エリオットの「フィンランド型」といった報告を受けたときとはかなり変わっていた。

翌日国務次官ニューソムとともに，ニューヨークに来たアフガニスタン外相シャー・ワーリに会った際も，ソーンダースは「米国は，アフガニスタンの麻薬流入統制に関心を持っている」と述べただけであった。この会談で，シャー・ワーリは「アフガニスタンは非同盟運動を支持する主権国家」だと述べ，アメリカやパキスタンに対するアフガニスタンの柔軟な立場を説明したが，ニューソム次官は「米国は真の意味での非同盟運動を尊重するが，その定義についてはキューバのそれとは哲学的な違いがある」とコメントし，ただ「米―アフガニスタン両国のコミュニケーション・ラインを開けておいてほしい」と答えた(71)。すなわち接触は持続したいが，本質的な意味での両国関係の正常化は程遠いことだという意味である。1979年9月末アミン政権がアメリカとの接触を求めていたのは事実であるが，モスクワが憂慮するほどアメリカの国務省は積極的に乗り出していなかった。

2. アウトサイダー

　27日のこのニューソムとシャー・ワーリの会談の内容を，二日後の29日カブール大使館に通知したのはサイラス・ヴァンス国務長官本人であるが，その電文には米―アフガニスタン関係に関する自分のコメントあるいは指示を付していないから，9月末の時点でのアフガニスタンの接近についてのヴァンスの見方はあらわれていない。しかし，コメントを付けずに送ったということは，ニューソムとソーンダースの対応に同調するという意味だっただろう。

　国務次官と次官補も，ヴァンスの対ソ，対アフガニスタン政策の方針に従っていただろう。ヴァンスは自分の回想で，国務長官に就任した際の自分の世界観や外交政策の基本方針について，次のように語っている。

　　1950年代の両極化世界は，1960年代の多様性と権力分散の時代に様変わりし，今日の1970年代はもはや独立国家群の多極化世界となっている。1970年代の半ば，国務長官キッシンジャーは，このような変化を認識しながらも，国際社会でのアメリカのリーダーシップを求めつつあった。しかしキッシンジャーは，ますます複雑化し多面化しつつある米国，ソ連，中国，西ヨーロッパ，そして日本の間の戦略的均衡の管理問題に執着したため，第3世界の葛藤や変化の問題に関する観点は歪んでしまった。彼はすべての問題を東西の競争という観点から把握し，結局1975年アンゴラ危機のような失策を犯してしまったのだ。……

　　私の見解では，1973―74年の中東での一連の事態に相次ぐ1975年のアンゴラ危機は，東西の競争のプリズムからではなく，第3世界の問題そのものの観点から見るべきだった。……カーター行政府が発足した際，われわれの前には二つの課題がおかれていた。東西の競争関係の管理のための過程を進める一方，急速に変化しつつある世界のためのより効率的かつ漸進的な戦略を発展させることであった[72]。

　ヴァンスは具体的に，米国外交政策における自分なりの四つの原則を持っていたという。まず第一に，外交政策は米国民と議会の理解と支持を前提に成り立たなければならない。第二に，東西関係特に米ソ関係が管理で

きるプログラムを樹立すべきである。第三に，世界の政治，経済，社会的変化を理解すべきである。最後に，外交政策を実行するにおいて建国の父たちの基本的な価値を具現すべきである(73)。なかんずく二番目の対ソ関係において，ヴァンスは「漸増する全世界的利益をめぐって競争する，しかし軍事的葛藤を避けることが肝心なこととなっている現世界において，ソ連が米国の強力な潜在的な敵であることは事実であるが，私の考えでは，ソ連が世界支配のマスタープランを持っているとは思えない。ただ，いつも自国の国家利益を増進するための行動を繰り広げているにすぎない」というソ連観を披瀝している(74)。こういった彼の対ソ連観，そして対第3世界観は，マクナマラの下で国防次官として働いた彼自身の経験が影響しただろう。キッシンジャーが典型的なヨーロピアン・リアリストだったとすれば，ヴァンスはアメリカン・リアリストだったとも言えよう。

　第3世界問題の解決にはなるべくソ連を絡ませることなく，すなわち理念に構わずその国の民族と伝統の観点から見るべきであるという，ヴァンスの方針と態度について，ドブルイニンのように彼と頻繁に接触するソ連の第一線外交官は，「ソ連に対するヴァンスの態度と交渉には，偏見が介在していなかった。彼の言葉は問題が複雑に絡んでいた時期でさえ非常に重みを持ち，さらに信頼できた」(75)と評価している。しかし，アフガニスタン問題に関する限り，必ずしもこのようなヴァンスのイメージがモスクワにそのまま伝わるとは限らない。ソ連指導部には，ニクソン＝キッシンジャーの共和党政権の8年間築き上げられた米―ソ連関係が投影されて映る可能性も十分あったのである。

　しかし，ヴァンス率いる国務省の対ソ連観は，彼の就任以来一貫性を保っていた。1978年初めカブールの米大使館が国務省に送った報告書は，ダーウド政権の脱ソ努力を支援すべく，アフガニスタンをアメリカ側に引き寄せうる可能性があるという希望に満ちたものであったが(76)，当時の米国務省は，「アメリカはアフガニスタンに対する理解が別になかったので，制限的な外交関係と小規模の経済援助をしているだけ」であって，実際に「カブールを統制しているのはソ連である」という認識を持っていた(77)。4月にクーデターに成功したNDPAが政権を掌握したときに

2. アウトサイダー

も，ヴァンスの見解は，「ダーウドを転覆した将校たちが極左派であったことは明らかだったが，ソ連がクーデターに関与した証拠はなかった。……タラキーが親モスクワ的だったことも確かだったが，タラキー＝アミン政権が脱ソ連民族政策を取るという期待もあった」というものであった(78)。米国務省としては，アフガニスタンでソ連と主導権争いをしているというような考え方はしていなかったのである。

アフガニスタン問題をソ連と切り離して対応しようとするヴァンス率いる国務省の立場は，1979年12月ソ連のアフガニスタン侵攻が行われるまで，ほとんど変わらなかった。ヴァンスの回想によれば，1978年7月8日から19日まで，国務次官ニューソムが南アジア諸国を訪問し，米国の対南アジア政策を再検討した際，国務省は「アフガニスタンに東西の間で伝統的な均衡政策をとらせるようにするのが最善の政策」であると結論したという(79)。しかし伝統的な均衡政策といっても，ヴァンス自身が後に回想しているような積極的なアフガニスタンへの接近政策を意味するものではなかった。同年8月1日，ヴァンス自らが作成して，カブールをふくむ南アジア諸国の米大使館に送った「ニューソムの南アジア諸国旅行総括」電文は，カブールに対する米国のより消極的な姿勢を示している。

　……われわれは（アフガニスタンでの）ソ連の影響が増加する可能性を否定しないが，しかしカブールの新政権がわれわれとの友好関係やわれわれからの支援を求める呼びかけには肯定的に答える必要があると思われる。米国はアフガニスタンでの現在の援助計画を続けるつもりである。

　しかし，もし米国の援助計画や人員が他の援助供与国のそれに比べ劣等な扱いを受けるようになれば，そしてアフガニスタン政府が真の意味の非同盟から離れるかあるいはパキスタンおよびイランとの問題を起こすような政策をとるようになれば，現在のわが政策も再検討されなければならない。

　パキスタン，イラン，それからサウジアラビアは，アフガニスタンで漸増するソ連の影響力を懸念しているが，彼らは西側諸国がアフガ

ニスタンでの存在を続け，アフガニスタンをよりソ連の方に傾けさせるような挑発的な行動は避けるだろうと信じている。(80)……

あくまでも米国の対南アジア政策における優先順位は，イランとパキスタンであり，アフガニスタンではなかった。アフガニスタンへのソ連の影響を認めたうえで，ただ経済的な支援を続けながら現状を維持すれば，それが最善であると思っていたのである。「他の援助供与国」とはソ連を意味するであろう。

ニューソムは南アジアを歴訪するうちに，「カブールのマルクシストに対する反対者たちを支援するクーデター計画にも接触した」が，ヴァンスはこれを黙殺した(81)。

経済援助というかすかなつながりも，ダブス暗殺事件以来切れ始めた。2月22日，ホワイトハウスは「1979年会計年度からアフガニスタンに対する開発援助計画を大幅に (severely) 削減する」と発表した。しかも，計画の段階にあったアフガニスタンのための軍事訓練プログラムも中止された。ホワイトハウスの報道官パウエルは「このような決定は米国とアフガニスタンの現在の関係を検討したうえで，そして米国の対アフガニスタン政策を検討したうえで下された」とつけ加えた(82)。3月28日，ヴァンスは「米下院外交委員会でアフガニスタンへの援助削減法案が通過された」ことをカブール大使館に通知した(83)。米国としてはアフガニスタンから手を引いても，失うべきものはないと判断しただろう。国務省は新しい大使も任命しなかった。

それ以来ソ連とアフガニスタン政府は機会あるたびに，アフガニスタンからの米国の引き揚げを歓迎しないという意を表明した。前述したようにモスクワは4月12日駐米ソ連大使館を通じて，国務省に「カブールで米国大使が暗殺されて以来，米国とアフガニスタンの関係が急変した」ことと，「米国がアフガニスタンに対する経済援助の削減を決定し，議会に平和奉仕団の撤収のような措置を要請した」ことについて憂慮を示した(84)。

7月23日米国務省が，現地自国市民の安全のために援助計画の一環で

カブールに駐在している米国人職員約100名を引き揚げると発表したときも，カブール駐在ソ連大使プザノフとアフガニスタン外務省は不満を漏らした。すなわち翌日アフガニスタン外務次官シャー・モハンマッド・ドーストはアムスタッツを呼び出し，米大使館の人員撤退の事実を公けにするのは，「アフガニスタン政府には国内秩序を維持する能力がないかのような印象」を与えかねないと抗議した。ドーストは，「革命以来米国の代表団は，その規模において大幅削減されてきた」と述べながら「援助計画もなくなった状態で，人員はもう必要ないだろう」とあきらめがちに嘆いた[85]。しかし，彼がアムスタッツに渡したアフガニスタン外務省の「覚え書き」には，いっそう強いトーンで米国の措置を非難する内容が含まれていた。「アメリカ人の一部のカブールからの撤退は正当ないわれのない行動である。……このような措置をとるのはカブールで米大使館が最初である。米大使館のこのような措置は，アフガニスタンの革命および人民の敵たちの目的に奉仕する宣伝や否定的不安を引き起こしかねない[86]。」

表向きは，アメリカ人の引き揚げがアフガニスタンの体面に否定的影響を及ぼすということであったが，米国が次第に手を引いていくことによってアフガニスタンがよりソ連一辺倒になるのを懸念した[87]。

アフガニスタンが国際的な孤立の道を歩むようになることは，ソ連外務省も恐れていた。翌日の7月25日，米国務省の指示に従いプザノフを訪問したアムスタッツは，ドーストからの反応と同様の不満をプザノフの口からも聞かされざるを得なかった。プザノフも，「ここにいる貴国市民に対する潜在的な危険という貴国の憂慮は理解しがたい」と不平を述べた上で，アフガニスタンの周辺諸国イラン，パキスタン，中国との関係改善の努力について長々と説明した。「プザノフは，この三国がアフガニスタンに対する干渉と侵略政策を堅持してきたが，このような挑発にもかかわらずアフガニスタンは隣国との関係を改善するために広範な措置をとっていると語った。プザノフは最近のドーストのイスラマバード旅行に触れ，アフガニスタンとパキスタンは現在パキスタンの外相アグハ・シャヒのカブール訪問のような高位級訪問を準備していると述べた[88]。」

1979年7－8月頃，カブール政権が行ったパキスタンおよび米国との

関係改善の努力については，アフガニスタン外務省のソ連人外交顧問サフロンチュクも次のように述べている。まずパキスタンとの関係については，「6月中旬アフガニスタンの外相ドーストがアミンの指示に従いイスラマバードを訪れ，パキスタン指導部との対話の通路を切り開こうとしたが，実際的な結果は得られなかった。……8月24日カブール大学での演説でもアミンは……パキスタンの大統領と外相のアフガニスタン訪問にも同意する用意があると提案し，イラン政府とも対話を交わす準備が出来ていると明らかにしたが……パキスタンの指導部は最初からアフガニスタンの新政権を非常に警戒していた」という[89]。それからアフガニスタンと米国の関係についても，サフロンチュクは，こう述べている。「米国は大使館の人員を急激に減らし，経済技術的援助を中止した。アミンは首相であったとき（1979年3月）にはじめて，そしてタラキーを除去してからは書記長兼議長としてアミンは，米国との関係再建のために尽くしたが，それは成功しなかった。アミンが政治舞台から消え去ってしまうまで，アメリカは彼に対して不信と敵意を抱いていたのである[90]。」サフロンチュクは，アミンに対する米国の敵意を批判的な目で見ていたのである。

　要するに，アミンが権力を掌握する以前のソ連外務省筋は，カブール政権が米国をはじめとする周辺諸国との関係を正常化するのを願っていたのである。プザノフは米国の段階的な引き揚げに不満をもっていたし，サフロンチュクもアフガニスタンの提案を受け入れなかったパキスタンと米国を不満の目で見ていた。すなわちタラキー死亡以前のモスクワは，アフガニスタンの対米，対パキスタン関係改善努力を認め，奨励したのである。

　ところが，アミンの政権掌握およびタラキーの暗殺以後，モスクワの態度は急に変わり，アミン政権の対米接近を新しい見方で眺めるようになったのである。結局10月29日のアフガニスタン委員会の提案書の中に述べられた「アミンのより均衡のとれた政策」に関する懸念は，米国の立場から見れば何の根拠もないものであったが，アミンのクーデターによる政権掌握以降深化しつつあったモスクワのアミンへの不信感と敵意が，アミンの対米接近政策にまで及んだ結果であることを意味するのである。それからモスクワでは，アミン政権の他国との関係正常化を支持してきた外務省

の立場が弱まったということをも意味する。このようなモスクワの視角の変化に鑑みれば，1979年10月末から11月にかけて，アフガニスタン委員会が憎んだのはアミン政権の「離反」ではなく，離反する「アミン政権」だったと言えよう。

　10月下旬，米国務省は，ダブスの死亡以来8ヵ月余り懸命にアフガニスタンの状況やソ連のプレゼンスに関する情報を収集し国務省に送ってきたアムスタッツの更迭を決め，カブールから呼び戻した(91)。アムスタッツの後任アーチャー・ブラッドは，27日のアミンとの会談で，アミンの反ソ・反ブレジネフ的発言を耳にしたにもかかわらず，ソ連とアフガニスタンの緊張関係をあまり真剣には受けとめなかったようである。アミンに会う前の25日，ブラッドは国務省に「彼の翼を縛っておこうとするソ連の努力にもかかわらず，時間がたつにつれアミンの実質的な政治権力は増加しているように見える。アミンが示唆することによればアミン自身もソ連の工作を認識しているらしい」というふうに，モスクワとカブールの緊張関係を感じているかのような電文を送った(92)。ところが10月30日の報告では，「モスクワは，過去には無謀で人気のないアミンに代わる代案を模索しているように見られたが，現在は少なくとも短期的には，完全にアミンと密着している。ソ連はできる限り，アミンの支持基盤を拡大するために，彼に穏健な路線をとるように忠告するだろうという意見に同意する」と，モスクワとカブールの関係が安定しているかのような観点を披瀝している(93)。しかし，前日モスクワのアフガニスタン委員会は，アミンを事実上の破門に処していたのである。

　このようなブラッドの報告が，米国務省のアフガニスタンからの関心を遠ざける決定的な要因となったとは言えないが，米国務省がアミンの登場直後ほんのわずかな間抱いた「カブールとモスクワの関係」への関心が薄くなる契機にはなったであろう。しかも11月と12月，ホワイトハウスと国務省はイランの人質危機，カンプチアと南アフリカを中心とする問題を抱えており，カブールでのソ連の活動に関する情報は，米国政府の注目を引かなかった(94)。同期間中，米国務省がカブールでのソ連の行動に何回か憂慮を示した(95)とはいえ，ソ連の軍事作戦の直前である11月，米国務

省は完全にカブールから目を離していたのである。

　ヴァンスは回想で,「米ソ関係の悪化で,ソ連の国際的な行動に対するブレーキが解けた。12月末には,SALT-IIの破綻,ソ連に対する米国の貿易や技術移転凍結などがあり,ソ連は米―中―西側の包囲網を感じた」とし(96),まるでそのような要因がソ連の行動を促したかのように述べている。確かにモスクワは,間接的な要因として上の諸要因を考慮するうえで,「米―ソ連関係において失うべきものがあったとすれば,もっと注意深く行動したかも」(97)しれない。しかし,モスクワはすでに10月29日,アミンを除去しようと腹を決めていたのである。

　12月31日アフガニスタン委員会の4人は,政治局に提出する総括報告書で,もっぱらアフガニスタンの国内情勢およびアミンの専横,そしてカルマルらの反アミン戦線について述べ,ソ連軍投入の不可避性を説明している。その文書では,米国との関係については一言も触れられていなかった(98)。すなわちモスクワの行動に,すでに米-ソ連関係が悪化していることが影響したというよりは,むしろソ連指導部は,米国はアフガニスタン問題に関する限り発言権がないと判断していたと考えられる。米-ソ連関係における突破口としてアフガニスタンが選ばれたのではなくて,米-ソ連関係の悪化以前からアフガニスタンは膺懲の対象として決められていたのである。

　ソ連軍のアフガニスタン出兵前後の期間をモスクワで過ごし,1980年1月20日ワシントンに帰任したドブルイニンは,帰任前のモスクワの空気について「ソ連指導部はカーターおよび彼の報復措置に強い不満を抱いた」と述べている。特に「ウィーン頂上会談以来カーターに好感を持っていたブレジネフは,カーターの反ソ連キャンペーンに驚き,カーターを心底から憎むようになった」と振り返っている。グロムイコだけが「米国との関係が総崩れしないように,できることなら何でもせよと,ドブルイニンに指示した」ということである(99)。ソ連指導部にとっては,ほとんど2年間にわたってアフガニスタンから遠ざかっていた米国がソ連軍の出兵に対して,急に激しい批判を浴びせながら「過度な反応」を見せたのが予想外のことであったのである(100)。

戦争あるいは侵略的行動は，認識できる抑制要因が不在の場合は，よりたやすく起こる。軍事行動の開始国が，武力手段に訴えても特別な制裁あるいは抵抗に直面しないと思うようになれば，自制は崩れてしまう(101)。ベトナム戦争が一つの例としてとり上げうる。1966年10月ソ連は，ハノイへのコミットメントを絶え間なく確認することによって米国の北爆を牽制していた。ソ連のメディアは北ベトナムのミサイル基地にソ連人技術者たちが存在しているという事実を公表し，イニシャティブと代案の選択決定権を持っている米国を悩ませた。結局米国は制限されたオプションと部隊展開を選ばざるを得なかった(102)。逆説的ではあるが，ソ連は人質を提供する方法を選ぶことによって，米国のエスカレーションに歯止めをかけたのである。ソ連のアフガニスタン侵攻は，ヴァンスみずから認めたように，彼の率いる国務省の「対外政策への致命打」となったが，それは結局アフガニスタンという戦線から「人質」をあらかじめ移動させてしまう道を選ぶことによって，結果的にはソ連のエスカレーションを放置したヴァンスの政策的誤謬に起因したものであるとも言えよう。

アメリカとアフガン叛軍

　1979年の米国務省の基本的な態度は，ソ連とアフガニスタンの関係にできる限り口を出さない傍観者のそれであったが，3月のヘラート蜂起以来のソ連政府とアミン登場以前のタラキー政権も，それからアミン死後のカルマル政権も，「帝国主義勢力」あるいは「国際反動勢力」という名をつけて，米国をはじめとする周辺諸国の反カブール工作を批判し続けた。1979年12月27日公表されたカルマル政権の声明書は，「簒奪者・独裁者アミンと彼の一味，すなわち米帝国主義ファシストのスパイたちは，この舞台から，そして抑圧されてきた崇高なる人民の生活から永遠に掃討された。殺戮者・殺人者ハフィズーラ・アミンの政権は打倒された」と宣言した(103)。アミン打倒直後テルメズからラジオ電波に流されたアフガン人への訴えであるだけにアミンと米国とのつながりを強調している。
　しかし同日モスクワの政治局会議で採択された宣伝文および社会主義諸国政府，非社会主義諸国の共産党に送る説明指針には，アミンと米国の結

託を非難する表現はまったくない。ただ「アミン政権の無慈悲な弾圧政策」への批判と、「アフガニスタンに対する外部からの侵略が続けられ、しかも国境の外からの広範な軍事的組織や武器が浸透されつつある」との非難があるだけである(104)。特に非社会主義諸国共産党への適切な説明を指示する当該国ソ連大使への書簡には、「アフガニスタンでのアミンおよび彼の側近グループの有害かつ許しがたい行動の結果、その政策に対する至大な不満と抗議が生じつつ、同時に反動勢力の破壊的な活動が活発になり、外部から浸透してくる武装集団の出現がより強まってきた。このようなすべての現象を外部の反動勢力が利用したのである。彼らは相当の武装集団（主にパキスタンの領土で組織された）の派遣を強化し、多様な武装集団に武器や資金を提供したりしながら、アフガニスタンに反動的な帝国主義の隷属政権を打ち立てようとした。そのような政策を実現しようと企む重要な勢力として登場したのが米帝国主義とCIA、それから北京の指導部であった」と書いてある(105)。

　カルマルの宣言とは違って、ソ連政府は他国への宣伝に、アミンとCIAのつながりをほのめかす表現は自制し、むしろ横暴なアミン政権の下のアフガニスタン状況を利用した「帝国主義者たち」がアフガニスタンの反政府勢力を支援したと主張しているのである。10月末アミンの均衡をとる政策を疑惑の目で見ていたモスクワも、アミン政権に対する米国の態度があまり変わらなかった2カ月が経過するにつれ、「アミンのCIAエイジェント説」は正当な出兵理由にはなるまいと自ら判断したのではないだろうか。すなわち、12月下旬のソ連指導部にとって、米国がソ連軍出兵の一原因を占めていたとすれば、それは米国とアミンが結託するからではなく、米国がアミン政権に抵抗するアフガニスタン叛軍を支援したからであったということとなる。モスクワは、疑わしいアミンの正体を問題にしたのではなく、問題視されていたアミンの能力を疑ったのである。

　カルマル政権も初期の「アメリカのスパイ・アミン説」を2年後には完全に拋棄していた。1983年に国連で「1979年のアフガニスタン状況における米国の反アフガニスタン活動」について宣伝するために、アフガニスタン政府が出版した『アフガニスタン：アメリカの介入』という本には、

「1979年，米国が率いる国際帝国主義のアフガニスタンに対する侵略作戦」が二つの方法によって行われたと記されている。その二つの方法とは，「まず第一に，米国は，バシール・ゼクリア，グルブディン・ヘクマチアル，ジア・ナッスリー，セブガトゥーラ・ムジャディッド，アフマッド・ガイルラニなどの売国エイジェントらの参加の下に，アフガニスタン国内の反動反革命集団，すなわち旧王室一家，封建主義者，従属的な官僚たちを結びつける広範な戦線を作ろうと画策した。この作戦は，有名なCIA専門家ルイ・デュプリー率いるCIAの転覆活動専門家チームの直接的な指導の下で，四月革命の初期から始まった。ルイ・アダムス，ロザー・ブルーク，デーヴィッド・ピーターマン，リチャード・ジャックマンなどの地域各国の転覆活動における熟達した米国の専門家たちが，このチームに合流し，アフガニスタンの反革命武装勢力の組織や訓練キャンプの形成が彼らに委ねられた。……第二に米国は，アフガニスタンに対する国際的な反革命戦線を組織した。米国の圧力と直接的な監視の下で，イギリス，中国，西ドイツ，エジプト，サウジアラビアなどの多くの国家が，この汚い戦線と手を組み，革命アフガニスタンに対する侵略転覆活動を繰り広げ出した」ということである[106]。

150頁ものこの本は，主張の根拠については明らかにしないまま，この二通りのいわゆる「米帝国主義の反アフガニスタン作戦」を，詳しく，しかし結局同じ文脈の話を繰り返す形で述べている[107]。カルマル政権がほんとうに「CIAエイジェント・アミン」説を信じながらも，1979年の米国の反アフガニスタン活動を非難宣伝する本に，その可能性にさえ触れなかったとすれば，それは不思議なことである[108]。結局カルマル自らも，その説を政権樹立初期の宣伝目的に利用したに過ぎなかったのである。

ところで，上のアフガニスタン政府の主張はどこまでが事実なのであろうか。

ヘラート蜂起直後の1979年3月末，カーター米大統領の安保補佐官ブレジンスキーは「CIA局長にアフガニスタンへのソ連の介入程度に関する情報を要求し，同年秋まで国家安全保障会議（NSC）で，この問題を挙論」した[109]。ブレジンスキーの回想によれば，「すでに3月末に私（ブレ

ジンスキー）は国防相 H. ブラウンとともに，国務省のヴァンスとクリストファーに，アフガニスタンへのソ連の介入可能性について憂慮を示したが，国務省の二人は積極的に乗り出さなかった」という(110)。ソ連が「インド洋への進出」というグランドプランを持っていると思い込んだブレジンスキーと，それを否認するヴァンスとの，当然な軋轢であっただろう。

　ブレジンスキーは，アフガニスタンでのソ連の動きをカーターにも訴える一方，4月にはSCC会議(111)で「独立のために闘争するアフガン人たちにもっと同情的な政策をとるよう」求めた。このような呼びかけに副大統領モンデールは賛同したが，国務省の代表として参加したニューソムは曖昧な反応を見せた(112)。にもかかわらず，ブレジンスキーは5月はじめ頃まで，カーターに「もしもソ連がアフガニスタンを支配するようになれば，パキスタンとイランを解体させ独立バルーチスターンを樹立し，インド洋に接近しようとするだろう」と繰り返し警告した(113)。

　このようなブレジンスキーの執拗な主張が一時的には国務省にも響いたのか，5月11日ヴァンスはイランをはじめとする関係諸国駐在米大使館に，「アフガニスタンと南イエメンにおけるソ連の動き」に関する情報を整理・報告せよと指示した(114)。しかし，このような国務省の指示に関係なく，すでにパキスタン駐在米大使館はアフガニスタン反政府勢力と接触していたらしく，5月14日パキスタン大使館は国務省に，アフガニスタンのペシャーワルを本拠地として活動する反政府グループの指導者アフマッド・ガイルラニと彼の部下フマユン・アセフィと接触したことを報告している(115)。報告書には，アフガニスタンの弁護士でもあるアセフィが，ガイルラニ・グループを中心とするアフガニスタン反政府勢力の統一のために東奔西走しているし，それに必要な資金や支援を寄せ集めるためにサウジアラビア，パキスタン，イラン政府と交渉しているということが書かれていた(116)。それからイラン駐在米大使館も，別のアフガニスタン反政府グループと接触していた。5月20日と21日，テヘランからは「アフガニスタン反政府グループの資金集め役のジア・ナッスリーと会った」という内容の報告が，ワシントンに送られた(117)。米国務省は，現地大使館のアフガニスタン反政府グループとの接触を認めてはいた。しかしブレジン

スキーの強硬論に影響されたというよりは，国務省としては情報集めの次元で必要なことだと判断したであろう。上の諸報告書には，アフガニスタン反政府勢力の人物たちに会い話を聞いた程度の内容が書かれているだけで，米国側からの対策あるいは支援の言質などは見あたらない。

　ブレジンスキーは国務省の逃げ腰に強い不満を抱いていただろう。彼は自分の回想で，「9月はじめアフガニスタンの状況が急速に悪化するにつれ，大統領は私にソ連が露骨にアフガニスタンへ介入する場合に備え対応計画を立てるよう指示した。私は自分のスタッフたちにその準備を指示する一方，アフガニスタンでの闘争についてサウジアラビア，エジプト人たちとも討議した」と述べている[118]。しかし国務省の立場は依然として変わらなかった。9月12日，ガイルラニの使者として海外の反政府的アフガニスタン人を糾合する活動をするナングイ・タルジという人物に会った米国務省のジョージ・グリフィンは，米国政府の支援を婉曲に要請するタルジに，「米国政府は，現ハルク政権を転覆しようとするいかなるアフガン人グループも支持する用意はない」と語っている[119]。9月19日には，パキスタンのハザラ地域で反アフガニスタン活動をしている「アフガニスタンのためのムスリム同盟」の議長ワーリ・ベグが，イスラマバード駐在米大使館の政務官リック・シャーマンに自分のグループの活動に対する米国の支援を要請したが，丁重に拒絶された[120]。

　アミンがタラキーを完全に除去した10月以降にも，国務省の対アフガニスタン政策は変化の兆しを見せなかった。10月7日，パキスタン民族同盟議長ムフティ・マフムッドはイスラマバード米大使館に「アフガニスタン反政府勢力への財政的物質的支援の問題」を提起し，米国の支援を要請したが，大使館は「アフガニスタンの状況に関するアメリカの不介入政策」を説明した[121]。10月19日には，米国務省から全世界の主要22個国駐在米大使館に「アフガニスタンに関する対話」という指針が送られた。その指針の一節には，「アフガニスタンにおけるソ連の意図に関する各国政府との対話のポイント，1979年4月19日のSTATE（国務省）83740の補足」と記されている[122]。4月19日の国務省の指針を確認することは出来ないが，補足という表現から，4月以来米国務省の立場があま

り変わっていないということが推察できる。

　この「対話のポイント」とは、要するにアフガニスタンとソ連の関係に関する、米国務省の基本立場である。

　　……アミンの政権掌握以前の6カ月間、モスクワは悪化の一途をたどるアフガニスタン状況を打開するために一連の政治的戦術を選んだ。1）モスクワは最初、タラキー＝アミン政権に、支持基盤を広げ穏健な政策を取るよう説得したが、このような忠告は受け入れられなかった。2）その後暫くの間モスクワは、アミン＝タラキーと疎遠な関係を維持しながら、表向きはアフガニスタンの「革命」を支持した。3）しかし結局8月頃、モスクワは、タラキー＝アミン政権以外には代案がないと判断したらしい。（モスクワが、より穏健なタラキーをアミンへの対抗馬として推そうとしたという推測はあった。）……
　　顧問と軍務員を含めてアフガニスタンでのソ連軍は3千5百ないし4千人に増えた。次第にソ連人顧問は、単純な顧問の役目を越える活動をしているかのように見られるが、しかしわれわれはソ連軍が叛軍に対する実戦に参加したことを裏付けるべき確実な証拠を持っていない。……9月14—16日のアミンの政権奪取は、あらゆる状況から見て、モスクワへの事前警告なしに発生した。……モスクワではしばらく不確実な期間が続いたが。……しかしそれ以来ソ連のメディアはカブールの新政権を支持した。ソ連の忠告は、アミンの9月17日の演説に反映されていると見られる[123]。……

　過去6カ月間のソ連の対アフガニスタン政策についての判断は、だいたい正しいものであるが、アミンの執権以後の両国関係においては、以前からの国務省の対ソ、対アフガニスタン観が影響しているのが分かる。米国務省は、ソ連の軍事的プレゼンスの増加について楽観的な評価を、そしてアミン政権に対するモスクワの態度については依然として「ソ連はカブール現政権を支持する」との安易な見方をしていたのである。ブレジンスキーのアフガニスタン反政府勢力への同情論そしてソ連警戒論は、結局のところ国務省には何の影響も及ぼさなかった。

2. アウトサイダー

　ところで米国の同盟国サウジアラビアはアフガニスタンの叛軍を支援していた。すなわち10月23日，サウジアラビア外務省のアラブ局長イスマイル・アルシューラは，駐サウジアラビア米大使館の政務官ジェームズ・プラックに「サウジアラビアは，セブガトゥーラ・ムジャディッドとアフマッド・ガイルラニ率いるアフガニスタンの反政府諸グループの統合活動のために財政的支援をしている」と述べ，引き続いて支援する必要があると強調した(124)。しかしそれは，ブレジンスキーの呼びかけとは関係のないサウジアラビアの独自の行動であった(125)。

　少なくとも1979年10月まで，米国務省はアフガニスタンの反政府勢力を名乗る人物たちと接触はしたものの，彼らへの物質的支援を提供していたようには見られない。ワシントン内でも，ブレジンスキーの声は大きく響いてはいなかったのである。後になってカルマル政権が主張したような，アメリカの対アフガニスタン行動が，カーター政権の下で行われたとは思われない。特にヴァンスの不介入政策がものを言っていた1979年にはそうであった。モスクワによってアミンの運命が決定された10月29日のアフガニスタン委員会の提案書にも，米国がアミンを自分側に引き寄せようとするとの表現はあったが，米国の叛軍支援によってアミン政権が危うくなったというふうには触れられていなかった。

　総じて，ワシントンとアフガニスタンの叛軍いずれも，モスクワがアミンの除去を決心するに至るまでは，本質的な意味ではアウトサイダーに過ぎなかったとも言えよう。

便乗者

　10月31日モスクワの政治局は，「われわれがアミンを信用していないという事実そして彼との関係を続けたくないわれわれの立場を，アミンが悟る契機を与えないように，アミンそして現在のNDPA，DRAの指導部との全般的な関係を積極的に続ける。アミンに適切な圧力をかけるために，そしてそれと同時にアミンの真の狙いをより詳細に明らかにするために，アミンとの接触を持続しよう」とのアフガニスタン委員会の提案を承認した(126)。モスクワがアミン政権を容認できないと判断し，しかもアフ

ガニスタンを放置する気がなかったとすれば，外交的解決が行き詰まった状態で彼らの講じうる道はテロ[127]か，もしくは軍事力かによる解決の二つしかない。いずれの方法を取るにせよ，アミン政権に代わるべき新しい政権構成は先決課題である。

　皮肉なことに，ソ連からの連合戦線構築への促しを拒否し続けたアミンの一人独裁政権の樹立は，モスクワにソ連指導部念願の一種の連合戦線を作らせる結果をもたらした。カルマルのパルチャム派とタラキーのハルク残党はモスクワで，敗北者同士の立場で顔を合わせるようになったのである。彼らはソ連の出兵にどのくらいの役割を果たしたのだろうか。1979年10—11月のカルマルあるいは反アミン戦線に関する直接的な資料はないので，出兵以後の資料から推論するしかない。

　カブール進攻作戦の日の12月27日開かれたソ連共産党政治局会議では，「アフガニスタンをめぐる状況の発展と関連したわれわれの措置について」との議題の下に，各国ソ連大使への説明指針とタスの報道文などが採決されたが，その中にはソ連共産党の各組織への中央委員会からの手紙が含まれていた[128]。政治局がソ連共産党員に送るこの書簡には，他の文書にはあらわれていない次のような文章がある。

　　アフガニスタンではアミンによる不当かつ不法的な弾圧の結果，多大な喪失が発生したが，それにもかかわらずアミンに対抗して決定的に立ち上がり，彼を権力の座から追い出し，党と国家権力の新しい組織を創設した勢力があらわれた。その中には，数年間も専制的王政に対抗闘争し，タラキーとともに4月革命を実現した人々が含まれていた。バブラク・カルマルを中心とする新しい国家と党の指導部は，ソ連に対し軍事的支援を含む政治的・物質的援助を要請してきた。中央委員会政治局は，その支援を供与することを決定した[129]。

　カルマルがどこで，このような活動をしていたかについては触れていないが，ソ連共産党の各下部組織には，一応カルマルの存在を知らせる上で，まるでカルマルがアフガニスタン国内で活動してきたかのような印象を与えようとしているのである。12月31日アンドロポフをはじめとする

アフガニスタン委員会の4人が政治局に提出した総括報告書「1979年12月27―28日のアフガニスタンの状況について」は，より詳しく反アミン戦線の形成について述べている。

　……（4月）革命の運命や（アフガニスタン）国家の独立に懸念を示し，そしてアフガニスタンでの反アミン的性向の強化に応じ，海外に亡命していたバブラク・カルマルとアッサドゥラ・サルワリは祖国の革命の救出のために，アフガニスタン国内外に布陣するあらゆる反アミン・グループの団結を呼びかける路線を採択した。これにより地下で活動していた「パルチャム」グループが非合法的中央委員会の指導の下に，かつての「ハルク」グループのタラキーの側近たちを含めたあらゆる健全勢力の団結を求める顕著な活動を展開した。
　異見が解消され，NDPAの亀裂を起こした原因が除去された。サルワリを代表とするハルク派と，バブラク（原文のまま）を代表とするパルチャム派は党の決定的な団結を宣言した。……4月革命の偉業とわが国の安全保障を脅かす非常に困難な状況の中で，アフガニスタンへの追加的な軍事援助の供与の必要性が提起された。……1978年のソ連-アフガニスタン条約によるソ連軍の投入と関連して，アミンに反対する勢力は今年12月27日と28日の夜，アミン政権を打倒する軍事行動を組織した[130]。……

形だけであれ，ソ連軍投入以前に海外，すなわちモスクワにいたカルマルとサルワリが亡命政府を創ったのは確かであろう。アンドロポフの署名が最も前に出ているアフガニスタン委員会のこの報告書は，カルマルに対する信頼とほめ言葉で締め括られている。「バブラク（原文のまま）は理論的分野において最も卓越したNDPAの指導者の一人であり，アフガニスタンの状況を客観的かつ冷静に評価する人物である。彼はいつもソ連への誠実な同調者であって，党・大衆・国家における最高の権威を保っていた。これと関連し，アフガニスタンの新しい指導部が，国家の状況の完全な安定化のための効果的な道を見いだせると信頼される」[131]としているのである。

もちろんアフガニスタン委員会共同の連名で作成された文書ではあるが、11月以降特に12月に入ってアンドロポフの活動が活発になり、しかもこの文書同様、委員会の大体の文書にアンドロポフの主導の色が濃くなった(132)ことから見て、モスクワでのアフガニスタン亡命政権の形成には他の誰よりもアンドロポフのKGBが深く携わっていたと考えられる(133)。12月27日カブール進攻作戦時のソ連軍の主要目標物の一つが、アミンにより弾圧・投獄されたカディール、ケシュトマンド、ラフィなどが収容されていた(134)プール・イ・チャルヒ刑務所であったこと、それからこの刑務所を掌握したのは、ソ連軍パラシュート空挺団と自走砲師団兵力だったが、政治犯を洗い出し釈放する仕事はKGBの将校たちに回されたこと(135)からも、カルマル中心の新政府作りにはKGBが関わっていたことが推測できる。カルマルが首相、サルワリが副首相として12月27日に公表された新しい内閣には、釈放された政治犯たちも加わったのである(136)。

ところが、上に紹介した公式的な文書に影響されたのか、リャホフスキーはアミン政権の打倒におけるカルマルの反アミン戦線の役割について、上の諸文書同様、ある程度積極的に評価している。彼はこう書いている。「(1979年10月と11月モスクワにいた)アミンの政敵たちすなわちパルチャム派およびハルク派は、ソ連共産党指導部に人民民主主義政権の運命に関する不安を訴えた。彼らはアフガニスタンでの大量虐殺の恐れについて警告し、アミンの無分別な行動が、アフガニスタンの民族的・愛国的そして進歩的勢力の完全な物理的絶滅をもたらしかねないと予想した。……アフガニスタンの国家権力がより保守的勢力の手に入る恐れもあるし、そうなればパキスタン、米国、正統ムスリム国家ともっと密接な関係を持つようになるだろう。パルチャムが、ソ連の支援の下で現カブールの権力を崩壊させる、と彼らはソ連指導部に語った(137)。」

続いてリャホフスキーは、「NDPAの両派閥はアフガニスタンで非合法的組織を作り、秘かに自分たちの隊員をアフガニスタンへ送り込み、アミン・グループに対する決定的行動を計画した。……カルマルがアフガニスタン党員たちの一定部分から支持されていることが考慮され、彼にアミン

政権の打倒のための闘争の指導が委任された。カルマルはこれに同意し，KGBの保護下に置かれた」と書いている(138)。まるでモスクワの反アミン戦線が，積極的にソ連指導部を説得し，しかもアフガニスタン国内でのある種の工作も練っていたかのように描いているのである。

確かに，10月と11月米国の無作為が，ソ連の行動に対するブレーキを外すような要因となったのと同様，同時期モスクワに反アミンの連合戦線という恰好の代案が存在していたということそのものが，ソ連指導部の苦悶を和らげる要因にはなっただろう。しかし，アミンへの不信や嫌悪感から，一応モスクワに形成された反アミン戦線にかけてみようという思惑はあったかも知れないが，リャホフスキーの言うほどその反アミン戦線がモスクワとアフガニスタン国内でつながりを持って反アミン活動を繰り広げたとは思われない。両派団結の反アミン戦線とは言え，武装能力も闘争能力も持ち合わせていない単なる亡命政客集団の促しにソ連指導部が動かされたとは考えられない。あくまでも主体はソ連指導部であり，カルマルはその主体の方針に乗った便乗者に過ぎなかっただろう。すなわちモスクワからカブールへの軍用列車にたまたまモスクワに居合わせたカルマルを乗せてやったのであり，カルマル率いる革命機関車がソ連軍の客車を牽引したのではない。

1981年ソ連外務省筋から出版された『革命アフガニスタン』という本には，1979年末の状況についてこう書かれている。すなわち，「国内の反動や外部からの侵略の行動が強まる中で，アフガニスタン人民やDRAの主権および保全への脅威，そしてソ連の南側国境の安全への脅威が生じた。1978年12月5日の友好協力条約および国連憲章第51章に基づいたアフガニスタン指導部の何回にもわたる要請に応じ，外部からの侵略を撃退せんとするDRAの努力を援助するためにソ連軍限定的分遣隊が派遣された。12月27日，アフガニスタン社会とNDPAの健全勢力は，状況を掌握しアミンの独裁政権を打倒した。これによって4月革命の第2段階が始まったのである。NDPAの書記長・革命評議会議長・政府首相にはNDPAの創設者の一人であるバブラク・カルマルが選出された(139)」としている。

アフガニスタンの革命を称え，正当化する目的の出版物であるなら，革命の遂行のために働くアフガニスタン指導部の革命戦歴を少しは紹介してもいいだろう。しかしここにも，アフガニスタン国内であれ海外であれ，カルマルの反アミン戦線が12月27日以前から革命の防御のために何かをしていたと言うような表現はまったくない。むしろソ連軍の派遣があってから，アフガニスタンの健全勢力が立ち上がり，アミンを打倒し，それからカルマルが新しい指導者として選ばれたとなっている。「バブラク・カルマルを中心とする新しい国家と党の指導部が，ソ連に対し軍事・政治・物質的援助を要請して」(140)，それに応じたとの当初のシナリオがゆるぎはじめているのである。カルマルらの支援要請ははじめから存在しなかったか，あるいは忘れられるほど，ソ連軍の出兵におけるカルマルらのイニシャティブは微々たるものであった。

さらに，カルマルのアフガニスタン潜入の時期についてもリャホフスキーは，次のような推測をしている。「（アミンの邸宅とバグラム飛行場の警備強化のための2個大隊の派遣に関するアミンの要請に応じ）ソ連軍の2個支隊が12月3日と14日にアフガニスタンへと移動した。その二つの部隊の中の一つとカルマルは行動をともにした。彼はバグラムでソ連軍兵士および将校たちの間に紛れ込み，KGBの協力者たちの保護の下に身をおいていた。これとほとんど同時に前書記長タラキーの戦友たちである4人組も川を渡った」というのである(141)。この主張には根拠があげられていない。しかも12月3日と14日にソ連軍支隊がソ連からアフガニスタンへと移動したとの証言あるいは資料もない。アミンの確固たる統制が確立しているアフガニスタンに，軍隊派遣の決定も行われないうちに，未来の指導者を送り込み危険にさらす必要があったのだろうか。10月29日のアフガニスタン委員会の提案書で述べられているように，アフガニスタン国内で反アミン的人物はほとんどすべてが弾圧され，しかも投獄されているなど，反政府人物に対する警戒体制が厳しいと，モスクワも判断していたはずである。

カルマル自身は，1991年の『ズナーミャ』誌とのインタビューで，「もちろんパキスタンあるいはイランを通じて来ることはできなかった。一つ

2. アウトサイダー

の道があったとすれば、それはモスクワとタシケントを通るものであった。何に乗って飛んできたのかについては、すでによく知られているし、深く立ち入りたくもない。……私はあなた方の軍隊も招請したことがない。ソ連軍が入った後、私はアフガニスタンに来た」と語っている[142]。すべての過程はソ連のシナリオであり、カルマルの立ち入る余地のない状態で、軍の投入以後「アフガニスタンに来た」という彼の言葉は信じていいのではなかろうか。

ククーシキンの回想によれば、カルマルがカブールのソ連軍空挺団指揮部に姿を現したのは12月27日朝のことである。カブール駐在ソ連大使館職員およびKGB将校たちと一緒に、カブール飛行場の空挺団指揮部に現れたカルマル一行をカブール市内へと護送したのは、この空挺団であったという[143]。カブール時刻で12月27日の夜7時30分、ソ連軍のカブール進攻作戦が始まり、アミンの官邸ダルウリアマン宮殿への襲撃があったのはその直後のことである[144]。アミン政府の実質的な崩壊は同日の真夜中だったのである。ところが、同じ27日、その作戦と同時にあるいはそれより早く（カブールとモスクワの時差は1時間半くらいに過ぎない）、モスクワのソ連共産党中央委員会政治局は「アフガニスタンをめぐる状況の発展と関連したわれわれの措置について」という議題の会議で、「アフガニスタン民主共和国革命評議会議長、NDPA中央委員会書記長、DRA首相バブラク・カルマル同志への祝電を承認」していた[145]。アミンが倒れる前にカルマルはすでに、モスクワによってNDPAの書記長兼アフガニスタン国家元首に選ばれていたのである。

厳密に言えば、カルマルは、ソ連によってアミンへの代替人物として前面に立てられたという意味では「アウトサイダー」とは言えないが、アフガニスタン出兵政策における軸はモスクワとアミン政権の関係であるという意味で、またアミンの運命を決めたのも究極にはカルマル自身ではなかったという意味では、彼も「アウトサイダー」であったと言えよう[146]。

(1) KABUL 6936, Sep. 17, 1979, *DFED*, Vol. 30, p. 73.
(2) B. Male, *op. cit.*, p. 191.
(3) *Ibid.*
(4) KABUL 7063, Sep. 22, 1979, *DFED*, Vol. 30, p. 84.
(5) В. С. Сафрончук, Афганистан времен Амина, *Международная жизнь*, Jan. 1991, pp. 132-133.
(6) 海外駐在大使たちへの統制も確立しつつあった。9月24日，駐キューバソ連大使 V. I. ヴォロトニコフは，「同国駐在アフガニスタン大使ナジフーラ・ノフザットが，タラキー解任の必然性を強調し，アフガニスタン状況でのアミンの核心的な役割を擁護した。……タラキーは国家の状況の悪化に対する統制を犠牲にし，優柔不断さを露呈したと，ノフザットは力説した」という内容の報告をモスクワに送った。ЦХСД, Фонд 5, Опись 76, Дело 1046, л. 60-62.
(7) KABUL 7062, Sep. 22, 1979, *DFED*, Vol. 30, p. 83.
(8) KABUL 7208, Sep. 27, 1979, *ibid.*, p. 92.
(9) KABUL 7218, Sep. 27, 1979, *ibid.*, p. 90.
(10) *Ibid.*, pp. 89-91.
(11) STATE 256809, Sep. 29, 1979, *ibid.*, pp. 94-97.
(12) KABUL 7232, Sep. 30, 1979, *ibid.*, p. 98.
(13) KABUL 7258, Oct. 1, 1979, *ibid.*, pp. 100-101.
(14) ベヴァリー・メールの研究（Beverley Male, *Revolutionary Afghanistan : A Reappraisal*, Croom Helm, London & Canberra, 1982）は，1978—1979年の間のアミンをソ連の影響から脱皮し独立国家アフガニスタンの自立を目指した人物として描いている。一言では評し難いが，あえて言わせてもらえば彼女の本は，なかんずくアミンに関する部分において，意識が事実より先立っている。彼女の研究は，1970年代後半のアフガニスタンの新聞（*Kabul Times*）とアフガニスタン政府の公式資料などに基づいてなされており，基本的に反カルマル的な立場から書かれている。米ソ両国，そしてカルマル政権の下のアフガニスタンの一般的なアミン論とは，ずいぶんかけ離れているという面では，独創的な研究とも評価されうるが，客観的であるとは言えない。
(15) В. С. Сафрончук, *op. cit.*, pp. 133-134. サフロンチュクは自分の辞任希望をアミンが拒否したと振り返っているが，グロムイコとしても「アミンとの接触を継続する必要がある」以上，サフロンチュクの召還には同意しなかっただろう。
(16) Н. И. Пиков, *op. cit.*, p. 102 ; Ляховский, *op. cit.*, pp. 208-209.
(17) ソ連はまだ，アミンへの代替人物を模索していたらしい。10月1日，トルコ外務省の中東局長カラオスマノグルは，アンカラ駐在米国大使に「ソ連はアミンの狭い支持基盤を考慮し，代替馬を模索するだろう。ここにはアフガニスタンの前ソ連駐在大使で，イスラマバード大使を歴任したエテマーディが有力視され，ソ連は彼と接触しているはずだ。彼はアフガニスタンで今投獄されている

が，ロシア人といい関係を保っているし，モスクワに亡命中のパルチャム派とも会ったと思われる」と述べた。そしてエテマーディ案に関する米国の意見を求めた。ANKARA 7248, Oct. 1, 1979, *DFED*, Vol. 30, p. 106.
(18)　サフロンチュクは，この会議が開かれた日を10月8日と憶えている。そして，この会議の翌日タラキーの死亡が知らされたと述べている。В. С. Сафрончук, *op. cit.*, Jan. 1991, pp. 134-136.『カブール・タイムズ』紙が「タラキーが重病で，昨日死亡した」と報道したのが10月10日のことであり，この事実をソ連のメディアが報じたのが10月10日のことであるから，恐らくカブールでは9日には，彼の死亡のニュースが取り沙汰されたであろう。H. Bradsher, *op. cit.*, p. 115 ; MOSCOW 23627, Oct. 11, 1979, *DFED*, Vol. 30, p. 116. したがってサフロンチュクの記憶が正しい可能性もある。ハリソンも，このサフロンチュクの記憶に何の検討もせずに頼り，社会主義国家大使たちの集まりが10月8日のことであったと記している。Cordovez and Harrison, *op. cit.*, p. 41.

　ところが，ハリソンも検討したはずのカブール米大使館から国務省への報告書KABUL 7784には，このブリーフィングの日付が10月6日となっている。KABUL 7784, Oct. 30, 1979, *DFED*, Vol. 30, p. 126. この日付の矛盾についてハリソンは何にも述べていない。同報告書を基にこの会議のことを説明しているブラドシャーは，それが10月6日のことであると述べているし，リャホフスキーとザブロージンの研究を引き合いに出したガーソフも10月6日のことだと書いている。H. Bradsher, *op. cit.*, pp. 117, 320 n ; R. Garthoff, *op. cit.*, pp. 1006-1007. サフロンチュクの回想に大いに依存しているガーソフも，この日付の衝突については沈黙している。

　これは些細な問題と考えられるかも知れないが，10月と11月の期間ソ連指導部の動きを察知しうる資料がまったく出ていない状態でこの日付の違いは，アミンの行動にモスクワがどう反応したかについての微妙な解釈の違いを生み出すものである。すなわち，ガーソフの研究によれば，10月7日モスクワではグロムイコ主宰のアフガニスタン委員会が呼び集められたという。もちろん，この説の根拠は，リャブチェンコの第103空挺師団の1個連隊がトゥルケスタン軍管区への出動命令を受けた日がソ連憲法制定記念日で祝日である10月7日であった，というリャブチェンコ本人の証言によるものである。R. Garthoff, *Op. cit.*, pp. 1009-1010. 実際にアフガニスタン委員会が開かれたかについては不明であるが，ともかくガーソフはそう推測している。休日に出動命令が出されたというリャブチェンコの証言は，ある程度信憑性のあるものと思われる。平日のことではなかったから特に日付が頭に残ったのだろう。もし，カブールでのソ連大使（つまりソ連政府）批判が行われた当の会議が8日のことであれば，アミンの行動に関係なくモスクワが軍事的準備に取りかかったということとなるが，それが6日のことだとすれば，7日の空挺部隊移動は，その批判に対するアフガニスタン委員会の対応準備措置となるだろう。

恐らく米大使館の報告書が伝えたとおり，社会主義国家大使会議は10月6日にあったのだろう。アミンの行動を観察しながら，当分の間は現状維持が望ましいとの方針を固めたアフガニスタン委員会は，たぶん6日のソ連批判のことを報告され，翌日対応措置に乗り出したと見られる。10月8日説はサフロンチュクの回想とそれに頼ったハリソンの研究だけである。

(19) В. С. Сафрончук, *op. cit.*, pp. 135-136. この会議で起きたことは，カブールの外交街にすぐさま伝えられた。それを米大使館は，国務省に報告している。
ANKARA 07966, Oct. 25, 1979 and KABUL 7784, Oct. 30, 1979, *DFED*, Vol. 30, pp. 121-122, 126-128.

(20) В. С. Сафрончук, *op. cit.*, p. 136.

(21) H. Bradsher, *op. cit.*, p. 118.

(22) В. М. Забродин и А. А. Ляховский, *Тайны Афганской Войны*, Планета, М., 1991, pp. 53-55. この二人が絞殺説を主張する根拠は，1980年1月カルマル政権が逮捕し，裁判にかけた絞殺執行容疑者3人の裁判供述である。同書にはその供述書が紹介されている。

(23) B. Male, *Op. cit.*, p. 190 n.

(24) KABUL 6936, Sep. 17, 1979, ISLAMABAD 10745, Sep. 20, 1979, KABUL 7281, Oct. 2, 1979, KABUL 7318, Oct. 3, 1979, *DFED*, Vol. 30, pp. 74, 81, 109, 113.

(25) Гай и Снегирев, Вторжение, *Знамя*, Mar. 1991, p. 207 ; В. А. Меримский, Кабул-Москва : война по заказу, *Военно-исторический журнал*, Oct. 1993, pp. 19-20.

(26) *Литературная газета*, Sep. 20, 1989.

(27) KABUL 7281, Oct. 2, 1979, *DFED*, Vol. 30, p. 109.

(28) ANKARA 07966, Oct. 25, 1979, *ibid.*, p.122.

(29) Н. И. Пиков, *op. cit.*, p. 201. 強調は筆者。

(30) *Ibid.*, pp. 201-202. 強調は筆者。

(31) B. Male, *op. cit.*, p. 191.

(32) В. А. Меримский, *op. cit.*, Oct. 1993, pp. 20-21.

(33) В. С. Сафрончук, Афганистан времен Амина, *Международная жизнь*, Jan. 1991, p. 136.

(34) *Ibid.*, p. 137.

(35) *Ibid.*, pp. 136-137.

(36) ЦХСД, Фонд 5, Опись 76, Дело 1046, Л. 67-70.

(37) ウェスタードは，この10月29日の報告に表れたアミンの態度を，「アミンは特に自分が米国人たちと接触しているということを強調した」ととらえているが (O. A. Вестад, *op. cit.*, p. 30)，この段階ではすでに，改めてアミンが強調しなくても，ソ連はアミンのアメリカへの傾斜を把握し，憂慮していた。(本書の

第5章1の「アミン破門」参照。)

　それから，ソ連からの新任大使任命のシグナルを受けたアミンの立場から見ても，それはソ連が自分の行動に応じて見せた反応であると判断したに違いない。すなわちソ連が自分のアメリカ傾斜的な行動をまだ知っていないとは思っていなかっただろう。したがって，この会談でアミンが「ブラッドとの会談」と「アメリカの提案拒否」に触れた狙いは，ウェスタードが捉えているように「ソ連への警告」というよりは，ソ連の反応に対する「見返り」くらいだったと見るのが自然である。アミンとしては，アメリカと「接触した」ことよりはアメリカの経済援助提案を「拒否した」ことを強調したかったのである。

　10月27日アミンに会ったブラッドが米国務省に送った報告書によれば，アミンはブラッドに「もしブレジネフがアミン自身に，アフガニスタン独立に反する行動をするように求めれば，自分の生の最期の一瞬までそのような要求に抵抗する」と言っている。しかし十日後のカブール放送とのインタビューでは，アミンは，「もしわれわれにソ連からの膨大な軍事経済援助がなかったら，われわれは帝国主義，彼らの左翼シンパ，そして国際反動主義者たちの侵略や陰謀に抵抗できなかったと信じている。社会主義社会建設へのわが国の躍進も不可能だっただろう。……われわれが完全にソ連からの援助に頼っており，それに恵まれているということは確かである」と語った。KABUL 7726, Oct. 28, 1976 ; Kabul Radio, Nov. 7, 1979. H. Bradsher, *op. cit.*, p.118 から再引用。一週間を間に置き，アミンの態度は相当変わっていたのである。

(38) 　O. A. Вестад, *op. cit.*, p. 30 ; R. Garthoff, p. 1007.
(39) 　Г. М. Корниенко, *op. cit.*, p. 109. 本書第4章3の「9月の銃声，そしてその余波」参照。
(40) 　*Ibid.*, p. 110.
(41) 　А. Морозов, *op. cit.*, No. 38, 1991, p. 37.
(42) 　*Ibid.*
(43) 　M. Hassan Kakar, *op. cit.*, p. 35.
(44) 　А. Морозов, *op. cit.*, No. 41, 1991, p. 31.
(45) 　R. Garthoff, *op. cit.*, pp. 1009-1010.
(46) 　グロムイコの証言, *Литературная газета*, Sep. 20, 1989.
(47) 　R. Garthoff, *op. cit.*, p. 1010. ガーソフの根拠は，前プラウダ特派員パーヴェル・デムチェンコの論文であるが，それも確実な証拠を提示しているものではない。しかし，バブラク・カルマルがいつ頃モスクワに腰を据えたかについての論争が交わされていない現段階では，この主張を反駁すべき論拠がほとんどないが，タラキー暗殺後，モスクワがカルマルの身の安全にも気づくようになったと見るのは，無理のない推論である。デムチェンコの主張は，*Эхо планеты*, No. 46, Nov. 1989, p. 28.
(48) 　モロゾフによれば，1979年5月カブールのKGBはアミンによって組織さ

れた特別テロ・グループが、プラハのカルマルを暗殺しようとするとの情報を手に入れ、KGB の対外情報局長クリュチコフに報告したが、黙殺されたという。結局6月と7月にわたって、チェコスロバキアの防諜機関が、そのグループを摘発したということであるが、当時のクリュチコフはアミンに賭けており、カルマルの可能性については別に考えていなかったのではないだろうか、とモロゾフは推測している。Морозов, *op. cit.*, No. 39, 1991, p. 33.

(49) Г. М. Корниенко, *op. cit.*, p. 110.
(50) R. Garthoff, *op. cit.*, p. 1010.
(51) Гай и Снегирев, Вторжение, *Знамя*, Apr. 1991, p. 221.
(52) この時になってはじめて、ゴレーロフは尋常ではないモスクワの空気を感じ取ったらしい。ザプラーチンはこう振り返っている。「ゴレーロフは目立って興奮し、しどろもどろになった。私も興奮した。私たち(ゴレーロフとザプラーチン)は状況を描写しながら、私たちの見解、すなわち尊敬するアミンはソ連の方へ傾斜していること、より現実的にアミンの大きい可能性を考慮する必要があること、それからわれわれの利益のためにも彼を利用すべきであるということを強調した。」*Ibid.*, pp. 221-222.
(53) А. Морозов, *op. cit.*, No. 41, 1991, p. 31.
(54) *Российская газета*, Jun. 3, 1992, R. Garthoff, *op. cit.*, p. 1010 から再引用。
(55) *Труд*, Jun. 23, 1992 ; Ляховский, *op. cit.*, p. 102.
(56) Ляховский, *op. cit.*, p. 102.
(57) *Труд*, Jun. 23, 1992 ; Ляховский, *op. cit.*, p. 103.
(58) *Труд*, Jun. 23, 1992.
(59) Ляховский, *op. cit.*, p. 103.
(60) ロシアの現代文書館(ЦХСД)で資料調査を行ったガーソフによれば、この文書は件名と整理番号(ЦХСД, Фонд 89, Пер. 14, Док. 23)だけが付いており、同文書館に当の中身は保管されていないようである。R. Garthoff, *op. cit.*, p. 1011 n.
(61) Michael Dobbs, "The Afghan Archive, Into the Quagmire : Secret Memos Trace Kremlin's March to War", *Washington Post*, Nov. 15, 1992, A. 32.
(62) Ляховский, *op. cit.*, p. 107.
(63) В. А. Меримский, *op. cit.*, Oct. 1993, p. 21.
(64) Гай и Снегирев, *op. cit.*, Apr. 1991, p. 219.
(65) *Литературная газета*, Sep. 20, 1989
(66) ЦХСД, Фонд 89, Пер. 14, Док. 35, pp. 1-2 ; Секретные документы из особых папок : Афганистан, *Вопросы истории*, Mar. 1993, p. 14.
(67) *Ibid.*, p. 5 ; *Вопросы истории*, Mar. 1993, p. 16.
(68) Department of State *Bulletin*, Dec. 1979, pp. 53-54. *American Foreign Policy Basic Documents, 1977-1980*, Department of State, Washington D.C.,

第5章 (注)

1983, p. 808 から再引用。
(69) *American Foreign Policy Basic Documents, 1977-1980*, p. 809.
(70) *Ibid.*
(71) STATE 256809, Sep. 29, 1979, *DFED*, Vol. 30, p. 97.
(72) Cyrus Vance, *Hard Choice : Critical Years in America's Foreign Policy*, Simon and Schuster, New York, 1983, pp. 24-25.
(73) *Ibid.*, pp. 27-28.
(74) *Ibid.*, p. 28.
(75) A. Dobrynin, *op. cit.*, p. 382.
(76) 本書の第2章1の「ダーウドの方向転換」参照。
(77) C. Vance, *op. cit.*, p. 384.
(78) *Ibid.*, pp. 384, 386.
(79) *Ibid.*, p. 386.
(80) STATE 194166, Aug. 1, 1978, *DFED*, Vol. 30, p. 21.
(81) C. Vance, *op. cit.*, p. 386.
(82) *American Foreign Policy Basic Documents, 1977-1980*, Document 402, p. 807.
(83) STATE 077670, Mar. 28, 1979, *DFED*, Vol. 29, p. 83.
(84) "Memorandum of Conversation", 米国務省からカブール, モスクワ, イスラマバード, テヘラン, ニューデリー, NSC-Mr. Thornton などに配布, *DFED*, Vol. 29, p. 84.
(85) KABUL 5629, Jul. 25, 1979, *DFED*, Vol. 29, pp. 196-197.
(86) *Ibid.*, p. 199.
(87) このような憂慮は, カブールの米大使館のアムスタッツ自身も抱いていた。5月にアフガニスタンをふくめた諸国に対する米国の国際開発援助の規模を削減するいわゆるペル-ストーン法案が米上院に提出されたとき, アムスタッツは「地域安定およびアフガニスタンとのパイプラインの維持のためにも……そして人道的次元でも……大統領が法案に拘束されず, アフガニスタンに与えられている最小限の規模の援助だけは続けられるよう, 国務省が上院を説得してもらいたい」との切実な報告書を送った。KABUL 4236, Jun. 2, 1979, *ibid.*, pp. 124-127.
(88) KABUL 5648, Jul. 26, 1979, *ibid.*, pp. 206-209.
(89) В. С. Сафрончук, Афганистан времен Амина, *Международная жизнь*, Jan. 1991, p. 124.
(90) *Ibid.*, p. 126.
(91) 新しい臨時全権としてアーチャー・ブラッドが赴任しアミンに会ったのは10月27日のことであり, この会談についてアミンは10月29日サフロンチュクに知らせている。ЦХСД, Фонд 5, Опись 76, Дело 1046, Л. 67-70.
(92) KABUL 7706, Oct. 25, 1979, *DFED*, Vol. 30, p. 125.

(93) KABUL 7784, Oct. 30, 1979, *ibid.*, p. 126.
(94) C. Vance, *op. cit.*, p. 387. この時期ヴァンスは、「われわれは、8千マイル離れたところで、アフガニスタンでのソ連の政治的軍事的関与度が増加するのを見守るだけだった」と振り返っている。*Ibid.*, p. 386.
(95) *East-West Relations in the Aftermath of Soviet Invasion of Afghanistan*, p.39 ; C. Vance, *op. cit.*, p. 387.
(96) C. Vance, *op. cit.*, p. 388.
(97) *Ibid.*
(98) ЦХСД, Фонд 89, Пер. 14, Док. 28.
(99) A. Dobrynin, *op. cit.*, pp. 445-446.
(100) カーターの批判に対するブレジネフの回答は、ЦХСД, Фонд 89, Пер. 14, Док. 34. 「1979年12月29日、政治局会議：アフガニスタン問題に関するカーター大統領のホットライン・アピールへの回答について」。この親書でブレジネフは、「……アフガニスタン政府の要請とこの要請に対するソ連の応答は、全くソ連とアフガニスタンの間の問題であり、われわれ両国が自発的意思によって自分たちの相互関係を規定するものであるため、このような相互関係には外部からのいかなる干渉も容認しがたい。……」と述べている。形式的な書簡ではあるが、ドブルイニンの証言と合わせて考えれば、ソ連指導部の対アフガニスタン観の一端を窺わせるところであると思われる。
(101) Edward N. Luttwak, "Toward Post-Heroic Warfare", *Foreign Affairs*, Vol. 74, No. 3, 1995, p. 109.
(102) Stephen S. Kaplan, *Diplomacy of Power*, The Brookings Institution, Washington, D.C., 1981, pp. 347-348.
(103) DRA Ministry of Foreign Affairs, *White Book: Foreign Policy Documents of the Democratic Republic of Afghanistan*, Information and Archives Department, Kabul, 1981, p. 19.
(104) ЦХСД, Фонд 89, Пер. 14, Док. 33. 添付1）と2）。
(105) ЦХСД, Фонд 89, Пер. 14, Док. 33. 添付8）。
(106) DRA Ministry of Foreign Affairs, *Afghanistan: U. S. Intervention*, Government Printing Press, Kabul, June 1983, pp. 36-38.
(107) *Ibid.*, pp. 41-43, 59, 60, 95-97, 121.
(108) DRA Ministry of Foreign Affairs, *Afghanistan: Multifaceted Revolutionary Process*, Government Printing Press, Kabul, 出版年度不明 ; DRA Ministry of Foreign Affairs, *Undeclared War: Armed Intervention and Other Forms of Interference in the Internal Affairs of the Democratic Republic of Afghanistan*, Second revised and enlarged edition, Information and Press Department DRA Ministry of Foreign Affairs, Kabul 1981（日本語版：アフガニスタン民主共和国外務省情報局、『Green Book, 宣戦布告なき戦争：アフガニスタン民主共

第 5 章 （注） 279

和国に対する武力介入及び各種形態による内政干渉』, 1980 年政府白書, 1981 年 7 月）でも, アミンを CIA と関連づけるところはまったく見付からない.

(109) Zbigniew Brzezinski, *Power and Principle : Memoirs of the National Security Adviser, 1977-1981*, Farrar-Straus-Giroux, New York, 1983, p. 346. しかし, アフガニスタンの状況に関する CIA の内部評価はブレジンスキーの期待とはほど遠いものであった. CIA の内部ジャーナル『情報研究』（*Studies in Intelligence*）誌の 1984 年秋号に載ったアームストロング他 3 人の論文によれば, 当時のアフガニスタンとソ連の関係を分析した 1979 年 4 月 4 日付の CIA の内部メモランダム「アフガニスタンに関する質問への回答」には, ソ連の介入可能性をまったく排除することは出来ないが, 反政府勢力の成功可能性は非常に微々たるものであると書かれていたという. アームストロングはこのメモランダムが「ソ連は介入の明白な能力を持っていたが, そうすることが決して全般的な利益には及ばないから, 他の戦略を選択するだろうという情報専門家たちの一般的な感覚を反映しているものだった」と評している.

続けてアームストロング他 3 人の同論文によれば, 5 月と 6 月にも CIA は大統領への特別報告を通じて, 新しい状況を纏めたが, その特別報告の結論も「反政府勢力に対抗し秩序を回復するためにソ連が地上軍を送ることはないだろう」とのことだったという. このような CIA の観点が変化し,「限定的な戦闘部隊の派遣可能性を排除することは出来ない」というトーンに少しずつ変わりはじめたのは 8 月 31 日の特別報告からだったという. Willis C. Armstrong, William Leonhart, William J. McCaffrey and Herbert C. Rothenberg, "The Hazards of Single-Outcome Forecasting", in H. Bradford Westerfield, ed., *Inside CIA's Private World*, Yale Univ. Press, New Haven and London, 1995, p. 253. ウェスターフィールド編のこの本は, 1955 年から 1992 年までの間 CIA の内部用ジャーナルとして発行されてきた『情報研究』に載った論文を選び, 編集したものである.

(110) *Ibid.*, p. 426.
(111) 特別調整委員会（Special Coordination Committee）. カーターが大統領に就任する前の 1976 年 12 月, ブレジンスキーとヴァンスは NSC の改編問題をめぐって衝突していた. ヴァンスは, NSC が全般的に取り扱うべき外交国防問題における国務長官の中心的役割や比重を強調していた反面, ブレジンスキーは NSC の小委員会として, 国務長官を長とする政策検討委員会（Policy Review Committee）と大統領の安保補佐官が主宰する SCC を設置することを, カーターに提案し, 1977 年 1 月 20 日に承認された. C. Vance, *op. cit.*, p. 36. ブレジンスキーは, キッシンジャー時代のように米国の外交政策形成で占める大統領の安保補佐官の比重を高めたかっただろう.
(112) Z. Brzezinski, *op. cit.*, p. 427.
(113) *Ibid.*

(114)　STATE 120164, May 11, 1979, *DFED*, Vol. 29, pp. 95-98.
(115)　ISLAMABAD 5531, May 14, 1979, *ibid.*, p. 99.
(116)　*Ibid.*, pp. 100-101.
(117)　TEHRAN 05208, May 20, 1979, TEHRAN 05246, May 21, 1979, *ibid.*, pp. 111-115. アフガニスタン系アメリカ人ナッスリーは，表向きは医師としてペシャーワル地域の医療活動に従事しながら，頻繁に米国人たちと接触した。彼は7月を米国で過ごしてから，8月1日にはパキスタンに出現し，米大使館に自分の近況を電話で知らせている。ISLAMABAD 8629, Aug. 1, 1979, *ibid.*, pp. 225-226. それから8月9日には，アフガニスタンのペシャーワル地方の米国領事アーチャードが，彼の反政府活動（反政府ラジオ放送システムの建設）を詳細に報告した。PESHAWAR 195, Aug. 9, 1979, *DFED*, Vol. 30, pp. 18-19.
(118)　9月13日，ブレジンスキーが用意しカーターに提出したポジション・ペーパーは，「黙認対挑発」という題のもので，国際舞台においてソ連はもっと自分の主張を貫徹しようとしているが，米国はこのようなソ連の行動を黙認しているというのが基本テーマとなっていた。このペーパーでブレジンスキーは，国務省の不作為あるいは反対のせいでアメリカの確固たる意志を国際社会およびソ連に見せようとする大統領の決定が阻まれていると，国務省を強く批判した。9月19日，ブレジンスキーへの答えとしてカーターは，南アジアに対するソ連の干渉の増加に関する事実を公表せよとブレジンスキーとヴァンスに指示したが，国務省は「このような行動はソ連に，まるで米国がアフガニスタン問題に干渉しているかのように見られる」とし，12月中旬まで発表を遅らせた。Z. Brzezinski, *op. cit.*, pp. 427-428.
(119)　Confidential, Dept. of State, Memorandum of Conversation, "Activities of Afghan Dissidents", Sep. 12, 1979, *DFED*, Vol. 30, p. 63.
(120)　Confidential, American Embassy Islamabad, Pakistan, Memorandum of Conversation, "Hazara Dissident Activities", Sep. 19, 1979, *ibid.*, pp. 77-78.
(121)　ISLAMABAD 11647, Oct. 14, 1979, *ibid.*, p. 117.
(122)　STATE 273949, Oct. 19, 1979, *ibid.*, p. 119.
(123)　*Ibid.*, p. 120.
(124)　JIDDA 273949, Oct. 26, 1979, *ibid.*, p. 114.
(125)　この10月に行われたCIAの分析によれば，サウジアラビアがアフガニスタンの叛軍を財政的・物質的に支援する理由は「サウジアラビアは，カブール政権をこの地域のイスラム政府の安全を脅かすソ連の行動の表れと見なしており……サウジアラビアは伝統的に旧王政アフガニスタンと友好的な関係を保っていたから」であった。STATE 266505, Oct. 11, 1979, *ibid.*, p. 142.
(126)　本章の1の「アミン破門」参照。
(127)　合理的な政策決定者なら，コストの高い出兵よりはより簡単なテロという手を思いつくのが自然の成り行きであろう。タラキー暗殺後KGBがアミン毒殺

第 5 章　(注)

を企てたが、失敗したという話は1982年イギリスに亡命したKGB将校クジチキンから出始めた。"Coups and Killings in Kabul", *Time*, Nov. 22, 1982, p. 34. ボロヴィクも、アミンの未亡人の話として、ソ連のエイジェントがアミンのコックに偽装して潜入し、12月27日の攻撃の前に毒殺しようとしたと紹介している。Артём Боровик, Спрятанная война, *Огонёк*, No. 46, Nov. 1989, p. 18. イギリスがKGBに送り込ませた浸透工作員、いわゆるモグラとして活動しているうち、1985年イギリスに脱出したオレク・ゴルジエフスキーは、上の記事などを引用しながら、非合法工作員を取り扱うKGBのS局の第8部がアミンを暗殺するために、1979年晩秋ミハイル・タレボフ中佐をアフガニスタン大統領官邸の料理人に装わせ、送ったと述べている。クリストファー・アンドルー、オレク・ゴルジエフスキー『KGBの内幕：レーニンからゴルバチョフまでの対外工作の歴史』(下)、文芸春秋社、1993年、294—295頁。蓋然性としてありえないことではないが、信憑性のある証拠によって裏付けられていない。

(128) ЦХСД, Фонд 89, Пер. 14, Док. 33, p. 1.
(129) *Ibid.*, 添付7)。
(130) ЦХСД, Фонд 89, Пер. 14, Док. 35, pp. 3-4.
(131) *Ibid.*, p. 5.
(132) 本書の第1章の2を参照。
(133) ポノマリョフの証言はあまりにも責任転嫁の感じがするので、信用したくないが、アフガニスタン委員会内部のことについて彼は「そこではアンドロポフが大きな役割を果たしていた。彼の要員たちはチェコスロバキアでバブラク・カルマルを探し出し、彼を新しいリーダーとして用意した」と述べている。Гай и Снегирев, Вторжение, *Знамя*, Apr. 1991, p. 226. これは10月以降のことであろう。
　　　ブレジネフの補佐官アレクサンドロフ=アゲントフも同様の主張をしている。*Ibid.*, p. 225.
(134) ЦХСД, Фонд 89, Пер. 14, Док. 35, p. 4.
(135) А. Кукушкин, *op. cit.*, p. 61.
(136) Mark Urban, *War in Afghanistan*, pp. 233-239 のアフガニスタン内閣変転表参照。
(137) Ляховский, *op. cit.*, p. 106.
(138) *Ibid.*, p. 107.
(139) Г. А. Поляков, *Афганистан революционный*, "Международные отношения", М., 1981, pp. 42-43.
(140) ЦХСД, Фонд 89, Пер. 14, Док. 33, 添付7), pp. 2-3.
(141) Ляховский, *op. cit.*, p. 108.
(142) Гай и Снегирев, Вторжение, *Знамя*, Apr. 1991, p. 231.
(143) ヴィチェプスクの第103空挺師団とフェルガナの第345独立空挺連隊を統

括する空挺団作戦グループを指揮したのは空挺団の副司令官グスイコフ中将であった。この作戦グループはすでに12月22日の夜，民間人の服装でカブールに潜入していた。А. В. Кукушкин, *op. cit.*, pp. 57-58, 62.

(144) А. Кукушкин, *op. cit.*, p. 60.
(145) ЦХСД, Фонд 89, Пер. 14, Док. 33, p. 1.
(146) カルマルの政治的運命は妙な一貫性を見せている。ソ連によりアフガニスタンの指導者として擁立された時と同様，権力の座から下がる過程にもカルマル自身の意志はまったく作用していなかった。1986年5月カルマルの代わりにナージブラを立てようとしたゴルバチョフは，モスクワのソ連共産党中央委員会の自分の執務室にカルマルを召還し，単刀直入に引退しモスクワに亡命するように忠告したという。驚いたカルマルはゴルバチョフに再考を懇願したが，カルマルの無能さを知りきっていたゴルバチョフは譲歩しなかったという。ソ連共産党の国際業務に関する党書記として唯一人この場に居合わせたドブルイニンは，これを「痛ましい印象だった」と憶えている。A. Dobrynin, *op. cit.*, pp. 442-443.

第6章 トンネルの入口
——1979年12月から1980年2月まで——

1. 同床異夢——アミンの野望

　モスクワの信用を失ってしまったことを知らないアミンは，積極的に国家再編と対外路線整備作業に取りかかった。モスクワの態度変化に気づいたはずのサフロンチュクの目から見ても，「タラキー治下よりは，アミンの治下で国家機構がもっとアクティブに動いた。経済成長10年計画と5年の短期計画が公表された。そのための資金の66％はソ連および他の社会主義国家から提供されるようになっていた。1980年1月1日までアフガニスタン憲法制定委員会も創設され，活動を始めた。委員長としてアミンはその作業にも積極的に加わった(1)」。

　新しい大使任命を通知されたアミンは，ソ連との関係もあたらしくはじまったと思っただろう。11月6日には，NDPAとソ連共産党との関係強化のための討議が，党のソ連人顧問V. M. スミルノフとアフガニスタン司法長官A. Kh. タライの間に行われた。タライは「アフガニスタン人民民主党中央委員会の要請で，党の再建への援助の一環としてソ連からの顧問をもっと派遣してほしい」と述べており，その計画の遂行について具体的検討まで行われた(2)。しかし，確かにソ連は猫をかぶっていた。そしてサフロンチュクもそれをよく知っていた。同日に行われたアミンとの会談で，サフロンチュクは「（アフガニスタン青年民族組織幹部会議で行われた）10月革命の国際的意義に関するアミンの深みのある演説に大きな印象を受けた」と異例の賛辞を惜しまなかった(3)。数日後，サフロンチュクはモスクワのグロムイコに自分のモスクワへの復帰を要請し，グロムイコの同意を得た(4)。

　11月上旬にアミンは，反政府勢力の鎮圧作戦にも乗りだし，成功を収

めた。カブールの東南部パクティカとパクティヤ地域に布陣していたガイルラニ・グループへの攻撃を敢行し、大きな打撃を与えた。生き残ったグループはパキスタンの方面に逃げた[5]。すなわち、11月のアフガニスタン情勢は、アミン政権が危うい状態に陥ったと評価されるようなものではなかった。イラン方面からの叛軍の流入や活動も小康状態に入った。11月19日、アミンはサフロンチュクとの会談で、「イランとアメリカの対立が悪化するにつれ、イランの注意がアフガニスタンから逸らされる肯定的側面があらわれた」と述べ、「イラン領土からの反革命叛徒の流入が事実上中止された」と語った[6]。アフガニスタンの状況と関連して、イラン革命の激化は、ソ連にムスリム原理主義の勢力拡大という脅威をもたらしたとの一般的な見方とは裏腹に、アフガニスタンのアミン政権にとっては、むしろ叛軍行動の休眠という安定効果をもたらしたのである。

これと同じ日、すなわち11月19日はプザノフが離任挨拶のためにアミンに会った日でもある[7]。この会談について、同日付けプザノフの報告書を分析したウェスタードは、「11月19日プザノフとの最後の会談で、アフガニスタンの指導者は疲れも感じず自分の国がソ連との協力の結果、いかに多くのことを達成したかを強調した。しかし失寵した（опальный）大使は、アミンのための別れの贈り物さえ見付けられなかった」と書いている[8]。アミンは相当にソ連との関係回復に期待をよせており、その兆しに満足していただろう。しかもそれを基に、新しい国づくりにも期待をかけていたであろう。

ところが、続いてこの時期のことについてウェスタードはこう書いている。「ソ連共産党の指導者たちは、この地域の状況がソ連の利害の観点から見れば、急激に悪化していることを理解した。人質をめぐるイランとアメリカの葛藤は、クレムリンにとってイランがモスクワに対する敵対的な国家ともなるのではないかという懸念を消すことができなかった。10月中旬KGBは、ソ連は『理念的闘争およびイランに左翼政府を擁立しようとする企図を諦めていない』とイランの指導者たちが信じている、と報告した。ソ連の情報機関の見解によれば、イスラム共和国の目的はアフガニスタンの支配政権を弱化させること、ソ連のムスリム共和国に影響力を及

ぼし，この地域での共産主義の拡散を許さないことだったのである。アフガニスタンについても，イランにとってはかつてなく，自分たちの目的達成に近づいていた。10月―11月にイスラムの蜂起者たちは，顕著な成功を収め，アフガニスタン軍の戦闘士気はアミンのクーデターや残酷なテロによって損なわれた。アフガニスタンに駐在するソ連軍将校たちから非公式的報告が，モスクワへ送られた。それは，実際の状況がいかに悪いのかに関するものだった。パクティヤ地方で活動するアフガニスタン軍第12師団の主任軍事顧問 V. P. カピターノフは，軍事的イニシャティブが反政府勢力の手に移り，アフガニスタン将校たちの無慈悲さは住民を激怒させ，ソ連製軍事装備はどんどん破壊されるか売りとばされている，と報告した(9)。」

　ソ連がイスラム勢力の拡散によるアフガニスタン崩壊を恐れていたということを強調したい気持ちは分かるが，ウェスタードは時間的前後関係において，いくつかの錯誤を起こしている。

　まず第一に，「10月中旬の KGB 報告によってソ連指導部が，イランの状況悪化がソ連にとっては脅威になりかねないと判断しただろう」という推測の部分であるが，彼の注によるとこの報告書とは10月10日 KGB の G. ツィネフという人が作成した「対外安保に関するイラン指導部の思惑」という評価書である。果たしてこの評価書は，アフガニスタン問題に関するソ連指導部の判断にどのくらい影響したのだろうか。10月10日といえば，すでにアミンの政権掌握，9月末アミンの対米接近，タラキー暗殺が起きていた時期である。すなわち，イラン革命とは別にアミンに対するソ連指導部の判断は，すでにかたまっていたところである。さらに，もしその評価書が火に油を注ぐような役割でも果たしたとすれば，10月29日アミン政権に関するアフガニスタン委員会の提案書には，それに似た懸念でも表されているはずである。しかし，「ムスリムの宗教的熱狂主義」の表現は，4月アフガニスタン委員会の意見書に「背景的原因」として簡単に触れられて以来，10月29日はもちろん12月31日の報告書にも，まったく出ていない。

　イラン革命とアフガニスタン反政府勢力のつながりについては，ソ連指

導部よりもっと憂慮を示してきたカブール政権さえ、イランの状況悪化がアフガニスタン政局の相対的安定をもたらしたと安心する状況で、ソ連指導部がアフガニスタンおよびソ連のムスリム共和国へのイラン革命の拡大を深刻に憂慮したとは思われない。たとえ、そのような報告があったとしても、それを読むか読まないか、そして読んでからも、受け止めるか受け止めないかは、指導部の仕事であるし、ある政策の決定以前に出された報告がかならずしもその決定の原因になるとは限らないのである。

　第2に、10月と11月イスラムの蜂起者たちが顕著な成功を収め、アフガニスタンからは状況悪化に関するソ連軍将校たちの報告がモスクワに送られたという主張においても、事実と時間における解釈の誤りが見られる。「アミンのクーデターと弾圧によってアフガニスタン軍の士気が低下し軍統制が難しくなった」ということはアフガニスタン委員会の報告書が度重ねて主張したことであるので(10)、ソ連指導部の判断にソ連軍事顧問からの報告がある程度影響を及ぼしたことは認められるが、それはイスラム蜂起者たちの成功とはあまり関係のないことである。

　何よりも10月と11月、アフガニスタンの反政府勢力は別に成功と言われるべき実績を収めていない。前述したように、タラキー暗殺に対する反発として生じた10月14日の第7歩兵師団の反乱はすぐ鎮圧されたし、11月はじめ頃にはアミンの積極的な叛軍鎮圧作戦によりパクティカ、パクティヤ地方の反政府勢力が壊滅寸前の状態に陥った。ウェスタードが引用しているように、パクティヤの都市ガルデズ駐屯第12師団が危険な状態に陥ったとすれば、それはいつのことだっただろう。彼が引き合いに出しているカピターノフのソ連共産党中央委員会国際部への報告は、注によれば特定の日付がなくただ「晩秋」となっている(11)。ガルデズ市を含むパクティヤ地方が反政府勢力に攻撃されたのは6月のことであるが、それはごく小規模であり、すぐ鎮圧されている(12)。10月末から11月のはじめにわたって行われたアミンの成功的鎮圧作戦は、政府側からの先攻によるものであった(13)。とすれば、カピターノフの報告は10月末以前のものであろうが、もしカピターノフの報告をポノマリョフが慎重に考慮したとすれば、10月末の提案書には充分に反映されえただろう。

1. 同床異夢——アミンの野望

しかしウェスタードは、これが大詰めの段階つまり11月下旬のことであるかのように論じている。ウェスタードは10月と11月の区分はあまり意味がなく、全期間にわたって、イスラム反政府勢力が猖獗しアフガニスタン政局が非常に混乱していたかのように見ているが、それは間違いである。カピターノフの報告が、11月末に送られたものだとすれば、カピターノフが言いたかったのはイスラム反政府勢力の脅威ではなく、アフガニスタン軍のどうしようもない士気低下の状態のことであった。

要するに、この1通の報告書をイスラム革命およびそれに賛同するアフガニスタン叛軍の活動に結びつけるのは納得できない。しかもこれがモスクワによって真摯に受け入れられたということを裏付けるべき証拠もあげられていない。10月と11月のアフガニスタンは、ウェスタードの主張しているほど、ムスリム武装勢力の跋扈に脅かされてもいなければ、ソ連もそれについて恐れてはいなかったのである[14]。ウェスタードは、事件の前後関係を混同しているどころか、ムスリムの拡大に関するソ連の恐れを誇張している。

ソ連が南部地域およびアフガニスタンでのイスラムの拡散について何かを懸念していたとすれば、それはイラン革命とそれに煽られたアフガニスタン叛軍の隆盛ではなく、むしろそれを逆利用しようとしたアミンの野望であった。アミンはかつてタラキー時代から、イランおよびパキスタンとの関係において、この両国からの支援を受けてアフガニスタンで反政府活動を展開するグループの指導者たちと秘密接触を図り、彼らへのイラン、パキスタンからの影響を遮断しようとした。5月末にはイランの回教革命に影響されたと見られるシーア派の指導者たちとカブールで接触し[15]、パキスタンと接している北西地方の反政府勢力、人民進歩党、民族民主党、ベルジ人グループに対しても密使を送り、秘密裏に彼らをカブールに受け入れるなどの関係を維持してきた[16]。このような経験を基に、アフガニスタン国内のイスラム勢力については、ソ連の軍事・経済的支援に裏付けられれば、充分に統制できるとアミンは思っていただろう。アミンの構想は、権力を握った後、より具体的に発展しつつあった。

アミンは、ソ連から新任大使任命についての通報があった頃からサフロ

ンチュクに，新しい憲法の下でのアフガニスタンは社会主義を基本的国家秩序にして，アフガニスタンの領土に住むすべての民族が自決権を持つ各共和国を構成する連邦国家となるべきだと言いだした。すなわちアフガニスタン共和国とは，プシュト社会主義共和国・タジキスタン社会主義共和国・ウズベキスタン社会主義共和国・トゥルケスタン社会主義共和国・ハザリスタン社会主義共和国からなる連邦国家となるということであった[17]。12月3日サフロンチュクがソ連共産党中央委員会に送った報告書によれば，アミンはイランの状況について議論するうちに，「ムスリム宗教の役割に関する自分の観点を述べ，アフガニスタンでの信仰の自由を強調する一方，イスラムの影響力との闘争におけるソ連からの援助の重要性に言及」した。さらにパキスタンの状況と民族問題に関するNDPAの政策を説明しつつ，「NDPAが形成しようとするアフガニスタン民主共和国とは，自決権を保つ諸民族の連邦国家である」と述べていた[18]。

ソ連指導部の観点から見れば誇大妄想にも見えうるこのようなアミンの構想は，サフロンチュクの「すでにソ連邦（ソヴィエト社会主義共和国連邦）の枠の中に存在している民族共和国を，アフガニスタンのカテゴリーに重ねて設置するのは，ソ連―アフガニスタン関係における決定的な政治的問題を引き起こしかねない」との反論，アフガニスタンの憲法作成プログラムに加わっていたソ連専門家チームの支援提供拒否によって，挫折せざるをえなかったが[19]，モスクワにとってアミンのこのような野望は愉快なことではなかっただろう。12月31日アフガニスタン委員会の総括報告書のアミン政権に関する評価には，「アミンは，対内的な反革命リーダーたちとの妥協を達成することによって，自分の立場を強化しようとした。自分の信用する人物を通じて，アミンは右翼ムスリムの反体制指導者たちと接触をしていたのである」という不満の表現が含まれている[20]。一度前科の烙印が押された者は，すべての行動において疑われるのだろうか。モスクワでは，アミンへの怒りは，彼が執権以前からしてきたことにまで重なり，疑惑がもっと増幅したのである。

アミン自らも，自分がいくら野心に満ちた計画を持っていても，ソ連からの確実な援助と承認を得なければ，自分の計画はもちろん政権自体が危

うくなりかねないと判断していた。たび重なる生命がけの権力闘争を生き抜いてきた人物として、自分が9月以来いかに危険な綱渡りを演じてきたかをよく自覚していたに違いない。11月中旬からアミンは、再びソ連軍支隊の派遣やブレジネフとの会見を求め始めた。11月17日と20日、アミンは自分の官邸の警護のためのソ連軍支隊の派遣を、カブール駐在KGB代表を通じて、モスクワに要請した[21]。

　純粋に自分の警護に精鋭兵力が必要だと判断した上での要請ではあるだろうが、アミンにとっては、モスクワに自分がソ連を信じているということを伝えたかったのだろう。10月にゴレーロフとザプラーチンを通じて送ったブレジネフへの面談要請も未だに返事はなかった。12月2日アミンは、11月中旬からゴレーロフの後釜としてカブールに着いていたマゴメートフ大将に、「バダフシャンの叛軍が中国とパキスタン側から積極的な援助を受けていると見られる状況で、われわれには他の地域から兵力を引き出すことができない。状況の正常化のためにソ連が1個武装連隊を派遣してほしい」と語った[22]。1個連隊兵力でおさまる状況なら、そんなに深刻な状況でもなかっただろう。アミンの要点はその次の話、すなわち「会談の末にアミンは、ソ連の国防相に自分の要請を伝えてほしいと述べながら、自分はこのような問題について、個人的にブレジネフ同志に会い相談する用意があると語った[23]」というところにあった。翌日の3日にも、アミンはマゴメートフに同じ趣旨のことを伝えたが、今度の派遣要請はソ連警察兵力についてであった[24]。アミンにとって重要なのはソ連からの派遣される「兵力」ではなく、兵力を派遣してくれる「ソ連」だったのである。

　11月26日に赴任した[25]新しい大使タベーエフが、アミンに最初で最後に会ったのは12月6日であるが、この会談でもアミンは興奮して「NDPAとソ連共産党との長期的協力の重要な問題について、ブレジネフと協議するためにモスクワを訪問したい」と主張した[26]。9月のクーデター以降アミンは一時期米国への傾斜を見せているが、決してアフガニスタンの独立を視野に入れて、ソ連からの完全な離反を目指していたのではなかった[27]。もちろん12月はじめ頃にはすでにモスクワの腹は決まって

いたが，それを知るよしもないアミンにとっては，新しいアフガニスタンづくりのためにソ連の影から抜け出るのが難しいのはもちろんのこと，モスクワからの積極的な支援なしには自分の野望の達成も不可能であると思っていただろう。むしろ 11 月以降アミンは，ソ連からの忠告に従うかのように軟化していた。

　12 月 5 日カブールで開かれた「革命守護のための民族組織」の全体会議(28) は，実はブレジネフが 3 月以来求め続けてきた「政治的基盤拡大のための統一戦線」活動の一環とも呼ばれるべき政策の始まりであった。長い間，サフロンチュクもアミンにこのような組織の形成を要求してきたのである。その会議の基調演説でアミンは，「この組織は強力な全人民の組織であるべきで，すべての愛国勢力の団結体になるべきだ」と強調した。さらにアミンはソ連への感謝の意も忘れることなく示している。「4 月革命以降 DRA と社会主義諸国，とくにソ連との関係は，質的に新しい水準に高まった。ソ連とアフガニスタンとの友好・協力・親善条約が署名されて以来 1 年がたった。われわれは積極的にこう言わなければならない。すなわちソ連は，何一つ拒否することなくそして非常に誠実に条約の規定を履行してきたし，アフガニスタンとの全面的協力を拡大するために多くのことを成し遂げた。ソ連はアフガニスタンの経済的後進性を解消し，計画経済の基礎を構築することをはじめ，あらゆる面でわれわれを援助してくれた(29)。」1979 年 11 月と 12 月のはじめには，アミンは自分の野望とソ連の反応への焦りとの狭間で悩んでいた。それだけに，アミンは新しい大使の赴任，中央軍事顧問団長の交替，そして外務省顧問サフロンチュクの離任など一連の変動の中で，ソ連の態度に何の疑問も抱かなくなったのかも知れない。

　カブールで催された「革命守護のための民族組織」の全体会議のことを報じた 12 月 8 日号『プラウダ』紙は，その見出しを「原則的な路線で」とした。モスクワにとっては，このようなアミンの政策がのぞましい「原則的路線」だったのかもしれないが，アミンにはその「原則的路線」に乗っている時間はあまり残っていなかった。モスクワは，その「原則的路線」を他の勢力に委ねようと腹を括っていたからである。12 月 4 日，

KGB議長アンドロポフとソ連軍参謀総長オガルコフは「自分の官邸の警護のためにソ連軍自動化狙撃大隊のカブールへの派遣が必要だというアミンの執拗な問題提起に応じて……このような目的のために訓練された約500名のGRUの特殊部隊を，彼らがソ連軍所属である事実が明らかにならないような服装をさせ，アフガニスタンへ派遣するのが適切であると考えられる」と政治局に提案した[30]。しかし実際に，このスペツナズは，すでに11月にアフガニスタンへ移動していたのである。

2．不信のあげく
——1979年11月—12月，再びモスクワ——

アミンを「信用されざる者」と規定した後のことは，同じアフガニスタン委員会の委員といってもグロムイコには縁の遠いこととなっただろう。重荷はアンドロポフとウスチノフ二人の肩にのしかかるようになったにちがいない。しかしウスチノフ系の人々は，アフガニスタン委員会および政治局の思惑とは相反する報告と提案をしてきた。パヴロフスキーは11月3日にモスクワに戻ったが，ゴレーロフとザプラーチンはまだカブールに残っていた。そのうちゴレーロフには交替命令が出され，ゴレーロフは11月中マゴメートフに交替した。12月はじめからアミンを相手にしたのはマゴメートフであった。

3月から，政治的決定があればソ連軍の投入はいつでも可能であると提案していたウスチノフはアフガニスタン問題の武力解決案に，あまり抵抗感を感じなかっただろう。武力介入が呼び起こしかねない国際的波紋について考えるのは国防省の業務ではなく，外務省の仕事であった。とりあえずウスチノフは，GRUのムスリマンスキー大隊を，11月10日—12日にかけてチルチクとタシケントから，アフガニスタンのバグラム飛行場に移動させた[31]。GRU責任者イヴァシューチンにも別に反対する理由はなかっただろう[32]。すでに11月初め，KGBのZグループもアフガニスタンへと向かっていたからである[33]。

ウスチノフよりはアンドロポフの方が苦悶は大きかっただろう。アフガ

ニスタンへ出兵するということはアフガニスタン人民を相手に戦うに等しいと言ったのはアンドロポフであった。しかし、アミン一人がすべてを牛耳っていると、アミンのクーデター以前からアミンへの警戒心を持っていたのもやはりアンドロポフであった。アミンをなんとか処理しようと努力を尽くしてきたグロムイコとポノマリョフがお手上げになった以上、代案を出すべきなのはウスチノフとアンドロポフである。しかも、モスクワに集まったカルマルとサルワリのグループと接触していたのも当然KGB以外にはありえなかった。

　11月中のアフガニスタン委員会では結局、アミン除去と新しい政権の樹立に関する問題はアンドロポフに、それに伴う軍事的問題はウスチノフに、そしてその後の外交的な問題はグロムイコに委ねられるとの思惑がそれぞれの委員の頭の中に浮かび上がっていただろう。しかし、直ちになんらかの工作に出るわけにはいかなかった。アミン除去の方法と手順、そして何よりも時期の選択などの複雑な問題を決める必要があった。

　1984年ソ連国防省が発行した『アフガニスタン：闘争と創造』という本は、もともとアフガニスタンで戦うソ連軍限定的分遣隊の任務を称え、紹介するためのアフガニスタン革命の解説書であるが、その中には次のような異例の文章がある。

　　権力を簒奪したアミンは党と国家機構の血を吸い取り、弱めつつあった。アミンは、社会主義的スローガンを巧妙に掲げていたが、事実上4月革命のあらゆる進歩的理念の威信を地に落とし、実際には4月革命の名うての敵たちと手を組んだ。

　　アフガニスタンでの民主的改革の過程は停滞してしまった。NDPAの多くの誠実な働き手が制裁の脅威下で地下に潜伏し、アミンおよび彼の一味を追い出す計画を立てた。このような計画には、いくつかのヴァリアントがあった。そのひとつは12月中旬に実現する予定だった。それから12月末に実行に移されるものがあった。この第二のヴァリアントが成功的に実現し、1979年12月27日アミンの反人民権力は崩壊した[34]。

2. 不信のあげく ── 1979 年 11 月─12 月, 再びモスクワ ──

　これ以上の詳細な作戦計画は述べられていないし，そして主体がNDPAの働き手たちとなっているが，この文章から，アフガニスタン委員会が練っていたアミン除去計画が2段階からなっていたことが推察できる。12月中旬のヴァリアントとは恐らくソ連軍の電撃的な投入を実行に移す前にアミンの除去を試みるということであり，もしそれが行われえない状況が形成されるか，あるいは失敗したら，第二のヴァリアントとして年末に兵力投入による軍事作戦に頼るということであろう。12月中旬からの作戦計画であれば，11月半ば頃までは，計画の大綱が練られていただろう。したがって，KGBやGRUのスペツナズが派遣された時には，すでにこのような論議が行われていたと思われる。

　しかし10月末の提案通り，アミンに怪しまれないように行動する必要もあっただろう。11月22日にはソ連内務省の第1次官ヴィクトル・パプーチン中将が，アフガニスタン内務省と「相互協力と関心事について協議するために」カブールへと飛んだ(35)。26日には，新任大使タベーエフがカブールに向かった。出国挨拶にきたタベーエフに，ブレジネフは「結論を急ぐ必要はない。状況をよく理解し，新しい生活に慣れたら，その時君の評価をもらおう」と言った(36)。2段階作戦計画のあらすじについてはすでにブレジネフにも報告されていたであろう。

　12月1日，ソ連軍参謀本部の中央作戦総局の南部戦線責任者ヴラジミール・ボグダノフはヴァレンニコフから，ウスチノフが「どうやらアフガニスタンへの出兵がありそうだ」と言ったという話を聞いた(37)。ウスチノフは参謀本部に，出兵の可能性について通知していたのである。12月2日と3日のアミンのソ連軍投入要請を機に12月4日にはアンドロポフとオガルコフ，すでにバグラムに位置しているGRUスペツナズの投入を提案し，6日に政治局会議で承認された(38)。ソ連軍空挺団情報責任者ククーシキン大佐の回想によれば，これと時を同じくしてソ連軍空挺団ではアミン除去作戦が具体的に練られていた。第345独立空挺連隊の1－2個大隊兵力とハルバエフの特別大隊（GRUスペツナズ）による作戦であった(39)。結局この小規模兵力による作戦案は，カブールを警備するアフガニスタン軍の2個戦車旅団と衝突した場合を想定して棄てられたが，すで

にバグラムに配置されていた特殊部隊の派遣について改めて承認を受けようとしたのは、恐らく練られていたこのような計画が実行に移される場合に備えての行動であったろう。

それから急に12日の決定が下されたとは思えないから、この6日と12日の間にアフガニスタン委員会とブレジネフは、アミン除去計画についてより具体的な検討を行ったと見るのが妥当であろう。リャホフスキーは「12月8日ブレジネフの執務室で、アンドロポフ、グロムイコ、ウスチノフ、スースロフが集まり、小さな政治局会議が開かれた」と述べている(40)。その会議で「アンドロポフとウスチノフは、CIA が(アンカラ支局長ポール・ヘンツイの主導で)ソ連の南部共和国を含む新オスマン帝国の創設を企んでいること、ソ連の南部国境には頼れる対空防衛体制がととのっていないため、もしアフガニスタンに米国のパーシング型ミサイルが配置されれば、バイコヌール宇宙センターをはじめとする主要目標が脅威の下に置かれるようになること、アフガニスタンのウラン生産地が核兵器開発国であるパキスタンとイラクなどにより利用される可能性があること、アフガニスタン北部に反政府勢力による権力が樹立され、パキスタンと手を組む可能性があることなどの意見を開陳した」というのである。さらに「予備的計画として二つのヴァリアント、すなわち KGB スペツナズを動かしアミンを除去し、カルマルを擁立することと、それからこの作業のために一定の兵力をアフガニスタンへ送ることの検討・実施が決定された」とも述べている(41)。

恐らくこれは、イヴァノフのノンフィクション(42)に基づく推測だろう。しかし二日後の10日ウスチノフが参謀本部に、空挺師団の降下準備と軍輸送隊の準備、トゥルケスタン軍管区の2個自動化狙撃師団の戦闘準備態勢完了、工兵連隊の補充完了などのいわゆる部分総動員の口頭命令を下達した(43)ことから見れば、確かに6日から9日の間にはウスチノフのこの動員令を承認した政治局会議があったことに間違いない(44)。にもかかわらず、この間の資料が明かされていない状況で、上のリャホフスキーとイヴァノフの主張を批判的な検討なしに、受け入れるのも無理である(45)。すなわち8日にそのような会議があったかどうか、それからアン

ドロポフとウスチノフのこの類いの発言があったかどうかについては、断定することはできない。ただし、12月10日以前に軍動員と作戦概要に関する論議が政治局の最高レベルで行われたということは、ほとんど間違いない。

部分的動員令が出された10日、アミンについて肯定的評価をしてきたアフガニスタン軍政治総本部のソ連人顧問ザプラーチン少将は、モスクワに呼び戻された。当のザプラーチンによれば、12日ウスチノフとオガルコフの前での報告でザプラーチンが「アミンがわれわれの味方でないと思わせる最小限の根拠もない」と述べると、ウスチノフは「君たちは向こうで互いに食い違う評価をしている。われわれはここで決定しているのに」と興奮したという。それからオガルコフは軍事行動の必要性があるかどうかを聞いたという(46)。ウスチノフはモロゾフとボリス・イヴァノフなどKGB筋の報告と自分の国防省筋の報告がひどく食い違っているのを慨嘆した。だが参謀総長は最後の段階まで、軍事行動の必要性に疑問を抱いていたのである(47)。最終的な決定が下される直前、アフガニスタン状況に関する情報の錯綜や出兵の必要性をめぐる意見の食い違いは、国防省で小さい内部葛藤をひき起こしていた。

「コップの中の嵐」──参謀本部の意見

オガルコフ率いる参謀本部が最後まで軍隊投入は無理であるという見解を堅持していたということは、いろいろな人々が証言している。アフガニスタンからソ連軍の撤兵が完了した後、ソ連軍地上軍司令官ヴァレンチン・ヴァレンニコフ将軍は『アガニョーク』誌などとのインタビューで1979年を振りかえって、「当時、参謀本部のオガルコフと(第1参謀次長の)アフロメーエフを含め大部分の参謀は(アフガニスタンに対する軍事介入の)正式決定が下されるまでは、軍隊の派遣に反対であった」と述べている(48)。出兵の正式決定が下されたのが12月12日のことであるので、オガルコフは出兵決定のギリギリまで政治指導部の政策に異議を唱えていたことになる。

またコルニエンコも回想で、「参謀本部の人々は……アフガニスタンへ

のソ連軍の投入に積極的ではなかった。このような反対意見は政治的な考慮からのものではなく、プロフェッショナルな判断から来るものであって、ベトナムへのアメリカの介入経験を思い出しての反対だったのだ。そして何よりも、武力でアフガニスタン問題を解決するためにはヨーロッパおよび中国との国境に配置されているソ連軍の兵力を動かさざるを得ないが、そうすることによってそちらの態勢を弱化させるのは現実的ではないという意見を持ち出したのだ」と述べている[49]。介入反対の論拠としては、あまりにも軍人らしい戦術的観点からの論理であった。

さらにヴァレンニコフも、参謀本部が軍事介入に反対した理由は、7万5千人程度の兵力でアフガニスタンの状況を安定化させるのは無理であり、むしろソ連軍の進駐が敵の動きを強めかねないということであったと振り返っている[50]。オガルコフに代表される参謀本部の意見が出された時点は明らかではないが、少なくとも10月末までは本格的な介入論議が始まっていなかったことを勘案すれば、恐らく11月以降のことであろう[51]。

当時参謀本部の中央作戦総局[52]の副局長としてアフガニスタン状況の基本的な問題にかかわっていたマフムット・ガレーエフ将軍の表現を借りれば、「当時参謀本部の幹部たちが強調した、アフガニスタンへの出兵の非合理性の根拠は、もし軍投入に関する政治的決定が下されれば、4—5個師団の限定的分遣隊ではなく30—40個師団の大規模の兵力で、もっと積極的に介入する必要がある地域」が他ならぬアフガニスタンであるということであった[53]。言い換えれば、叛軍の勢力やアフガニスタン正規軍の抵抗可能性まで考えれば、アフガニスタン問題を武力で解決するにはソ連軍事力の相当な部分を注ぎ込まなければならないとの憂慮であった。

実際に兵力の投入決定の最後の段階にいたって、オガルコフの頭の中には、アフガニスタン軍の抵抗可能性も小さくない位置を占めていた。特殊部隊派遣の提案書にアンドロポフと一緒に署名してから二日後、カブールから呼び戻されてきたゴレーロフに会ったオガルコフは、「アフガニスタン軍部隊がわが兵隊に銃を撃つ可能性はないだろうか」と聞いたという[54]。さらにソ連軍投入の直前、彼は政治局にアフガニスタン軍がソ連

2. 不信のあげく——1979年11月—12月，再びモスクワ——

軍に抵抗しかねないとの意見を開陳している(55)。要するに，1979年前半まではグロムイコの憂慮に似た意見を持っていたオガルコフは，後半に入り出兵の可能性が高まるにつれ，兵力の再配置，アフガニスタンの地域および軍隊の特性などから来るベトナム化の蓋然性を気にするようになったのである。

しかし結局参謀総長の専門的な意見は，ただの一つの意見として残されるようになった。やはりその時点は明らかではないが，コルニエンコの話を引き合いに出しながら参謀本部の挫折を描いている当時の党国際部次長チェルニャーエフは，介入への断固とした反対の上申書を提出した参謀本部の人間たちを呼び出したウスチノフが，「いつからわが国で，軍人が政策の決定に乗り出しているのか」と叱責し，「つべこべ言わず，詳細な作戦計画を至急提出しろ」と命令したと述べている(56)。

政治局の出兵決定の1週間前，すでにオガルコフはウスチノフの代わりに，アンドロポフと一緒にカブールへの特殊部隊派遣を稟議している(57)。介入反対の立場にあった参謀総長も，少なくとも11月末頃か12月始め頃には，反対の主張を撤回せざるを得なかっただろう。いくらソ連軍参謀総長であれ，政治局の意向に逆らうことは出来なかったからである。

問題は国防相のウスチノフが，参謀本部の専門家としての意見をどうして退けたのかである。野戦のことには詳しくないウスチノフがアフガニスタンの軍事的状況を軽く見て自信に満ちた独自の介入意見を持っていたのではなかったとすれば，その理由は，参謀本部の意見が出された時点ですでに政治指導部の介入方針が固まっていたということである。オガルコフとウスチノフの小さな衝突は，その後の時点で生じたものと思われる。

もちろんオガルコフによって代表される参謀本部の意見も一枚岩ではなかったようである。もともとオガルコフ系統の人物であるアフロメーエフは，当時の自分の考えを明らかにしていないので，オガルコフと似通った思考の持ち主ではなかろうかと推測するしかできないが，10月に参謀本部中央作戦総局を担当したヴァレンニコフの場合は，自分の考えを隠さず表明するキャラクターであり，実際にもさまざまなインタビューや論文，

声明文を残しているので，検討に値する。彼の登場以降の参謀本部における「介入不可」の意見がどう変化したかについては特定することは出来ない。通説では，ヴァレンニコフもソ連軍投入の最後の局面に当たって参謀本部の集団的な見解としてオガルコフ，アフロメーエフとともに原則的に反対したということである[58]。しかし参謀本部の全体的見解ではなく，個人としてどう思っていたかについて述べられたヴァレンニコフの話は，そのニュアンスにおいて少し違う。1989年アフガニスタンからのソ連軍の完全撤収に際して彼はこう語っている。

　事実，参謀本部は，それが決定の形となるまでは，アフガニスタンへのソ連軍投入のアイディアに反対した。そこにはオガルコフ，アフロメーエフ，そして何人かの他の同志たちが含まれており，彼らはそのような措置に否定的な立場をとっていた。
　これについて私自身の意見を語らせてもらおう。1979年アフガニスタンへのソ連軍の投入問題を，いま1989年の状況だけで判断してはいけない。現にわが国では，ペレストロイカが進んでおり，新しい国際政治的アプローチ，新しい政治的思考が呼び起こされている。しかもゴルバチョフ同志の唱えたわが国の大々的な平和的イニシャティブが，米ソ関係をはじめとする国際関係に重要な変化をもたらしているのではないか。10年前はご存じのとおり，世界的状況が完全に違っていた。対外政策においても両超大国の外交が不信や疑心に支配されていた。70年代末にいたっては，対決が危険な様相を帯びていくようになり，ワシントンではもちろんモスクワでの政治的決定の過程に積極的に影響するようになった。今日，これを忘れてはいけない[59]。

　結果的な正当化の弁とも見えるが，当時の参謀本部の意見はどうであれ，自分個人としての見解は，冷戦の対立時代の虜としてアフガニスタンへの軍事介入は避けがたいものであったと主張しているのである。世界戦略的な観点から見て，アフガニスタンがソ連から離反するのは座視できなかったという主張である。

2. 不信のあげく ――1979年11月-12月,再びモスクワ――

　侵攻の後ではあるが,1980年9月号の『軍事思想』に寄稿した論文でも,ヴァレンニコフは,「現代にも社会主義祖国の防衛というのは従来どおりソヴィエト国家の最も重要な機能の一つであり,共産党の第一級の課題であり,全ソ連人民の課業である。それは,未だに帝国主義が,平和と民主主義,そして社会主義の敵であり,軍事的な危険の源泉であるからだ。帝国主義の攻撃的な本質は,帝国主義が軍事的な手段で世界社会主義の壊滅という世界戦略を棄てないまま,世界核戦争という人類に対する恐ろしい犯罪を企んでいることからもよく示されている。平和と社会主義に対する大きな脅威は,中国指導部の覇権主義路線および反動的帝国主義勢力と結託した中国の政策にも現れているのである」[60]と述べ,自分の世界観を明らかにしている。

　さらにそのような世界の中でのソ連軍の役割について彼は,「ソ連軍は,新しいタイプの人民解放軍である。ソ連軍には祖国人民の正当かつ崇高な課題すなわち革命の偉業を防衛すべき使命がある。それだけでなく,兄弟国家の軍とともに社会主義友好国家の安全を防衛すべきである。社会主義国家の軍隊の最高の使命は歴史によっても確認される。その使命というのは,社会主義友好国家の軍隊のすべての活動に明白に現れている。そして何よりもソ連軍は,その軍事的偉業により,ソ連人民の平和への努力の前衛,全世界共同体の要塞といった最高の賞賛を得た,世界社会主義国家の中でも第1の軍隊である」[61]と主張している。ヴァレンニコフは,徹底した共産主義国家の軍人として,アフガニスタン問題をもこのような世界対立の構図の中で把握していたのではないだろうか[62]。とすれば,ヴァレンニコフは,参謀本部の一員としてアフガニスタンへのソ連軍の投入に反対はしたものの,腹の中では国際政治的な観点から出兵はやむを得ない措置であると思っていたかも知れない。

　さらに1979年8月号の『軍事思想』誌に示された彼の軍事戦術観[63]に鑑みれば,ヴァレンニコフはこう考えていたに違いない。つまり,もしアフガニスタンのような未知の地で,ソ連軍がある作戦を繰り広げることになるのであれば,それは相当な兵力や兵器が動員される全面的な軍作戦になる。結局,部分的な軍動員ではアフガニスタン問題の解決は得がた

い，ということである。

　1979年12月12日政治局の決定が下される前までソ連軍参謀本部が軍の投入に反対した理由は，「アフガニスタン問題を解決するためには，7万5千人の兵力では足りない。武力による問題解決が至難の業であるのはもちろん，ソ連軍の出現によって反政府勢力の立場を強化させる恐れがある」[64]ということと，「ヨーロッパや中国との国境に配置されているソ連軍主兵力を動員しなくては，アフガニスタン問題の解決は望みがたいのであり，アメリカのベトナム侵攻のような結果になりかねない」[65]ということであった。これは参謀本部全体の意見にはなっているが，オガルコフが「武力による問題解決が至難の業であり，ソ連軍の出現によって反政府勢力の立場を強化させる恐れがある。それからアメリカのベトナム侵攻のような結果になりかねない」から反対したとすれば，ヴァレンニコフは「アフガニスタン問題を解決するためには，7万5千人の兵力では物足りない」から反対したに違いない。

　当時のソ連軍参謀本部作戦総局副局長としてヴァレンニコフを仕えていたガレーエフ将軍は，「1979年当時参謀本部の指導者たちの中には，アフガニスタンへの軍投入の非合理性を主張し続ける必要があると強調する人々がいた。しかし，このような観点は，もし軍隊投入に関する政治的な決定が下されれば，その投入を積極的に運んでいくのが，すなわち4—5個師団兵力の限定的分遣隊でなく30—40個師団の兵力を持って行うべきだという見解に同意するものであった」と振り返っている[66]。確かにヴァレンニコフのような社会主義への信念や国際政治観の所有者が，このような戦術的な職業精神以外の理由から軍隊投入に反対したとは思われない。ヴァレンニコフは，参謀本部全体の意見としては軍の投入に反対したが，内心もし出兵するなら大規模兵力による一挙解決が望ましいと思っていたはずである。

　もう一人の第1参謀次長アフロメーエフは次のように振り返っている。「オガルコフ，私，そしてヴァレンニコフは国防大臣に報告に行った。ヴァレンニコフは当時ソ連軍参謀本部中央作戦総局の責任者だった。われわれは大臣に，小規模兵力ではアフガニスタンでどんな課題にしろ，問題を

2. 不信のあげく —— 1979年11月—12月,再びモスクワ ——

解決することは出来ない,そもそもアフガニスタン問題を軍事力で何とかしようとするのが無理だ,と言った。大臣は,では政権の安定は可能か,と聞いた。われわれは,もしわが軍がカブール,ヘラート,カンダハル,ジャララバードといった大都市に進駐すれば政権安定は可能だろう,と答えた(67)。」参謀本部の中でも,「小規模兵力では」アフガニスタンで問題を解決することは出来ないという意見と,「そもそも」アフガニスタン問題を軍事力で何とかしようとするのが無理だという意見があったのである。ヴァレンニコフにとっては,前者すなわち問題をうまく解決できるほどの兵力の動員が可能であるか否かの問題が重要であったのではなかろうか。

しかしそのようなヴァレンニコフも,結局「限定的」分遣隊を派遣するという政治指導部の決定には逆らえなかっただろう。12月,ソコロフ将軍を司令官とするテルメズの国防省作戦グループでヴァレンニコフは作戦参謀長として,アフガニスタンへのソ連軍投入に加わることとなる(68)。彼は上述の同じインタビューでこう語っている。「アフガニスタンへのソ連軍部隊の投入に関する当時の決定の条件の下で,わが軍の主要な目的は,明確に決まっていた。それは,状況の安定ということであった。したがって参謀本部は,そのようなヴァリアントを提案した。すなわち,ソ連軍部隊は警備に専念し,戦闘行動には加わらないということであった。最初の計画どおりソ連軍は,地域の住民が叛軍の襲撃を防ぐのを援助し,彼らに食糧などの1次的な生活必需品を提供することに止めるべきだった。……しかし,一連の原因によって,わが軍はだんだん戦闘行動に入り込んでいった。結局ソ連軍限定的分遣隊の増派や増強の路線に乗ってしまったのである。」

それからヴァレンニコフは,ソ連軍がアフガニスタン戦争という泥沼に引きずり込まれた第1の原因として,「バブラク・カルマル側からの圧力」をとり上げているが(69),彼の頭の中には,社会主義隣国に対する理念的かつ兄弟愛的な軍事援助,社会主義軍隊の手本であると同時に全世界社会主義の保護者としてのソ連軍のイメージが強く,そのうえ国際政治的な認識が加えられ,反政府勢力とアフガニスタン政府軍の闘争の脇でソ連

軍が警備の役割だけを果たすことでは充分でないという判断があったのではないだろうか[70]。

たいぶ後の話ではあるが，ヴァレンニコフは1984年後半からソコロフの後を継ぎ，アフガニスタン駐屯ソ連軍の国防省作戦グループの司令官となり，定期的にカブールとモスクワを往復した。それから1987年1月2日からソ連軍の完全撤収時までは，アフガニスタンに常駐した[71]。1989年2月14日，ヴァレンニコフはアフガニスタン共和国のソ連国防省作戦グループの指導者として，なおソ連地上軍司令官として，カブールで国連代表R. ヘールミネンに会い，ソ連軍の撤収に際しての次のような「アフガニスタン駐在ソ連軍司令部の声明文」を読み上げた。

　　(1989年2月14日) 現在，ソ連軍は国際主義的な義務を完遂して，祖国に向かっている。……

　　われわれは祖国に戻っていくが，アフガニスタン人民へのわれわれの友情は残っている。われわれは去るものの，経済的その他の分野における援助供与は続けられるだろう。……われわれにとってアフガニスタンは独立した中立的主権国家としてのよき隣人であったし，今もそうである。

　　一部の者は，ソ連軍のアフガニスタン駐屯をベトナムでのアメリカの立場になぞらえようとするが，そういった対比は正しくもなければ，妥当でもない。……ベトナムには，いかなるアメリカ人も招待されたことがないが，ソ連軍はアフガニスタン政府の度重なる合法的要請によりアフガニスタンに投入された。……ベトナムでアメリカ人たちの取った行為は結局占領と破壊に過ぎなかったが，われわれがアフガニスタンに来たのは占領・破壊のためでもなく，他人の領土を手に入れようとする目的を持っていたのでもない。アフガニスタンの主権守護と領土的保全において国際主義的援助を供与するために，われわれは来たのである。

　　ソ連軍の撤収は，米国人たちがベトナムで経験したような敗走ではない。それはジュネーブ合意を遵守したものであり，国際社会の支持

2．不信のあげく ——1979年11月—12月，再びモスクワ——

の下でアフガニスタン-ソ連両国人民の意志や計画により実現したものである。……今後ともわれわれは政治的解決のために，そしてアフガニスタン人民の平和と安定のためになすべき，あらゆる措置を取るつもりである(72)。……

ジュネーブ合意による撤兵事実，撤兵以降のアフガニスタン問題の解決のための国連，国際社会の役目を説いた2月15日の無味乾燥なソ連政府の公式声明文(73)と違い，ヴァレンニコフの声明文には「アフガニスタン人民への友情」，ソ連軍の「国際主義的義務」，ベトナム戦争との差別性，そしてアフガニスタンへのソ連の「援助供与」などが述べられている。1979年にも，ヴァレンニコフはそういうふうに思っていたのではないだろうか。

参謀本部と国防相の間で小さい嵐はあったものの，ともかく12日午後の政治局会議では，いわゆる最終決定が下された(74)。その決定文は本書の第1章で紹介したとおり，「1．アンドロポフ，ウスチノフ，グロムイコによって述べられた評価および施策を承認する。このような施策を実行する過程において非原則的性格の修正を加えることを許可する。……このようなすべての施策の実行はアンドロポフ，ウスチノフ，グロムイコに委任する。2．予定されている施策の実行経過を中央委員会政治局に報告する問題についてはアンドロポフ，ウスチノフ，グロムイコに一任する」となっている。その中で「このような施策を実行する過程において非原則的性格の修正を加えることを許可する」という表現は，最初の計画すなわち軍隊の投入なしのアミン除去作戦が失敗に終われば，次の軍隊投入を許可するということを意味すると考えられる。それから政治局員たちの署名が25日と26日に加えられているのも，電撃的な軍隊投入以前の第1段階作戦が失敗あるいは中止されたことを見てから本格的な署名集めが行われたからであろう。しかし，12日の会議に参加した11人の顔ぶれから見て，そして「修正を加えることを許可する」との表現から判断して，この12日には最後の作戦すなわち出兵までを想定した決断が下されたと見ていい。

ところで、この12日が最終決定日となったのはなぜだろうか。ソ連指導部が出兵決定に至った原因の一つとして米・ソ関係の悪化をとり上げているコルニエンコは、こう述べている。「特に1979年6月調印されたブレジネフとカーターの間の戦略兵器制限交渉IIは、結果的にはアメリカでの反対者たちの陰謀により、当時にはすでに崩壊の運命にあった。後になってアフガニスタンはそれを最終的に撃破したに過ぎない。12月12日の最終的な軍隊投入決定は、思うに、当日NATO同盟国会議が米国の中距離ミサイルのヨーロッパ配置を決定した後にあった。言い換えれば、ソ連軍の投入がソ連と西側の関係に否定的な結果をもたらしかねないという論拠は以前にはソ連指導部の目にも重要なものと見えたのに、東西関係はすでに悪化してしまって、失うべきものが特別にない以上、その意味を失ってしまったのである[75]。」まるで12月12日のNATOの決定が、モスクワの出兵決定を促したかのように論じているのである。

米国との関係がいつもソ連指導部の頭の中に深く焼き付いていたのは確かであろう。米・ソの戦略的観点からアフガニスタン問題を眺める国際政治学徒には、米国のヨーロッパでの行動がアフガニスタンへのソ連の膨張意図にかかっていたブレーキをはずす要因の一つとなったという考え方が、拒否しがたい現実把握のフレームとなるかも知れない。しかし、すでに論じられたように、西側なかんずく米国との関係のある面がソ連のアフガニスタン問題に影響したとすれば、それはすでに10月にアフガニスタン委員会が米国とアフガニスタンに持った疑惑であり、ヨーロッパでの米国の行動ではない。1979年のソ連にとっては、米国・ソ連の世界競合というパワー関係におけるアフガニスタンの比重よりは、モスクワ率いる世界共産主義運動の中でNDPAが抱えている問題点が重要であったのである[76]。

12月12日はロシア共和国最高会議が開かれた日である。そこに出席したソ連共産党の政治局員たちが、席を移し最終決定に加わったのである。同日のヨーロッパからのニュースに直ちに反応し、他国への出兵のような「難しい決定」を下せるのだろうか。11月から練られていた計画を政治的決定の形にする絶好の機会を窺っていたとは言え、その動因が同日知らさ

れた NATO の決定だったと言い切るのは，あまりにも単純すぎる。むしろ，出兵を伴うかも知れないアミン除去計画を立てながら，政治的決定をいつ下すか窺っているうちなるべく多くの政治局員たちが集まる 12 日があらかじめ選ばれていたと見るのが妥当である。偶然同じ日に悪いニュースがあったということは，後になってデタント破壊の責任がどちらにあるかを論争するさい些細な材料の一つとなったに過ぎないのである。

　12 月 13 日トゥルケスタン軍管区司令官ユーリー・マクシモフ大将は，軍管区参謀部第 1 次長ユーリー・トゥハリノフ中将を呼びだし，軍隊準備を命じた[77]。同日，同軍管区では第 5，第 108 自動化狙撃師団の軍事訓練動員令が発され，戦闘兵科と後方部隊の確保のための部隊構成が行われた。トゥハリノフはテルメズへと飛び，司令官として第 40 軍の参謀部を構成し，A. V. タスカエフ少将は政治部，L. N. ロバノフ少将は参謀長，それから A. A. コルチャギン少将は偵察隊の任務を担当した[78]。14 日からはモスクワの国防省の高位級将軍たちがテルメズへ向かい，それからすでにアフガニスタンへ送り込まれていた KGB と GRU のスペツナズは，カブールへ集結し始めた。

3．二段階作戦——テルメズとカブール

　トゥルケスタン軍管区で動員が行われた 12 月 13 日，モスクワでは第 1 参謀次長アフロメーエフを長とする国防省作戦グループが組織された。このグループの構成や作戦指針の作成はヴァレンニコフ率いる中央作戦総局が担当した[79]。同日夜には，リャブチェンコのヴィチェプスク空挺師団も離陸準備を完了し，ソ連軍空挺団には K. Ya. クーロチェキン中将を長とする空挺部隊指揮グループが組織された[80]。翌日の 14 日，アフロメーエフの副官に任命されたメリムスキー以下将校団は先にテルメズへと飛び，トゥハリノフの第 40 軍と合流した。同日夜テルメズに着いたアフロメーエフはメリムスキーに，「アミンが除去された。このことにはヤクブ（アフガニスタン軍参謀総長）が関係している」と語った。そして，このような情報に基づいて，グループの作業計画も一部修正されたとメリムスキ

ーは，回想で述べている[81]。軍事的動員状態を完了して，第 1 段階作戦すなわちアミン暗殺あるいは逮捕作戦の遂行を待っていたのだろう。

当時参謀本部中央作戦総局で一連の作戦に携わっていたリャホフスキーによれば，12 月 14 日にはカブールへ，それぞれ 30 名ずつで編成された二つの KGB 特殊グループが送り込まれた[82]。実際にヤクブがこのようなアミン除去作戦にかかわっていたか，14 日アフガニスタンへ潜入した KGB グループが，そのような任務を帯びていたかは明らかではない。メリムスキーもリャホフスキーもこのような第 1 段階作戦があったか否かについては全然触れていない。もしも，この第 1 段階作戦が KGB と反アミン戦線による秘密計画だったとすれば，アフロメーエフのような国防省作戦グループの最高位級幹部以外の将校には知らされるはずがないだろう。

12 月 17 日付のアフガニスタン駐在 KGB 代表（ボリス・イヴァノフ）のモスクワへの報告は，確かに 15 日か 16 日にカブールでアミンの命にかかわる何らかの事件があったことを物語っている。

> 12 月 12 日と 17 日，KGB 代表はアミンに会った。アミンの話の中には次のような注目すべき内容が含まれていた。すなわちアミンは，DRA の北部地域での叛軍との戦闘活動を支援するためにソ連の直接的参加が要求されると執拗に主張した。彼の見解は次のようなことに帰結した。
>
> 　現在のアフガニスタン指導部は，DRA 北部地域の一連の戦略的に重要な拠点におけるソ連軍の参加を歓迎する。……
>
> 　アミンは，軍事的援助供与の形態や方法については，ソ連側が決定すべきだと述べた。
>
> 　ソ連は，自ら願う地域における軍事的警備を担当できる。
>
> 　ソ連は，ソ連―アフガニスタンの協調に必要なあらゆる目標を自分の警備のもとに置くことができる。
>
> 　ソ連軍は，DRA の通信施設を自分の警備下に置くことができる。……
>
> 　　　　　　　　　　　　1979 年 12 月 17 日　　　KGB 代表[83]

3. 二段階作戦——テルメズとカブール

12日と17日の報告をまとめて送ったのは，アミンの主張の内容において，12日にはかつての要求，すなわち北部地域への戦闘活動支援のための小規模ソ連軍兵力の派遣要請と大きく変わっていなかったのが17日になって急にすべての条件をソ連に譲歩するかのような態度に変わったからであろう。上の報告書の後半は17日の要請を伝えているものであろう。このようにアミンの態度を急に変化させた何かが16日以前にあったのではないだろうか。

ブラドシャーの研究によれば，12月17日にアミンの宮殿では銃撃事件があった。アミンは無事だったが，アフガニスタン情報機構の責任者アッサドゥラ・アミンは致命傷を負い，治療のためにモスクワに送られた[84]。しかし，何かがあったとすれば，それは16日以前のことであった。17日はアミンがKGB代表に上のような要請のための会談をした日である。同じ日に二つのことがあったというのはどうやら不自然である[85]。アミンにも，考えを変える時間は必要だった。

確かにモスクワとしては，やみくもにアフガニスタンへの武力介入を開始しアフガニスタン人民と国際社会の反感を買うよりは，その前にKGBの支援下に反アミン戦線に機会を与え，できれば出兵は避けた方が合理的であると判断しただろう[86]。それから，もしこの第1段階作戦が成功していたら，25—26日に向かいクナーエフとシチェルビツキーの署名を受ける必要もなくなっていただろう。

19日テルメズのアフロメーエフがモスクワへと向かう前に，メリムスキーに，「知らされた消息によれば，アミンに対する行動は起きなかった。しかしアフガニスタン軍部隊が最高段階の戦闘態勢に突入しているし，カブールでは軍隊があらゆる重要地点を掌握している」と語った[87]。アフロメーエフがモスクワへ戻ったのは恐らく作戦変更あるいは第2段階作戦への準備のためと考えられる。

アフロメーエフの話通りに，カブールでのアミンの警戒体制は厳しくなった。アフロメーエフがモスクワへと向かった19日，アミンは8台の戦車を有する自分の警護隊とともに，ダル・ウリ・アマン地区の旧王アマヌーラの宮殿へ引っ越した[88]。9月の銃撃戦にプザノフが関わっていたと

疑っていたアミンが，12月中旬のことについてソ連の関与を疑わなかったのは不思議なことではあるが，17日のKGB代表の報告が虚偽でなければ，アミンはソ連のポーカーフェースに完全に騙されていたのである。17日早朝にはバグラムに配置されていたGRUスペツナズが，アミンの新邸の方面に移動し始めた[89]。18日，バグラム空軍基地司令官A. H. ハキーミがアミンに，バグラムでのソ連人たちの行動が怪しいと通報したにもかかわらず，アミンは何のこともないだろうという返事をした[90]。17日以降アミンとソ連大使館の間にはソ連軍の兵力支援に関する合意があったにちがいない。

　22日離任挨拶に訪問したサフロンチュクに，アミンはアフガニスタンへソ連軍支隊が移動し始めたことについて満足げに話し，ソ連側からの援助に感謝の意を示した[91]。アフガニスタンの北部地域のためのソ連軍兵力，それから自分の警護のためのソ連軍兵力を要請し続けてきただけに，アミンにとっては17日以降ソ連軍が新しい動きに出たとしても，それを疑うよりは自分の要請が受け入れられたと思うのが自然であろう。

　サフロンチュクがアミンを訪問した22日から，ソ連軍の第2段階作戦が始まった。12月22日K. Ya. クーロチェキン中将を長とする空挺部隊指揮グループはすでにヴィチェプスク師団に位置し，ベロルシア，ブリャンスク，スモレンスクから集結する空挺部隊を統制していた。モスクワの空挺団司令部では，司令官スホルコフ大将がすでにバグラムで偵察任務を果たしていたグスイコフ中将を長とする作戦グループの組織を命じ，そのグループの参謀長にククーシキンを任命，バグラムへと派遣した[92]。カブール進攻作戦の先頭主力として空挺部隊が指定されたのである。

　トゥルケスタン軍管区と中央アジア軍管区では，25日まで約100個の兵団と部隊，そして設備の動員および補充が行われた。第40軍の指揮部，混合飛行兵団，4個の自動化狙撃師団，空挺旅団，独立自動化狙撃連隊，砲兵旅団，対空ロケット旅団，連絡部隊，工兵団などの配置が完了された。軍隊の配置補完のために予備兵力から5万人以上の将兵が召集された[93]。第40軍の指揮部で，この一連の動員を確保したメリムスキーは，「動員計画により指示された部隊の準備期間が非現実的に短かった」と振

3. 二段階作戦——テルメズとカブール

りかえっている[94]が、当初国防省は、もしも第1段階の作戦が失敗した場合、次なる作戦の主力はアフガニスタンに駐屯しているKGB, GRUのスペツナズと空挺部隊であり、彼らによるカブールの掌握さえできれば状況がおさえられる思っていたのだろう。すなわち作戦の主要目的はアミンの制圧であり、アフガニスタン軍あるいは叛軍との衝突については、あまり深刻には考慮していなかったのである。

12月24日、第40軍司令官トゥハリノフはヴァレンニコフの指示に従い、アフガニスタン軍参謀本部作戦局長ババ・ジャン一行と「アフガニスタンの領土にソ連軍が進駐する地域」について協議した[95]。同日午後2時、メリムスキーはモスクワのオガルコフに行軍準備の完了を報告した。「第108自動化狙撃師団の行軍準備完了。行動開始の時刻および任務の下達を要望。橋梁の設置のためには6—7時間が必要であるということを考慮してほしい。アフガニスタン軍代表団とすべての問題を検討済み[96]。」橋梁とは国境のアム・ダリア川の渡江作戦に要る舟橋を指している。

同じ時刻モスクワの国防省ではウスチノフが国防省指揮部の会議を主催し、政治指導部によりアフガニスタンへのソ連軍投入の決定が下されたと知らせた。それからその作戦のための一般命令書に署名した。ピーコフの調査によればその命令書には、「兄弟的なアフガン人民への国際的な援助の供与の目的で、そして隣接国家側からの反アフガニスタン的行動の可能性を防止し友好的条件を形成する目的で、DRAの領土に、わが国の南側に配置されているいくつかの限定的ソ連軍兵力を投入することを決定した」と書かれていたという。命令書にはアフガニスタン領土での戦闘行動へのソ連軍の関与については全然触れられていなかった[97]。真の主目的はカブールの政権交替だけであったのだろう。

12月25日朝、第40軍司令官トゥハリノフは、アフガニスタン北部の都市クンドゥーズへ飛び、地域担当者アブドゥラ・アミン（アミンの兄）と進駐してくるソ連軍の配置地域について協議した[98]。同日12時、ウスチノフは各軍に具体的な命令を下した。

空軍総司令官、トゥルケスタン軍管区司令官、空挺部隊司令官へ、

写本：地上軍総司令官，防空軍総司令官，（テルメズの）参謀本部作戦グループ責任者へ，

　第40軍および空軍航空隊兵力は（モスクワ時刻で）今年12月25日15時，陸路と空路でアフガニスタン人民民主共和国の国境を越えること。

1979年12月25日　　D. ウスチノフ　　No. 312/1/030[99]

　越境作戦の主体は，トゥルケスタン軍管区の兵力と空挺部隊からなる第40軍であり，空軍はその輸送支援をするようになっていた。第40軍は，トゥルケスタン軍管区からの第108，第5自動化狙撃師団，第860独立自動化狙撃連隊，第56独立空挺突撃旅団，第353砲兵旅団，第2対空ロケット旅団，そして空挺団からの第103空挺師団，第345独立空挺連隊，それから空軍からの第34混合飛行兵団からなっていた[100]。

　作戦開始時刻に第108自動化狙撃師団がアフガニスタンへの行軍を始めると同時に，フェルガナの第345独立空挺連隊とトゥルケスタン軍管区で訓練中だった第103空挺師団の1個連隊兵力はバグラムへと，そしてヴィチェプスクから国境まで移動していた第103空挺師団兵力の主兵力はカブール飛行場へと飛び始めた。彼らは26日早朝までは目標地点に着いた。しかし，25－26日の夜，バグラム飛行場でフェルガナからの空挺隊員たちを迎えていた空挺団指揮部の下には，空挺隊員たちを運んでいた7機の大型旅客機のうち最後の飛行機が高度4千メートル以上の山の頂上に墜落し，37人の空挺隊員全員が死亡したという悲報が届いた。ソ連軍としては，これは「宣戦布告なき戦争の最初の犠牲者」となった[101]。

4．ブレジネフの希望

　先頭の空挺部隊がアフガニスタンへの移動を完了した12月26日，モスクワのブレジネフの別荘では，ブレジネフ，アンドロポフ，ウスチノフ，グロムイコ，チェルネンコが集まり，「12日の決定を遂行する過程に関してウスチノフ，グロムイコ，そしてアンドロポフの報告が行われ

4．ブレジネフの希望

た[102]。」作戦が第二段階に入るようになった経緯，25日の作戦開始と部隊移動の状況，27日に実践に移されるカブールでの作戦計画などについて報告されたであろう。

ブレジネフは，「同志たちにより述べられたこのような行動計画を承認し，最も短い時間内に（完遂するよう）一連の希望を表明した[103]。」ブレジネフはもちろんこの計画を立てたアフガニスタン委員会さえ，自分たちが10年という長いトンネルの入口に入りかけていたとは思わなかっただろう。1980年1月初め，米国へ帰任する前にブレジネフに会ったドブルイニンが，アフガニスタンへのソ連軍進駐による米国との関係悪化に関する憂慮を表明すると，ブレジネフは「（アフガニスタンの状況は）3－4週間で終わるだろう」と自信に満ち溢れていたという[104]。

KGBもそうだった。1984年からカブールで勤務したことのあるKGB要員シェバルシンの回想によれば，いつかクリュチコフは1979年末の状況を説明しながら，「政治局はアフガニスタンでのソ連軍の駐屯を，短期間に終わるものと予定していた。軍は警備にあたり，戦闘には関わることなく，ただ姿を現すだけでカルマルを支援し，対外勢力と反対派を抑止する役割を果たすはずだった」と述べたという[105]。アフガニスタンからの状況情報を整理・分析しアンドロポフに提案する立場にあったKGB第1総局長クリュチコフが語ったのは，アンドロポフと彼自身の思惑だったであろう。

もう一つ，エピソードに過ぎないが，慎重論を開陳した参謀本部とは違い，ソコロフ将軍もこの作戦が長引くとは思っていなかった。12月25日，作戦が始まる前，国防省作戦グループ司令官に任命された彼は[106]，テルメズへと飛び立つ前に，ソコロフ夫人に「1ヵ月経ったら戻って来る。その時は一緒に保養に行こう」と話した[107]。第3世界での経験も積み，作戦の大綱を熟知していたソコロフとしては，それはただの気休めの言葉ではなかったであろう。

12月26日，ソコロフはテルメズに着いた。メリムスキーは回想で，迎えに行った彼にソコロフは「国防省の指導部には，わが軍の投入をめぐって熱い論争がたたかわされた。意見は賛成と反対の真っ二つに分かれた

が，最終的な決定が下されたときは，作戦の指揮が自分に委ねられた」と語ったと述べている(108)。決定の最後の段階まで，オガルコフの反対意見とそうではないグループの意見が衝突したであろう。確かなのは，軍内部でも「賛成」したグループが存在していたということである。そして，そのグループの頂点に立っていたのがソコロフであったに間違いない。軍事作戦を目の前にしていたソ連指導部が，作戦に反対する将軍に指揮権を握らせるはずがない。同日バグラムの空挺団指揮部では，中央軍事顧問団長マゴメートフのグループ，参謀本部中央作戦総局のE. S. クズイミン少将のグループを交えて，協同作戦に関する検討が行われた(109)。

　バブラク・カルマルを中心とする反アミン戦線にとっては「四月革命の第2段階」，カブール進攻作戦に臨んだソ連国防省作戦指導グループにとっては「作戦の第2段階」が始まったのは，12月27日であった。早朝からバグラムの空挺団指揮部グスイコフ中将は各部隊の指揮官に戦闘のシグナルを下達し，戦闘課題と協同作戦の準備態勢を点検した。午後7時リャブチェンコは，空挺団の将校2人と指揮部参謀長を勤めるKGBの大佐1人とともに，アフガニスタン軍参謀総長ヤクブを訪ねた。空挺部隊が移動することによって，生じうるヤクブの疑惑を制御するためであった(110)。そして作戦は，午後7時30分カブール市内中央電信電話局の爆破音，いわゆる「暴風333」のシグナルによって開始された(111)。

　ダル・ウリ・アマンのアミン宮殿攻撃作戦は，KGBのG. I. ボヤリノフ大佐率いる約50名の将校グループと第345独立空挺連隊の1個小隊，そして空挺第9中隊が担当した。アミン宮殿の警備に当たっていたハルバエフ少佐のGRUスペツナズも加勢した(112)。宮殿を警備していたGRUグループには作戦の詳細が知らされていなかったらしい。襲撃に当たった空挺部隊およびKGBグループと，当然アフガニスタン軍服を着ていたはずのGRUスペツナズおよびアフガニスタン軍警備隊との間に衝突が発生した。30―40分間続けられた攻防の結果，KGBのボヤリノフ，空挺隊員4人，それからGRUスペツナズ隊員6人が死亡した。激しい戦闘が終わった後，アミンは射殺体で発見された(113)。この作戦がアミンの打倒をめざしたものである以上，降服しなければ殺害するということが当然の目標で

4．ブレジネフの希望

あったと考えられる(114)。

本書の第1章の第2節で述べたように，1994年秋号のCWIHPBは，1979年12月4日付けのアンドロポフとオガルコフの提案書で述べられたGRUの特殊部隊が「アミン殺害任務」を帯びていたと主張しているが，証拠は提示していない(115)。上述したようにこのGRU特殊部隊は，むしろ「アミン警護任務」を遂行していたし，結局はKGBのスペツナズと衝突・交戦する羽目になったその部隊である。したがって，もしも「抵抗すれば射殺しろ」との命令が課されたとすれば，論理的にそれはGRUの特殊部隊ではなく，KGBの特殊部隊に課されたと見るのが妥当である(116)。

リャブチェンコのいるアフガニスタン軍参謀本部は彼の空挺部隊が，カブール・ラジオ・テレビ局は第345独立空挺連隊の偵察中隊が，それからカブール郊外にあるプール・イ・チャルヒ刑務所は空挺部隊と自走砲師団がそれぞれ制圧した(117)。

同日カブール進攻作戦が始まる前モスクワでは，14人の政治局員全員とポノマリョフ，ゴルバチョフ，シェヴァルナッゼなど政治局員候補13人が参加した政治局会議が開かれた。同会議は，「新しいアフガニスタン指導部からの支援と協力に関する要請を考慮し，ソ連は自らの国際主義的義務に従い，アフガニスタンへソ連軍の限定的分遣隊を派遣することを決定した。この部隊は，そのような行動の必要性をひき起こした原因が消滅すれば，撤収される」との社会主義諸国への書簡，タス報道文の原案などとともにカルマルへの祝電を可決した(118)。カルマルの放送演説が，カブールのラジオから聞こえたのはその後のことであった。

作戦完了の翌日である12月28日，カブール放送は新しい内閣を公表した。新しい政府は，首相カルマル（パルチャム派），副首相サルワリ（ハルク派），副首相兼企画庁長官ケシュトマンド（パルチャム派），国防相ラフィ（パルチャム派），外相ドーストと（パルチャム派），内務相グーラブゾイ（ハルク派），通信相ワタンザル（ハルク派），輸送省長官マズドゥリヤル（ハルク派）などからなるものであった(119)。すなわち新しいカルマル内閣は，1978年亡命したカルマル中心のパルチャム派，1979年9月カブール

のソ連大使館に避難したサルワリ中心のハルク派、それから国内で投獄されていたパルチャム派とハルク派の反アミン連合政権となり、1979年3月以来ソ連がハルク政権に求めていた「広範な政治的基盤」までは至らなかったが、ある程度NDPAの亀裂を癒した形となったのである。

　アミンの打倒およびカルマル政権の樹立という目的は、こうして達成されたが、25日午後5時（カブール時刻）カブールに向かって国境を越えたトゥルケスタン軍管区の第108親衛自動化狙撃師団の先頭部隊は29日の朝までカブールに姿を現せなかった(120)。彼らが26日の夜を一泊した、カブールとテルメズの中間地点バーグランには、27日午前ソコロフがヘリで着いて、最大限の速度で前進せよと励ましたが(121)、結局カブールでアミンが倒れて新政権が樹立される頃、歩兵師団兵力はカブール北部にある高度4千メートル以上のサーラング・パスを通過していた。1個師団兵力が、100キロメートルくらいの峡谷に位置するわずか2キロメートルくらいの狭いトンネルを通り抜けるために、苦労していたのである。

　トゥルケスタン軍管区のソ連軍兵力がカブールに入城したのは、新政府が樹立された翌日の29日のことであった。25日の作戦開始以前すでにバグラムに入り、空挺団の一連の作戦立案と実行に関与したククーシキンは次のように回想している。

　　12月28日われわれ（空挺団指揮部）は参謀本部からの指令を受けた。わが作戦グループに、カブール地域にきたすべての部隊の指揮を任せるとのことだった。第40軍としての機能を始める前に、グループの指揮はグスイコフ中将に委せられた。12月29日、カブールにはじめて偵察大隊が出現した。トゥルケスタン軍管区の第108親衛自動化狙撃師団の先頭部隊だった。午後はわが指揮部に同軍管区のマクシモフ大将、同軍管区の情報責任者コルチャギン少将、そして他の将校たちが現れた。みんなが、難しい行軍、不眠などで、非常に疲れていた。師団は最も難しい600キロメートルの山岳行軍を、しかも冬という条件で成し遂げたのであった。何よりも最悪だったのは4千メートル以上の高所に位置したサーラング・パスだった(122)。

要するに，カブール進攻とアミンの打倒，それから新政府の樹立は，空挺団とKGBの合同作戦によるものであり，他の歩兵師団兵力は万一の事態に備えアフガニスタン各地に配置しようとした後備兵力に過ぎなかったのである。もしモスクワが，アミン政権の打倒とともにアフガン人民あるいはアフガニスタン軍の激しい反発があると予想していたとしたら，トゥルケスタン軍管区の2個師団を，それも作戦の直前とも言える25日に送り込むようなことはしなかっただろう。アフガニスタンの地形や状況について，甘く見ていたのは確かである。

ソ連が甘く見ていたのは，アフガニスタンの地形や状況だけではなかった。アフガン出兵が引き起こす国際的反響も予想外のものであった。1980年1月4日，米大統領カーターは，SALT-II批准推進の中止および対ソ穀物輸出の中止などを骨子とする声明文を発表し，対ソ制裁措置に取り組んだ[123]。1月6日になって中国政府も，「ソ連のアフガニスタン侵攻は……アジアおよび世界の平和・安保に対する重大な脅威であり……インド洋に進出し，海路や油田地域を確保することによってヨーロッパを包囲し，世界の覇権を掌握しようとする」企てであるという内容の声明を発表，対ソ非難に加勢した[124]。

しかし，ソ連軍がアフガニスタンの各主要都市を掌握し，状況安定の体制に入りかけたのは，ソ連の出兵に対する国際的批判が高まっていたこの1月上旬が過ぎてからであった。すなわち首都カブール，西部の中心都市ヘラート，南部のカンダハル，それから北部のバダフシャンへの各1個師団兵力の進駐，ハイラトン-カブール，クシカ-ヘラート-カンダハル，カブール-ジャララバード，プーリ・フムリ-クンドゥーズ-ファイザバードの主要幹線道路の掌握，それから各主要都市の飛行場の接収のために，約1カ月を費やしたのである[125]。

5．アンドロポフ，ウスチノフ，グロムイコ ——アフガニスタン委員会

12月31日，アンドロポフは「1979年12月27—28日，アフガニスタンの状況について」と題する総括報告書を作成し，アフガニスタン委員会の

4人の名義で政治局に提出した。1979年9月のクーデター以来，アフガニスタンでアミンにより行われたNDPAの分裂画策や専横，米国への傾斜などに対する批判から始まるこの報告書は，反アミン戦線によるNDPA団結誇示とそれへのソ連の支援必要性，27―28日のアミン打倒作戦，アフガニスタン政治犯の釈放などの一連の過程が簡略に述べられた上で，カルマルへの賞賛と信頼表明で締め括られていた(126)。

ブレジネフから「結論を急ぐ必要はない」と聞かされた新任大使タベーエフは，1980年1月に入るまで別にモスクワへ報告書を送っていなかった(127)。モンゴルの中央軍事顧問団長のポストに赴任するはずだったが，11月末に急にアフガニスタンへと就任先が変えられたマゴメートフも，27日の作戦に参加したが，主体ではなかった。全体的な作戦の指示は，テルメズのソコロフ元帥，バグラムの空挺団グスイコフ中将，それからカブールのKGBイヴァノフ中将のラインが取り仕切っていた(128)。ウスチノフの代理人とも言えるソコロフがカブールへ行きカルマルに会ったのは1980年1月4日のことであった(129)。情報収集と報告は空挺団の任務ではない。国防省，特に空挺団の力を借りて27日の作戦を主導したKGB以外には，年末までの状況を効率的に統制，報告する筋はなかった。31日までアフガニスタン内部からのいかなる抵抗に関する報告も受けていなかったアンドロポフは，「アフガニスタンの新しい指導部が，国家状況の安定化のための効果的な道を見いだせるという点に信頼が表明される」と自信を持って書いたのであろう(130)。

実際に1979年の1年をかけてアフガニスタン委員会が仕切った政策や行動に，そして政策としての出兵に，別にブレーキがかけられたことはなかった。委員会の提案や報告を検討すべき政治局会議やブレジネフは委員会の政策と方針を承認するだけであった。アフガニスタン委員会は，各構成員が順次自らの役割を果たし，最後の手段として軍事行動を選択するようになったが，結局その軍事行動と当初の政策目標を調節すべき総合調整者には欠いていたのである。

ククーシキンの回想によれば1980年1月はじめ，カブール進攻作戦を終えた空挺団は，「カブールの掌握作戦の完遂，アミン政権の崩壊，より

5．アンドロポフ，ウスチノフ，グロムイコ——アフガニスタン委員会

民主的権力の確立，そして国家の安定とともにアフガニスタンでの軍の任務が終わったと判断し，ソ連への帰還命令を待ち望んでいた。」空挺団の参謀部は第103師団の参謀部に，カブールからテルメズへの退路を測定・計画せよとの指示まで下達していた[131]。1月4日カルマルに会ったソコロフも，もっと政治的な表現ではあるが，「ソ連軍がアフガニスタンへ投入されたのは，アフガニスタン指導部を士気面で支援し，反政府勢力に対する心理的影響を与えるためである。ソ連軍の出現は，重要な目標物をしっかり掌握し，アフガニスタン軍を叛軍との闘争に臨ませ，人民権力を強化するためである」と繰り返し強調していた[132]。

しかし，政治指導部から軍への明確な次なる措置についての命令が出されないうち，アフガニスタン北部のナフリンでアフガニスタン軍第4砲兵連隊が反乱を起こした。カブールからはソ連軍第2自動化狙撃大隊が，それからバーグランからは第2自動化狙撃中隊が出動し，9日と10日反乱は鎮圧されたが，ソ連兵二人が戦死した。当初の作戦目標以外の戦闘で発生した最初の犠牲者となった[133]。このソ連軍の戦闘参加は，ウスチノフからソコロフへの定例指示によって行われた[134]。

出兵案でまとまったアフガニスタン委員会は，出兵による作戦の終了後にはどうすべきかについては意見の調整をほとんど行っていなかった。後始末における立場の分立は必至のことであろう。

アフガニスタン問題で開かれる国連安保理でアフガニスタン外相として行う演説の内容を協議するために，アフガニスタン外相ドーストがモスクワを訪問した1月4日，グロムイコはソ連の支援に感謝するドーストの言葉を聞き終えて，「われわれは，友好的ソ連-アフガニスタン関係の発展と強化の重要性，世界帝国主義の陰謀を決定的に撃退するためのわが両国の調和努力の重要性に関するあなたの観点に同意する。アフガニスタンの現指導部が，ソ連側の忠告と健全な希望を理解し従ってくれるのも嬉しいことである。それとともに強調しておきたいのは，あらゆる問題に関する最終的な決定はアフガニスタン側，すなわちあなた側に，あくまでもあなた側にあるということである」と述べている[135]。グロムイコは依然として，アフガニスタンへの出兵が引き起こした国際社会の激しい反応を気に

していた。

　しかし1月17日，ソ連共産党政治局会議でブレジネフは，アフガニスタン委員会の仕事を讃えた。「諸君，憶えているだろうが，数カ月前われわれは，アフガニスタンでの状況と関連して，アンドロポフ，グロムイコ，ウスチノフ，そしてポノマリョフ同志からなる委員会に，政治局に報告をし，もし必要な場合には該当文書を用意し，それを政治局に提出することを委任した。私は，委員会がその仕事を非常にうまくこなしてきたと言いたい。最近にはすべての案が採択され，関連措置が遂行された。……ある種の新しい委員会を創設する必要はないと思われる。当委員会に今までとおりの精神で働いてもらおうじゃないか」とブレジネフは語っている(136)。衰弱した彼にとっては，委員会のチームワークが非常に気に入っただろう。

　同日の会議で委員会の4人はそれぞれ楽観的な報告を行った。グロムイコは，「アフガニスタン指導部には権力の定着が進んでいる。……軍事的状況に根本的な変化は見られない。といって悪化してもいない。これは非常に重要な要素である。軍はアフガニスタン指導部を支持している」と述べ，国際的反発も弱まりつつあると報告した。アンドロポフも「パルチャムとハルクの基本的違いは依然として存在している」が，ソ連共産党中央委員会からの書簡をNDPA中央委員会で検討し，適切な指示を用意していると慎重な楽観論を開陳した。ウスチノフさえ「全般的に軍事的状況は満足すべきで，反乱軍による抵抗の温床は著しく減りつつある」と報告した。それからポノマリョフも「昨日L. I. グレコフ率いる16名の顧問団がアフガニスタンへと向かった。カルマルはわが同志たちの忠告を注意深く傾聴している。NDPAの指導部は現在筋の通った中心を持っている」と述べ，他の委員と軌を一にした発言をした(137)。1月17日，すべてがうまく行くかのように見えたのである。

　突出行動に出たのは国防省であった。1月23日政治局は，「国防省が独自的にDRA駐屯ソ連軍へ，軍務員と労働者，勤務者を一時的に派遣する権限を持つように」中央委員会に出された国防省の提案を承認した(138)。基本的にはアフガニスタン駐屯ソ連軍の諸活動を支援するための措置だっ

ただろうが，一旦兵力を現地に駐留させてからは国防省の立場を優先させざるを得なかっただろう。25日には「アフガニスタン領土でのソ連軍の臨時駐屯の条件に関するソ連政府とDRA政府との条約の締結」についての提案と条約案が承認された。その案とは「ソ連軍限定的分遣隊が，外部からの侵略を撃退しアフガニスタン人民を支援する目的で，一時的にアフガニスタン領土に留まることに合意する」という文章から始まるものであった(139)。このような国防省の立場強化は，確かにアフガニスタン委員会の同意を前提に進められたのだろうが，委員会内の力の分布の面から見れば，ウスチノフの役割が増していることを意味する。

委員会の全体的な見解は明らかに「アフガニスタンに対する軍事的支援と，バブラク・カルマルの政権引受のために必要な全面的支援は，アフガニスタンの状況の安定化のために必要な条件を形成し，中東での状況発展におけるわれわれに対するいくつかの危険な傾向に終止符を打った」ということであった(140)。終止符を打ったにもかかわらず，国防省はソ連軍の継続的なアフガニスタン駐留を希望していたのである。

出兵後意見が合わなくなった委員会の姿は，1979年と同様，現地ソ連人たちの意見分裂と報告システムの分割をそのまま反映したものでもあった。1980年1月カブールの様子について，メリムスキーは「アフガニスタンの状況を管理監督したのは，ソ連共産党中央委員会の政治局員と候補局員，すなわちアンドロポフ，グロムイコ，ポノマリョフ，ウスチノフのグループだった。彼らは，自分たちの顧問をそれぞれアフガニスタンへ派遣しており，そこからそれぞれの報告がモスクワに届いた……しかし総括的に，そして具体的に指導管理する人物，すなわち彼らの行動を調節する人物はいなかった。それ故に，ときどき自己機関の利害関係だけを貫こうとすることが生じたりした」と振り返っている(141)。

1月31日，アンドロポフがカブールを秘密訪問した理由の一つが他ならぬこの点にあると，メリムスキーは述べているが(142)，アンドロポフの訪問はカルマルの要請によるものであった(143)。カルマルは自分のパトロンに直接会い，忠告と支援を受けたかったのであろう。アンドロポフも，出来上がっている自分の作品を自分の目で確認し，確実に根付かせたかっ

たのではないだろうか。状況が緊迫していた1979年にさえ、ポノマリョフ以外には、政治局レベルのだれ一人カブールの地を踏んだ人はいなかった。

　アンドロポフは、1月31日―2月1日カブールでアフガニスタン人民民主党中央委員会書記長兼DRA革命評議会議長B. カルマル、そしてNDPA中央委員会政治局員兼革命評議会副議長A. サルワリ、内務相S. M. グーラブゾイ、通信相M. A. ワタンザル、NDPA中央委員会政治局員兼書記N. A. ヌール、NDPA中央委員会政治局員S. M. ゼライ、それからDRA革命評議会幹部会委員A. カディール少将と会談した(144)。彼らとの会談でアンドロポフが強調したのは、1年前ブレジネフがタラキーに説教した内容とあまり変わりのないものであった。すなわち、派閥間の異見を解消し党の団結を図ること、多様な種族と人民を引き寄せて、党、国家、軍を強化すること、そして党と国家機関内部の亀裂や葛藤を防ぐために政治局員の間の正確な責任分担や責任遂行に関する認識を持つことであった(145)。

　今度の相手がパルチャムのカルマルであることを除けば、モスクワのカブールへの要求事項はこれまでとほとんど変わらなかった。結局モスクワは、1年という苦しい歳月を費やして、原点に戻ったのである。しかし、モスクワには1年前と立場が少し変わった人物がいた。2月7日政治局会議で、アンドロポフは「まず何よりも、現在アフガニスタンの状況が安定しつつあるということを言明しておく必要がある。これはあらゆる情報から見て明らかである」と前置き、カブール訪問成果を報告した(146)。アンドロポフの報告を聞き終えた国防相ウスチノフは次のように発言している。

　　ユーリー・ヴラジーミロヴィッチは、自身のアフガニスタン旅行に関する非常に完璧な報告をしてくれた。しかし、私が話したいのは、われわれはアフガニスタンからの兵力の撤収については非常に慎重に触れるべきであるということだ。私は、アフガニスタンの状況が安定するまでは1年あるいは1年半が要ると思う。その前にわれわれは兵

力の引き揚げについては，考慮できない。さもないと，われわれはいやな目に遭う (нажить много неприятностей) ようになるかも知れない(147)。

 1年前，政治指導部の決定があれば，軍隊の一部を動員することはできると述べていた人が，いまは，わが軍の撤収は考えられないと言い切っているのである。ウスチノフの発言を継いで，ブレジネフは「アフガニスタンのわが分遣隊の兵力をある程度増やす必要さえあると思う」と，相槌を打った(148)。

 このような会議の空気の変化に，ブレーキをかけているのか，あるいは相づちを打っているのか理解しがたい話法で弁舌を披瀝したのは，やはり老練な外交官であった。

  グロムイコ：私は，少し先のことを考えるべきだと思う。現在わが兵力は，アフガニスタン指導部の要請と条約の規定により投入されているため，ある程度の時間が過ぎたら，アフガニスタンから撤収するのはもちろんである。中国，パキスタンなどからの敵対的な宣伝が中止すると仮定してみよう。その場合は，何の未練もなく軍隊の完全撤収について語ることができるだろう。私は思うに，兵力が撤収できるようになってからは，互いに設定するある種の合意義務について考慮する必要があるだろう。いかなる敵対勢力もこれ以上アフガニスタンを攻撃することはないという完全な保障が，われわれにはない。したがって，アフガニスタンの完全な安全保障を提供すべきである(149)。

 「アフガニスタンの完全な安全保障を提供すべきである」と述べることによって，一見ウスチノフとブレジネフのアイディアに同意するかのように結論づけている。しかし，それがアフガニスタンの領土にソ連軍を長期駐留させることであるとははっきり言っていない。それとは逆に，軍の長期駐留は望ましくないから，先のことを考えて，敵対的な宣伝を含む敵対行為の中止などアフガニスタンの安全を確保する国際的保障を得ようという意味だったのだろうか。アフガニスタン委員会，ひいては政治局の意見

の変化に，グロムイコは再び曖昧な表現を使いはじめ，特有の弁才を発揮し出したのである．

(1) В. С. Сафрончук, Афганистан времен Амина, *Международная жизнь*, Jan. 1991, p. 137 ; B. Male, *op. cit.*, p. 195.
(2) ЦХСД, Фонд 5, Опись 76, Дело 1046, Л. 77-79.「1979年11月6日，アフガニスタンのソ連大使館の党顧問 V. M. スミルノフとアフガニスタン人民民主党中央委員会政治局員兼司法長官兼検察総長 A. Kh. タライとの会談」．
(3) ЦХСД, Фонд 5, Опись 76, Дело 1046, Л. 71-76.「1979年11月6，12日，アフガニスタンのソ連大使館副大使 V. S. サフロンチュクとアミンとの会談」．
(4) B. C. Сафрончук, *op. cit.*, p. 141. サフロンチュクはモスクワに送る電文に，「アミンには国際関係問題に関する忠告はこれ以上必要ない．アフガニスタンの対外政策分野におけるいかなる問題もないし，われわれの政策とも調和を成している．アミンが必要とするのは，対内政策問題における権威ある良質の忠告であり，この課題はソ連共産党中央委員会代表とソ連大使がうまく遂行できると思われる」と書いたという．もしこれが事実なら，サフロンチュクのアミン政権に対する評価はモスクワのそれとは大きく外れていたこととなる．
  サフロンチュク自身は11月ソ連とアフガニスタンの関係において「何の災難も感じていなかった」と回想しているが，11月上旬のKGB，GRU特殊部隊のアフガニスタンへの移動（KGBのスペツナズはカブールのソ連大使館に配備された）から，何も気づかなかったのだろうか．10月31日の政治局決議についても，グロムイコからの通報があっただろう．モスクワの空気変化について，サフロンチュクは知らされていたに違いない．1979年夏まで，アミンとアフガニスタンに対して嫌悪感を持っていた彼が，アミンの政権掌握以来急に「アフガニスタンの対外政策には何の問題もない」と判断するわけがない．彼が帰国要請をしたとする11月中旬は，プザノフも離任準備をしていた時期であり，新任タベーエフもまだ着任していない状況であった．したがって，「内政問題は，党代表とソ連大使に任せる」というのもつじつまが合わない．
  恐らくサフロンチュクはグロムイコから「アミンに疑惑を抱かせないように行動せよ」との指示を受けて，問題は外交官の手から離れ始めたと状況の緊迫化を感じ，離任を申し出たのではなかろうか．最後の段階でのアミン政権に対するサフロンチュクの肯定的評価は，武力解決には原則的な反対というかすかな外交官のプライドからだったか，あるいはモスクワ復帰を狙ったシグナルか，いずれかであろう．
(5) B. C. Сафрончук, *op. cit.*, p. 138 ; B. Male, *op. cit.*, pp. 195-196. メールは，「アミンの軍事作戦が大きな成功を収めた」にもかかわらず，このようなアミンの鎮圧作戦が西側によってあまり評価されていないとし，1979年11月11日号

第 6 章 （注）

『インディアン・エクスプレス』紙と同年 11 月 20 日号のロンドン『ザ・タイムズ』紙に載ったレポートや叛軍兵士のインタビューを紹介している。
(6) ЦХСД, Фонд 5, Опись 76, Дело 1046, Л. 80-81.「1979 年 11 月 19 日，アフガニスタンのソ連大使館副大使 V. S. サフロンチュクとアミンとの会談」。
(7) 同日のカブール放送の報道を引用した H. Bradsher, *op. cit.*, p. 118.
(8) O. A. Вестад, *op. cit.*, p. 30. 同文章の注としてウェスタードが付けたプザノフ報告書 (ЦХСД, Фонд 5, Опись 7, Дело 1045, Л. 144-146) は見ていないので何とも言えないが，同じ注に一緒に付けている「ガイの論文，222 頁」は，間違いであるだろう。ガイの論文「侵攻」の上，下どこにも，ウェスタードがこの文章のために引用したと思われるところは見付からない。
(9) *Ibid.*
(10) たとえば，12 月 31 日のアフガニスタン委員会の報告書には，「不満は軍隊内部にも蔓延している。大多数の将校が，アミンの無能な手下たちの専横に憤慨している」と記されている。ЦХСД, Фонд 89, Пер. 14, Док. 35, p. 3.
(11) O. A. Вестад, *op. cit.*, p. 30 n.
(12) B. Male, *op. cit.*, p. 179.
(13) *Ibid.*, pp. 195-196.
(14) その他にもウェスタードは，自分の論理すなわち 10 月と 11 月にアフガニスタンが反政府勢力によりいかに危険な状態に置かれたかを裏付ける根拠として，注にサフロンチュクの回想「アミンの時代」全部，アーバンの本『アフガニスタン戦争』の一部 (36—37 頁) を紹介している。しかし，サフロンチュクの回想のどこにも，当時アフガニスタンが反政府勢力の攻撃で苦しんでいたと見られるようなところはない。むしろ 10 月と 11 月にアミンが積極的に内政の整備および叛軍鎮圧に取りかかったと書かれている。それから，アーバンの本の 36—37 頁は，9 月以前の状況について説明している箇所である。Сафрончук, Афганистан времен Амина, *Международная жизнь*, Jan. 1991, pp. 137-138 ; M. Urban, *War in Afghanistan*, pp. 36-37.
(15) B. Male, *op. cit.*, p. 179.
(16) В. С. Сафрончук, *op. cit.*, p. 125.
(17) *Ibid.*, p. 137.
(18) ЦХСД, Фонд 5, Опись 76, Дело 1046, Л. 82-85.「1979 年 12 月 3 日，アフガニスタンのソ連大使館副大使 V. S. サフロンチュクとアミンとの会談」。
(19) В. С. Сафрончук, *op. cit.*, p. 137.
(20) ЦХСД, Фонд 89, Пер. 14, Док. 35.「1979 年 12 月 27—28 日，アフガニスタンの状況について」のアンドロポフ，グロムイコ，ウスチノフ，ポノマリョフの報告書。
(21) カブール駐在 KGB 代表の報告。*Комсомольская правда*, Dec. 27, 1990 ; Пиков, *op. cit.*, pp. 208-209 ; Ляховский, *op. cit.*, p. 102.

(22) マゴメートフの報告。Пиков, *op. cit.*, p. 209 ; Ляховский, *op. cit.*, pp. 104-105.
(23) マゴメートフの12月3日の報告。*Ibid.*
(24) マゴメートフの12月4日の報告。*Ibid.*
(25) Гай и Снегирев, Вторжение, *Знамя*, Mar. 1991, p. 211.
(26) *Ibid.* ; O. A. Вестад, *op. cit.*, pp. 30-31. ウェスタードは12月6日付けタベーエフの報告書に基づいている。
(27) カカールとメールは，アミンがソ連から独立しようとしたと述べている。それはソ連の影響から離れるという意味であろう。M. Hassan Kakar, *op. cit.*, p. 42 ; B. Male, *op. cit.*, p. 203. メールは，1979年11月末，イランの状況がますます悪化していくにつれ，ソ連がアフガニスタン政府にイランとの境接地域であるヘラート地方のシンダンドの軍事基地強化を求めたが，アミンはアフガニスタンへのソ連の軍事的プレゼンスの増加による自国安保への脅威や反政府勢力への刺激を憂慮し拒絶したと述べている。しかしこの主張の根拠としてメールがとり上げている「アミンの情婦の証言」は信じがたい。
(28) B. Male, *op. cit.*, p. 204. メールは12月6日号『カブール・タイムズ』を引用している。しかし1979年12月8日号『プラウダ』は，7日タス通信発でこの会議のニューズを報じている。
(29) *Правда*, Dec. 8, 1979.
(30) 本書の第1章2参照。
(31) Ляховский, *op. cit.*, p. 107.
(32) 元KGB少佐オレグ・カルーギンの証言，*Moscow News*, May 24, 1990, Cordovez and Harrison, *op. cit.*, p. 42 から再引用。
(33) Michael Dobbs, "The Afghan Archive, Into the Quagmire : Secret Memos Trace Kremlin's March to War", *Washington Post*, Nov. 15, 1992, A. 32.
(34) О. Г. Чернет, *Афганистан : борьба и создание*, Воениздат, М., 1984, p. 36.
(35) Гай и Снегирев, Вторжение, *Знамя*, Apr. 1991, p. 221 ; Thomas T. Hammond, *Red Flag over Afghanistan : The Communist Coup, the Soviet Invasion, and the Consequences*, Westview Press, Boulder, 1984, p. 98. パプーチンのアフガニスタン着が，カブールで報じられたのは12月1日のことである。ハモンドはパプーチンの役割について，特に疑っている研究者の一人である。すなわちパプーチンの任務は，侵攻のための事前整地作業あるいはアミン暗殺であるだろうということである。しかしパプーチンは，警察業務を担当する内務次官として中将の肩書きを付けていたが，1967年から1974年まではモスクワ市党第2書記，1974年からは内務省の第1次官を歴任してきたソ連共産党中央委員（『プラウダ』，1976年3月6日号）であり，ハモンドの言うような役目に適した人物とは言えない。しかも彼は12月13日にはカブールを発っている。(H. Bradsher, *op. cit.*, p. 178. 『カブール・タイムズ』の報道引用）したがって，パプーチンの

第6章　（注）

　　出張は，せいぜいアフガニスタン指導部の目をごまかすためのものにすぎなかったと思わざるをえない。
　　ところが，ザプラーチンの証言によれば，パプーチンはカブールに滞在している間，モスクワに「アフガニスタンの状況に関する主観的かつ否定的評価」を暗号文で送っていたらしい。しかし，彼のカブール行きの頃はすでにアフガニスタン委員会の思惑は固まっていたため，特別な影響は及ぼせなかっただろう。

(36) Гай и Снегирев, Вторжение, *Знамя*, Mar. 1991, p. 211.

(37) Гай и Снегирев, Вторжение, *Знамя*, Apr. 1991, p. 227.

(38) 本書の第1章2を参照。

(39) Кукушкин, *op. cit.*, p. 57.

(40) А. Ляховский, *op. cit.*, p. 109.

(41) *Ibid.*

(42) N. Ivanov, "How the Afghan War Started", *Soviet Soldier*, Nov. 1991, pp. 21-25 には，同じ内容のアンドロポフ，ウスチノフの提案が描かれている。しかし，その根拠が提示されていないため，信じがたい。

(43) Н. И. Пиков, *op. cit.*, p. 213；ボグダノフの証言，Гай и Снегирев, Вторжение, *op. cit.*, p. 227；Г. М. Корниенко, *op. cit.*, p. 110.
　　同日ウスチノフは，国防省の最高レベルの軍指導者たちに，近いうちにアフガニスタンへの出兵決定が下されると述べつつ，それに必要な準備を命ずる命令書 No. 312/12/00133 を発した。Ляховский, *op. cit.*, p. 110.　しかし，リャホフスキーはその No. 312/12/00133 の文書を紹介してはいない。

(44) ガーソフは「確かにウスチノフは，アフガニスタン問題に関する政治局同僚たちとの討論から，決定が差し迫っていると確信して，それからそのためには準備時間があまりないと判断して，自分の職権でこのような措置を取ったに間違いない」と主張している (R. Garthoff, *op. cit.*, p. 1016) が，これはナンセンスである。どの国でも同じだろうが，特に 1979 年のソ連のような国家で果たして国防相が戦時でもないのに，最高指導部の承認なしに師団級以上の兵力を勝手に動員できるのだろうか。

(45) 1995 年のリャホフスキーの研究と 1991 年のイヴァノフの研究が同じ 12 月 8 日の政治局の会議録（もしそういう記録があるとすれば）を参考にして書かれた可能性もあるが，自ら手に入れたと見られる記録の全文あるいは一部と日付，それから記録番後（文書館の分類番号ではなく，もともとの書類番号）などをなるべく詳細に紹介するリャホフスキーが，この肝心なところでそれを怠っているのは恐らく，イヴァノフのノンフィクションを参考にしたからであるだろう。ノンフィクションが根も葉もない事実無根のことを書いたものとまでは言えないし，ノンフィクションはそのままノンフィクションとして受け止めればいいだろう。А. Ляховский, *op. cit.*, p. 109；N. Ivanov, "How the Afghan War Started", *Soviet Soldier*, Nov. 1991, pp. 21-25.

(46) Гай и Снегирев, Вторжение, *op. cit.*, p. 222.
(47) オガルコフは、12月6日にモスクワに呼び戻された前軍事顧問団長ゴレーロフにも、「アフガニスタン軍がわが兵士に銃を向ける可能性があるか」と聞いたという。*Ibid.*, p. 220.
(48) *Огонёк*, No. 12, Mar. 1989, p. 6；*New Times*, Vol. 12, Mar. 28-Apr. 3, 1989, p. 12.
(49) Корниенко, *op. cit.*, p. 110.
(50) Пиков, *op. cit.*, p. 212；*Красная звезда*, Oct. 18, 1989.
(51) イヴァノフは、オガルコフがこのような参謀本部の意見をブレジネフを含めたアフガニスタン委員会の会議で表明したのが、12月10日のことであると描いている。Nikolai Ivanov, "How the Afghan War Started", *Soviet Soldier*, Nov. 1991, pp. 25-27. しかし、その根拠は提示していない。
(52) ソ連軍の参謀本部に中では全部で10個の局があり、それぞれの機能を果たしていた。中央作戦総局、情報総局、編成動員総局、軍事学局、通信局、軍事地誌局、兵器局、暗号局、対外軍事援助局、ワルシャワ条約機構総局がそれである。この中で、中央作戦総局は、軍事目標の決定、兵力の配分、作戦運用、統合調整、部隊に対する任務の割り当てなどの核心業務を担う。詳細なことは *Советская военная энциклопедия*, Vol. 2, 1976, pp. 510-513；Harriet Fast Scott and William F. Scott, *The Armed Forces of the USSR*, Westview Press, Colorado, 1984 の邦訳『ソ連軍：思想、機構、実力』(乾一字訳)、時事通信社、1986年、104—105頁。
(53) М. А. Гареев, Афганская проблема-три года без советских войск, *Международная жизнь*, Feb. 1992, p. 18. ガレーエフは、「当時参謀総長であるオガルコフ元帥が、参謀本部の他の責任ある人物たちと同じくアフガニスタンへのソ連軍の投入に反対していたということは立証できる」と断言しつつ、政治指導部が参謀本部の専門的な見解を受け入れなかったことについて「政治的過程の延長である軍事的問題がまるで政治的目標や課題とは別個に決められるかのように、問題が扱われた。……（軍指導部の意見には耳を貸していなかった政治指導部は、アフガニスタン戦争について軍の主導を云々するが）政治指導部は自らの行動に責任を取る勇気を持つべきであり、1941年の失敗におけるスターリンの行動のように他人に責任をなすりつけるべきでない」と辛辣に批判している。*Ibid.*, pp. 17-18.
(54) Гай и Снегирев, Вторжение, *Знамя*, Apr. 1991, p. 220.
(55) *Литературная газета*, Sep. 28, 1989
(56) アナトーリー・チェルニャーエフ、『ゴルバチョフと運命をともにした2000日』、潮出版社、1994年、49頁；同じ脈絡の話はガレーエフも次のように述べている。「高位級会議で（アフガニスタンへの武力介入といった）そのような行動が実現する場合わが国に痛ましい政治的結果を招きかねないと警告したが、オガ

ルコフが言われた言葉は，わが指導部には政策を担当する人はいくらでもいる，あなたがたの任務は採択された政治的決定の軍事的側面の遂行を確保することだ，というものであった。」Гареев, *op. cit.*, p. 17.

(57) 本書の第1章2を参照。
(58) Н. И. Пиков, *op. cit.*, p. 212；Г. М. Корниенко, *op. cit.*, p. 110.
(59) *Огонёк*, Mar. 1989, p. 6；*New Times*, No. 13, 1989, p. 12.
(60) В. И. Варенников, Богатый источник всесторонних военных знаний（К завершению издания восьмитомной Советской Военной Энциклопедии), *Военная мысль*, Sep. 1980, p. 18.
(61) *Ibid.*, p. 19.
(62) ソコロフが軍管区司令官を務めていたレニングラード軍管区では，1965年までソコロフの下でドミトリー・ヤゾフが軍管区の参謀として働いていた。ヤゾフは1967年，アフロメーエフ，ヴァレンニコフとともにヴォロシーロフ参謀本部アカデミーを卒業し，1979年にはチェコスロバキア駐留軍司令官を務めていた。彼は，極東軍管区司令官を経て1986年ゴルバチョフにより国防相に抜擢されたが，1991年クーデター首謀者の一人として逮捕された。一緒に逮捕された者の中には当時のソ連軍地上軍司令官ヴァレンニコフも含まれていた。和田春樹，『ロシアの革命―1991』，岩波書店，1991年，41―45頁。ヴァレンニコフは1996年現在ジュガーノフの共産党で働いている。*Time*, Apr. 8, 1996, p. 26.
(63) 本書の第4章3の「野心家」参照。
(64) Н. И. Пиков, *op. cit.*, p. 212.
(65) Г. М. Корниенко, *op. cit.*, p. 110.
(66) Гареев, Афганская проблема-три года без советских войск, *Международная жизнь*, Feb. 1992, p. 18.
(67) Ляховский, *op. cit.*, p. 106.
(68) Гай и Снегирев, *op. cit.*, Apr.1991, p. 227.
(69) *Огонёк*, Mar. 1989, pp. 6-7.
(70) 公平を期するためにカルマルの話を紹介すれば，カルマルは1991年，「いまはヴァレンニコフ将軍はすべてを私になすりつけている。彼は，バブラク・カルマルはソ連軍を戦争に引きずり込むために執拗だった，と断言した。しかも私に分派主義者，デマゴーグのレッテルを張り付けた。それは嘘だ。そう，私はあなたたち（ソ連人）なしには一歩も動くことが出来なかった。彼らは党から，国家から，そして軍隊から，何をすべきかを指示してきた」と抗弁した。Гай и Снегирев, *op. cit.*, Mar. 1991, p. 233.
(71) А. Ляховский, *op. cit.*, p. 127. アフガニスタン駐屯ソ連軍の国防省作戦指導グループに関するソ連軍参謀本部の記録。
(72) В. М. Забродин и А. А. Ляховский, *Тайны Афганской Войны*, Планета, М., 1991, pp. 204-205.

第6章　トンネルの入口 ── 1979年12月から1980年2月まで ──

(73) アフガニスタンからの撤兵完了に関するソ連政府の2月15日の声明文は，鳥井順，『1980―1989, アフガン戦争』，第三書館，1991年，450―452頁参照。
(74) ЦХСД, Фонд 89, Пер. 14, Док. 31. 「1979年12月12日，政治局の決議：ア（フガニスタン）の状況について」(手書き文書)。
(75) Г. М. Корниенко, op. cit., pp. 111-112.
(76) 本書の第5章2の「傍観者」参照。
(77) Гай и Снегирев, Вторжение, op. cit., p. 227.
(78) В. А. Меримский, Кабул-Москва : война по заказу, Военно-исторический журнал, Nov. 1993, pp. 30-31 ; Гай и Снегирев, Вторжение, op. cit., p. 227 ; Н. И. Пиков, op. cit., p. 219.
(79) В. А. Меримский, op. cit., p. 30 ; А. Ляховский, op. cit., p. 126.
(80) А. В. Кукушкин, op. cit., p. 57 ; N. Ivanov, op. cit., Dec. 1991, p. 13. ククーシキンは，後日上部の命令変更あるいは間違った追及に備え，命令及び作戦日誌を詳細に記録していたという。したがって，事件の日付においては，彼の回想が他の人の回想より信憑性がある。
(81) В. А. Меримский, op. cit., p. 31.
(82) А. Ляховский, op. cit., p. 131.
(83) Н. И. Пиков, op. cit., pp. 209-210 ; А. Ляховский, op. cit., p. 112 ; N. Ivanov, op. cit., p. 15.
(84) H. Bradsher, op. cit., p. 178. ブラドシャーは1980年1月2日号『ニューヨーク・タイムズ』紙と『ガーディアン』紙を引用している。
(85) N. イヴァノフのノンフィクションによればカブールでアミンに対する暗殺の企図があったという噂が取り沙汰されたのは16日である。N. Ivanov, op. cit., p. 14. ガーソフも，ブラドシャーに影響されたらしく17日説を何の注も付けずに述べている。この日付については疑問が残るが，しかし彼の紹介する資料すなわち12月29日付のアンドロポフのソ連共産党中央委員会への報告（ЦХСД, Фонд 89, Пер. 18, Док. 80）によれば，カルマルの要請によりアッサドゥラ・アミンが医師や警護員とともにモスクワで逮捕されている。R. Garthoff, op. cit., p. 1014 n. このことから，アッサドゥラが何かの治療のためにモスクワに送られたこと，アンドロポフとカルマルの間には12月に連絡が取られていたということは推察できる。
(86) N. イヴァノフの紹介している12月16日付カブールのソ連大使館1等書記官ミシンからのソ連外務省への報告はソ連とアミンに対するアフガン人の考えを伝えている。「1979年12月16日。以下はカブール大学の学生ムニール・アフマッド・ムィールとの対話の要約である。……ムニールは，アミンによって行われている弾圧にはそれがどんな形であるにせよソ連が関係していると，アフガン人は思っていると語った。アフガン人たちは，秘密警察の取調室で行われているすべての逮捕や拷問がソ連人顧問によって指揮されていると信じているというので

ある。彼によれば，ある者はアミン除去を手伝ってくれる誰かを送ってくれるよう，アラーの神に祈っているという。ここではほとんどすべての家庭が，処刑あるいは虐殺された親戚を持っている。……」N. Ivanov, *op. cit.*, p. 15. 恐らくこのようなトーンの報告が 11—12 月中に続いてモスクワに送られただろう。

(87) В. А. Меримский, *op. cit.*, p. 32.
(88) H. Bradsher, *op. cit.*, p. 178. 12 月 20 日のカブール放送の報道引用；В. С. Сафрончук, *op. cit.*, p. 143.
(89) А. Ляховский, *op. cit.*, p. 131.
(90) M. Hassan Kakar, *op. cit.*, p. 46.
(91) В. С. Сафрончук, *op. cit.*, p. 141.
(92) А. В. Кукушкин, *op. cit.*, pp. 57-58.
(93) Гай и Снегирев, *op. cit.*, p. 227. 参謀本部の記録；Н. И. Пиков, *op. cit.*, pp. 213-214.
(94) В. А. Меримский, *op. cit.*, p. 32.
(95) *Ibid.*, p. 33.
(96) *Ibid.*
(97) Н. И. Пиков, *op. cit.*, p. 214.
(98) В. А. Меримский, *op. cit.*, p. 34；Гай и Снегирев, *op. cit.*, p. 229.
(99) А. Ляховский, *op. cit.*, p. 135.
(100) *Ibid.*, p. 33；А. В. Кукушкин, *op. cit.*, pp. 58-59.
(101) А. В. Кукушкин, *op. cit.*, p. 59.
(102) ЦХСД, Фонд 89, Пер. 14, Док. 32. 「1979 年 12 月 26 日，12 月 12 日の決議の遂行に関するウスチノフ，グロムイコ，アンドロポフの報告」。
(103) *Ibid.*
(104) A. Dobrynin, *op. cit.*, p. 440.
(105) Л. В. Шебаршин, *Рука Москвы : записки начальника советской разведки*, М., 1992, p. 204.
(106) 国防省作戦グループを率いてきたアフロメーエフが 12 月 19 日モスクワに復帰した後，25 日を前後してソコロフがそのグループを任せられるようになったのは，第 1 段階の作戦が無為に終わるにつれ，より本格的な第 2 段階作戦への突入に備えての人事だったであろう。
(107) А. Ляховский, *op. cit.*, p. 117.
(108) В. А. Меримский, *op. cit.*, p. 34.
(109) А. В. Кукушкин, *op. cit.*, p. 59.
(110) *Ibid.*, pp. 59-60.
(111) *Ibid.*, p. 60；Николай Иванов, Шторм-333, *Наш современник*, No. 9, 1991, p. 148. イヴァノフは作戦開始が 18 時 30 分だったと述べているが，当時空挺団で作戦の全過程に加わっていたククーシキンの回想が正確であろう。

(112) А. В. Кукушкин, *op. cit.*, p. 60.
(113) ククーシキンは、この作戦でのソ連軍先頭兵力とGRU兵力の衝突について、「宮殿へと先頭で向かった第9空挺中隊の先頭車両は、KGBの将校たちが指揮した。宮殿の警備隊は、BMD車両の行列をアフガニスタン軍の反乱部隊と誤認し、彼らに向かって激烈な砲火を浴びさせた。……戦闘が暗い時間に狭い建物の中で遂行されるようになったので、分遣隊の隊員たちは白い包帯を袖に巻き、戦闘帽には白いリボンをつけた。我軍をアミンの警護員と混同しないようにするためだった」と述べ、自分が加わった作戦計画には何のミスもなかったかのように、同日の戦闘状況を説明しているが (*Ibid.*)、第103空挺師団長だったリャブチェンコは「私は激烈な抵抗に遭った同日夜になって、「ムスリマンスキー大隊」という特別グループが存在していたことが分かった。……(そこから生じた犠牲の) 責任は作戦を全体的に組織した人々にある」と述べている。"Afghan War : The Beginning", *Soviet Soldier*, No. 5, 1990, p. 25. GRUスペツナズの受難はここで終わったのではない。カブール掌握が終わった後の28日、カブールのアフガニスタン軍の一部が参謀本部の建物をめぐってソ連軍空挺部隊を襲撃、攻防する過程でハルバエフのこのムスリマンスキー大隊は、アフガニスタン軍の服装のまま現場に出動したため、空挺団から砲火を浴びさせられた。負傷者は出たが、死亡者はなかった。А. В. Кукушкин, *op. cit.*, pp. 61-62.
(114) 実際にアミン宮殿攻撃作戦は、警備に当たっていたGRUのスペツナズにさえ通知されていない状況で行われている。当然なことながら、宮殿内の大部分の人間にとってはソ連軍の奇襲が予想も出来ぬ事件であったに違いない。おそらく、アミンも襲撃の主体について知らぬまま抵抗するうちに射殺された可能性が高い。このようなシナリオは、作戦参加者たちの証言に基づいて当時の状況を描いているガイとスネギリョフも提示している。彼らは、アミンが襲撃の銃声を反乱軍あるいは反政府的叛軍からの攻撃と誤判したと描いている。Гай и Снегирев, Вторжение, *Знамя*, Mar. 1991, pp. 195-196.
(115) 本書の第1章の注(21)参照。
(116) 論理的にはこうなるが、これを裏付ける証拠もない。そもそものような命令があったかどうかは、現段階の資料では突き止めがたい。
(117) А. В. Кукушкин, *op. cit.*, p. 61.
(118) ЦХСД, Фонд 89, Пер. 14, Док. 33.「1979年12月27日、政治局会議：アフガニスタンをめぐる状況の発展と関連したわれわれの措置について」。
(119) Mark Urban, *op. cit.*, pp. 47, 233-239 ; H. Bradsher, *op. cit.*, p. 185. カディール (パルチャム) は1982年1月から国防相に復帰している。
(120) А. В. Кукушкин, *op. cit.*, p. 62.
(121) Гай и Снегирев, *op. cit.*, p. 229.
(122) А. В. Кукушкин, *op. cit.*, pp. 62-63. 国防省作戦指導グループの一員として第40軍とともに働いたメリムスキーの回想は、第108師団のカブール入城時間

について非常に曖昧である。彼は,「首都での状況安定のために19時30分,第108自動化狙撃師団がカブールに入り,第5自動化狙撃師団は12月28日01時に国境を越えクシカ,ヘラート,シンダンドへ移動せよとの命令を受けた。……アフガニスタンに入ってきた2個師団と他の部隊の統制は完全に第40軍の作戦グループが掌握した」と述べている。行軍中の師団がサーラング峡谷で非常に苦しんだとも書いている。В. А. Меримский, op. cit., p. 34. 自動化狙撃師団が何日にカブール入城したかについてははっきりしないまま,一見してすべての兵力が定時に目標地点に到達したかのように記しているのである。

ガーソフは,ピーコフの紹介する「DRAへのソ連軍投入の状況に関する問題について」という参謀本部の記録にもとづいて,メリムスキーの回想同様「12月27日第103空挺師団の先頭部隊と第108自動化狙撃師団がカブールに入城した」と書いている。R. Garthoff, op. cit., p. 1018. 確かにピーコフの紹介する文書には,「12月27日真昼頃カブールとバグラムには,空挺師団の主兵力と独立空挺連隊が現れた。またこの頃には独自の行軍を完遂した自動化狙撃師団の先頭部隊がDRAの首都に入った」と記されている。Н. И. Пиков, op. cit., p. 223. しかし,この記録では「この頃」とはいつのことであるかがはっきりしていない。

恐らく,ククーシキンの回想が正しいだろう。12日25日午後出発した師団兵力が,国境都市テルメズから出発したとしても直線距離で400キロメートルをはるかに上回る山岳地帯(100キロメートルの峡谷を含む。The Hammond World Atlas, Hammond Incorporated, p. 73.)を,しかも徒歩で(寝ずに前進しても)わずか40時間で通り抜けるのは物理的に不可能なことである。メリムスキーの回想と参謀本部の記録は,最初に自動化狙撃部隊の服装でアフガニスタンに進入した第103空挺師団兵力(А. В. Кукушкин, op. cit., p. 58)を,第108師団に誤認しているか,あるいは第108師団のカブール入城時間を曖昧にごまかしているかいずれかである。当の参謀本部の記録というものは,1979年12月―1980年1月の状況を,後になっておおざっぱに書いたものである。

(123) 声明文は, "Documentation. Crisis in Afghanistan : Statement by President Carter", *Survival*, Vol. XXII, No. 2, March/April 1980, pp. 66-68.
(124) *Ibid.*, p. 71.
(125) *Soviet Armed Forces Review Annual*, Vol. 4 (1980), p. 87 ; Ляховский, *op. cit.*, p. 160.
(126) ЦХСД, Фонд 89, Пер. 14, Док. 35. 「1979年12月27―28日,アフガニスタンの状況について」のアンドロポフ,グロムイコ,ウスチノフ,ポノマリョフの報告書。
(127) Гай и Снегирев, Вторжение, *Знамя*, Mar. 1991, p. 221.
(128) Гай и Снегирев, Вторжение, *Знамя*, Apr. 1991, p. 220 ; А. В. Кукушкин, *op. cit.*, p. 59.
(129) В. А. Меримский, *op. cit.*, p. 34.

(130) ЦХСД, Фонд 89, Пер. 14, Док. 35, p. 5.
(131) А. В. Кукушкин, *op. cit.*, p. 63.
(132) В. А. Меримский, *op. cit.*, p. 34.
(133) *Ibid.*；カブールの第40軍司令部の記録から。 А. Ляховский, *op. cit.*, pp. 174-175.
(134) В. А. Меримский, Кабул-Москва：война по заказу, *Военно-исторический журнал*, Dec. 1993, p. 27.
(135) Секретные документы из особых папок：Афганистан, *Вопросы истории*, Mar. 1993, pp. 18-19.
(136) АПРФ, Фонд 3, Опись 120, Дело 44, No. 31, 42-44. 「1980年1月17日，政治局会議：アフガニスタンの状況に関する問題について」。
(137) *Ibid.*
(138) ЦХСД, Фонд 89, Пер. 14, Док. 37. 「1980年1月23日，政治局会議：DRA駐屯ソ連軍へ，労働者，勤務者，軍務員を一時的に派遣することについて」。
(139) ЦХСД, Фонд 89, Пер. 14, Док. 38. 「1980年1月25日，政治局会議：アフガニスタン領土でのソ連軍の臨時駐屯の条件に関する，ソ連政府とDRA政府との間の条約締結のための対話の遂行について」。
(140) ЦХСД, Фонд 89, Пер. 34, Док. 3. 「1980年1月28日，政治局会議：アフガニスタンの状況と関連した，ソ連の国家的利益の保障に関する追加的措置について」。
(141) В. А. Меримский, *op. cit.*, pp. 27-28.
(142) *Ibid.*, p. 28. ただ，報告内容の分裂状態が，それほど深刻であったことは窺える。アンドロポフの訪問後，モスクワからの指示により報告体系はもう一度様変わりし，「タベーエフ，ソコロフ，イヴァノフ，コズロフ（党顧問）の全員が署名した同一の報告書を，四カ所に送るよう」になった。
(143) АПРФ, Фонд 3, Опись 120, Дело 44, No. 73, 77-80. 「1980年2月7日，政治局会議：ソ連ーアフガニスタン協調における幾つかの問題にかんして，アフガニスタン指導者たちとアンドロポフとの間に行われた会談について」。
(144) АПРФ, Фонд 3, Опись 82, Дело 175, No. 1-4. 「1980年2月5日，アンドロポフの報告：アフガニスタン指導者たちとの会談について」。
(145) АПРФ, Фонд 3, Опись 120, Дело 44, No. 73, 77-80. 「1980年2月7日，政治局会議：ソ連ーアフガニスタン協調における幾つかの問題にかんして，アフガニスタン指導者たちとアンドロポフとの間に行われた会談について」。
(146) *Ibid.*
(147) *Ibid.*
(148) *Ibid.*
(149) *Ibid.*

第 7 章　結　論

ソ連と第 3 世界の共産主義 —— 固定観念と認識のズレ

　「近頃の出来ごとや過ぎさった日の事件を調べると，誰しもすぐに同じ欲求や同じ欲情が，ありとあらゆる政所，あらゆる人民を支配していたし，また現に支配していることに気がつく。だから過去の出来ごとを糾明するひとたちにとっては，その知識によって将来どんな国にも必ず起ることがらを予知し，古人の用いた対策を之に施し，或いは今までに先例がなければ類似の出来ごとに思いをいたして新しい対策を考え出すことなどは何の手数もかからぬ話である。ところが世人はどうもこういう観察をなおざりにするし，たまたまこれを行うものがいても，肝心の政をとるものが全くそれを知らずに過すという始末だから，結句おなじような騒ぎがいつの世にも繰り返されることになるわけである[1]。」

　マキアベリの警句はあまりにも平凡な，当たり前のことであるから，忘れられやすいかも知れない。しかし，合理的統治者であれば，いつも身につけているべき知恵であることには間違いない。

　不思議なことに，1979 年のソ連指導部の誰一人，アフガニスタンへの出兵が「ソ連のベトナム」を創ってしまいかねないと憂慮する者はいなかった。参謀本部からの異議はあったものの，結局それも第 3 世界で第 2 のベトナムを創ることなく成功を収めた豊富な経験に埋没してしまった。第 3 世界の共産主義者たちはソ連共産党の指示する路線から離れてはいけないというソ連政治指導部の「傲慢」さは，どこでも敗北したことのないソ連軍指導部の「自信感」によってますます強められていったのである。部分的には，イスラム勢力が猖獗しているとか，米・中が脅威を加えているとかといった「危機意識」も加えられていた。

　第 3 世界でのソ連の軍事力膨張の観点から見れば，確かに 1970 年代の

ソ連の軍事外交は多くの国々で成功を収めていたとも言えよう。アジア，アフリカの諸国でのソ連の外交政策に力の裏付けを支えていたのはソ連軍であり，実際にほとんど大部分の場合，軍事顧問団の派遣などの軍事援助が外交手段として利用されていた[2]。1978年以後のソ連にとって，その年から本格的に始まった米－中関係改善も，自国の安保に対する深刻な脅威となっただろう[3]。いわゆる米－中－日による包囲網に対する過剰な脅威を感じたのも確かであろう。同じ年に結んだベトナム，エチオピア，アフガニスタンとの相互援助条約も同じ脈略から把握できる[4]。1979年のソ連指導部には，軍事的自信感と政治的焦りが錯綜していたのである。

　アフガニスタンで共産主義者たちが政権を握った時，ソ連指導部は早々とアフガニスタンの共産主義的発展モデルを作り，そのための経済支援に乗り出す一方，アフガニスタンの国内的政治基盤の拡大のための連合戦線の形成などを促し始めた。1979年の春，軍事介入問題がアフガン人自身によって提起された際も，直ちに軍事介入はしないものの，「アフガニスタンを失うわけには行かない」という前提は，必ず守るべきこととしてソ連指導部の認識の根底に敷かれていたのである。戦後，中国を失った経験を持っている米国が，5万8千人の自国民の命を犠牲にしながら戦ってきたベトナムを失うようになってからまもない時に，何も失ったことのないソ連は，棚から牡丹餅であるアフガニスタンを失ってはいけないと決意したのである。そのような決意を貫こうと，ソ連指導部はアフガニスタンで10カ月余りを，あらゆる手を打ち消耗したのである。その渦中にもアフガニスタン革命を支援すべきだという固定観念（強迫観念）は彼らの頭から離れたことはなかった。1979年ソ連指導部の対アフガニスタン政策は，こういった間違った軍事的自信感と過剰な政治的危機意識，それから革命支援の義務感の上に成り立っていたのである。

　ハンガリーとチェコスロバキアでソ連は，脱共産化を目指す勢力の登場に反応した。しかしアフガニスタンでのソ連は，「アミン政権は米国寄りだ」という間違った認識を持ち，結局は脱共産化を目指す勢力への介入ではなくスターリン式の共産化を目指すカブール政権に反応しているのである。モスクワは，ハルク流の共産主義革命が時代錯誤的なものであると判

断しただろう。他国の共産主義政権が時代遅れであることには気付きながらも、自国の対外認識が時代遅れであることにはまったく気づかなかったのである。

官僚政治モデル？——カブールのソ連人たち

　官僚政治モデルでソ連のチェコスロバキアおよびアフガニスタン侵攻を分析しているヴァレンタによれば、ブレジネフ時代のソ連共産党政治局は多様な官僚的な利害関係や専門領域、それからパーソナリティを持つ人間たちの集団であり、そこで下される対外政策（出兵）の決定は、必ずしも国家安保に関する統一した見解の反映とは限らないという[5]。モートン・ハルペリンの表現を借りて言えば、国家の安保政策決定過程に参加する者は、自分が国家安保や国家利益を増進しているし、そうすべきであると思い、そのための提案や報告をするが、結局その提案あるいは報告は、各参加者の所属する部署の利害関係あるいは参加する個人の世界観、個性などに基づくものであるということである[6]。安保あるいは国家利益という政策の前提には誰もが異議を持たないが、何が安保や国家利益たるものかについては、さまざまな意見が存在し、そのような多様な利害関係の間の妥協と折衷が最終的な安保政策となるというのである。

　1978年と1979年にカブールからモスクワへさまざまな報告を送っていたソ連代表たちの間には、確かに「縄張り主義」とも言えるこのような官僚主義的利害関係、あるいは見解の衝突があったと見られる。親タラキー的性向のソ連大使プザノフの権力闘争的観点から見たNDPAに関する報告や提案、アフガニスタンに対する文化的偏見に満ちたサフロンチュクの反アミン的な報告、親アミン的態度で軍事的要請を続けたゴレーロフの報告、それからアミンに対する疑惑を募らせながらパルチャムには同情的だったイヴァノフ、モロゾフらのKGBの報告などからそのような様子が窺える。プザノフの態度は、結局アミン政権とモスクワの関係における破局を呼び起こしたし、サフロンチュクの報告はハルクに対するモスクワの不信を助長する結果となった。そしてゴレーロフは、ソ連がアフガニスタン

に軍事的に深い関わりを持つようになるのに一役を担っているし，カブールのKGBはアミンに対するモスクワの疑惑を深めるのに貢献している。

中央の政策決定者は，結局現地からの報告を受けて現地の状況を判断する。アフガニスタン問題におけるモスクワのほとんど最終的な判断の主体は，カブールからのさまざまな報告を受けていた「アフガニスタン委員会」であった。このような面では，何でも「安保」や「国家利益」に頼る説明よりは，ブラックボックス内の政治プロセスを見ようとするアプローチが，アフガニスタン問題におけるカブールとモスクワの関係をより正確に照らしてくれると言えよう。

しかし，ソ連のアフガニスタン出兵の政策決定過程は，このモデルだけでは説明されがたい。ブレジネフ政権末期のモスクワの政策決定のスタイル，力の分布状態，それから固定観念をも考慮に入れなければならないのである。カブールからの情報報告や問題解決の方法に関する提案における食い違いがあったのは確かであるが，そのような矛盾した諸報告のせいでモスクワが混乱をきわめていたのではない。問題はいつもアフガニスタン委員会で検討・妥結され，政治局に回付されているが，その過程でアフガニスタン委員会内でしかるべき政策をめぐって深刻な衝突があったと思わせる点はかけらもない。むしろ，問題を解決していく10カ月の間，グロムイコ，アンドロポフ，ウスチノフ，ポノマリョフの4人は適切な役割分担（対外交渉，対外情報の収集分析，軍事力の使用）に基づいて協調し合いながら，適切な手順を辿って行ったかのようにさえ見られる。言い換えれば，カブールからの報告のプロセスを観察するには，「官僚政治モデル」が有用であるが，しかしそれだけでは，なぜモスクワが10年戦争の泥沼に引き込まれるようになったのかに関する全体的な説明は出来ないのである。モスクワ指導部が，カブールからの諸報告に完全に振り回されていたとは言えない。彼らは，たまには中央の政策に相応しい措置を取るよう（カブールに）要求したり（たとえば，中央軍事顧問団長に），カブールからの報告体系を分割・統合したりしながら，カブールにいる代理人たちを随時統制していたのである。

アフガニスタン委員会——権力のヒエラルヒー

　ブレジネフが政治局の小委員会制度を好んだ理由は，自分の健康悪化にも関係あるものであるが，ブレジネフ特有の政策決定スタイルにも起因するものであるとも言えよう。最近のある研究は，ブレジネフの政策決定スタイルを順応的（accommodative）であると規定し，ブレジネフは「自分の潜在的ライバル兼政治局同僚たちの意見をすべて満足させる戦略」をとっていたとしている。ブレジネフ自身が優柔不断な性格の持ち主でもあり，しかも対外政策が失敗した場合，その責任を負うようなことを避けたかったからであるという。ある懸案についてあらかじめ予断することを避けているのも一つの特徴であるとも言っている[7]。確かにブレジネフは，1968年チェコスロバキアの件においても，モスクワ指導部内の穏健・強硬両論のどちらが優勢であるかを見測ってから，政策決定の最後の列車に乗っている[8]。政治局内の小委員会の存在は，このような性格と高齢のブレジネフにとっては好都合のものであっただろう。

　彼の政治局はアフガニスタン委員会の提案をすべて承認している。委員会の合意は，ほとんどそのまま政治局の合意として実行に移されている。委員会の決定は政治局の決定を意味しているのである。アンドロポフ，グロムイコ，ウスチノフ，ポノマリョフの4人は，ブレジネフの個人的な信頼はもちろん担当部署の特性から見ても，事実上小さな政治局であったとも言えよう。実際に彼らは，スースロフ委員会の欠かせない存在となり[9]，1978—79年のイラン問題においても，政治局内にイラン問題を担当する委員会を構成し，すべての情報と業務処理を仕切ったと言われている[10]。したがって，政治局員候補であるポノマリョフを除いた3人，グロムイコ，アンドロポフ，ウスチノフの間の力の分布状態も，アフガニスタン出兵を決定する過程で一つの重要な要素となるだろう。

　現実主義者，あるいはいわゆる「膨張主義論者」によって言われるように，ソ連指導部が南アジアや中東地域に何らかのグランド・プランを持っていたとすれば，なぜモスクワは1979年3月の軍事介入の要請およびそ

れ以後の軍事援助要請を拒否し続けたのだろうか。1979年3月アフガニスタンへの軍隊投入問題が提起された当時、武力手段は採用しないということに政治局の意見は一致していた。その理由は3人の中ではさまざまであった。グロムイコの頭には西側との関係が、それからアンドロポフの頭にはアフガニスタンのような国の革命路線における武力使用の妥当性が浮かび上がったのである。ウスチノフは、軍事的対案を用意しているが、政治的決定に従う姿勢を示していた。

この段階で、アフガン・トロイカの3人が「ソ連の影響圏としてのアフガニスタン」を維持するのに第一の敵となると思い定めたものも3人3色である。グロムイコは曖昧な表現の「敵」を、アンドロポフは「アミンの独善」を、それからウスチノフは「イスラム勢力」を懸念した。結局、アンドロポフの言うNDPAの内訌とアミンの独走が問題の核心となっており、そちらの方へアフガニスタン委員会の意見も纏まった。3－4月からアンドロポフの発言は重みを帯びていったのである。

したがって、3月以降12月まで、ソ連-アフガニスタン関係を規定しているのは、他ならぬNDPAへの連合戦線形成の要求とアミン排除の要求であり、それを解決するためにモスクワはあらゆる措置をとったのである。秋まで揺るがなかった出兵拒否方針が急に変わった原因も、このような路線および外交的努力の失敗の観点から捉えなければならない。

約10カ月間のモスクワの対カブール観および政策の流れの中で、最も急激な変化が現れたのは、タラキーの暗殺である。9月のアミンのクーデターの際にも静観を堅持しようとしたアフガニスタン委員会は、タラキーの暗殺とそれ以降のアミンの不審な行動を契機にアミン破門を決定している。それは、アフガニスタン問題の解決方法の講究における状況の進展がグロムイコやポノマリョフの手の届かない方向へと向かったということを意味するものでもある。グロムイコ、特にポノマリョフの路線では、隣接国家でマルクス・レーニン主義を標榜しながら、極端な左翼へと走っていく独裁政権に対する処方箋はなかっただろう。

10月以後、カブールから来る諸報告のうち、もっとも反アミン的なKGBの路線が採択されるにつれ、モスクワでアンドロポフが主役となっ

たのは当然なことであろう。金成浩は「アフガニスタン問題においてグロムイコが総括的（中心的）立場に立っていた」と主張し、その根拠として、「政治局での（出兵）決定のあとグロムイコがブレジネフの執務室に相談に立ち寄ったこと」それから1979年9月と10月に出されたカブールのソ連代表たちへの指示およびアフガニスタン委員会の提案書にグロムイコが中心になって署名していることをあげている[11]。しかしこの署名順は11月に入ってから変わっているし、出兵決定後グロムイコがブレジネフに相談したのは「軍事介入の決定を国家の正式手続きなしにしていいのか」ということである。それだけではグロムイコが中心であったとは言えない。

むしろグロムイコが語るこの話は、自分には決定の責任がないということをほのめかしている[12]。1979年のアフガニスタン問題におけるアフガニスタン委員会は、協調に基づいたリーダーシップの変化を見せている。それはカブールの政局変化によるものであって、誰か一人が最初から最後までイニシャティブを取っていたのではない。

もちろんアンドロポフは、早くも1979年3月から、問題の真ん中にアミンが存在していると指摘していた。それも、1978年4月以来続けられてきたカブールKGBからの報告に基づくものであったに違いない。確かに、カブールのKGBはNDPAの中のハルク、特にアミンに良くない感情をもち、高くない評価をしていた。アンドロポフは、タラキー＝アミン政権自体が反人民的であり、モスクワの指示する路線に決して忠実ではないと判断したため、3月に軍隊投入によるカブール政権支援政策が反アフガン人民的な結果になりかねないと、出兵に反対している。論理的な延長線上で見れば、アンドロポフは反人民的政権を人民の支持を受ける政権に交替させれば、すべてが正常軌道に戻ると思っていたにちがいない。

代案が見付からなかったため、武力でアフガニスタン問題を解決しようとしたというガーソフの主張[13]は、どちらかというと、まるでソ連指導部が自暴自棄になって出兵せざる得なかったかのような印象を与える。詭弁かも知れないが、代案がなかったのではない。アンドロポフの前にはカルマルとサルワリ率いるパルチャムとハルク連合の反アミン戦線が、一つ

の代案として浮かび上がっていた。アンドロポフと彼らはアミン政権を押し倒し、新しい連合政権を立てる計画を練ったであろう。軍事的支持基盤のない反アミン戦線を後押しするためには、一定のソ連軍兵力が必要であると判断したであろう。

アンドロポフに誤りがあったとすれば、カルマルへの過大評価、それから反共産主義的なアフガニスタンの民族的特性を過小評価したことにあるだろう。アンドロポフは、下からの報告がもっぱら反アミン的であったことに執着していたのではないだろうか。アフガニスタン叛軍およびイスラム勢力の猖獗に楔を打つための出兵であったら、第1段階の作戦も必要なかったし、しかも両軍管区の3―4個師団兵力で作戦を展開する傲慢さをも見せなかっただろう。ソ連指導部の出兵における判断の軸は、KGBラインの「アミン除去」である。そしてそのような強迫観念に先立たれたアンドロポフの目に見えなかったのは、武力介入に伴う論理、すなわち慣性の法則および作用と反作用の法則だったのである。

呪文による介入、注文による出兵

バーバラ・タクマンは、『愚か者たちの行進』で、「政策の究極的な結果によって、その政策の愚かさが決まるのではない。すべての間違った統治行為は長期的には自己利益に反するが、当時としては体制の強化に貢献するだろう。したがって、それがよく効かない政策、しかも逆効果をもたらす政策であることが明らかになったにもかかわらず、それを持続する時に、その政策は愚かな行進というに値するのである」と述べている[14]。この基準にあわせて言えば、ソ連指導部は出兵当時ではなく出兵の後、ある時点から「愚かな行進」をしていたことになる。

しかし、敵からも学ぶべきであるということを思えば、ベトナムでのアメリカの悲劇をまったく無視したソ連指導部は、すでに「アフガニスタンを諦めることは出来ない」という方針を固めた時点から「愚かな行進」を始めていたとも言えるだろう。彼らは、結局介入せざるを得ない前提の上で、介入するかどうかに関する討論を交わしていたのである。　その結

果，3 — 4 週間で終わるという希望を持っていたブレジネフ政権は，出兵3カ月目に入ってもトンネルの出口の光さえ見付けることができなかった。出兵の時点から1980年2月までのわずか2カ月の間，ソ連軍は243人の死者と5306人の負傷者，計5549人の犠牲を払っていた[15]。「状況の安定」はまだ実現していなかったのである。3月10日，アフガニスタン委員会の4人は，政治局に次のような文章から始まる提案書を出さざるを得なかった。

> アフガニスタンの状況，それからアフガニスタンをめぐる状況は悪化しつつある。アフガニスタンの新指導部がとっている対内外政策が国内の状況安定，DRAの国際的立場の強化を促進しているのも事実であるが，このような政策の速度は非常に遅い。アフガニスタン軍の戦闘能力もまだ低水準に停まっている。米国，中国，パキスタン，それから一連のムスリム諸国からの物質的，軍事的，政治的支援を受けている国内外の反革命勢力の軍事行動は続いている。
>
> すべてのことから判断すれば，対内的な問題の成功的な解決，それからアフガニスタンの新しい権力の強化には，これからも少なくない力や時間が要求される。すなわち，ソ連軍がかの地で安定要素として駐屯し続けながら国内外の反革命勢力の行動の展開を防ぐべきである[16]。

その「少なくない力や時間」が，延べ546,255名のソ連軍将兵や9年2カ月の歳月となるとは，この人々には想像もできなかっただろう。結局ソ連はアフガニスタンで1万5千人に達する若いソ連兵士の命を失った[17]。これだけの時間および人間の命を注ぎ込んだソ連のアフガニスタン出兵政策に，ソ連の長短期的な国家利益はもちろんアフガニスタンの「状況安定」のために貢献したものがあったと言えるのだろうか。

あれほど「高くつく戦争」あるいは「愚かな行進」にソ連を導いた出発点は何だったのだろうか。モスクワの政策決定者たちは，1978年4月と1979年3月に，それぞれ「ソ連の提示するモデルによるアフガニスタン革命の完成」および「アフガニスタンを敵に渡すことは出来ない」という

前提の上で，アフガニスタン問題を討議していた。ソ連に近付いてきた第3世界の共産政権を支援すべく，イデオロギー的にも革命政権を救い出すべきだという固定観念に，支配されていたのである。彼らにとって，振り出しに戻って自分たちの我執の正当性や実現可能性について再考するのは不可能なことだったのであろうか。安保や国家利益を最高の政策基準とする現実主義者たちの論理にも，懐柔による現状維持政策と武力手段などによる帝国主義政策以外に，権力放棄（abnegation）という概念がある。間違っている前提を見直しうるこの選択肢，すなわちソ連-アフガニスタンを1978年4月以前の状態に取り戻せる勇気と知恵を，なぜ1979年下半期のソ連指導部は欠いていたのだろうか。

　確かに，1979年3月から12月までの間，アフガニスタン内政だけではなく，国際情勢においても変化が起こったのは事実である。3月に出兵の抑制要因として作用した西側に対するモスクワの意識が12月に近づくにつれ，弱まりつつあったのも否認しがたい。しかし，それは米国をはじめとする西側の政策がソ連に対して挑戦的に変わっていたからではなく，モスクワがアミン政権を媒介として見た米国に不信感を抱くようになったからである。すなわち問題の核心はアミン政権であり，ワシントンではなかったのである。アフガニスタン委員会がアミンを破門に処し，徹底的に欺こうと腹を決めたのは，テヘラン駐在米国大使館がイラン過激派により占拠される（11月）前のことであり，なおNATOで中距離ミサイルのヨーロッパ配置が決まる（12月）だいぶ前のことだったのである。

　ソ連にとっては，アフガニスタン問題の処理過程においては両方の手段，すなわち政治的基盤の拡大要求と経済支援という措置を同時に使うということが，基本方針であり，そもそもそれは第3世界共産主義革命運動に対する政策の骨幹でもあった。しかし，自力で政権を掌握したアフガニスタンの共産主義者たちへの政策としては，それは判断ミスだったに違いない。米国も離れていくアフガニスタンが，ソ連の経済支援に頼っていたのは確かである。もし政治的基盤の拡大を通じてカブール政権の安定化を望むのであれば，軍事的支援要請に代わる経済支援を増やすべきではなく，むしろ経済支援の中断で脅迫すべきだっただろう。政治・軍事・経

済・理念のすべての面において優位に立っていたのはソ連であり，アフガニスタンではない。にもかかわらず，1978 年—79 年のソ連とアフガニスタンの関係において，いつも要求し脅迫する側はアフガニスタンであり，ソ連ではなかったように見られる。両国の間では，アクターの持っている政治的権力（power）行使の資源と，実際に行使される政治的な力の関係が逆比例していたのである。

　固定観念に支配されていたソ連指導部は，1979 年 9 月以前はタラキー＝アミン・チームの支援要請の攻勢に，それ以後はアミンの主導するカブール政局の予測不可能性に圧倒されつつ，結局クライアントのアフガニスタンに動かされたのである。言い換えれば，モスクワの対アフガニスタン路線は，カブール政権の執拗な要求に呑みこまれ，カブールの急激な政局変化に呑みこまれてしまったのである。

　第 3 世界共産主義政権の革命運動に対する支援への義務感およびその革命政権がとる路線に対する非寛容性という強い強迫観念のわりには，1979 年の 1 年間のソ連の対アフガニスタン政策そのものは，忍耐と説得の過程を経た，一見して，合理的判断の上に成り立っているように見える。もちろん 1980 年代の研究者たちが，ソ連のアフガニスタン出兵を安保と国家利益を計算した上での合理的結論として捉えているのは，忍耐と説得の過程が重なった政策決定のプロセスを見ていたからではなく，国家の行動はいつも合理的であるという現実主義的論理および冷戦時代の対決イデオロギーを前提にしていたからである。そして，アフガニスタン出兵のプロセスにアクターとして加わり，全プロセスをよく知っているグロムイコとポノマリョフが出兵の合理性や不可避性を強弁しているのも，出兵に至るまでの諸代案の模索の過程と解決のための努力の重苦しさを味わったからである。さらに，90 年代に入りロシアの新しい資料に基づいてモスクワとカブールの政治的プロセスを分析した研究が「代案がなかったから」という結論を下しているのも，このような政策的代案の模索過程を見ているからであるだろう。

　ソ連の出兵が「合理的な判断」であったとか，「現実的な政策」であったとか，あるいは「代案のない状態でのやむを得ない措置」であったと

か，などの既存の諸説やソ連政府の公式的な「介入の弁」に共通しているのは，「出兵した」主体への観点である。しかし，本書で見たように，2年間にわたるソ連-アフガニスタン関係の過程を観察した結果浮き彫りになったのは，「出兵させた」主体としてのアフガニスタン，それから「出兵させられた」客体としてのソ連である。

メリムスキーは自分の回想の題目を「カブール-モスクワ：注文による戦争」[(18)]と付けている。彼はそのような題を付けることによって，ソ連軍はカルマル政権の要請を受けてアフガニスタンに入り，アフガン人の代わりにアフガニスタン政局の安定のために血を流したということを強調したかっただろう。しかし，ソ連のアフガン出兵は，これとは異なる意味での「注文による出兵」であったと言える。すなわちソ連は，タラキー＝アミンの注文，それからカブール政局の急変から生じる注文によって出兵させられたのである。もちろん，ソ連指導部が暗黙の前提にしていた固定観念が，それを執拗に攻略したカブール政権の政治的テクニックよりは先立っていたという面から言えば，それは「呪文による出兵」ともなるだろう。強迫観念という呪文にかかっていたモスクワを，カブールからの注文が動かしたのである。

（1）ニッコロ・ディ・ベルナルド・マキアヴェルリ，多賀善彦（訳）『マキアヴェルリ選集第二巻：ローマ史論』（上），創元社，昭和15年，第1巻，第39章，195—196頁；Niccolo Machiavelli, *The Discourses on the First Ten Books of Livius*, Chap. XXXIX, in The Prince and the Discourses, tr. by Christian E. Dtemold, The Modern Library, New York, 1950, p. 216.
（2）A. Rubinstein, *op. cit.*, p. 176.
（3）*Ibid.*, p. 276.
（4）和田春樹『歴史としての社会主義』，岩波新書，1992年，168頁。
（5）Jiri Valenta, "From Prague to Kabul : The Soviet Style of Invasion", *International Security*, Vol. 5, No. 2 (Fall 1980), p. 121.
（6）Morton H. Halperin, *National Security Policy-Making : Analyses, Cases, and Proposals*, Lexington Books, D.C. Heath & Company, Toronto and London, 1975, p. 5.
（7）James Marc Goldgeier, "Soviet Leaders and International Crises : The

Influence of Domestic Political Experiences on Foreign Policy Strategy", unpublished Ph. D. Dissertation, University of California at Berkeley, 1990, pp. 73-74, 78-84.

(8) 　Jiri Valenta, "Decisionmaking in Czechoslovakia, 1968", in Porter and Valenta, *op. cit.*, p. 179.

(9) 　本書の第3章2の「政治局の小委員会」参照。

(10) 　Л. В. Шебаршин, *op. cit.*, p. 133.

(11) 　金成浩，前掲論文，26―27，50―51頁。

(12) 　上掲論文，50頁。また，金成浩は「アフガニスタン問題においてソ連の計算を大きく左右したのは，まさに米国の動きであった。アミン政権のままでは米国によってアフガニスタンは反ソ基地にされてしまうというソ連指導部の懸念が，介入決定の一要因となった」と述べているが（54頁），この主張も再検討の余地がある。ニュアンスの問題ではあるが，本書で見たようにソ連が懸念したのは米国の行動ではなく，アミン政権の行動であった。それが過剰反応であったとしても，その反応の原因を提供したのはアミン政権であり，米国の動きではなかった。

(13) 　R. Garthoff, *op. cit.*, p. 1036.

(14) 　Barbara Tuchman, *The March of Folly : From Troy to Vietnam*, Papermac, London, 1984, p. 33.

(15) 　Г. Ф. Кривошеев и др., *Гриф секретности : Потери Вооруженных Сил СССР в войнах, боевых действиях и военных конфликтах : Статистическое исследование*, М. : Воениздат, 1993, p. 405.

(16) 　ЦХСД, Фонд 89, Пер. 34, Док. 5. 「1980年3月10日，政治局会議：アフガニスタンと関連したわれわれの将来の対外政策路線およびF. カストロの呼びかけへの回答について」。

(17) 　Забродин и Ляховский, *op. cit.*, pp. 213-214. アフガニスタンで犠牲（死亡）となったソ連軍兵力の数字については，1989年ソ連軍参謀本部の記録を参考にしているザブロージンとリャホフスキーが13833名を，それからソ連国防省文書館（ЦАМО），ソ連軍国家文書館（ЦГАСА）などの記録を参考にソ連軍の歴代戦争・対外介入での死傷者を分析しているクリヴォシェーフらが14751名を主張している。Г. Ф. Кривошеев и др., *op. cit.*, p. 407.

(18) 　В. А. Меримский, Кабул-Москва : война по заказу, *Военно-исторический журнал*, Oct. 1993, pp. 11-21 ; Nov. 1993, pp. 30-36 ; Dec. 1993, pp. 27-32 ; Jan. 1994, pp. 24-29.

参 考 文 献

1　National Security Archive からの資料

ЦХСД, Фонд 5, Опись 76, Дело 1046.　1979年3月1日，アルヒポフとアミンとの会談。

ЦХСД, Фонд 89, Пер. 25, Док. 1, Л. 1, 12-25.　1979年3月17—19日，政治局会議：アフガニスタンの状況悪化とわれわれの可能な措置。

ЦХСД, Фонд 89, Пер. 14, Док. 26.　1979年3月20日，コスイギン，グロムイコ，ウスチノフ，ポノマリョフとタラキーとの会談。

ЦХСД, Фонд 89, Пер. 14, Док. 25.　1979年3月20日，ブレジネフとタラキーとの会談。

ЦХСД, Фонд 89, Пер. ?, Док. 25.　1979年3月22日，政治局会議：アフガニスタンの状況について。

ЦХСД, Фонд 5, Опись 76, Дело 1042.　1979年4月4日，6月27日付の駐カブールソ連大使館からの書簡。

ЦХСД, Фонд 89, Пер. 14, Док. 28.　1979年4月12日，政治局会議：アフガニスタンの状況と関連したわれわれの将来の路線について。

ЦХСД, Фонд 89, Пер. 14, Док. 28.　1979年4月21日，政治局会議：アフガニスタン民主共和国への，反革命軍の出現の鎮圧におけるソ連軍ヘリ戦闘乗務員の参加の不当性について。

ЦХСД, Фонд 89, Пер. 14, Док. 30.　1979年5月24日，政治局会議：アフガニスタン民主共和国への追加的な軍事援助の供与について。

ЦХСД, Фонд 5, Опись 76, Дело 1046, Л. 29-30.　1979年6月14日，A. A. バルコフスキーと駐イラクアフガニスタン大使 F. ムハメッドとの会談。

ЦХСД, Фонд 5, Опись 76, Дело 1046, Л. 38-40.　1979年7月2日，アフガニスタンのソ連大使館副大使 V. S. サフロンチュクとアミンとの会談。

ЦХСД, Фонд 5, Опись 76, Дело 1046, Л. 55-57. 1979年8月5，6，7日，アフガニスタンのソ連大使館副大使V. S. サフロンチュクとアフガニスタン外務省の政治担当第2次官A. アミンとの会談。

ЦХСД, Фонд 5, Опись 76, Дело 1046, Л. 60-62. 1979年9月24日，キューバ駐在ソ連大使V. I. ヴォロトニコフと同国在住アフガニスタン大使ナジフーラ・ノフザットとの会談。

ЦХСД, Фонд 5, Опись 76, Дело 1046, Л. 67-70. 1979年10月29日，アフガニスタンのソ連大使館副大使V. S. サフロンチュクとアミンとの会談。

ЦХСД, Фонд 5, Опись 76, Дело 1046, Л. 71-76. 1979年11月6，12日，アフガニスタンのソ連大使館副大使V. S サフロンチュクとアミンとの会談。

ЦХСД, Фонд 5, Опись 76, Дело 1046, Л. 77-79. 1979年11月6日，アフガニスタンのソ連大使館の党顧問V. M. スミルノフとアフガニスタン人民民主党中央委員会政治局員兼司法長官兼検察総長A. Kh. タライとの会談。

ЦХСД, Фонд 5, Опись 76, Дело 1046, Л. 80-81. 1979年11月19日，アフガニスタンのソ連大使館副大使V. S. サフロンチュクとアミンとの会談。

ЦХСД, Фонд 5, Опись 76, Дело 1046, Л. 82-85. 1979年12月3日，アフガニスタンのソ連大使館副大使V. S. サフロンチュクとアミンとの会談。

ЦХСД, Фонд 89, Пер. 14, Док. 31. 1979年12月12日，政治局の決議：ア（フガニスタン）の状況について。

ЦХСД, Фонд 89, Пер. 14, Док. 32. 1979年12月26日，12月12日の決議の遂行に関するウスチノフ，グロムイコ，アンドロポフの報告。

ЦХСД, Фонд 89, Пер. 14, Док. 33. 1979年12月27日，政治局会議：アフガニスタンをめぐる状況の発展と関連したわれわれの措置について。

ЦХСД, Фонд 89, Пер. 14, Док. 34. 1979年12月29日，政治局会議：アフ

ガニスタン問題に関するカーター大統領のホットライン・アピールへの回答について。

ЦХСД, Фонд 89, Пер. 14, Док. 35. 1979年12月27—28日, アフガニスタンの状況について」のアンドロポフ, グロムイコ, ウスチノフ, ポノマリョフの12月31日付報告書, 1980年1月4日, グロムイコとアフガニスタン外相ドーストとの会談。

АПРФ, Фонд 3, Опись 82, Дело 174, No. 117. 1980年1月17日, 政治局会議：アフガニスタンの状況に関する問題について。

АПРФ, Фонд 3, Опись 120, Дело 44, No. 31, 42-44. 1980年1月17日, 政治局会議：アフガニスタンの状況に関する問題について。

ЦХСД, Фонд 89, Пер. 14, Док. 37. 1980年1月23日, 政治局会議：DRA駐屯ソ連軍へ, 労働者, 勤務者, 軍務員を一時的に派遣することについて。

ЦХСД, Фонд 89, Пер. 14, Док. 38. 1980年1月25日, 政治局会議：アフガニスタン領土でのソ連軍の臨時駐屯の条件に関する, ソ連政府とDRA政府との間の条約締結のための対話の遂行について。

ЦХСД, Фонд 89, Пер. 34, Док. 3. 1980年1月28日, 政治局会議：アフガニスタンの状況と関連した, ソ連の国家的利益の保障に関する追加的措置について。

АПРФ, Фонд 3, Опись 82, Дело 175, No. 1-4. 1980年2月5日, アンドロポフの報告：アフガニスタン指導者たちとの会談について。

АПРФ, Фонд 3, Опись 120, Дело 44, No. 73, 77-80. 1980年2月7日, 政治局会議：ソ連—アフガニスタン協調における幾つかの問題にかんして, アフガニスタン指導者たちとアンドロポフとの間に行われた会談について。

ЦХСД, Фонд 89, Пер. 34, Док. 5. 1980年3月10日, 政治局会議：アフガニスタンと関連したわれわれの将来の対外政策路線およびF. カストロの呼びかけへの回答について。

ЦХСД, Фонд 89, Опись 31, Дело 31, Л. Л. 31. 1980年3月13日, 政治局会議：ニカラグアのサンディニスタ民族解放戦線指導部の要請につ

いて。

ЦХСД, Фонд 89, Пер. 34, Док. 8. 1980年5月8日，政治局会議：アフガニスタンと関連した政策調整に関する提案について。

2 資料集および取材記

Артём Боровик, Спрятанная война, *Огонёк*, No. 46, Nov. 1989, pp. 17-20.

Артём Боровик, Спрятанная война, *Огонёк*, No. 49, Dec. 1989, pp. 17-20.

Давид Гай и Владимир Снегирев, Вторжение, *Знамя*, Mar. 1991, pp. 195-217.

Давид Гай и Владимир Снегирев, Вторжение, *Знамя*, Apr. 1991, pp. 216-233.

В. М. Забродин и А. А. Ляховский, *Тайны Афганской Войны*, Планета, М., 1991.

Александр Ляховский, *Трагедия и доблесть Афгана*, ГПИ "Искона", М., 1995.

Н. И. Пиков, *Война в Афганистане*, Воениздат, М., 1991.

Александр Филиппов, *Трудный путь в будущее*, «НАУКА», М., 1989.

Секретные документы из особых папок : Афганистан, *Вопросы истории*, Mar. 1993, pp. 3-33.

Афганистан. Драма в совершенное секретных документах и шифровках особытиях, предшествующих вводу войск в ДРА. *Комсомольская правда*, Dec. 27, 1990.

Николай Иванов, Шторм-333, *Наш современник*, No. 9, 1991, pp. 148-162.

Что от нас скрывали, *Труд*, Jun. 23, 1992.

Визит Бабрака Кармаля в Советский Союз, 15-24 октября 1980 года. Документы и материалы, Изд. политической литературы, М., 1980.

"Afghan War : The Beginning", *Soviet Soldier*, No. 5, 1990.

American Foreign Policy Basic Documents, 1977-1980, Department of State, Washington D.C., 1983.

Sergei Belitsky, "Authors of USSR's Afghan War Policy", *Report on the USSR*, RFE/RL, Inc., Vol. 1, No. 17, Apr. 28, 1989, pp. 11-12.

"Soviet Policy in Afghanistan, 1979 : A Grim Assessment", *Cold War International History Project Bulletin*, Issue 3, Fall 1993, pp. 67-69.

"From Hesitation to Intervention : Soviet Decision on Afghanistan", *Cold War International History Project Bulletin*, Issue 4, Fall 1994, pp. 70-76.

Communist Party of India, *Afghanistan's National Fatherland Front*, New Delhi, 1981.

"Coups and Killings in Kabul : A KGB defector tells how Afghanistan became Brezhnev's Viet Nam," *Time*, Nov. 22, 1982.

Michael Dobbs, "The Afghan Archive, Into the Quagmire : Secret Memos Trace Kremlin's March to War", *Washington Post*, Nov. 15, 1992.

Michael Dobbs, "The Afghan Archive, Reversing Course. Dramatic Politburo Meeting Led to End War : Gorbachev Pressed to Pull Out of Quagmire for Soviets During Secret 1986 Debate", *Washington Post*, Nov. 16, 1992.

"Documentation : Crisis in Afghanistan", *Survival*, Vol. 22, No. 2, Mar.-Apr. 1980, pp. 66-71 ; Vol. 22, No. 4, Jul.-Aug. 1980, pp. 146-160 ; Vol. 22, No. 5, Sep.-Oct. 1980, pp. 222-225.

Documents From the U.S. Espionage Den, Vol. 29, 30.

DRA Ministry of Foreign Affairs, *Afghanistan : U. S. Intervention*, Government Printing Press, Kabul, June 1983.

DRA Ministry of Foreign Affairs, *Afghanistan : Multifaceted Revolutionary Process*, Government Printing Press, Kabul. （出版年度不明）

DRA Ministry of Foreign Affairs, *Undeclared War : Armed Intervention and Other Forms of Interference in the Internal Affairs of the Democratic Republic of Afghanistan*, Second revised and enlarged edition, Information and Press Department DRA Ministry of Foreign Affairs, Kabul 1981. (日本語版：アフガニスタン民主共和国外務省情報局,『Green Book, 宣戦布告なき戦争：アフガニスタン民主共和国に対する武力介入及び各種形態による内政干渉』1980年政府白書, 1981年7月).

DRA Ministry of Foreign Affairs, *White Book : Foreign Policy Documents of the Democratic Republic of Afghanistan*, Information and Archives Department, Kabul, 1981.

House of Commons, "Afghanistan : The Soviet Invasion and Its Consequences for British Policy", Fifth Report from the Foreign Affairs Committee, Session 1979-1980, London, 1980.

House of Representatives, "East-West Relations in the Aftermath of Soviet Invasion of Afghanistan", Hearings before the Subcommittee on Europe and the Middle East of the Committee on Foreign Affairs, U. S. Government Printing Office, Washington, January, 1980.

Mikhail Ilyinsky, *Afghanistan : Onward March of the Revolution*, Sterling Publishers, New Delhi, 1982.

Nikolai Ivanov, "How the Afghan War Started", *Soviet Soldier*, Jul.-Dec. 1991.

Aaron Trehub, "Soviet Press Coverage of the War in Afghanistan : From Cheerleading to Disenchantment", *Report on the USSR*, RFE/RL, Inc., Vol. 1, No. 10, Mar. 10, 1989, pp. 1-4.

「米解禁文書に見る世界激動の内幕：アフガン侵攻」, 1, 2,『読売新聞』(夕刊), 1994年9月14日, 21日

3 回想

М. А. Гареев, Афганская проблема—три года без советских войск, *Международная жизнь*, Feb. 1992, pp. 16-26.

А. А. Громыко, *Памятное*, книга 1-я и 2-я, Издательство политической литературы, Москва, 1988.

С. М. Золотов, Чехословакия, год 1968-й : Шли на помощь друзьям, *Военно-исторический журнал*, No. 4 (April 1994), pp. 14-23.

Г. М. Корниенко, Как принимались решения о вводе советских войск в Афганистан и их выводе, *Новая и новейшая история*, No. 3, May-Jun. 1993, pp. 107-118.

Алексей Васильевич Кукушкин, Как был взят Кабул, *Военно-исторический журнал*, No. 6, Nov.-Dec. 1995, pp. 56-63.

В. А. Меримский, Кабул-Москва : война по заказу, *Военно-исторический журнал*, Oct. 1993, pp. 11-21 ; Nov. 1993, pp. 30-36 ; Dec. 1993, pp. 27-32 ; Jan. 1994, pp. 24-29.

В. А. Меримский, В боях с моджахедами, *Военно-исторический журнал*, Aug. 1994, pp. 40-47.

А. Морозов, Кабульский резидент, *Новое время*, No. 38 (pp. 36-39), No. 39 (pp. 32-33), No. 40 (pp. 36-37), No. 41 (pp. 28-31), 1991.

В. С. Сафрончук, Афганистан времен Тараки, *Международная жизнь*, Dec. 1990, pp. 86-96.

В. С. Сафрончук, Афганистан времен Амина, *Международная жизнь*, Jan. 1991, pp. 124-142.

К. Цаголов, живу и помню, *Огонёк*, No. 48-49, Dec. 1994, pp. 16-26.

Л. В. Шебаршин, *Рука Москвы : записки начальника советской разведки*, М., 1992.

Так мы вошли в Афганистан, *Литературная газета*, Sep. 20, 1989.

Zbigniew Brzezinski, *Power and Principle : Memoirs of the National Security Adviser, 1977-1981*, Farrar-Straus-Giroux, New York, 1983.

Jimmy Carter, *Keeping Faith : Memoirs of a President*, Bantam Books, New York, 1982.

Anatoly Dobrynin, *In Confidence : Moscow's Ambassador to America's Six Cold War Presidents*, Random House, New York, 1995.

Cyrus Vance, *Hard Choice : Critical Years in America's Foreign Policy*, Simon and Schuster, New York, 1983.

ミハイル・ゴルバチョフ（工藤精一郎・鈴木康雄＝訳）『ゴルバチョフ回想録』（上巻・下巻）新潮社，1996年

4 新聞・雑誌

Военно-исторический журнал

Вопросы истории

Знамя

Известия

Красная звезда

Литературная газета

Международная жизнь

Новая и новейшая история

Новое время

Огонёк

Правда

Труд

International Studies

Report on the USSR

Soviet Military Review

Soviet Soldier (1989年までの誌名は *Soviet Military Review*)

Current Digest of Soviet Press

US News and World Report

＊ *The Soviet Biographic Archive, 1954-1985*, [Radio Free Europe-Radio Liberty, Inc. and Hoover Institution on War, Revolution, and Peace], Alexandria, Va. : Chadwyck-Healey, 1986. Microfiche 2,812 sheets. その中でも特に，アンドロポフ，ソコロフ，

パヴロフスキー,パプチン,ヴァレンニコフのセクション。(この資料は,西ドイツの Radio Free Europe-Radio Liberty 社とアメリカのフーバー研究所が共同で,新聞を含むソ連の主要ジャーナルに報道されたソ連の要人の動向に関する記事をスクラップし人名のアルファベット順に整理したものを,1986 年 Chadwyck-Healey 社がマイクロフィッシュにおさめた資料である。その期間はおよそ 1950 年から 1986 年までをカバーしており,スクラップ記事の数は約 100 万件に達する。本文で別に注を使わず括弧の中に出所を明かしたのは,この資料からの参照である。)

5 ソ連―アフガニスタン関係に関する研究

О. А. Вестад, Накануне ввода советских войск в Афганистан. 1978-1979 гг., *Новая и новейшая история*, No. 2, 1994.

Г. А. Поляков, *Афганистан революционный*, "Международные отношения", М., 1981.

Л. Б. Теплинский, *Советско-Афганские отношения 1919-1960*, М., 1961.

Р. А. Ульяновский, Афганская революция на современном этапе, *Вопросы истории* КПСС, No. 4, 1982

О. Г. Чернет, *Афганистан : борьба и создание*, Воениздат, М., 1984.

J. Bruce Amstutz, *Afghanistan : The First Five Years of Soviet Occupation*, National Defense University, Washington D. C., 1986.

Anthony Arnold, *Afghanistan's Two-Party Communism : Parcham and Khalq*, Hoover Institution on War, Revolution and Peace, 1983.

Kalim Bahadur, et. al., *Inside Afghanistan*, Patriot Publishers, New Delhi, 1985.

Henry S. Bradsher, *Afghanistan and the Soviet Union*, New and Expanded Edition, Duke University Press, Durham 1985.

Joseph J. Collins, *The Soviet Invasion of Afghanistan : A Study in the Use of Force in Soviet Foreign Policy*, D.C. Heath and Company, Massachusetts, 1986.

"Coping with the Aftermath", *Survival*, Vol. 22, No. 6, Nov.-Dec. 1980, pp. 242-258.

Diego Cordovez and Selig S. Harrison, *Out of Afghanistan : The Inside Story of the Soviet Withdrawal*, Oxford University Press, Oxford, 1995.

Louis Dupree, "Afghanistan Under the Khalq", *Problems of Communism*, Vol. XXVIII, No. 4, Jul.-Aug. 1979, pp. 34-50.

Raymond L. Garthoff, *Detente and Confrontation : American-Soviet relations from Nixon to Reagan*, Rev. ed., The Brookings Institution, Washington, D. C., 1994, pp. 977-1075.

Sarah E. Mendelson, "Internal Battles and External Wars : Politics, Learning, and the Soviet Withdrawal from Afghanistan", *World Politics*, 45 (April 1993), pp. 327-360.

Thomas T. Hammond, *Red Flag over Afghanistan : The Communist Coup, the Soviet Invasion, and the Consequences*, Westview Press, Boulder, 1984.

Selig S. Harrison, "Dateline Afghanistan : Exit Through Finland?", *Foreign Policy*, No. 41, Winter 1980-81.

Milan Hauner, *The Soviet War in Afghanistan : Patterns of Russian Imperialism*, University Press of America, Philadelphia, 1991.

Syed Shabbir Hussain, *Afghanistan under Soviet Occupation*, World Affairs Publication, Islamabad, 1980.

Anthony Hyman, *Afghanistan under Soviet Domination, 1964-81*, Macmillan, Hong Kong, 1982.

M. Hassan Kakar, *Afghanistan : The Soviet Invasion and the Afghan Response, 1979-1982*, University of California Press, Berkeley and Los Angeles, 1995.

Beverley Male, *Revolutionary Afghanistan : A Reappraisal*, Croom Helm, London & Canberra, 1982.

Ram Rahul, *Afghanistan, Mongolia and USSR*, Vikas Publishing House,

New Delhi, 1987.

Arundhati Roy, *The Soviet Intervention in Afghanistan : Causes, Consequences and India's Response*, Associated Publishing House, New Delhi, 1987.

Alvin Z. Rubinstein, *Soviet Policy toward Turkey, Iran, and Afghanistan*, Praeger, New York, 1982.

Mark Urban, *War in Afghanistan*, Macmillan Press, London, 1988.

Jiri Valenta, "From Prague to Kabul : The Soviet Style of Invasion", *International Security*, Vol. 5, No. 2 (Fall 1980), pp. 114-141.

Jiri Valenta, "Soviet Decisionmaking on Afghanistan, 1979", in Jiri Valenta and William C. Potter, eds., *Soviet Decisionmaking for National Security*, George Allen & Unwin, London, 1984.

"Social Sciences Today" Editorial Board, USSR Academy of Sciences, *Afghanistan : Past and Present*, Moscow, 1981.

鳥井順『1980—1989、アフガン戦争』第三書館、1991年。

金成浩「ソ連のアフガニスタン侵攻：対外政策決定の分析」『スラブ研究』、No. 43 (1996)、129-166頁。

6 ソ連軍に関する資料および研究

В. И. Варенников, Некоторые проблемы развития успеха в наступательных операциях (По опыту Великой Отечественной войны), *Военная мысль*, Aug. 1979, pp. 25-36.

В. И. Варенников, Богатый источник всесторонних военных знаний (К завершению издания восьмитомной Советской Военной Энциклопедии), *Военная мысль*, Sep. 1980, pp. 15-31.

А. А. Гречко и Н. В. Огарков, *Советская военная энциклопедия*, Vol. 1-8, Военное издательство, М. 1983.

А. А. Епишев, Ленинизм : идейно-теоретическая основа партийно-политической работы в Советских Вооружённых Силах, *Военная мысль*, April, pp. 19-30.

М. М. Козлов, *Академия генерального штаба*, Военное издательство, М., 1987.

Г. Ф. Кривошеев, *Гриф секретности : Потери Вооруженных Сил СССР в войнах, боевых действиях и военных конфликтах : Статистическое исследование*, М. : Воениздат, 1993.

О. Лосик, Маршал Советского Союза С. Л. Соколов, *Военно-исторический журнал*, July 1981, pp. 64-66.

МО СССР, Институт военной истории, *Военный энциклопедческий словарь*, М. 1983.

С. Л. Соколов, Верность заветам отцов, *Комсомольская правда*, May 8, 1975.

Ammon Cella, *Soviet Political and Military Conduct in the Middle East*, McMillan Press, Hong Kong, 1981.

Andrew Cockburn, *The Threat : Inside the Soviet Military Machine*, Vintage Books, New York, 1983.

Kenneth Currie, "Soviet General Staff's New Role", *Problems of Communism*, Vol. 33, Mar.-Apr. 1984, pp.32-40.

Michael J. Dean, *Political Control of the Soviet Armed Forces*, Macdonald and Jane's, London, 1977.

Dale R. Herspring, *The Soviet High Command, 1967-1989 : Personalities and Politics*, Princeton Univ. Press, New Jersey, 1990.

Stephen S. Kaplan, *Diplomacy of Power*, The Brookings Institution, Washington, D.C., 1981.

Roman Kolkowicz, *The Soviet Military and the Communist Party*, Princeton Univ. Press, New Jersey, 1967.

Malcolm Mackintosh, "The Soviet Military : Influence on Foreign Policy", *Problems of Communism*, Vol. 22, No. 5, Sep.-Oct. 1973, pp. 1-12.

William E. Odom, "The Soviet Military : The Party Connection",

Problems of Communism, Vol. 22, No. 5, Sep.-Oct. 1973, pp. 12-26.

Harriet Fast Scott and William F. Scott, *The Soviet Control Structure : Capabilities for Wartime Survival*, National Strategy Information Center, New York, 1983.

Harriet Fast Scott and William F. Scott, *The Armed Forces of the USSR*, Westview Press, Colorado, 1984 (乾一字訳,『ソ連軍：思想, 機構, 実力』時事通信社, 1986年).

Soviet Armed Forces Review Annual (SAFRA), Vol. 1-5, Academic International Press, Gulf Breeze, 1977-1981.

Victor Suvorov, *Soviet Military Intelligence*, Hamish Hamilton, London, 1984.

Victor Suvorov, *Inside the Soviet Army*, Hamish Hamilton, London, 1982.

P. H. Vigor, *Soviet Blitzkrieg Theory*, St. Martin's Press, New York, 1983.

戦略問題研究会編『戦後世界軍事資料』(第4巻, 1974-1980年) 原書房, 1981年。

7 学位論文

Quadir A. Amiryar, "Soviet Influence, Penetration, Domination and Invasion of Afghanistan", unpublished Ph. D. Dissertation, The George Washington University, 1989.

Linda Racioppi, "Soviet Foreign Policy Towards South Asia, 1970-1985 : Regional Constraints, Perceptions, and Policies", unpublished Ph. D. Dissertation, The University of Maryland, 1989.

Jonathan C. Valdez, "Socialist Internationalism, Contradictions, and Eastern Europe : Ideology and Soviet Influence, 1968-1989", unpublished Ph. D. Dissertation, The University of Maryland, 1990.

James Marc Goldgeier, "Soviet Leaders and International Crises : The Influence of Domestic Political Experiences on Foreign Policy Strategy", unpublished Ph. D. Dissertation, University of California at Berkeley, 1990.

Thomas Walter Holloway, "Propaganda Analysis and the Soviet Intervention in Afghanistan," unpublished Ph. D. Dissertation, The Ohio State University, 1991.

金成浩「ソ連のアフガニスタン侵攻：対外政策決定の分析」(静岡県立大学提出修士論文，1994年)

8 その他

Г. Арбатов, Из недавнего прошлого, *Знамя*, Sep. 1990, pp. 201-222.

Илья Земцов, *Черненко : Советский Союз в канун перестройки*, Overseas Publications Interchange Ltd., London, 1989.

Он был заложником кремля : Бабрак Кармал рассказывает, *Труд*, Oct. 24, 1991.

От правды никуда не уйдёшь... (Новые документы о событиях в Чехословакии 1968 г.), *Кентавр*, No. 5, 1993.

Из Архива Президента РФ ; Документы 'комиссии Суслова'. События в Польше в 1981 г., *Новая и новейшая история*, No. 1, 1994.

Венгрия : Апрель-Октябрь 1956 года. Из архива ЦК КПСС, *Исторический архив*, No. 4, 1993, pp. 103-142 ; No. 5, 1993, pp. 132-160 ; No. 6, 1993, pp. 130-144.

David E. Albright, "The USSR and the Third World in the 1980's", *Problems of Communism*, Vol. 38, No. 2-3, Mar.-Jun. 1989, pp. 50-70.

Donald Walter Baronowski, "Polibius on the Causes of the Third Punic War", *Classical Philosophy*, Vol. 90, No. 1, Jan. 1995.

Anthony Trawick Bouscaren, *Soviet Foreign Policy : A Pattern of*

参考文献

Persistence, Fordham Univ. Press, 1962.
Henry Brandon, *Anatomy of Error : The Secret History of the Vietnam War*, Andre Deutsch, London, 1969.
Seyom Brown, *The Cause and Prevention of War*, 2nd ed., St. Martin's Press, New York, 1994.
Carl von Clausewitz, *On War*, edited and translated by Michael Howard and Peter Paret, Princeton Univ. Press, New Jersey, 1976.
Edward Jay Epstein, "Secrets from the CIA Archive in Tehran", *Orbis*, Spring 1987, pp. 33-41.
A. A. Gromyko and B. N. Ponomarev, eds., *Soviet Foreign Policy, 1917-1980*, fourth, revised and enlarged edition, Vol. II, Progress Publishers, Moscow, 1980.
David Halberstam, *The Best and the Brightest*, Random House, New York, 1984.
Morton H. Halperin, *National Security Policy-Making : Analyses, Cases, and Proposals*, Lexington Books, D.C. Heath and Company, Toronto and London, 1975
Eric Hobsbawm, *The Age of Extremes : A History of the World, 1914-1991*, Pantheon Books, New York, 1994.
Oleg Kalugin, "Intelligence and Foreign Policy", *International Affairs* (Moscow), Jun. 1989, pp. 56-66.
Henry A. Kissinger, *Diplomacy*, Simon & Shuster, New York, 1994.
Robbin F. Laird and Erik P. Hoffmann, *Soviet Foreign Policy in a Changing World*, Aldine Publishing Company, New York, 1986.
Borys Lewytzkyj, *Who's Who in the Soviet Union : A biographical encyclopedia of* 5,000 *leading personalities in the Soviet Union*, K. G. Saur, Muenchen, 1984.
John Loewenhardt, *The Soviet Politburo*, St. Martin's Press, New York, 1982.

Edward N. Luttwak, "Toward Post-Heoric Warfare", *Foreign Affairs*, Vol. 74, No. 3, 1995.

Niccolo Machiavelli, *The Prince and the Discourses*, The Modern Library, New York, 1950. (ニッコロ・ディ・ベルナルド・マキアヴェルリ, 多賀善彦 (訳)『マキアヴェルリ選集第二巻：ローマ史論』(上), (下) 創元社, 昭和15年。)

Robert S. McNamara with Brian VanDeMark, *In Retrospect : The Tragedy and Lessons of Vietnam*, Random House, New York, 1995.

The Pentagon Papers, as published by *The New York Times*, based on investigative reporting by Neil Sheehan, Bantam Books, Inc., New York, 1971.

Uri Ra'anan and Igor Lukes, eds., *Inside the Apparat : Perspectives on the Soviet System From Former Functionaries*, D.C. Heath and Company, Lexington, 1990.

David Remnick, *Lenin's Tomb : The Last Days of the Soviet Empire*, Random House, New York, 1994.

Alvin Z. Rubinstein, *Soviet Foreign Policy since World War II : Imperial and Global*, Winthrop Publishers, Inc., Cambridge, 1981.

Carol R. Saivetz and Sylvia Woodby, *Soviet-Third World Relations*, Westview Press, Boulder and London, 1985.

Alex P. Schmid (with Case Studies by Ellen Berends), *Soviet Military Interventions since 1945*, Transaction Books, New Brunswick and Oxford, 1985.

Ulrich-Joachim Schulz-Torge, *Who Was Who in the Soviet Union*, K. G. Saur, London, 1992.

Jonathan Steele and Eric Abraham, *Andropov in Power : From Komsomol to Kremlin*, Martin Robertson, Oxford, 1983.

A.J.P. Taylor, *The Origins of the Second World War*, Penguin Books, New York, 1961 (1991).

Sarah Meiklejohn Terry, *Soviet Policy in Eastern Europe*, Yale Univ. Press, New Haven and London, 1984.

Thucydides, *History of the Peloponnesian War*, tr. by Rex Warner, Penguin Books, New York, 1972.（トゥキュディデス，久保正彰（訳）『戦史』（上）（中）（下）岩波書店，昭和41年。）

Barbara Tuchman, *The March of Folly : From Troy to Vietnam*, Papermac, London, 1984.

Jiri Valenta and Jan Moravec, "Documentation : Could the Prague Spring Have Been Saved ?", *Orbis*, 35/4, Fall 1991, pp. 581-601.

Jiri Valenta and William C. Potter, eds., *Soviet Decisionmaking for National Security*, George Allen & Unwin, London, 1984.

H. Bradford Westerfield, ed., *Inside CIA's Private World*, Yale Univ. Press, New Haven and London, 1995.

Thomas Wolfe, *The SALT Experience*, Ballinger Publishing Company, Massachusetts, 1979.

Claudia Wright, "Afghanistan : What They Were Really Up To", *New Statesman*, April 5, 1985, pp. 18-19.

和田春樹，下斗米信夫「記憶の蘇生：ソ連史の70年」，『NHKスペシャル，社会主義の20世紀：歴史の空白は埋るか，ソ連』（シリーズ第4巻）日本放送出版協会，1991年。

和田春樹『ロシアの革命-1991』岩波書店，1991年。

和田春樹『歴史としての社会主義』岩波書店，1992年。

和田春樹『朝鮮戦争』岩波書店，1995年。

クリストファー・アンドルー，オレク・ゴルジエフスキー『KGBの内幕：レーニンからゴルバチョフまでの対外工作の歴史』（上・下）文芸春秋社，1993年。

アナトーリー・チェルニャーエフ『ゴルバチョフと運命をともにした2000日』潮出版社，1994年。

人名索引

(太字は重要な頁を示す)

ア 行

アーチャード (Archard, D. B.) 280
アーバン (Urban, Mark) 21, 83, 323
アームストロング (Armstrong, Willis C.) 279
アーリ (Ali, Navab) 202-203, 234
アサド (Assad, Hafiz al-) 239
アジズ (Aziz, Mohammad) 204
アセフィ (Asefi, Humayun) 262
アファナシエフ (Афанасьев, А. П.) 219
アフマッド (Ahmad, Eqbal) 129
アフロメーエフ (Ахромеев, С. Ф.) 77, **209-211**, 228, 295, 298, 300-301, 305-306, 307, 327, 329
アミリャール (Amiryar, Quadir A.) 21
アミン (Amin, Abdullah) 309
アミン (Amin, Assadullah) 126-127, 328
アミン (Amin, Hafizullah) 7-12, 16, 18, 20, 28, 29, 48, 51, 57, 63, 65-70, 71, 72, 75, 77-78, 80, 81, 85, 90, 93, 95, 99, 113, 116, 117, 118, 119, 120, 122, 123-125, 126, 127, 128, 130, 131, 133, 134, 137, **139-147**, 157, 164-165, 168, 172, 173, 179, 182-183, 184, 185, 186, 191, 192, 194, 196, 197, 198, 199, 200, 201-204, 205, 206, 207, 209, 222, 223, 224, 225-226, **229-240**, 241, 242, 243, 245, 246, 247, 248, 253, 256, 257, 258, 259-260, 263, 264, 265, 266, 267, 268, 270, 271, 272, 274-275, 278, **283-291**, 292, 293, 294, 295, 303, **305-308**, 309, 312, 314, 338, 339, 342, 343, 344
アムスタッツ (Amstutz, J. Bruce) 40, 69, 78, 83, 119, 120, 126, 127, 141, 144-145, 152, 157, 158, **165-166**, 168, 188-189, 191,

203, 205, 206, 208, 219, 223, 230-232, 236, 255, 257

アリエフ（Алиев, Г. А.）　34

アルキダーモス（Archidamus）　5-7

アルシューラ（Alshura, Isma'il）　265

アルヒポプ（Архипов, И. В.）　72, 100, 119-120

アレクサンドロフ（Александров, И.）　107

アレクサンドロフ＝アゲントフ（Александров = Агентов, А. М.）　281

アレクセーエフ（Алексеев, Ю. К.）　58, 121, 158

アレシェンコ（Алешенко, Н. ф.）　219

アンドロポフ（Андропов, Ю. В.）　4, 7, **8-12**, 14, 26, 27, 86, **90-93**, 94, 95, 100, **103-106**, 110, 111, 128, 129, 142, 146, 147, 151, 153, 158, 172, 207, 222, 242, 243, 248-249, **267**, 291-292, 293, 294, 296, 297, 303, 310-311, 313, 315-316, 318-320, 328, 336, 337, 338, 339-340

アンワル（Anwar, Raja）　225

イヴァシューチン（Ивашутин, П. И.）　138, 188, 291

イヴァノフ（Иванов, Б. С.）　81, 103, 105-106, 133, 134, 137, 164, 182, 200, 201, 202, 207-208, 221, 232, 240, 241, 295, 306, 316, 332, 335

イヴァノフ（Иванов, Николай）　24, 77, 78, 84, 104, 187, 200, 216, 227, 294, 326, 328, 329

イグナーシェフ（Игнашев, В. В.）　136

イスマイル（Ismail, Abdel）　239

ヴァレンタ（Valenta, Jiri）　21, 89, 102, 113, 335

ヴァレンニコフ（Варенников, В. И.）　**209-213**, 293, 295-296, **297-303**, 305, 309, 327

ヴァンス（Vance, Cyrus）　30, 70, 71, **251-254**, 259, 262, 265, 280

ヴェショーロフ（Веселов, Семен）　95, 105, 123

ウェスタード（Westad, Odd Arne）　24, 58, 66, 68, 72, 78, 80, 81, 146, 153, 163, 223, 226, 274-275, **284-287**, 323, 324

ウェスターフィールド（Westerfield, H. Bradford）　279

ウェストモアランド（Westmoreland, William）　133, 160

ヴェセルコフ（Веселков, Николай）　123

ヴォロトニコフ（Воротников, В. И.）　272

ウスチノフ（Устинов, Д. Ф.）　4, 7, 8, **9-12**, 14, 26, 32, 86, 90,

94-95, 100, **103-106**, 108, 110, 111, 112-113, 128, 129, 134, 147, 149, 151, 153, 169, 170, 172, 173, 174, 177, 181, 186, 207, 215, 216-217, 220, 244, 247, 249, 291-292, 293, 295, 297, 303, 309, 310, 316, **318-319**, 321, 325, 336, 337, 338

ウリヤノフスキー（Ульяновский, Р. А.）　42, **50-51**, 75, 106, 140, 158

エクバル（Eqbal, Mohammed）　235

エテマーディ（Etemaadi, Nur Ahmed）　236-237, 273

エピシェフ（Епишев, А. А.）　33, 89, **111-114**, 115, 116, 127, 134, 155, 181, 215, 216, 244

エプスタイン（Epstein, Edward Jay）　39

エマーソン（Emerson, Ralph Waldo）　214

エリオット（Eliot, Theodore L.）　43, 44, 45, 49, 50, 52, **59-62**, 64, 68, 69, 71, 74, 250

エリツィン（Ельцин, Б. Н.）　100, 150

エルショフ（Yershov, Ivan D.）　216

オガルコフ（Огарков, Н. В.）　7-9, 27, 77, 106, 111, 112, 116, 133, 134, **170-172**, 174, 175, 178, 207, 210, 211, 215, 216, 228, 243, 291, 293, 295, **296-298**, 300, 309, 312, 313, 326

オサドチー（Осадчий, Вилиор）　66, 152, 208, 240

オジェゴフ（Ожегов, В. С.）　121

オブーロフ（Облов, А. С.）　121

カ 行

ガージ（Ghazi, Sultan Mahmud）　148

ガーソフ（Garthoff, Raymond. L.）　25, 26, 39, **53-54**, 58, 76, 147, 149, 155, 226-227, 243, 273, 275, 276, 325, 328, 331, 339

カーター（Carter, Jimmy）　30, 72, 91, 94, 235, 251, 258, 261, 262, 265, 280, 304, 315

カーダール（Kadar, Janos）　101

ガイ（Гай, Давид）　24, 28, 81, 224, 323, 330

ガイルラニ（Gailani, Pir Sayed Ahmed）　131, 189, 261, 262, 263, 265, 284

カカール（Kakar, M. Hassan）　25, 324

カガノヴィッチ（Каганович, Л. М.）　101

カストロ（Castro, Fidel）　345
カタワジ（Katawazi, Khayal Mohammad）　230, 231
カップス（Capps, Michael）　73
カディール（Qadir, Abdul）　48, 55, 67, 79, 268, 320, 330
カピターノフ（Капитанов, В. П.）　285, 286-287
カピトーノフ（Капитонов, И. В.）　105
ガメリン（Gamelin, Maurice）　130
カラオスマノグル（Karaosmanoglu, Alp）　272
カルーギン（Kalugin, O.）　324
カルマル（Karmal, Babrak）　14, 46, 47, 48, 52, 57, 65, 66, 67, 74, 109, 119, 154, 157, 159, 201, 208, 222, 235, 242, 247, 258, 259-260, 261, **265-272**, 275, 282, 292, 294, 301, 312, 313-314, 316, 317, 318, 319, 320, 327, 328, 339
ガレーエフ（Гареев, М. А.）　35, 296, 300, 326
ガンコフスコフ（Ганковсков）　66
キッシンジャー（Kissinger, Henry A.）　92, 130, 251, 252
キトリノス（Kitrinos, Robert W.）　161
金成浩（Kim, Sung-ho）　25, 32, 339
キャプラン（Kaplan, Stephen S.）　218
ギャリソン（Garrison, Mark）　220
キリチェンコ（Кириченко, А. И.）　101
キリレンコ（Кириленко, А. П.）　9, 10, 33, 85, 92
グーリトマン（Glitman, Maynard）　192, 194-195
クーロチェキン（Курочкин, К. Я.）　305, 308
ククーシキン（Кукушкин, А. В.）　30, 187-188, 207, 227, 271, 293, 308, 314, 316, 328, 330, 331
クジチキン（Кузьчкин, В.）　154, 281
グスイコフ（Гуськов, Н. Н.）　187, 188, 207, 227, 282, 308, 312, 314, 316
クズイミン（Кузьмин, Е. С.）　312
クズネツォフ（Кузнецов, В. В.）　34
クナーエフ（Кунаев, Д. А.）　10, 34, 307
クヒベル（Khyber, Mir Akbar）　46
クリコフ（Куликов, В. Г.）　111, 170, 173-174, 210-211, 213, 216, 217, 228

人名索引

グーラブゾイ (Gulabzoy, Sayed Mohammed)　79, 152, 196, 198, 201, 208, 224, 226, 233, 313, 320
クリシューナン (Krishnan, N. K.)　74
グリシン (Гришин, В. В.)　9, 10
クリストファー (Christopher, Warren)　262
グリフィン (Griffin, George B. G.)　263
グリブコフ (Грибков, А. И.)　209
クリュチコフ (Крючков, В.)　57, 106, 154, 222, 244, 276, 311
グレコフ (Греков, Л. И.)　318
グレチコ (Гречко, А. А.)　170, 173-175, 211, 215, 216
グロムイコ (Громыко, А. А.)　4, 7, 8, 9, **10-16**, 19, 26, 29, 57-58, 65, 85, 86, 88, 89, 91-92, 93, 94, 95, 100, **102-106**, 110, 111, 120, 124, 127, 128, 147, 149, 151, 153, 158, 159, 169, 172, 197, **201**, 202, 204-205, 207, 209, 215, 226, 240, 242-243, 244, 248-249, 258, 272, 273, 283, 291, 292, 294, 297, 303, 310, 317-318, 321-322, 336, 337, 338, 339, 343
グロムイコ (Громыко, Анатолий)　29
ゲーレー (Gero, Erno)　101
ケシュトマンド (Keshtmand, Soltan Ali)　46, 66-67, 68, 268, 313
ケナン (Kennan, George)　31
ケネディ (Kennedy, John F.)　2, 155
コーリンズ (Collins, Joseph J.)　21
コスイギン (Косыгин, А. Н.)　9, 71, 76, **85-89**, 93, 94, 95-96, 103, 104, 112, 129, 135, 151, 160, 169, 172
コズロフ (Козлов)　332
コトルヤール (Котляр, Л. К.)　219
コニェーフ (Конев, И. С.)　101
ゴリコフ (Голиков, Ф. И.)　130
ゴルジエフスキー (Gordievsky, Oleg)　281
ゴルシコフ (Горшков, С. Г.)　174, 216
コルチャギン (Корчагин, А. А.)　305, 314
コルドヴェス (Cordovez, Diego)　25
コルドゥノフ (Колдунов, А. И.)　228
コルニエンコ (Корниенко, Г. М.)　15, 29, 35, 49-50, 57-58, 104, 106, 140, 240, 242-243, 297, **304**

ゴルバチョフ（Горбачев, М. С.）　34, 110, 228, 282, 298, 313, 327
コレースニク（Колесик, В. В.）　138, 188, 247
ゴレーロフ（Горелов, Л. Н.）　77, 103, 106, 116, 123, 127, 133, 134, 137, 160, **164-165**, 171, 172, 182, 184, 187, 200, 202, 203, 206, 207-208, 213, 214, 221, 240, 241, 243-244, 289, 291, 296, 326, 335
ゴロボイ（Горовой, В. К.）　114-115

サ 行

ザハロフ（Захаров, М. В.）　170-171, 210, 217
ザヒール・シャー（Zahir Shah, King Mohammed）　41, 47
サフィ（Safi, Abdal Wahab）　46
サブーロフ（Сабуров, М. З.）　101
ザプラーチン（Заплатин, В. П.）　206, 213, 214, 220, 225, 244, 289, 291, 295, 325
ザブロージン（Забродин, В. М.）　23, 28, 73, 131, 273
サフロンチュク（Сафрончук, В. С.）　29, 39, 75, **120-129**, 139, 141, 144, 151, 157, 158, 159, 196-197, 198, 205-206, 224, 232, 233-234, 238-239, 243, 245, 256, 273, 278, 283-284, 287-288, 290, 308, 322, 323, 335
ザヘール（Zaher, M.）　46
ザミャーチン（Замятин, Л. М.）　100
ザリフ（Zarif, Mohammed）　199, 223, 229
サルワリ（Sarwari, Assadullah）　119, 152, 196, 198, 199, 201, 223, 225-226, 233, 267-268, 292, 313-314, 321, 339
ジア・ウル・ハーク（Zia ul-Haq）　107, 231
シェヴァルナッゼ（Шеварднадзе, Э. А.）　34, 313
シェバルシン（Шебаршин, Л. В.）　1, 30, 32, 311
シェピーロフ（Шепилов Д. Т.）　101
シェフチェンコ（Шевченко, А.）　102
シェレスト（Шелест, П. Е.）　151
シチェルビツキー（Щербицкий, В. В.）　9-10, 33, 307
ジミャーニン（Зимянин, М. В.）　100
シモネンコ（Симоненко, Николай）　66, 123

人名索引

シャーマン（Sherman, Rick）　263
シャバノフ（Шабанов, В. М.）　228
シャヒ（Shahi, Agha）　231, 255
シャフパール（Shahpar, Shahrollah）　46
ジャンダッド（Djandad）　235
ジューコフ（Жуков, Г. К.）　101
シュヴィーソウ（Schwiesau, Hermann）　141, 145, 147, 157
ジョンソン（Johnson, Lyndon B.）　2, 98, 169, 214
スースロフ（Суслов, М. А.）　9, 10, 40, 100, 101, 103, 106, 112, 151, 294
スターリン（Сталин, И. В.）　130, 206, 326, 334
スティーブンズ（Stevens, Edmund）　33
スネギリョフ（Снегирев, Владимир）　24, 28, 224, 330
スホールコフ（Сухоруков, Д. С.）　187, 227, 308
スミルノフ（Смирнов, В. М.）　66, 283, 322
ゼライ（Zeray, Saleh Mohammed）　46, 245, 320
ソーンダース（Saunders, Harold H.）　249-251
ソコロフ（Соколов, С. Л.）　33, 146, **173-180**, 184, 209, 211, 215, 216-217, 301, 302, **311-312**, 314, 316, 317, 327, 332
ソロメンツェフ（Соломенцев М. С.）　34

タ 行

ダーウド（Daoud Khan, Mohammed）　**41-45**, 48, 54, 57, 59, 63, 79, 104, 232, 252
タクマン（Tuchman, Barbara W.）　340
タスカエフ（Таскаев, А. В.）　305
ダブス（Dubs, Adolph）　**68-70**, 71, 114, 230, 254, 257
タベーエフ（Табеев, Ф. А.）　238-239, 289, 293, 316, 322, 324, 332
タライ（Tarai, A. Kh.）　283, 322
タラキー（Taraki, Nur Mohammed）　14, 18, 29, 46, 48, 49, 51, 57, 59-60, 62, 63, 64, 65, 66, 67, 68, 70, 71, 76, 78-79, 80-81, 86-88, 90, 92, 93, 95-98, 99, 103, 104, 105, 106, 107, 112, 115, 117, 118, 119, 125, 128, 129, 130, 131, 133, 134, 135, **139-146**, 149, 154, 160, 164-165, 168, 169, 179, 182, 183, 184, 192, 193,

　　　　194, 196, **199-204**, 205, 206, 208, 222, 223, 224, 225-226, 229,
　　　　232-237, 238, 240, 241, 242, 243, 245, 248, 253, 256, 259, 263,
　　　　264, 266, 270, 272, 273, 283, 286, 287, 320, 338, 343, 344

タルジ（Tarzi, Nanguy）　263

タルン（Tarun, Seyed Daoud）　202, 225, 234

タレボフ（Талебов, Михайл）　281

チーホノフ（Тихонов, Н. А.）　9, 10, 32-33

チェルニャーエフ（Черняев, А. С.）　161, 297

チェルネンコ（Черненко, К. У.）　9, 10, 11, 93, 100, 110-111, 175,
　　　　310

チトー（Tito, Josef Broz）　69

チャウセスク（Ceausescu, Nicolae）　69

チュイコフ（Чуйков, В. И.）　216

ツィネフ（Цинев, Г.）　153, 285

テーラー（Taylor, A. J. P.）　12, 16, 34-35

テーラー（Taylor, James）　190

テーラー（Taylor, Maxwell）　155

ディエム（Diem, Ngo Dinh）　155

デスタン（D'Estaing, Giscard）　91, 94

デミチェフ（Демичев, П. Н.）　34

デムチェンコ（Демченко, П.）　275

デュプリー（Dupree, Louis）　79, 261

デュポン（Dupont, Jacques）　190

ドースト（Dost, Shah Mohammad）　46, 126-127, 255, 256, 313, 317

ドゥーコフ（Дуков, Р. Г.）　219

トゥーン（Toon, Malcolm）　166-168, 191, 197-198

トゥハリノフ（Тухаринов, Ю. В.）　305, 309

ドゥプチェク（Dubcek, Alexander）　73, 102, 151

ドツェンコ（Доценко, В. Я.）　219

ドッブス（Dobbs, Michael）　28, 220

ドブルイニン（Добрынин, А. Ф.）　3-4, 29, 65, 99, 102, 149, 215,
　　　　252, 258, 282, 311

トムソン（Thompson, Llewellyn）　98

ドラーグン（Драгун, А. А.）　219

ナ行

ナージブラ（Najibullah）　282
ナイム（Naim Khan, Mohammed）　54
ナッスリー（Nassry, Zia）　220, 261, 263, 280
ナビー（Nabi, M.）　131
ニクソン（Nixon, Richard M.）　252
ニコラス2世（Tsar Nicholas II）　31
ニューソム（Newsom, David D.）　231, 250-251, 253-254, 262
ヌール（Nur Panjwa'i, Nur Ahmad）　48, 67, 80, 320
ノフザット（Nohzat, Nazifulla）　272

ハ行

バーネット（Barnet, Richard）　129
バイコフ（Байков, В.）　55, 76
パイプス（Pipes, Richard）　31
ハイマン（Hyman, Anthony）　20, 83
パウエル（Powell, Jody）　254
パヴロフスキー（Павловский, И. Г.）　30, 65, 146, 147, **180-186**, 189, 190, 191, 199, 200, 202, 209, 216, 219, 220, 224, 225, 226, 235, 241, 244, 247, 291
ハキーミ（Hakeemi, Abdul Hakeem）　308
バダフシー（Badahshi, M. T.）　46
バチツキー（Батицкий, П. Ф.）　174, 216
ハッドゥド（Haddud, Abdul）　235
ババ・ジャン（Baba Jan）　309
パプーチン（Папутин, В. С.）　293, 324-325
ハモンド（Hammond, Thomas H.）　21, 39, 44, 52, 53, 74, 324
バリアレー（Barialay, Mahmud）　67
ハリソン（Harrison, Selig S.）　25, 33, 34, 68, 75, 223, 225-226, 273-274
バルコフスキー（Барковский, А. А.）　141, 162
ハルバースタム（Halberstam, David）　160

ハルバエフ（Халбаев, Х. Т.）　138, 198, 293, 312, 330
ハルペリン（Halperin, Morton H.）　335
パンズィシェリー（Panjshiri, Ghulam Dastagir）　46, 245
ピーコフ（Пиков, Н. И.）　23, 309, 331
ビジューコフ（Бизюков, Н. Я.）　84
ビスマルク（Bismarck, Otto von）　34
フールツェヴァ（Фурцева, Е. А.）　101
フィリーポプ（Филиппов, Александр）　55, 83
プザノフ（Пузанов, А. М.）　24, 58, 62, 63, **64-65**, 66-68, 70, 71, 78-79, 80, 103, 104, 105, 120, 127, 133, 134, 135, 137, 146, 152, 163, 164, 182, 184, 196, 198, **200-202**, 204-205, 206, 214, 223, 224-225, 226, 229, 232-233, 234, 235, 236, 238, 239, 240, 241, 242, 243, 244, 255, 284, 307, 322, 335
ブラウン（Brown, Harold）　262
ブラック（Placke, James A.）　265
ブラッド（Blood, Archer K.）　239, 257, 277
ブラドシャー（Bradsher, Henry S.）　20-21, 39, 44-45, 52, 53, 64, 66, 74, 78, 273, 307, 328
ブルガーニン（Булганин, Н. А.）　101, 174
フルシチョフ（Хрущев, Н. С.）　42, 64, 89, 101, 112
ブレジネフ（Брежнев, Л. И.）　4, 7, **9-15**, 26, 44, 45, 70, 76, 84, 89-90, 91, 92, **93-97**, 99, 101, 103, 104, 105, 110, 112, 115, 118, 133, 138, 151, 153, 154, 160, 170, 172, 173, 174, 197-198, 200, 201, 209, 215, 216, 236, 242, 244, 258, 275, 281, 289, 290, 293, 294, 304, **310-311**, 316, 318, 320, 321, 326, 335, 336, 337, 341
ブレジンスキー（Brzezinski, Zbigniew）　30, 261-263, 265, 280
ヘールミネン（Helminen, Rauli）　302
ヘアー（Herr, Michael）　3
ベグ（Beg, Wali）　263
ヘクマチアル（Hekmatyar, Gulbuddin）　131, 189, 261
ヘゲドゥーシュ（Hegedus, Andras）　101
ペトロフ（Петров, А.）　55, 56
ヘミングウェイ（Hemingway, Ernest）　3
ペリシェ（Пельше, А. Я.）　9, 10

人名索引

ベリャーエフ（Белаев, Игорь）　29
ヘンツイ（Hentsy, Paul）　294
ホーナー（Hauner, Milan）　1
ボール（Ball, George W.）　214
ホーロウェー（Holloway, Thomas W.）　159
ボグダノフ（Богданов）　241
ボグダノフ（Богданов, В. А.）　77, 293
ポスペーロフ（Поспелов, П. Н.）　101
ポドゴルヌイ（Подгорный, Н. В.）　89, 151, 175
ポノマリョフ（Пономарев, Б. Н.）　9, 10, **12-16**, 19, 34, 49, 80-81, 95, **103-106**, 110, 128, **138-147**, 149, 150, 151, 153, 164, 179, 180, 181, 184, 188, 191, 196, 207, 244, 249, 281, 286, 292, 313, 318-319, 320, 336, 337, 338, 343
ホブズボーム（Hobsbawm, Eric）　129
ホメイニ（Khomeini, Ayatollah Ruhollah）　107
ボヤリノフ（Бояринов, Г. И.）　312
ポリビウス（Polibius）　17, 19, 22
ボルディレフ（Boldyrev）　190
ボロヴィク（Боровик, Артем）　3, 4, 281

マ 行

マキアベリ（Machiavelli, Niccolo）　333
マクシモフ（Максимов, Ю. П.）　305, 314
マクナマラ（McNamara, Robert S.）　2-3, 98, 252
マゴメートフ（Магометов, С. К.）　8, 289, 291, 312, 316, 324
マシェロフ（Машеров, П. М.）　34
マジルカ（Мазирка, В. Д.）　199, 219
マズドゥリヤル（Mazdooryar, Sher Jan）　79, 119, 152, 196, 198, 201, 223, 226, 233, 313
マッカフィー（McAfee, Marilyn）　230, 231
マティン（Matin, Asadullah）　231
マフムッド（Mahmud, Maulana Mufti）　263
マリノフスキー（Малиновский, Р. Я.）　170-171, 215
マルバシチ（Malbasic, Bogdan）　223, 236

マレンコフ（Маленков, Г. М.）　101
ミコヤン（Микоян, А. И.）　101
ミサク（Misaq, Abdul Karim）　46, 245
ムジャディッド（Mojedidi, Sebqattalah）　261, 265
ムハンメッド（Muhammed, F.）　141-142, 162
メール（Male, Beverley）　20, 117, 235, 272, 322, 324
メリムスキー（Меримский, В. А.）　30, 146, **180-186**, 199, 220, 224-225, 226, 238, 241, 305, 306, 307, 308-309, 311, 319, 331, 344
モラヴェク（Moravec, Jan）　151
モロゾフ（Морозов, А.）　29, 47, 57, 64, 66, 68, 77, 80, 81, 123, 152, 154, 182, 190-191, 206, 208, 213-214, 222, 223, 224, 226, 240, 241, 244, 276, 295, 335
モロトフ（Молотов, В. М.）　91, 101
モンデール（Mondale, Walter）　262

ヤ 行

ヤクブ（Yakub, M.）　199, 306, 312
ヤクボフスキー（Якубовский, И. И.）　174-175, 216
ヤゾフ（Язов, Д.）　327
ヤルゼルスキー（Jaruzelski, Wojciech）　73

ラ 行

ラシドフ（Рашидов, Ш. Р.）　34
ラテブザード（Ratebzad, Naheed Anahita）　67
ラバニ（Rabbani, Syed Burhanuddin）　131
ラフィ（Rafi, Mohammed）　67, 79, 268, 313
ラフマニン（Рахманин, О. Б.）　100
リャブチェンコ（Рябченко, И. Ф.）　207, 226-227, 273, 305, 312, 313, 330
リャホフスキー（Ляховский, А. А.）　23, 25, 28, 73, 84, 131, 137, 164-165, 222, 225-226, 246, 268-270, 273, 294, 306
リュリコフ（Рюриков）　200

ルージ（Ruzi） 235
ルイコフ（Рыков, В. И.） 137
ルビンスタイン（Rubinstein, Alvin Z.） 31
レフチェンコ（Левченко, С.） 75
ロートン（Lorton, Ronald D.） 114-115
ロジャンスキー（Lozansky, Edward） 215
ロストウ（Rostow, Walt W.） 155
ロバノフ（Лобанов, Л. Н.） 305
ロマノフ（Романов, Г. В.） 10, 34
ロマンキン（Lomankin） 187

ワ 行

ワーリ（Wali, Shah） 46, 224, 231, 232, 233-235, 236, 242, 250
ワキル（Wakil, Abdul） 67
和田春樹（Wada, Haruki） 36, 159, 327, 344
ワタンザル（Watanjar, Mohammed Aslam） 48, 79, 113, 119, 145, 152, 196, 198-199, 201, 233, 313, 320

〈著者略歴〉

李　雄賢（Lee Woong-Hyeon）

昭和37年4月	生まれ
昭和61年3月	高麗大学政治外交学科講師
昭和63年3月	高麗大学平和研究所研究員
平成元年8月	高麗大学大学院政治外交学科博士課程修了
平成3年4月	（旧ソ連）レニングラード大学哲学部修学
平成9年7月	東京大学大学院総合文化研究科（国際関係論専攻）博士課程修了
現　在	高麗大学大学院研究助教授（Brain Korea-21 東アジア教育研究団）

ソ連のアフガン戦争
――出兵の政策決定過程――

2002年（平成14年）4月10日　第1版第1刷発行　3084-0101

著　者	李　雄賢
発行者	今井　貴
発行所	株式会社信山社
	〒113-0033 東京都文京区本郷6-2-9-102
	電話　03 (3818) 1019
	FAX　03 (3818) 0344
出版編集	信山社出版株式会社
販売所	信山社販売株式会社

Printed in Japan

©李　雄賢, 2002. 印刷・製本／共立プリント・大三製本

ISBN4-7972-3084-3 C3331
NDC 319.381

Ⓡ　本書の全部または一部を無断で複写複製（コピー）することは、著作権法上での例外を除き、禁じられています。本書からの複写を希望される場合は、日本複写権センター（03-3401-2382）にご連絡ください。